Gryl / Kuckuck

Exkursionsdidaktik

Inga Gryl
Miriam Kuckuck
(Hrsg.)

Exkursionsdidaktik

Geographische Bildung in der Grundschule

Verlag Julius Klinkhardt
Bad Heilbrunn • 2023

Die frei zugängliche Open-Access Publikation des vorliegendes Titels wurde sowohl aus Mitteln des Publikationsfonds der Universitätsbibliothek Duisburg-Essen als auch durch Haushaltsmittel der Bergischen Universität Wuppertal finanziert.

Dieser Titel wurde in das Programm des Verlages mittels eines Peer-Review-Verfahrens aufgenommen. Für weitere Informationen siehe www.klinkhardt.de.

Bibliografische Information der Deutschen Nationalbibliothek
Die Deutsche Nationalbibliothek verzeichnet diese Publikation in der Deutschen Nationalbibliografie; detaillierte bibliografische Daten sind im Internet abrufbar über http://dnb.d-nb.de.

2023.i. Verlag Julius Klinkhardt.
Coverabbildung: © Anviere, Pixabay.

Druck und Bindung: AZ Druck und Datentechnik, Kempten.
Printed in Germany 2023. Gedruckt auf chlorfrei gebleichtem alterungsbeständigem Papier.

ISBN 978-3-7815-6025-3 digital doi.org/10.35468/6025

ISBN 978-3-7815-2583-2 print

Für Carlotta und Arvid, beide geboren in 2021,
die die Arbeit an diesem Band auf äußerst charmante Weise
verzögert und begleitet haben.

*Wir möchten in unserer Funktion als Herausgeberinnen herzlich den Autor*innen danken, ohne deren überaus anregende Beiträge der Band nicht hätte realisiert werden können, und die sich auf das Konzept dieser Veröffentlichung eingelassen haben, von dem wir hoffen, dass es Leser*innen einen systematischen wie inspirierenden Blickwinkel auf Exkursionen und geographische Bildung im Sachunterricht eröffnet.*

Für die umfangreiche redaktionelle Unterstützung bei der Fertigstellung dieses Bandes danken wir vielmals Annika Weber, Julia Konschak und Gudrun Reichert.

*Ebenso möchten wir den Autor*innen sowie Thomas Jekel für die Übernahme von Reviews danken.*

Inhaltsverzeichnis

Inga Gryl und Miriam Kuckuck

Geographische Bildung durch Exkursionen im vielperspektivischen Sachunterricht

Die geographische Perspektive im Sachunterricht – zwischen Raumbezug und Vielperspektivität

Sachunterricht ist ein vielperspektivisches Fach, denn nur so kann die Komplexität der Lebenswelt, auf die sich das Fach bezieht und zu deren sinnhaften Erschließung es befähigen soll, gefasst werden (Köhnlein 2011). Trotzdem oder gerade deshalb ist auch die Betrachtung der Perspektiven des Sachunterrichts so zentral, da sie als disziplinäre Zugänge Wissenschaftsorientierung ermöglichen. Ihre Durchdringung mit ihren eigenen erkenntnistheoretischen Herangehensweisen und daran anschließend fachdidaktischen Ansätzen und Methoden, ist eine der Grundlagen für ihre Vernetzung, für Interdisziplinarität im vielperspektivischen Sachunterricht. Dabei ist auch zu betonen, dass den Perspektiven, bspw. im Perspektivrahmen angesichts der Orientierung an Bezugsfächern (GDSU 2013), bereits Ansätze einer Interdisziplinarität innewohnen, manchen mehr und manchen weniger.

Die geographische Perspektive (Adamina 2016; GDSU 2013[1]) nimmt eine besondere Stellung ein: Sie verweist auf das Fach Geographie bzw. Erdkunde der Sekundarstufe und ist damit in sich bereits besonders stark interdisziplinär (bzw. auf eine vielschichtige und komplexe Disziplinarität der Geographie hin) angelegt. Geographische Bildung verbindet erkenntnistheoretische Zugänge aus den Naturwissenschaften und den Sozial- und Geisteswissenschaften. Damit weist die geographische Perspektive engere Bezüge jeweils zur naturwissenschaftlichen und zur sozialwissenschaftlichen Perspektive auf, als diese beiden Perspektiven es untereinander tun. Darüber hinaus hat die geographische Perspektive bspw. durch die Beschäftigung mit zyklischen Prozessen und Veränderungsprozessen weitere Bezüge zur Kategorie ‚Zeit' der historischen Perspektive sowie auf Basis der langen Tradition des Einsatzes analoger und digitaler Kartographie zur technischen Perspektive. Die geographische Perspektive bietet demnach zahlreiche

1 Zum Zeitpunkt der Drucklegung dieses Bandes befindet sich der Perspektivrahmen Sachunterricht in Überarbeitung. Die Autor*innen sind u. a. in die Überarbeitung der geographischen Perspektive involviert und haben darauf geachtet, dass keine mutmaßlich bald veralteten Informationen zum Perspektivrahmen in diesem Text verarbeitet werden.

doi.org/10.35468/6025-01

Anknüpfungspunkte zur Vernetzung mit anderen Perspektiven. Über die Sinnhaftigkeit und Trennschärfe der Grenzen, Definitionen und Orientierungspunkte der Perspektiven kann natürlich debattiert werden; im Falle der geographischen Perspektive wäre eine Fokussierung als vor allem ‚raumbezogene Perspektive' durchaus denkbar gewesen, entspricht aber nicht dem Bezugsfach der Sekundarstufe. Generell kann konstatiert werden, dass geographische Bildung ein wichtiges Element sachunterrichtlichen Lernens ist und darüber hinaus Vielperspektivität fördert.

Bildung für nachhaltige Entwicklung in der geographischen Perspektive des Sachunterrichts

Der perspektivenvernetzende Themenbereich der Nachhaltigkeit (GDSU 2013) beispielsweise kann durch die in der geographischen Perspektive thematisierten Mensch-Umwelt-Beziehungen fachlich bereichert werden. Ein Kernpunkt geographischen Denkens ist die Analyse dieser Beziehungen, ihrer Bedingungen und Auswirkungen. Ansätze wie der Syndromansatz (WBGU 1996) und die politische Ökologie (Krings 2008), die beide für die geographische Bildung aufbereitet wurden (Rhode-Jüchtern 2004; Kanwischer 2015), bringen Methoden zur Vernetzung über Disziplingrenzen hinweg in eine Bildung für nachhaltige Entwicklung ein. Mit dem Syndromansatz gelingt es, komplexe Wirkungsgeflechte zwischen verschiedenen naturgeographischen Faktoren wie Klima, Hydrologie, Boden und Relief und verschiedenen humangeographischen Faktoren wie Politik, Gesellschaft und Wirtschaft zu analysieren und damit Nachhaltigkeitsprobleme zu verstehen. Die politische Ökologie zeigt dabei auf, welche Akteur*innen in ihren verschiedenen Rollen, Handlungsmöglichkeiten und Intentionen Mensch-Umwelt-Systeme beeinflussen. Vereinfachte Formen dieser etablierten Ansätze – etwa unter Reduktion der Faktoren bzw. Akteursperspektiven – können auch für den Sachunterricht angewandt werden.

Infobox 1

Die geographische Perspektive bietet auch über Nachhaltigkeit hinaus eine enorme inhaltliche Breite (vgl. GDSU 2013). Diese beinhaltet teilweise Überschneidungen mit und Anwendungen und Konkretisierungen von anderen Perspektiven, aber auch genuin eigene Charakteristika der Vernetzung und Verräumlichung. Die geographische Perspektive zeigt auf, wie natürliche Systeme in ihrer räumlichen Ausdehnung funktionieren, wie Menschen in Räumen mit ihrer natürlichen und sozialen Umwelt in Wechselwirkung stehen, wie verschiedene Akteur*innen mit unterschiedlichen Reichweiten sich beeinflussen und interagieren, wie Phä-

doi.org/10.35468/6025-01

nomene und Gegenstände in verschiedenen räumlichen Maßstabsebenen betrachtet werden können und zusammenhängen. Systeme wie Natur, Soziales, Kultur und Wirtschaft werden zusammengebracht und vernetzt. Es werden geometrische ebenso wie soziale Orientierung angebahnt, ein Verständnis des Lokalen wie des Globalen und der Wechselwirkungen dazwischen aufgebaut sowie eine Reflexion über die Relation des Selbst in diesen Zusammenhängen angestrebt. Geographische Bildung kann mit all den dargestellten Bezügen die großen, drängenden Fragen unserer Zeit in ihren lokalen und globalen Bezügen aufgreifen, wie etwa Klimawandel, Migration, Digitalisierung/Digitalität, globaler Markt und Ungleichheit. Auch mit der anstehenden Überarbeitung des Perspektivrahmens wird diese Komplexität nicht geringer werden; gleichwohl wird eine stärkere Systematik angestrebt. Dabei werden bestehende Ansätze aus der geographischen Bildung für den Bereich der Grundschule stärker durchdacht und modifiziert. Somit kann die Wissenschaftsorientierung verbessert und die Kontinuität für den Übergang Grundschule-Sekundarstufe noch stärker entwickelt werden.
Die Alltagsorientierung des Sachunterrichts bildet dabei eine Orientierung wie auch eine Unterstützung der Vermittlung, denn Geographie ist überall: So findet das alltägliche Handeln in Räumen statt, die sich im Sinne einer Spatial Literacy (Bednarz & Kemp 2011) entschlüsseln lassen. Mobilität in der Stadt ist u. a. mit verkehrsgeographischen Bezügen thematisch erschließbar. Der Schulhof ist immer auch ein Ort der Macht in Räumen und eine Möglichkeit zur partizipativen Raumgestaltung. Selbstverständlich gibt es auch geographische Bezüge, die der Alltagswelt der hiesigen Schüler*innen fern liegen, wie etwa eine Megacity in Ostasien oder ein langer Schulweg im ländlichen Nepal. Diese aber können Alltagsräume *anderer* sein, deren Erschließung Empathie fördert. Medienkonsum, der diese Räume ins Bewusstsein rückt, ist ebenso Teil des Alltags.
Alltags- oder, mit einem anderen Wort, Lebensweltorientierung lässt sich mit einer Methode geographischer Bildung, der Exkursion, sinnvoll herstellen. Dabei ist die Vielfalt an Exkursionsformen enorm und damit auch die Variabilität dieses Zugangs. Aus diesem Grund lassen sich Exkursionen nicht nur mit vielfältigen Orten und Themen des Sachunterrichts verbinden, sondern auch mit zahlreichen didaktischen Ansätzen. Vor dem Hintergrund dieser Möglichkeiten widmet sich dieser Band geographischer Bildung im Sachunterricht - wohlwissend um die Vielperspektivität des Sachunterrichts - und tut dies anhand der methodischen Großform der Exkursion, die sowohl geographische Bildung im Sachunterricht fördert als auch darüber hinaus für andere Perspektiven und vor allem aber für Vielperspektivität anschlussfähig ist.

doi.org/10.35468/6025-01

Exkursionsdidaktik für geographische Bildung und Perspektivenvernetzung im Sachunterricht – zum Anliegen des vorliegenden Bands

GPS-Drawing als eine exemplarische Exkursionsmethode

Das Lernziel des geometrischen Maßstabswechsel zeigt auf, wie Aspekte der geographischen Perspektive durch passende methodische Ansätze erschlossen und in ihrer Komplexität greifbar gemacht werden können: Die Darstellung in Karten, die Übersicht ermöglicht, geht mit einer Verkleinerung einher. Ein Verständnis – intuitiv und später numerisch – kann etwa über GPS-Drawing hergestellt werden (Gryl 2017): Schüler*innen zeichnen in eine Karte, die die Lehrkraft zur Verfügung stellt, eine Figur, die mittels vorhandener Wege (oder auf offenen Flächen) abgelaufen werden kann. Dabei müssen sie anhand bekannter Landmarken darauf achten, dass sie die Strecke auch bewältigen werden können. Mit Hilfe der Karte laufen sie die Strecke dann im physisch-materiellen Raum (Stadt, Wald etc.) ab. Dabei kann die Entscheidung über Abbiegen etc. an jeder neuen Ecke von Schüler*in zu Schüler*in weitergereicht werden. Dabei loggt ein GPS-Empfänger (Smartphone, Smartwatch, Tablet etc.) die Strecke währenddessen mit. Im Klassenraum kann die gezeichnete Strecke mit der gelaufenen Strecke in einer digitalen Karte verglichen werden. Durch den Einsatz der entsprechenden Tools findet eine Vernetzung mit der technischen Perspektive des Sachunterrichts statt. Es kann zudem berechnet werden, wie weit gelaufen wurde, und es kann mit anderen Entwürfen verglichen werden, die möglicherweise zu lang waren. Es kann gezoomt werden, so dass das Umfeld und dessen Ausmaße in Relation zum eigenen zurückgelegten Weg deutlich werden.

Infobox 2

Das Beispiel deutet an, dass sich viele Gegenstände geographischer Bildung und damit auch für eine vielperspektivische sachunterrichtliche Bildung interessante Aspekte über eigene Erfahrungen im physisch-materiellen Raum leichter erschließen lassen. Das ‚Draußen', das Tätigsein in Räumen, das sinnlich-leibliche Erfahren kann, zusammen mit Austausch, Medien und intensiver Reflexion, eine große Rolle bei der Erkenntnisgewinnung spielen. Zugleich kann eine ‚Öffnung der Schule' durch Exkursionen hin zu alltäglichen Räumen den Lebensweltbezug des Sachunterrichts deutlich steigern. Nicht umsonst ist Exkursionsdidaktik ein etablierter didaktischer Ansatz geographischer Bildung.

Freilich besteht die geographische Perspektive in mehr als Exkursionen, aber Exkursionen bieten ein wunderbares Feld, geographisches Arbeiten und auch weitere Themen sowie Denk-, Arbeits- und Handlungsweisen des Sachunterrichts zu

doi.org/10.35468/6025-01

erschließen. Exkursionen müssen dabei nicht aufwändig sein: Bereits das nächste Umfeld der Schule ist geographisch und perspektivenübergreifend bildungswert. Mit einem Repertoire an exkursionsdidaktischen Methoden, deren Vielfalt dieser Band anwendungsbezogen aufzeigt, lässt sich dieser Umstand erschließen. Darüber hinaus wird dargelegt, wie digitale Methoden der Augmentierung und Virtualisierung es ermöglichen, über die Limitationen des physisch-materiellen Umfelds hinauszugehen und Exkursionen mit Informationen anzureichen oder sie gar zu virtualisieren und sie damit flexibel, pragmatisch und vor allem auch mit Selbstverständnis im Sachunterricht zu verankern.

Dieser Band verfolgt dabei zweierlei Intention: Zum einen möchte er eine Sammlung an exkursionsdidaktischen Methoden anhand von exemplarischen Einbettungen vorstellen und für den variablen Einsatz im Sachunterricht bereitstellen. Diese Methoden können in der Folge auf viele weitere Themen, über die exemplarisch aufgezeigten hinaus, angewandt werden. Zum anderen wird mit jeder exkursionsdidaktischen Methode ein zentraler Ansatz geographischer Bildung oder ein auf diese Bildung anwendbarer fachdidaktischer Ansatz adressiert. Diese Ansätze ermöglichen es, die erkenntnistheoretischen Erfordernisse und Möglichkeiten der geographischen Perspektive auszuloten und die Schüler*innen zu befähigen, *geographisch gebildete Persönlichkeiten* zu werden. Dies ist zu verstehen in der Komplexität und eben auch Vielperspektivität der zu bearbeitenden Themen, aber auch in der Handlungsorientierung geographischer Bildung mit dem Ziel der Befähigung der Schüler*innen zur Partizipation.

In diesem einleitenden Kapitel werden dafür grundlegende Begriffe und Rahmungen zum Thema Exkursionsdidaktik geklärt: Es wird auf physische und virtuelle Exkursionen eingegangen, es werden methodische Formen von Exkursionen in ihrer Systematik vorgestellt, die Anschlussfähigkeit an den Perspektivrahmen und an ausgewählte Lehrpläne wird dargelegt und die Bezüge zum in der geographischen Perspektive sehr zentralen Raumbegriff werden ausgeführt. Darüber hinaus werden Forschungsarbeiten zur Exkursionsdidaktik als eine Grundlage dieses Bandes zusammengefasst. Abschließend werden die Beiträge mit ihren jeweiligen Schwerpunkten kurz genannt, um den Leser*innen eine Orientierung zur anlass- und interessengeleiteten Erschließung des Bandes zu ermöglichen.

Exkursionsdidaktische Vielfalt – physisch-materielle und virtuelle Exkursionen

Exkursionen im physisch-materiellen Raum

Eine Exkursion ist in der klassischen Lesart eine methodische Großform des Lernens, die in einer außerschulischen, physisch zugänglichen Lernumgebung angewendet wird und auf wenige Stunden bis mehrere Tage beschränkt ist. Ziel ist die

doi.org/10.35468/6025-01

Konfrontation mit Lerngegenständen in ihrer unmittelbaren Umgebung im fachlichen, methodischen und sozialen Kontext. Im Verlauf einer Exkursion werden unterschiedliche Lehr-/Lernmethoden in unterschiedlichen Sozialformen angewendet (Stolz & Feiler 2018, 10). Die zentrale Idee bei Exkursionen im physisch-materiellen Raum (nicht zu verwechseln mit auf naturwissenschaftliche Themen beschränkten physisch-geographischen Exkursionen) ist es, dass das sinnlich-leibliche Erleben, eine direkte Begegnung, bei den Schüler*innen für einen Lerneffekt sorgt, der über das medial transportierte Erleben im Klassenraum so nicht möglich ist. Ohl und Neeb (2012) zeigen auf, dass es den Lernenden durch Exkursionen einfacher fällt, gelerntes Fachwissen mithilfe von Erinnerungen an Erlebnisse abzurufen. Die Behaltensleistung ist höher als bei gelerntem Fachwissen im Klassenzimmer, wovon sowohl lernstarke als auch lernschwache Schüler*innen profitieren können (Ohl & Neeb 2012; Wilhelmi 2012). Durch eine gelungene Einbettung von Exkursionen in den Unterricht können Alltagswissen und fachwissenschaftliche Sichtweisen verbunden und ersteres kann in letzteres verändert werden (Reinfried 2010; Felzmann 2013). Der früher noch verwendete Passus der „Originalbegegnung" (Kreuzer 1980) allerdings wird mittlerweile kritisch betrachtet (Kanwischer 2006) „angesichts der Punktualität der Erkundung, der subjektiven Wahrnehmung und der Inszenierung des Raums durch die Lehrkraft und andere Beteiligte" (Gryl 2022, 182). Die Deutungskonstruktionen und damit die Weltaneignung der Lernenden werden durch das Lernsetting beeinflusst, und das auf eine für jede*n Schüler*in individuelle Weise. Deshalb ist auch der Begriff des ‚Realraums' für Exkursionen im physisch-materiellen Raum mitunter problematisch: Die Zugänglichkeit von ‚Realität' unterliegt auch hier Konstruktionsprozessen.

Diese konstruktivistische Sichtweise kann aber auch durch eine phänomenologische ergänzt werden: Resonanzeffekte (Rosa 2016; Keßler 2017), Wechselwirkungen zwischen dem Selbst und dem sinnlich-leiblich-emotional erfahrenen Umfeld, können tatsächlich das Erleben und die darauf folgende Verarbeitung des Erlebten hin zum Lernen intensivieren. Allerdings ist diese tiefe Begegnung, die etwas im Individuum auslöst, schwer forcier- und steuerbar und damit auch nicht zwangsläufig und immer hervorrufbar. Sie entzieht sich der Inszenierung und womöglich auch der thematischen Setzung des Lernorts als Medium im Unterricht. Gleichwohl ist die Begegnung mit den Dingen im Rahmen physisch-materieller Exkursionen die grundlegende Voraussetzung für ein vertieftes Erleben.

Virtuelle Exkursionen

Neben den klassischen Exkursionen existieren seit den Nullerjahren auch vermehrt virtuelle Exkursionen, die sich digitaler Medien bedienen und nicht unbedingt außerhalb der Klassenzimmer stattfinden müssen (Budke, Kuckuck & von Reumont 2020). Der Begriff der virtuellen Exkursion hat sich bedingt durch den

doi.org/10.35468/6025-01

technologischen Fortschritt im Laufe der Zeit diversifiziert und auch aus didaktischer Perspektive besteht keine einheitliche Definition (Schmidt, Lindau & Finger 2013). Vielmehr muss angesichts der Durchdringung von ‚virtuell' und ‚real/physisch' die Begrifflichkeit, ähnlich wie jene der Exkursionen im ‚Realraum', zunehmend reflektiert betrachtet werden: Während bereits in den 1990er-Jahren von einem Kontinuum zwischen ‚real' und ‚virtuell' statt von zwei getrennten Welten die Rede war (Milgram et al. 1994), spricht die Fachgeographie nun von hybriden Räumen (Dodge & Kitchin 2007). Übertragen auf Exkursionen heißt dies, dass virtuelle Exkursionen, da sie sich auf die Lebenswelt in ihrer sozialen Gemachtheit und ihrer physisch-materiellen Präsenz beziehen, auch aus dieser Lebenswelt und damit einer Melange aus physischen und sozialen Bezügen gespeist werden. Zugleich vermitteln auch virtuelle Exkursionen lebensweltlich relevante Kompetenzen, die sich dann wieder in Handlungen äußern, die auf soziale und auch physisch-materielle Konstellationen bezogen sind. Daneben sind auch Kombinationen von virtuellen Exkursionen und solchen in physisch-materiellen Räumen möglich, etwa durch Augmentierung mit Augmented Reality, aber häufiger einfach mit digital verfügbaren Informationen über den Ort, digitalen Karten, Apps zur Datensammlung und -visualisierung (beispielsweise Lärmmessung), koordinatengestützten Spielen und digitalen Rallyes. Streng genommen sind diese Formen ‚nur' eine Weiterentwicklung aller jener Exkursionen im physisch-materiellen Raum, die bereits mit Arbeitsblättern oder Karten vor Ort augmentiert waren, unter Nutzung digitaler Medien. Obgleich der Begriff Augmented Reality oft mit entsprechenden halbtransparenten Brillen oder zumindest Smartphonebildschirmen assoziiert ist, kann im weiteren Sinne eine Erweiterung um jegliche Medien als Augmentierung verstanden werden.

Bei rein virtuellen Exkursionen können sich die Schüler*innen beispielsweise durch digital aufbereitetes Material zu einem Ort klicken, passende Videos ansehen oder Podcasts hören. Im Gegensatz zur ‚freien' Internetrecherche erhalten die Schüler*innen auf virtuellen Exkursionen meistens didaktisch aufbereitetes Material. Aber auch in virtuellen Exkursionen können Schüler*innen miteinander interagieren, Fragen beantworten und sich aktiv in die Gestaltung der Exkursion sowie auch des Exkursionsmaterials oder der Produkte aus der Exkursion heraus einbringen. Der Vorteil virtueller Exkursionen ist unter anderem, dass ferne Gegenstände oder Orte mühelos und kostengünstig für die Schüler*innen zur Verfügung stehen und sie diese aus dem Klassenzimmer oder von zuhause erkunden können. Zudem können besonders aktuelle Materialien und Medien eingesetzt werden. Dabei werden Medienkompetenzen der Schüler*innen durch virtuelle Exkursionen gefördert und alltägliche digitale Technologien in den Unterricht eingebracht und sowohl als Mittel zum Lernen als auch idealerweise als Lern- und Bildungsgegenstand in Wert gesetzt (vgl. Gervé & Peschel 2013). Virtuelle Exkursionen können demnach ein Mittel sein, die digital durchdrungene Alltagswelt für

doi.org/10.35468/6025-01

Kinder erschließbar zu machen und zugleich den Bildungswert digitaler Technologien für Kinder zu erschließen.
Bisher liegt der Fokus dieser konzeptionellen exkursionsdidaktischen Bezüge stark auf dem Einsatz von Bildschirmmedien. Es ist denkbar, dass virtuelle Exkursionen zukünftig auch stärker auf Technologien wie Virtual, Augmented oder Mixed-Reality (VR, AR, MR, Sammelbegriff XR) ausgerichtet werden (Brendel & Mohring 2020), wenn diese Technologien den Alltag umfassender durchdringen, wie es Visionen wie das Metaverse prophezeien. Brendel und Mohring (2020) deuten an, dass die empirisch nachweisbaren Erfolge des Einsatzes von XR in didaktischen Settings, etwa in der medizinischen Ausbildung, Hoffnung machen, den Mehrwert von XR auch für Exkursionsdidaktik einzusetzen. Die immersiven Effekte können zukünftig bisher nicht zugängliche Erfahrungen auch für Schüler*innen im Sachunterricht ermöglichen.

Methodische Rahmungen von Exkursionsdidaktik – verschiedene didaktische Zugänge

Während der Begriff des außerschulischen Lernens in der Grundschule recht etabliert ist (u.a. Brade & Krull 2016), arbeitet die geographische Bildung mit dem Begriff der Exkursion - die Überschneidungen sind gleichwohl deutlich. In der geographischen Bildung allerdings finden sich weitere begriffliche Differenzierungen, die eine methodische Systematik aufzeigen. Diese illustriert Potential und Grenzen verschiedener Formen von Exkursionen, weshalb diese hier als eine Grundlage dieses Bandes, auch zur Einordnung und ggf. Modifikation der Beiträge durch die Leser*innnen, aufgezeigt werden sollen. Diese Formen lassen sich auf Exkursionen im physisch-materiellen Raum, auf virtuelle Exkursionen und auch auf Mischformen beziehen (Budke & Kanwischer 2006).
Vorweg ist allerdings für alle Formen der Exkursionen zu betonen, dass sie eine Vorbereitungs- und Nachbereitungsphase benötigen, die sowohl auf der Planungsebene seitens der Lehrperson liegt als auch in das unterrichtliche Geschehen eingebettet sein muss. Exkursionen ergänzen idealerweise den Unterricht inhaltlich oder methodisch und sollten daher nicht kontextunabhängig durchgeführt werden. In der Phase der Vorbereitung werden Entscheidungen von organisatorischen Abläufen (Ort, Termin, Zeit, Logistik, Einwilligung der Schulleitung und der Eltern, Aufsichtspersonen, rechtliche Besonderheiten) getroffen. Darüber hinaus erfolgen seitens der Lehrperson didaktisch-methodische Vorüberlegungen, auch im Sinne einer Binnendifferenzierung und für Kinder mit besonderem Förderbedarf, welche Methoden, Materialien und Medien während der Exkursion gebraucht werden (Sauerborn & Brühne 2010). Die Schüler*innen sollten in die Planung der Exkursion, sofern möglich, eingebunden werden. In den Unterrichtsstunden vor der Exkursion sollte eine thematische Hinführung zur Exkursion erfolgen. Zum Bei-

doi.org/10.35468/6025-01

spiel überlegen sich die Schüler*innen vorab auf Basis ihres Vorwissens oder eines Impulses, welche Interviewfragen sie Experten*innen vor Ort stellen möchten. Sie üben vorab die Nutzung von Kamera oder Tablet, mit denen sie Fotos während der Exkursion machen oder die Nutzung von Apps, in denen sie sich und die Exkursionsroute verorten können. Nach erfolgter Exkursion geht es in der Nachbereitung darum, das Erlebte, Erfahrende, Beobachtete und sinnlich Erfasste sowie die erhobenen und gewonnenen Daten im Unterricht aufzugreifen, zu bearbeiten, zu präsentieren und zu reflektieren und daraus Erkenntnisse zu bilden.

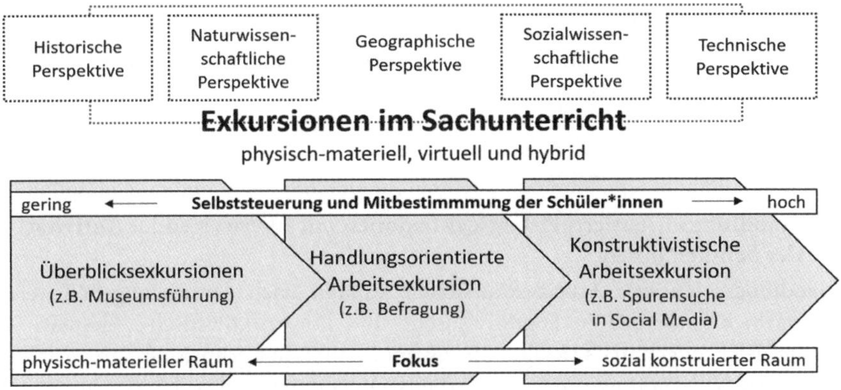

Abb. 1: Systematik der Exkursionsformen (eigene Darstellung nach Ohl & Neeb 2012, 261; Dickel & Scharvogel 2013, 177)

In Anlehnung an Ohl & Neeb (2012), Dickel & Scharvogel (2013) sowie Hemmer & Uphues (2009) nehmen wir auch in diesem Buch eine Unterscheidung von drei Exkursionsformen vor. Diese Unterscheidung wird in der geographiedidaktischen Disziplin häufig rezipiert (u. a. Renner 2020; Stolz & Feiler 2018; Meurel, Hemmer & Lindau im Druck, 2023).

(1) Überblicksexkursionen

Überblicksexkursionen erfüllen den Zweck der Vermittlung kognitiver (geographischer) Lerninhalte (Neeb 2010) und weisen einen geringen Selbstbestimmungsgrad der Themenauswahl oder des Raumausschnitts durch die Schüler*innen auf. Die Lehrkraft, ein*e Exkursionsleiter*in oder ein*e Expert*in erläutert vornehmlich die Inhalte. Die Schüler*innen können sich zu den vermittelnden Sachverhalten äußern und Fragen stellen. Dieser Ansatz hat in der Vergangenheit viel Kritik erfahren (vgl. Haubrich et al. 1997), da er von einer hohen Passivität der Schüler*innen geprägt ist, sie wenig selbstgesteuert lernen und ihre Interaktion gering bleibt. Dennoch ist diese Exkursionsform weit verbreitet, denn vorteilhaft sind der oft geringere Organisationsaufwand, ein klarer Ablauf und definierbare

Lern- bzw. Kompetenzziele (Neeb 2010). Typische Arbeitsweisen vor Ort sind das Anfertigen von Skizzen oder das Eintragen von Informationen in topographische Karten auf Basis der genannten präsentierten Informationen. Häufig werden für Überblicksexkursionen Betriebe oder Museen besichtigt oder Lehrpfade abgelaufen.

Beispiel einer Überblicksexkursion
Die Schüler*innen besuchen gemeinsam mit ihrer*m Klassenlehrer*in eine Tropfsteinhöhle. Eine autorisierte Person nimmt die Klasse in Empfang, geht mit der gesamten Klasse 90 Minuten lang durch die Höhle und erklärt die Entstehung der Stalaktiten und Stalagmiten sowie der Säulen im Kalkgestein. Die Schüler*innen können zwischendurch Fragen stellen.

Infobox 3

(2) Handlungsorientierte Arbeitsexkursionen mit überwiegender Aktivität der Schüler*innen

Handlungsorientierte Arbeitsexkursionen können nach der Herangehensweise unterschieden werden in kognitivistische und konstruktivistische. Gemein ist beiden Richtungen, dass sie einen problemorientierten Lernprozess anregen. Kognitivistische handlungsorientierte Arbeitsexkursionen werden überwiegend von der Lehrperson vorgeplant und (teil-)strukturiert, die Schüler*innen können aber recht selbstständig festgelegte Lerninhalte und Problemstellungen bearbeiten und Methoden und Arbeitsweisen anwenden, um die vorgegebenen (Problem-)Fragestellungen zu beantworten. Arbeitsweisen vor Ort können z.B. meteorologische Messungen sein, Befragungen, Kartierungen zu selbst erhobenen Daten (z.B. zur Gebäudenutzung) oder Orientierungsübungen.

Beispiel einer kognitivistischen Arbeitsexkursion
Die Schüler*innen besuchen mit ihrer*m Klassenlehrer*in die Tropfsteinhöhle. Die Schüler*innen erhalten von der Lehrperson die problemorientierte Fragestellung: Warum besuchen Leute die Tropfsteinhöhle? Die Schüler*innen erhalten ein Repertoire an Arbeitsweisen, mit deren Hilfe sie die Fragestellung beantworten können (z.B. Beobachtung, Fragebogen, Interview etc.). Die Schüler*innen überlegen in einer Kleingruppe, wie sie die Fragestellung beantworten möchten und arbeiten frei innerhalb einer vorgegebenen Zeit und eines abgesteckten Raums daran. Die Ergebnisse werden im Nachgang in der Klasse vorgestellt, diskutiert und bzgl. Ergebnisse, erlangtem Fachwissen und Methoden reflektiert.

Infobox 4

doi.org/10.35468/6025-01

(3) Konstruktivistische Arbeitsexkursionen mit einem hohen Selbstbestimmungsgrad der Schüler*innen

Bei konstruktivistischen Arbeitsexkursionen kann der Lernprozess im Gegensatz zur kognitiven handlungsorientierten Arbeitsexkursion noch offener gestaltet werden. Dabei können insbesondere die Fragestellungen offen(er) sein. Gerade die Vielperspektivität des Sachunterrichts kann hier gefördert werden, ebenso wie die Kreativität der Schüler*innen. Soziale Aspekte ebenso wie individuelle Lernprozesse können besser Beachtung finden (Dickel & Glasze 2009; Stolz & Feiler 2018). Methoden bei konstruktivistischen Arbeitsexkursionen sind z. B. die Spurensuche (s. Beitrag von Kanwischer & Reithmeier in diesem Band). Bei der „Spurensuche“ (Hard 1989) suchen die Schüler*innen selbstständig (ggf. thematisch orientiert) Spuren, also Zeichen, Phänomene, Bemerkenswertes im Raum, stellen dazu Hypothesen auf und betten sie in einen Zusammenhang ein. Sie entwickeln damit eigenständig, unterstützt durch die Lehrkraft, Sinngebungen, die auch divergent sein können, was der Vielfalt an Praktiken in einem Raum entspricht.

Beispiel einer konstruktivistischen Arbeitsexkursion

Die Schüler*innen fahren zur Tropfsteinhöhle und dem angeschlossenen Naturschutzgebiet. Sie sollen sich zunächst umschauen und Dinge, die ihnen auffallen, notieren. Nach einer kurzen Besprechung sollen die Schüler*innen ihren Spuren folgen. So verfolgt z. B. eine Gruppe die Wegweiser, die zur Orientierung für Besucher*innen dienen. Eine andere beobachtet Besucher*innen im Eingangsbereich der Höhle, wiederum eine Gruppe befragt Personen, die die Höhle verlassen. Im Nachgang werden die Spuren verglichen, diskutiert, gemeinsam hinsichtlich ihrer Aussagekraft interpretiert und es wird darüber reflektiert, warum die Gruppe ihrer jeweiligen Spur nachgegangen ist und welche Erkenntnisse sich aus der Spur und den Spuren im Zusammenspiel gewinnen lassen.

Infobox 5

Die Exkursionstypen können vielfältig miteinander kombiniert werden, indem etwa entsprechend zuzuordnende Aufgabenstellungen und Methoden gemixt werden. Eine Exkursion zur Tropfsteinhöhle kann als Überblicksexkursion beginnen und anschließend durch problemorientierte Aufgabenstellungen zu einer kognitiven Arbeitsexkursion werden. Die verschiedenen Formen sind selbstverständlich auch bei virtuellen oder augmentierten Exkursionen erkennbar. Ein Beispiel für eine eher passive Variante der Überblicksexkursion wäre das folgende, das belegt, dass ‚neue‘ Medien auch mit sehr traditionellen Praktiken der Vermittlung einhergehen können und nicht automatisch ideale Lernsettings hervorbringen:

doi.org/10.35468/6025-01

Beispiel einer VR-Exkursion mit möglichen Limitationen
Mittels der App Google Expeditions gibt die Lehrkraft Schüler*innen eine virtuelle Führung durch den Amazonas-Regenwald. Die Schüler*innen blicken durch einfache VR-Brillen, sogenannte Cardboxes, und können so einen immersiven Einblick in den Dschungel erlangen und sich auch rundherum umschauen. Die Lehrkraft erläutert das Gesehene, weist auf besondere Aspekte im Blickfeld hin und steuert zentral für die Apps der Schüler*innen den Wechsel von einer Szenerie zur nächsten.

Infobox 6

Wenn die im Beispiel genannte digitale Exkursion also zu einer Arbeitsexkursion werden soll, dann braucht es Aufgabenstellungen, die etwa zum Sammeln von Informationen anregen, wobei die Interaktionsmöglichkeiten (etwa für Befragungen) in VR-Umgebungen eher begrenzt sind. Für eine Spurensuche müsste die Umgebung tatsächlich Spuren beinhalten, die Fragen aufwerfen, denen im nächsten Schritt gemeinsam nachgegangen werden kann. Auch hier ist die Kommunikation untereinander, die essentiell für ein konstruktivistisches Lernerleben ist, während des Aufenthalts in der VR-Umgebung gewöhnungsbedürftig und deutlich anders als in der Face-to-Face-Situation. Bei Berücksichtigung dieser neuen Aspekte und Ergänzung mit anderen Interaktionsformen aber kann auch VR Teil von anspruchsvollen Exkursionsformaten werden - umso wichtiger werden hier die Phasen der Vor- und Nachbereitung.

Anschlussfähigkeit von Exkursionen an den Perspektivrahmen und Lehrpläne des Sachunterrichts

Der Perspektivrahmen Sachunterricht erwähnt Exkursionen zwar nicht zentral, aber dennoch explizit als „Arbeiten und Handlungsanforderungen, die besonders geeignet sind, kooperative Arbeitsschritte zu planen, Verantwortlichkeiten festzulegen sowie die Ergebnisse untereinander zu präsentieren, zu bewerten und die Arbeitsphase hinsichtlich der Zweckhaftigkeit und Effektivität einzuschätzen (z. B. Lernen an außerschulischen Lernorten)“ (GDSU 2013, 26). Tatsächlich kann auf Exkursionen zu (fast) allen inhaltlichen Themen des Sachunterrichts Fachwissen vermittelt werden. Gerade aber Wechselbeziehungen zwischen Mensch und Umwelt lassen sich auf Exkursionen im Sachunterricht besonders gut erfahren. Eine geographische Bildung ermöglicht Schüler*innen, ausgehend von ihren eigenen Erfahrungen und am Beispiel von exemplarischen und für sie bedeutsamen Beispielen, die Erschließung und Auseinandersetzung mit Räumen (GDSU 2013). Im Perspektivrahmen Sachunterricht (GDSU 2013) werden vier Themenbereiche der geographischen Perspektive zugeschrieben, denen Schüler*innen auf Exkursionen

doi.org/10.35468/6025-01

begegnen können: Sie können Naturphänomene (z. B. Ebbe und Flut) und natürliche Zyklen und Kreisläufe (z. B. Wasserkreislauf) in Teilen selbst erleben (TB GEO 1). Sie können auf Exkursionen beobachten, wie „Menschen [den Raum] nutzen, gestalten, belasten, gefährden und schützen“ (GDSU 2013, 47) (z. B. nachhaltige Stadtentwicklung) (TB GEO 2). Auch die Vielfalt und Verflechtungen von bzw. zwischen Räumen können auf Exkursionen erfahrbar gemacht werden (z. B. Hafen) (TB GEO 3), ebenso wie die Entwicklung und Veränderung von Räumen (TB GEO 4) (z. B. Stadtentwicklung). Exkursionen eignen sich auch besonders zur Vermittlung räumlicher Orientierungskompetenzen, da die Schüler*innen sowohl im physisch-materiellen Raum als in virtuellen bzw. hybriden Räumen topographische Kenntnisse, Orientierungsfähigkeit und den Umgang mit (digitalen) Karten üben können. Dies findet sich auch in den Denk-, Arbeits- und Handlungsweisen des Perspektivrahmens (GDSU 2013, 47) wieder (DAH GEO 1-4), insbesondere in DAH GEO 2 „Räume erkunden, untersuchen und Ergebnisse dokumentieren“. Die Schüler*innen erwerben auf Exkursionen darüber hinaus auch den Umgang mit geographischen (Arbeits-)Methoden, indem sie „problem-, sach- und zielgemäß Informationen im Gelände (z. B. Beobachtungen, Kartieren, Messen, Zählen, Probenentnahme, Befragen) […] gewinnen“ (DGfG 2020, 20), wie die Bildungsstandards Geographie aufzeigen. Auch werden auf vielen Exkursionen, wenn diese digital augmentiert oder virtuell sind, Kompetenzen aus den sechs Kompetenzbereichen der KMK zur „Bildung in einer digitalen Welt“ (KMK 2016) bzw. Kompetenzen des „digi.komp“ des österreichischen BMBWF (o.J.) gefördert.

Exemplarische Bezüge zu den sechs Kompetenzbereichen der KMK im Zuge von virtuellen und augmentierten Exkursionen

Die Schüler*innen suchen, verarbeiten und bewahren Daten, indem sie nach Informationen zu einem bestimmten Stadtteil suchen, diese Informationen filtern und auswerten/bewerten. Die Schüler*innen erwerben Kompetenzen im Bereich Kommunizieren und Kooperieren, indem sie z. B. gemeinsam an einer digitalen Pinnwand (z. B. Padlet) arbeiten, um diese Informationen zu sortieren. Indem die Schüler*innen selbst Fotos im physisch-materiellen Raum erstellen und diese für ihre Padlet- oder Social Media-Präsentation nutzen, beachten sie rechtliche Vorgaben und arbeiten adressat*innenorientiert (Kompetenzbereich Produzieren und Präsentieren). Auch wird auf geographischen Exkursionen der sichere Umgang mit persönlichen Daten angesprochen (Kompetenzbereich Schützen und sicher Agieren). Ferner werden die Schüler*innen angehalten, digitale Werkzeuge wie Suchmaschinen und Geomedien für die Erkenntnisgewinnung fragegeleitet zu nutzen und die Daten zu verarbeiten (Problemlösen und Handeln) sowie über die eingesetzten Medien und deren Darstellugsgrenzen (z. B. Fotoapparat oder digitale Karten) zu reflektieren (Analysieren und Reflektieren) (KMK 2016).

Infobox 7

doi.org/10.35468/6025-01

Mit Blick auf die Bildungsstandards Geographie der Sekundarstufe I (DGfG 2020) und die Anschlussfähigkeit an die Sekundarstufe erwerben Schüler*innen auch Grundlagen dort genannter Kompetenzen: etwa im Bereich Kommunikation, indem sie miteinander interagieren, aber auch indem sie z. B. Passant*innen befragen, ein Interview führen oder ihre erhobenen Daten in der Nachbereitung in der Klasse präsentieren. Diese Vorgehensweise schließt auch den Kompetenzerwerb im Bereich Methoden/Erkenntnisgewinnung ein. Geographische Exkursionen ermöglichen zudem den Kompetenzerwerb bzgl. Beurteilen/Bewerten, wenn Schüler*innen neue Erkenntnisse in einen vielperspektivischen Kontext setzen und Sachverhalte oder die Darstellungen dieser Sachverhalte bewerten (z. B. Stadtkarten für Kinder). Durch Exkursionen im Sachunterricht können die Schüler*innen auch darin bestärkt werden, natur- und sozialräumliche Auswirkungen kennenzulernen (Kompetenzbereich Fachwissen) und ihre Auswirkungen abzuschätzen (z. B. Müllvermeidung und Recycling) (Kompetenzbereich Handlung).

Da Exkursionen für das Lernen in der Grundschule/im Sachunterricht von großer Bedeutung sind, finden sich auch in den Lehrplänen und Curricula der Länder und Bundesländer Bezüge dazu (vgl. Blaseio 2016). Eine Auswahl stellt die folgende Auflistung dar:

Exemplarische Lehrplanbezüge der Exkursionsdidaktik im Sachunterricht

- Lehrplan Sachunterricht NRW: „Die inhaltlichen Kooperationen mit anderen Fächern und Lernbereichen sowie außerschulischen Lernen und Kooperationen mit außerschulischen Partnern können sowohl zum Erreichen und zur Vertiefung der jeweils fachlichen Ziele als auch zur Erfüllung übergreifender Aufgaben beitragen“ (Ministerium für Schule und Bildung NRW 2021, 102).
- Lehrplan Heimat- und Sachunterricht Bayern: „Handlungsorientierte und direkte Begegnungen (mit Menschen, Tieren, Pflanzen, Naturphänomenen, Werkzeugen, Gegenständen und Bauwerken auch an außerschulischen Lernorten) unterstützen die Kinder dabei, ihre Kenntnisse und Fähigkeiten auf ihren Alltag zu übertragen und diesen zunehmend selbstständig zu bewältigen“ (Bayerisches Staatsministerium für Bildung und Kultur, Wissenschaft und Kunst 2014, 80).
- Lehrplan Berlin/Brandenburg Sachunterricht (Teil C): Im Themenfeld Erde heißt es „Exkursionen planen und durchführen“ (Senatsverwaltung für Bildung, Jugend und Wissenschaft Berlin & Ministerium für Bildung, Jugend und Sport Brandenburg 2015, 29).

doi.org/10.35468/6025-01

- Gesamter Volkschulslehrplan Österreich: „Zum Beobachten, Erkunden und Klären von Sachverhalten kommt den unmittelbaren Begegnungen mit der Wirklichkeit auch außerhalb des Schulhauses besondere Bedeutung zu; in diesem Zusammenhang kommt den Lehrausgängen großes Gewicht zu" (Bundesministerium Bildung, Wissenschaft und Forschung 2010, 16) sowie „sich im Raum orientieren: Im örtlichen Bereich und in der näheren Umgebung durch Erkundungsübungen (insbesondere bei Lehrausgängen) die Orientierungsfähigkeit erweitern" (ebd., 96).
- Lehrplan 21 Sachunterricht Schweiz: „[…] Außerschulische Lernorte sind dadurch gekennzeichnet, dass direkte Begegnungen und Erkundungen ermöglicht werden. Diese Begegnungen werden von der Lehrperson initiiert und begleitet. Dabei stehen entdeckende, forschende und problembezogene Zugangsweisen für die Erschließung im Vordergrund. Außerschulische Lernorte sind Örtlichkeiten, die extra zum Lernen aufgesucht werden. Dazu gehören: Standorte in der naturnahen Umwelt […], Betriebe, Anlagen, Arbeitsstätten […], Begegnungsorte und Situationen mit Menschen […], Einrichtungen mit spezifisch didaktischer Ausrichtung oder museumspädagogischen Angeboten (z. B. Museen, Ausstellungen, Lehrpfade, Produktionsbetriebe)" (Deutschschweizer Erziehungsdirektoren-Konferenz (D-EDK) 2016, 10). „Geografischen Fragestellungen begegnen Kinder und Jugendlichen sowohl in ihrer direkten Umgebung als auch in den Medien und entsprechenden gesellschaftlichen Diskussionen. Daher sind Lernzugänge, die von Alltagsvorstellungen Lebensweltbezügen ausgehen genauso bedeutend wie die direkten Begegnung mit Begriffen, Sachverhalten und Menschen außerschulischen Orten. Zudem soll das aktiv-entdeckende Lernen mit dem anschaulichen, multimedialen Lernen kombiniert werden" (ebd., 13). „Die Schülerinnen und Schüler […] können Naturlandschaften und Spuren von Naturereignissen an außerschulischen Lernorten erkennen und untersuchen" (ebd., 99).

Infobox 8

Die Betonung von Exkursionen ist in den genannten Dokumenten unterschiedlich intensiv. Zudem variieren die Wording und Begrifflichkeiten, insbesondere zwischen Exkursionen und außerschulischen Lernorten. Dennoch verweisen alle hier genannten Bildungsdokumente im Kern auf Exkursionen, was deren didaktische Bedeutung in einen rechtlich verbindlichen Rahmen setzt.

doi.org/10.35468/6025-01

Ein kurzer Forschungsstand zu Exkursionen im Sachunterricht

Für den Sachunterricht existiert eine Vielzahl an praxisorientierten Texten zur Durchführung von Exkursionen bzw. – mit einem leicht abweichendem Sprachgebrauch – für Besuche außerschulischer Lernorte, teilweise auch unter fächerübergreifendem und fächerverbindendem Ansatz (z. B. Brade & Krull 2016). Der vorliegende Band setzt trotz der vorliegenden Ansätze neue Akzente, weil er erstens eine Systematik der Methodik der Exkursionsdidaktik ermöglicht, zweitens den Raumbezug aus geographischer Sicht offen legt, wozu im Folgekapitel noch einige Erläuterungen bzgl. der Raumkonzepte folgen werden, und drittens Ansätze geographischer Bildung bzw. auf diese anwendbare fachdidaktische Ansätze mit einbindet, was die Verbindung von geographischer Bildung/Erkenntnisgewinnung und Exkursionen bei gleichzeitiger Orientierung an den Inhalten des Sachunterrichts aufzeigt und stärkt. Diese Ansätze wiederum können auf weitere Perspektiven und Perspektivenvernetzung übertragen werden.

Als Grundlage für den dieser Agenda folgenden, eher theoretisch-konzeptionellen und praxisorientiertem Band sollen in diesem Abschnitt der Einleitung noch empirische Befunde zur Exkursionsdidaktik hinzugefügt werden.

Zu Exkursionen im Geographieunterricht liegen eine Vielzahl an verschiedenen Studien vor (z. B. Lößner 2011; Neeb 2012; Segbers 2018), und darüber hinaus werden Exkursionen in anderen fachdidaktischen Richtungen beforscht (z. B. Geschichte) (Baar & Schönknecht 2018). Auch in der Hochschullehre haben Exkursionen eine – unterschiedlich große – Bedeutung (z. B. Sammelband von Seckelmann & Hof 2020). Exkursionen im Sachunterricht zur geographischen Perspektive sind hingegen bisher weniger Gegenstand von empirischer Forschung. In der folgenden Übersicht liegt der Fokus auf den Arbeiten, die für den Sachunterricht bzw. die geographische Perspektive im Sachunterricht relevant sind. Neben Forschungsarbeiten, die angehende Lehrpersonen im Fokus haben, werden dabei auch die Schüler*innen selbst sowie die außerschulischen Lernorte untersucht.

Beudels, Jeske und Preisfeld (2021) beschreiben die Konzeption, Durchführung und Evaluation eines Seminars für Sachunterrichtsstudierende (N=36), die unter dem Aspekt der Vielperspektivität selbst eine Exkursion planen sollten. Sie können zeigen, dass die Studierenden nach dem Seminar eine signifikant höhere Selbstwirksamkeitserwartung bzgl. vielperspektivischen Unterrichtens und der Durchführung von Exkursionen im inklusiven Sachunterricht haben. Lindau & Renner (2019) thematisieren in ihrer Forschung das Fragenstellen auf Exkursionen von Lehramtsstudierenden als Teil geographischer Bildung zur Erschließung von Räumen vor dem Hintergrund von geographischen Raum- und Basiskonzepten. Die Ergebnisse zeigen, dass die Raum- und Basiskonzepte der Geographie

doi.org/10.35468/6025-01

von den Studierenden durch das Fragen an den Raum erfasst werden können. Baar & Schönknecht (2018) haben insgesamt 53 Einzel- und Metastudien zu diversitätsbezogenen Effekten des Lernens an außerschulischen Lernorten untersucht und haben herausgefunden, dass die normativ-theoretisch formulierten Ziele bislang kaum empirisch belegt wurden. Nur ein sehr kleiner Teil der Studien beziehen Heterogenitätsmerkmale außerhalb von Alter und Geschlecht mit ein. Weiser (2020) hat herausgefunden, dass Kindergarten- und Grundschulkinder ein grundsätzliches Interesse an Phänomenen der Natur, Naturräumen, Naturmaterialien sowie Tieren, Pflanzen und Pilzen haben. Die Daten offenbaren aber auch, dass Kinder, die wenig Kontakt und Vorerfahrungen mit bzw. zur Natur haben, große Berührungsängste und Ekelgefühle zeigen. Naturphänomene scheinen für Kinder interessant zu sein, wenn sie durch Vor- und Alltagserfahrungen einen persönlichen Bezug aufbauen können. Wünschmann, Wüst-Ackermann, Randler und Vollmer (2016) können in ihrer Untersuchung zeigen, dass außerschulische Lernorte (am Beispiel von Amphibien und Reptilien im Zoo) mehr Effekte in Bezug auf Wissen und Motivation haben als die Thematisierung im Klassenraum (N= 65 Grundschulkinder). Wittlich (2020) untersucht geographisch relevante außerschulische Lernorte in Rheinland-Pfalz unter besonderer Berücksichtigung des Leitbilds der Bildung für nachhaltige Entwicklung. Ein Forscherteam aus Deutschland und Frankreich analysiert, wie mit der alltäglichen Mobilität verbundene Lerngelegenheiten strukturell in schulische Abläufe integriert werden können (Elfering & Wagner 2019).
Die Studienlage erweist sich als thematisch breit, aber zugleich nicht vollumfänglich. Deshalb können die vorliegenden Beiträge auch nicht lückenlos auf empirischen Grundlagen insbesondere aus dem Grundschulbereich fußen, sondern bedürfen auch zukünftiger Erprobungen und Evaluationen. Ihr Zugänglichmachen und Eröffnen für Variationen, etwa mit diesem Band, ist ein Schritt für das Lernen im Tun und für einen Erfahrungsaustausch in der Gemeinschaft der Lehrer*innen und Fachdidaktiker*innen.

Raumkonzepte in Exkursionen im Sachunterricht – ein Schwerpunkt und Exkurs

Ein wichtiger Aspekt für Lernen auf Exkursionen bleibt noch zu betrachten: der Raumbezug. Lernen in der geographischen Perspektive des Sachunterrichts zeichnet sich generell durch Raumbezüge aus – die geographische Perspektive ist eine raumbezogene. Die Geographie als Wissenschaft und auch die geographische Bildung unterscheiden allerdings verschiedene analytische Blicke auf Raum, um alltägliches Handeln in Räumen und Kommunizieren über Räume überhaupt in ihrer Komplexität fassen zu können. Das folgende Beispiel kann die Notwendigkeit *verschiedener* Raumkonzepte fassen:

doi.org/10.35468/6025-01

Vielfalt der Betrachtungsweisen von Raumkonzepten am Beispiel
Eine Parkbank ist so konstruiert, dass sie zum Ausruhen und Sitzen genutzt werden kann, was eine gesellschaftlich akzeptierte und von ihren Planer*innen vorgesehene Nutzung ist. Sie ist aber aufgrund ihrer Stabilität auch als Spielgerät geeignet, zum darauf Stehen, über die Lehne Klettern und Herunterspringen. Diese Nutzung ist – auch bei halbwegs sauberen Schuhen – gesellschaftlich weniger akzeptiert. Die Materialität der Bank wird also mit Bedeutung versehen, die individuell verschieden ist (Spaziergänger*innen vs. Kinder) und zugleich gesellschaftlich unterschiedlich verankert ist (Parkregeln, Institutionen wie die Stadtverwaltung). Solche Bedeutungen können sich – mit einer gewissen verbleibenden Unsicherheit – verschieben, etwa, wenn Verweilverbote im Zuge der Corona-Pandemie nur besonders erholungsbedürftigen Menschen die Nutzung der Bank eingeräumt haben. Teilweise werden gesellschaftliche Regeln auch wiederum in Materialität übersetzt: Das Einfügen von Barrieren in Parkbänke, um Wohnungslose vom Schlafen abzuhalten (‚hostile Architecture') ist eine dieser Wechselwirkungen von gesellschaftlichen Raumvorstellungen und räumlicher Materialität.

Infobox 9

In der Geographiedidaktik wurde sich auf vier Raumkonzepte (Wardenga 2002) verständigt:

(1) Raum als Container: Der physische Raum beinhaltet physisch-materielle Objekte, Personen und Phänomene in ihrer Dinglichkeit (z. B. Spielplätze). Seine Grenzen lassen sich auf Karten festhalten und verorten (z. B. Stadtgrenze als Verwaltungsort).

(2) Raum als System von Lagebeziehungen: Distanzen von Objekten und Personen und die Verfügbarkeit von Transportmitteln haben ihre Wirksamkeit. Auch die räumliche Nähe (z. B. Straße/Spielplatz) und das Einfügen von Barrieren (z. B. Zaun/Lärmschutzwand) haben Relevanz.

(3) Wahrnehmungsraum: Die subjektive Wahrnehmung und Bedeutungskonstruktion in Räumen ist wirksam für Handlungen (z. B. Wahrnehmung der Parkbank als Spielgerät).

(4) Raum als soziale Konstruktion: geteiltes, verfestigtes Verständnis über gesellschaftlich akzeptierte Nutzungsweisen in Räumen (z. B. Parkbank als Sitzgelegenheit für vornehmlich ältere erholungsbedürftige Bürger*innen; aber auch – weiteres Beispiel – die unhinterfragte (Aus-)Nutzung von Niedriglohnländern für die Produktion für Staaten des Globalen Nordens).

doi.org/10.35468/6025-01

Insbesondere das Raumkonzept (4), das auf der handlungstheoretischen Sozialgeographie (Werlen 1993) basiert, wird als komplex angesehen. Dabei sind empirisch nachgewiesen auch Kinder in der Lage, die soziale Konstruiertheit von Räumen, etwa am Beispiel von Regeln, Nutzungspraktiken und Machtverhältnissen, zu verstehen (Pokraka et al., im Druck).
Zur Drucklegung dieses Bandes liegt die abschließende Formulierung des neuen Perspektivrahmens Sachunterricht zu den Raumkonzepten noch nicht vor. Darüber hinaus steht gegebenenfalls eine Anpassung der Formulierungen in den im Entstehen begriffenen Bildungsstandards Geographie (Sekundarstufe II) im Raum. Deswegen bezieht sich dieser Band vorerst auf die vier etablierten Raumkonzepte der Geographiedidaktik. Möglicherweise kommt es für den Sachunterricht zu einer vereinfachten Darstellung in physisch-materiellen Raum und sozial konstruierten Raum. Diese beiden Betrachtungsweisen von Raum sind aber komplett anschlussfähig an die vier Raumkonzepte: (1) und (2) gehen in dem physisch-materiellem Raum auf und (3) und (4) werden von dem sozial konstruierten Raum erfasst, der soziale Konstruktionen auf der individuellen (3) wie auch der gesellschaftlichen/ gemeinschaftlichen (4) Ebene erfassen kann.
Mit diesen theoretischen Überlegungen, die für raumbezogenes Lernen zentral sind und obendrein im alltäglichen räumlichen Handeln sehr wirkmächtige Blickwinkel reflektieren, kann nun im folgenden Abschnitt eine zusammenfassende Orientierung für diesen Band gegeben werden.

Struktur der Beiträge und des Bandes – eine Leseanregung

Ziel des Bandes ist, wie erwähnt, die Vermittlung eines möglichst breiten Repertoires an vielfältigen exkursionsdidaktischen Methoden mittels thematischer Beispiele, wobei zugleich mit jedem Beitrag ein Ansatz der geographischen Bildung oder ein auf sie anwendbarer fachdidaktischer Ansatz mit eingeführt wird. Bildungsansätze wie diese ermöglichen eine konzeptionelle Fundierung von Unterricht mit dem Ziel einer flexiblen, an Lerngruppen angepassten Konkretisierung in der Unterrichtsplanung. Die Bausteine, die in den Beiträgen vermittelt werden – (idealerweise vielperspektivisches) Thema, fachdidaktischer Ansatz und Exkursionsmethode – lassen sich in Unterrichtsplanungen relativ frei kombinieren und sind in der Exemplarität ihrer Kombination jeweils in einem Beitrag dargestellt. Mit der Verortung in der geographischen Perspektive und der raumbezogenen Exkursionsmethode sind zudem gleich doppelt Bezugspunkte zu den erwähnten Raumkonzepten gegeben, je nach Beitrag mit unterschiedlichen Fokussen auf einzelne der Konzepte. Jeder Beitrag folgt darüber hinaus den Leitlinien eines inklusiven und problemorientierten und idealerweise auch vielperspektivischen Sachunterrichts. Die nachfolgende Tabelle (Tab 1.) gibt eine Übersicht über die

doi.org/10.35468/6025-01

einzelnen Beiträge und deren Schwerpunktsetzungen, um so ein anlass- und interessengeleitetes Erkunden des Bandes zu erleichtern. Selbstverständlich sind sämtliche Eingrenzungen auch wieder durch Adaptionen zu öffnen: Ein Beispiel für eine bestimmte Klassenstufe kann durch Anpassung der Aufgabenstellung für eine andere geeignet sein. Und natürlich beinhaltet dieser Band nicht alle exkursionsdidaktischen Methoden und Ansätze geographischer Bildung – das kreative Kombinieren und Erproben weiterer Ideen (und das anderen darüber Berichten) kann nur lohnen; der Band ist ein Ausgangspunkt für das Entdecken. Mit weiterer Implementierung der Möglichkeiten und Herausforderungen einer Kultur der Digitalität in der Grundschule werden zudem weitere exkursionsdidaktische Methoden aufkommen, die der Band zum jetzigen Zeitpunkt noch nicht erahnt, ohne jedoch die bisherigen Methoden obsolet zu machen. Das Feld ist nicht abgeschlossen, sondern fluide. Für den Anfang können die Vorschläge hier natürlich auch so, wie sie im Band zu finden sind, mit kleinen Anpassungen an die lokale Situation, erprobt werden – und Stück für Stück kann der eigene Lern- und Lehr-Spielraum kontinuierlich und im Erleben mit den Schüler*innen zusammen erweitert werden.
Mit dieser Orientierung für den Band wünschen wir allen Leser*innen viel Erfolg beim Stöbern, Ausprobieren und Adaptieren und beim Vermitteln spannender, vielperspektivischer Themen mit Raumbezug durch Exkursionen im Sachunterricht!

doi.org/10.35468/6025-01

doi.org/10.35468/6025-01

Tab. 1: Übersicht über die Beiträge in diesem Band

Nr.	Autor*innen	Titel des Beitrags	exkursionsdidaktische Methode	(fachdidaktischer) Ansatz	Raumkonzepte*	Raumbeispiel	physisch-materiell (p) oder virtuell (v)
1	Beate Blaseio	Spurensuche am Strand. Forschendes Lernen an der Küste	analoge Spurensuche	forschendes Lernen	1	Nord- und Ostseeküste	p
2	Anne-Kathrin Lindau, Jaqueline Simon und Toni Simon	Auf in die Wildnis des Stadtwaldes – Wildnisbildung als exkursionsdidaktischer Ansatz. Ein Beitrag zur Bildung für nachhaltige Entwicklung in der Primarstufe	Wildnisbildung	Bildung für nachhaltige Entwicklung	1,2,3	Stadtwald	p
3	Hannes Schmalor und Steffen Ciprina	Mit geographischen Arbeitsweisen der Gesundheit von Bächen auf den Grund gehen. Naturwissenschaftliche Grundbildung im Sachunterricht fördern	geographische Arbeitsweisen	naturwissenschaftliche Grundbildung	1	Denaturierte und renaturierte Bäche im Nahraum	p
4	Veit Maier, Michael Morawski und Sebastian Seidel	„Warum will jemand hier wohnen?" – Rollenexkursionen im Sachunterricht. Multiperspektivität erfahrbar machen	Rollenexkursion	Multiperspektivität	3,4	Nahraum der Schule	p
5	Maik Wienecke	Mit einem Field Sketch vom Gestern zum Heute. Der zeitliche Wandel aus geographischer Perspektive	Field Sketching	zeitlicher Wandel	2,3	Altstadt von Potsdam	p
6	Diana Stage, Jurik Stiller, Verena Röll und Julia Becker	Mobilität in der Schulumgebung – Verkehrsraumkartierung aus Sicht von Schulkindern. Subjektive Kartographie als geographischer Zugang	Kartierung	subjektive Kartographie	1,2,3	Schulweg, Schulumgebung	p

Nr.	Autor*innen	Titel des Beitrags	exkursionsdidaktische Methode	(fachdidaktischer) Ansatz	Raumkonzepte*	Raumbeispiel	physisch-materiell (p) oder virtuell (v)
7	Eva-Kristina Franz und Barbara Lenzgeiger	Spielraum für Kommunikation und Partizipation – Befragungen im Sachunterricht. Kommunikativer Sachunterricht am Beispiel eines inklusiven Spielplatzes im Nahraum der Schule	Befragung	kommunikativer Sachunterricht	1,2,3	Spielplatz	p
8	Claudia Henrichwark und Michael Morawski	„Ich mach' mir die Welt, wie sie mir gefällt" – Fotografie als aktive Medienarbeit. Ein geographischer Zugang zur Partizipation	Medienarbeit (Fotografie)	Partizipation	4	Schulhof, Spielplätze	p
9	Barbara Feulner und Melanie Haltenberger	Mit einem Geogame das Schulgelände erkunden. Spielbasierte Förderung der (räumlichen) Orientierungskompetenz	Geogame	(räumliche) Orientierungskompetenz	3	Schulgelände	p/v
10	Melanie Haltenberger und Barbara Feulner	Eine digitalgestützte (Innenstadt-)Rallye zum Thema Umweltverschmutzung durch Müll. Mensch-Umwelt-Prozessen im Nahraum auf der Spur	digitalgestützte Rallye	Mensch-Umwelt-System	3	Innenstadt	p/v
11	Isabelle Kollar und Jochen Laub	To historize the spatial perspective - digital gestützte AR-Exkursionen. Perspektivenwechsel im raumzeitlichen Lernen im Sachunterricht	Augmented Reality (AR)	Perspektivenwechsel	1-4	Innenstadt	p/v

doi.org/10.35468/6025-01

Nr.	Autor*innen	Titel des Beitrags	exkursionsdidaktische Methode	(fachdidaktischer) Ansatz	Raumkonzepte*	Raumbeispiel	physisch-materiell (p) oder virtuell (v)
12	Carina Peter und Sandra Sprenger	Raumanalyse mit virtuellen Exkursionen. Mit digitalen Medien Exkursionskonzepte zum Hafen Hamburg und zum Wald gestalten	virtuelle Exkursion mit Padlet	Raumanalyse mit Geomedien und digitalen Karten	1,2,3	Hafen Hamburg und Mischwald in Hessen	v
13	Nina Brendel und Katharina Mohring	Virtual-Reality-Exkursionen. Achtsames Erleben von Kontroversität	Virtual-Reality (VR)	Kontroversität	3,4	Stadträume	v
14	Swantje Borukhovich-Weis	Exkursionen im Rahmen der Simulation. Wie die Bildung für Innovativität Partizipation und Innovation fördern kann	exkursionsgestützte Simulation	Bildung für Innovativität	2, 3, 4	Stadtraum	p/v
15	Detlef Kanwischer und Christina Reithmeier	Spurensuche in den sozialen Medien. Raumkonstruktionen im Kontext räumlicher Sozialisation	digitale Spurensuche	Raumkonstruktionen und räumliche Sozialisation im Zusammenhang mit sozialen Medien	3,4	physisch-materielle und/oder digitale Räume und Orte auf unterschiedlichen Maßstabsebenen	v

*(1) Raum als Container, (2) Raum als System von Lagebeziehungen, (3) Wahrnehmungsraum, (4) Raum als soziale Konstruktion

doi.org/10.35468/6025-01

Literatur

Adamina, M. (2016): Mensch-Umwelt-Systeme aus geographischer Perspektive. In: M. Adamina, M. Hemmer & J. C. Schubert (Hrsg.): Die geographische Perspektive konkret. Begleitband 3 zum Perspektivrahmen Sachunterricht. Bad Heilbrunn: Julius Klinkhardt, 44-48.

Baar, R. & Schönknecht, G. (2018): Außerschulische Lernorte: didaktische und methodische Grundlagen. Weinheim: Beltz.

Bayerisches Staatsministerium für Bildung und Kultur, Wissenschaft und Kunst (2014): LehrplanPLUS Grundschule. Lehrplan für die bayerische Grundschule. München. Online unter: https://www.km.bayern.de/epaper/LehrplanPLUS/files/assets/common/downloads/publication.pdf (08.08.2022).

Bednarz, S. & Kemp. K. (2011): Understanding and nurturing spatial literacy. In: Procedia – Social and Behavioral Sciences 21, 18-23.

Beudels, M., Jeske, I. & Preisfeld, A. (2021): Wasser, Wald & Wuppertal. Kohärenzerleben von Sachunterrichtsstudierenden bei der Planung, Durchführung und Nachbereitung einer Exkursion. In: Zeitschrift für Schul- und Professionsentwicklung (PFLB), 3(1), 71-103. Online unter: https://www.pflb-journal.de/index.php/pflb/article/view/4455 (05.08.2022).

Blaseio, B. (2016): Außerschulische Lernorte im Sachunterricht. Vielperspektivisches Sachlernen vor Ort. In: J. Erhorn & J. Schwier (Hrsg.): Pädagogik außerschulischer Lernorte. Bielefeld: Transcript, 261-282.

BMBWF (o. J.): digi.komp. Digitale Kompetenzen. Informatische Bildung. Online unter: https://digikomp.at (04.09.2022).

Brade, J. & Krull, D. (Hrsg.) (2016): 45 Lern-Orte in Theorie und Praxis. Außerschulisches Lernen in der Grundschule für alle Fächer und Klassenstufen. Hohengehren: Schneider

Brendel, N. & Mohring, K. (2020): Virtual-Reality-Exkursionen im Geographiestudium – neue Blikke auf Virtualität und Raum. In: A. Beinsteiner, L. Blasch, T. Hug, P. Missomelius & M. Rizzolli. (Hrsg.): Augmentierte und virtuelle Wirklichkeiten. Innsbruck: University press. Online unter: https://www.uibk.ac.at/iup/buch_pdfs/9783903187894.pdf, 189-204.

Budke, A. & Kanwischer, D. (2006): „Des Geographen Anfang und Ende ist und bleibt das Gelände!" Virtuelle Exkursionen contra reale Begegnungen. In: W. Hennings, D. Kanwischer & T. Rhode-Jüchtern (Hrsg.): Exkursionsdidaktik – innovativ!? Erweiterte Dokumentation zum HGD-Symposium 2005 in Bielefeld. Weingarten: Geographiedidaktische Forschungen, Band 40, 128-142.

Budke, A., Kuckuck, M. & von Reumont, F. (2020): Verknüpfung von realen und virtuellen Exkursionen in der Ausbildung von Geographielehrinnen und -lehrern. In: A. Seckelmann & A. Hof (Hrsg.): Exkursionen und Exkursionsdidaktik in der Hochschullehre. Erprobte und reproduzierbare Lehr- und Lernkonzepte. Berlin: Springer Spektrum, 181-188.

Bundesministerium Bildung, Wissenschaft und Forschung (2010): Lehrplan der Volksschule. Online unter: https://www.bmbwf.gv.at/Themen/schule/schulpraxis/lp/lp_vs.html (07.11.2022).

Deutsche Gesellschaft für Geographie (DGfG) (Hrsg.) (2020): Bildungsstandards im Fach Geographie für den Mittleren Schulabschluss, mit Aufgabenbeispielen. Bonn. Online unter: https://geographie.de/wp-content/uploads/2020/09/Bildungsstandards_Geographie_2020_Web.pdf (04.08.2022).

Deutschschweizer Erziehungsdirektoren-Konferenz (D-EDK) (2016): Lehrplan 21. Natur, Mensch, Gesellschaft. Online unter: https://v-fe.lehrplan.ch/container/V_FE_DE_Fachbereich_NMG.pdf (08.08.2022).

Dickel, M. & Glasze, G. (2009): Rethinking Exkursions – Konzepte und Praktiken einer konstruktivistisch orientierten Exkursionsdidaktik. In: M. Dickel & G. Glasze (Hrsg.): Vielperspektivität und Teilnehmerzentrierung – Richtungsweiser der Exkursionsdidaktik. Praxis Neue Kulturgeographie, 6. Münster Lit, 3-14.

Dickel, M. & Scharvogel, M. (2013). Geographische Exkursionspraxis: Erleben als Erkenntnisquelle. In: D. Kanwischer (Hrsg.): Geographiedidaktik: Ein Arbeitsbuch zur Gestaltung des Geographieunterrichts. Stuttgart: Borntraeger, 176-185.

doi.org/10.35468/6025-01

Dodge, M. & R. Kitchin (2007): Virtual places. In: I. Douglas, R. Nugget & C. Perkins (Eds.): Companion Encyclopedia of Geography, London: Routledge, 519-536.

Elfering, K. & Wagner, B. (2019): Mobilitätspraxen im Sachunterricht: Beiträge zur inklusiven Grundschulentwicklung. In: M. Siebcah, J. Simon & T. Simon (Hrsg.): Ich und Welt verknüpfen. Allgemeinbildung, Vielperspektivität, Partizipation und Inklusion im Sachunterricht. Baltmannsweiler: Schneider Hohengehren, 151-160.

Felzmann, D. (2013): Didaktische Rekonstruktion des Themas „Gletscher und Eiszeiten" für den Geographieunterricht. Beiträge zur Didaktischen Rekonstruktion. Band 41. München: Oldenburg

Gervé, F. & Peschel, M. (2013): Medien im Sachunterricht. In: E. Gläser & G. Schönknecht (Hrsg.): Sachunterricht in der Grundschule. Entwickeln – gestalten – reflektieren. Frankfurt am Main: Grundschulverband, 58-77.

Gesellschaft für Didaktik des Sachunterrichts (GDSU) (Hrsg.) (2013): Perspektivrahmen Sachunterricht. Bad Heilbrunn: Klinkhardt.

Gryl, I. (2017): GPS-Drawing. Räumliche Orientierung und Visualisierung der Verortung. In: Grundschulunterricht Sachunterricht 2017 (2) 34-37.

Gryl, I. (2021): Raumbezogenes Lernen und neue Lernkulturen. Mündigkeitsorientiert in und mit Räumen sowie über und durch Räume lernen In: M. Peschel (Hrsg.): Didaktik der Lernkulturen. Frankfurt a.M.: Grundschulverband, 200-215.

Hard, G. (1989): Geographie als Spurenlesen. Eine Möglichkeit, den Sinn und die Grenzen der Geographie zu formulieren. Zeitschrift für Wirtschaftsgeographie, 33(1/2), 2-11.

Haubrich, H., Kirchberg, G., Brucker, A., Engelhard, K., Hausmann, W. & Richter, D. (1997): Didaktik der Geographie konrekt. München: Oldenburg.

Hemmer, M. & Uphues, R. (2009): Zwischen passiver Rezeption und aktiver Konstruktion. Varianten der Standortarbeit aufgezeigt am Beispiel der Grißewaohnsiedlung Berlin-Marzahn. In: M. Dickel & G. Glasze (Hrsg.): Vielperspektivität und Teilnehmerzentrierung: Richtungsweise der Exkursionsdidaktik. Berlin: Lit, 39-50.

Kanwischer, D. (2006): Exkursionen – quo vadis? In: W. Hennings, D. Kanwischer & T. Rhode-Jüchtern (Hrsg.): Geographiedidaktische Forschungen, 40. Weingarten: Hochschulverbandes für Geographie und ihre Didaktik, 182-190.

Kanwischer, D. (2015): Politische Ökologie. Fachliche Grundlagen und schulpraktische Anregungen In: I. Gryl, A. Schlottmann & D. Kanwischer (Eds.): Mensch:Umwelt:System. Theoretische Grundlagen und praktische Beispiele für den Geographieunterricht. Münster: Lit, 191-200.

Keßler, L. (2017): ‚Originale Begegnung' vor dem Hintergrund resonanztheoretischer Überlegungen. Vortrag auf dem Deutschen Kongress Geographie am 01.10.2017.

Köhnlein, W. (2011): Die Bildungsaufgaben des Sachunterrichts und der genetische Zugriff auf die Welt. In: GDSU-Journal (1), 7-20.

Kreuzer, G. (1980): Unterrichtsprinzipien – ihr Beitrag zur Umsetzung von Lernzielen in Unterricht. In: G. Kreuzer (Hrsg.): Didaktik des Geographieunterrichts. Hannover: Schroedel, 207-226.

Krings, T. (2008): Politische Ökologie. Grundlagen und Arbeitsfelder eines geographischen Ansatzes der Mensch-Umwelt-Forschung. In: Geographische Rundschau 60 (12), 4-9.

Kultusministerkonferenz (KMK) (2016): Kompetenzen in der digitalen Welt. Online unter: https://www.kmk.org/fileadmin/Dateien/pdf/PresseUndAktuelles/2016/2016_12_08-KMK-Kompetenzen-in-der-digitalen-Welt.pdf (04.08.2022).

Lindau, A.-K. & Renner, T. (2019): Zur Bedeutung des Fragenstellens bei geographischen Exkursionen. Eine empirische Studie mit Lehramtsstudierenden am Beispiel einer Exkursion in die nördliche Toskana. In: Zeitschrift für Geographiedidaktik (ZGD), Vol. 47 (1), 24-44.

Lößner, Marten (2011): Exkursionsdidaktik in Theorie und Praxis. Forschungsergebnisse und Strategien zur Überwindung von hemmenden Faktoren. Geographiedidaktische Forschungen, 48. Weingarten: Selbstverl. des Hochschulverbandes für Geographie und ihre Didaktik.

Meurel, M., Hemmer, M. & Lindau, A.-K. (im Druck, 2023): Geographische Schüler*innenexkursionen planen, durchführen und auswerten – der Gentrifizierung auf der Spur. In: I. Gryl, M. Lehner, K.W. Hoffmann & T. Fleischhauer (Hrsg.): Geographiedidaktik. Berlin: Springer.

Milgram, P., Takemura, H., Utsurni, A. & Kishino, F. (1994): Augmented reality: A class of displays on the reality-virtuality continuum. In: Journal of the International Society for Optics and Photonics 2351, 282-292.
Ministerium für Schule und Bildung des Landes Nordrhein-Westfalen (2021): Lehrpläne für die Primarstufe in Nordrhein-Westfalen. Düsseldorf. Online unter: https://www.schulentwicklung.nrw.de/lehrplaene/upload/klp_PS/ps_lp_sammelband_2021_08_02.pdf (08.08.2022).
Neeb, K. (2010): Exkursionen zwischen Instruktion und Konstruktion. Potenzial und Grenzen einer kognitivistischen und konstruktivistischen Exkursionsdidaktik für die Schule. Online unter: http://geb.uni-giessen.de/geb/volltexte/2010/7710/pdf/NeebKerstin_2010_07_07.pdf (03.08.2022).
Neeb, K. (2012): Geographische Exkursionen im Fokus empirischer Forschung. Analyse von Lernprozessen und Lernqualitäten und konstruktivistisch konzeptionierter Schülerexkursionen. Geographiedidaktische Forschungen, 50. Weingarten: Hochschulverband für Geographie und ihre Didaktik.
Ohl, U. & Neeb, K. (2012): Exkursionsdidaktik: Methodenvielfalt im Spektrum von Kognitivismus und Konstruktivismus. In: J. B. Haversath (Hrsg.): Geographiedidaktik: Theorie, Themen, Forschung. Braunschweig: Westermann, 259-288.
Pokraka, J., Gryl, I., Feldmann, A. & Arunthavanathan, L. (im Druck): „Ist halt ´ne Schule. Da muss man die Regeln einfach einhalten." – Vorstellungen von Grundschüler*innen zu sozial konstruierten Machträumen. In: GW Unterricht.
Reinfried, S. (2010): Schülervorstellungen und geographisches Lernen. Aktuelle Conceptual-Change-Forschung und Stand der theoretischen Diskussion. Berlin: Logos.
Renner, T. (2020): (Geographische) Exkursionen in der Lehrer:innenbildung. Hallesches Jahrbuch für Geowissenschaften, 43, 3-7.
Rhode-Jüchtern, T. (2004): Derselbe Himmel, verschiedene Horizonte. Zehn Werkstücke zu einer Geographiedidaktik der Unterscheidung. Wien: Univ., Inst. für Geographie und Regionalforschung.
Rosa, H. (2016): Resonanz. Eine Soziologie der Weltbeziehung. Berlin: Suhrkamp.
Sauerborn, P. & Brühne, T. (2010): Didaktik des außerschulischen Lernens. Baltmannsweiler: Schneider Hohengehren.
Schmidt, D., Lindau, A.-K. & Finger, A. (2013): Die virtuelle Exkursion als Lehr- und Lernumgebung in Schule und Hochschule. Hallesches Jahrbuch für Geowissenschaften, 35. Online unter: https://public.bibliothek.uni-halle.de/hjg/article/view/145/142 (04.09.2022), 145-157.
Seckelmann, A. & Hof, A. (2020): Exkursionen und Exkursionsdidaktik in der Hochschullehre. Erprobte und reproduzierbare Lehr- und Lernkonzepte. Berlin, Heidelberg: Springer Spektrum.
Segbers, T. (2018): Abenteuer Reise. Erfahrungen bilden auf Exkursionen. Berlin: Lit.
Senatsverwaltung für Bildung, Jugend und Wissenschaft Berlin/Ministerium für Bildung, Jugend und Sport des Landes Brandenburg (2015): Rahmenlehrplan Jahrgangsstufen 1-10. Berlin, Potsdam. Online unter: https://bildungsserver.berlin-brandenburg.de/unterricht/rahmenlehrplaene/jahrgangsstufen-1-10 (08.08.2022).
Stolz, C. & Feiler, B. (2018): Exkursionsdidaktik. Ein fächerübergreifender Praxisratgeber. Stuttgart: Eugen Ulmer.
Wardenga, U. (2002): Alte und neue Raumkonzepte für den Geographieunterricht. Geographie heute, 23(200), 8-11.
WBGU: Wissenschaftlicher Beirat der Bundesregierung Globale Umweltveränderungen (1996): Welt im Wandel. Herausforderungen für die deutsche Wirtschaft. Berlin. URL: https://www.wbgu.de/fileadmin/user_upload/wbgu/publikationen/hauptgutachten/hg1996/pdf/wbgu_jg1996.pdf (Abrufdatum: 13.03.2023).
Weiser, L. E. (2020): Interesse an der Natur bei Kindergarten- und Grundschulkindern. Studien zur Gestaltung und Wirkung des Forschenden Lernens an außerschulischen Lernorten. Bonn. Online unter: https://bonndoc.ulb.uni-bonn.de/xmlui/handle/20.500.11811/8414 (06.08.2022).
Werlen, B. (1993): Society, Action, and Space. London: Routledge.
Wilhelmi, V. (2012): Die experimentelle Lernform. Praxis Geographie 7-8, 4-8.

doi.org/10.35468/6025-01

Wittlich, C. (2020): Außerschulische Bildung für nachhaltige Entwicklung. Eine qualitative und quantitative Studie zur Lernortlandschaft in Rheinland-Pfalz unter besonderer Berücksichtigung der Wirksamkeit von BNE-Bildungsmaßnahmen. Koblenz. URL: https://kola.opus.hbz-nrw.de/frontdoor/deliver/index/docId/2152/file/Christian+Wittlich+-+Dissertation+(Außerschulische+Bildung+für+nachhaltige+Entwicklung).pdf (Abrufdatum: 13.03.2023).

Wünschmann, S., Wüst-Ackermann, P., Randler, C., Vollmer, C. & Itzek-Greulich, H. (2016): Learning Achievement and Motivation in an Out-of-School Setting – Visiting Amphibians and Reptiles in a Zoo Is More Effective than a Lesson at School. In: Research in Science Education, 47, 497-518. Online unter: URL: https://link.springer.com/article/10.1007/s11165-016-9513-2 (Abrufdatum: 13.03.2023).

Autorinnen

Inga Gryl, Prof. Dr.
Universität Duisburg-Essen
Institut für Sachunterricht/Institut für Geographie
Schützenbahn 70, 45127 Essen
inga.gryl@uni-due.de
Website: https://www.uni-due.de/geographie/sachunterricht/gryl.php
Forschungsschwerpunkte: Bildung und Digitalität, geographische Perspektive im Sachunterricht, Innovativität in der Grundschule, Bildung für nachhaltige Entwicklung

Miriam Kuckuck, Prof. Dr.
Bergische Universität Wuppertal
Institut für Geographie und Sachunterricht
Gaußstraße 20, 42219 Wuppertal
kuckuck@uni-wuppertal.de
Website: https://www.sachunterricht.uni-wuppertal.de/de/personen/miriam-kuckuck/
Forschungsschwerpunkte: Bildung für nachhaltige Entwicklung, politische Bildung, informatische Bildung

doi.org/10.35468/6025-01

Beate Blaseio

Spurensuche am Strand. Forschendes Lernen an der Küste

Teaser

„Wer nach einem Spaziergang am Meer ohne die Taschen voller Steine und Muscheln zurückkommt, war gar nicht am Meer.“ Dieser Spruch unbekannter Herkunft verweist darauf, dass das Sammeln am Strand eine Tätigkeit ist, die von vielen Küstenbesucher*innen intuitiv vorgenommen wird. Die geographische Spurensuche an der Küste kann im Sachunterricht bildungswirksam eingesetzt werden, wenn das Finden, Bestimmen und Hinterfragen natürlicher und anthropogener Dinge in den Ansatz des Forschenden Lernens eingebettet wird.

Raum des exkursionsdidaktischen Settings

Strand an den Küsten der Nord- und Ostsee

Das Meer gehört zu den Sehnsuchtsorten – und Urlaub verbinden viele Menschen mit einem Aufenthalt am Meer. Die Nord- und Ostsee in Deutschland verfügen über eine Küstenlänge von 2389 km (Länderdaten 2021). Ein großer Teil davon hat Strände, also Sandkanten, die sich unmittelbar mit dem Meer verbinden. Es gibt einige sehr breite Strände wie an der Nordsee in St. Peter-Ording oder der Amrumer Kniepsand, während die Ostseeküste zumeist über schmalere Strände verfügt. Küstenverläufe mit ihren Stränden sind u. a. durch Sturmfluten oder anderen natürlich-geologischen Ereignissen der Veränderung unterworfen.

Es gibt Strandabschnitte, die für den Tourismus aufbereitet werden. Durch Sandaufschüttungen und -reinigungen sowie Schaffung einer Infrastruktur (u. a. Strandkörbe, Kioske). Es gibt aber auch weitgehend naturbelassene Strände. Strände sind in Deutschland in der Regel frei zugänglich. Es gibt nur wenige Ausnahmen zum Beispiel aufgrund von militärischen Sperrgebieten.

Der Aufenthalt am Strand wird als erholsam und entschleunigend bewertet. Zugleich sieht man viele Urlauber mit einem nach unten gebeugtem Kopf am Spülsaum entlanglaufen – sie sind auf der Suche nach Dingen, die man hier finden kann. Sie wollen schöne Steine, buntes Meerglas, interessantes Treibholz, hübsche Muscheln und Schnecken oder seltene Fossilien sammeln. An jedem Strand sind die Funde unterschiedlich und das Sammlerglück anders. Die Sammelgebiete dieser Menschen sind verschieden; aber allen gemeinsam ist, dass das Sammeln ihren

doi.org/10.35468/6025-02

(Urlaubs-)Alltag bereichert (Blaseio 2019). Die Freizeit am Strand bietet Zeit zum Sammeln. Zudem ist es ein Ort, der besonders interessante Sammelschätze zu bieten hat. Die Funde sind Urlaubserinnerungen, Bastelmaterial oder ergänzen die vorhandene Stein- oder Muschelsammlung.

Spuren tierischen Lebens
Am Strand und direkt im Spülsaum (Uferbereich, an dem Material angespült wird) können Reste tierischer Lebewesen gefunden werden. Dort liegen verendete Körper von kleinen Tieren wie Fische, Seesterne oder Quallen. Es können auch größere Tiere dort liegen wie Vögel (Möwen) oder Seehunde.
Andererseits findet man verwesungsresistente Teile von Tieren wie Muscheln, Schneckenhäuser, Knochen, Tintenfischschulp, Eikapseln des Nagelrochens oder Seeigel- und Krebshäute.
Auch lebende Tiere findet man an den Küsten wie den kleinen Strandfloh aus der Familie der Flohkrebse, aber auch Strandkrabben, vor allem jedoch Vögel wie Möwen, Austernfischer oder Strandläufer. An der Nordsee findet man im durch die Ebbe freigelegten Boden (Watt) Tiere wie den Wattwurm und lebende Muscheln.

Spuren pflanzlichen Lebens
Am Strand und im Spülsaum sind Reste von Pflanzen zu finden. So sind Pflanzenteile von Braun-, Rot- und Grünalgen zu finden ebenso wie Pflanzenreste von Seegras und Seetang. Auch Äste, Stämme, Wurzeln und Rinden von Bäumen sind als Treibholz (manchmal auch industrielles Holz) zu finden. Auch Bernstein (Harz von Bäumen) aus der Nord- und Ostsee ist pflanzlichen Ursprungs und ist vor ca. 40 bis 50 Millionen Jahren entstanden. Achtung: Bernstein darf nicht mit Phosphorstücken (Bestandteile aus Brandbomben im Krieg) verwechselt werden – es besteht Verbrennungs- und Vergiftungsgefahr aufgrund chemischer Reaktionen bei Berührung! Die meisten pflanzlichen Teile im Spülsaum und am Strand sind tote Pflanzenreste. Rotalgen können jedoch auf Steinen im Spülsaum leben und auch Dünengras findet man am Strand. Überwiegend an der Nordsee leben Pflanzen wie der Queller, der Strandflieder oder die Strandaster auf den Salzwiesen, die im Jahr mehrfach vom Meer überspült werden.

Spuren der Erdgeschichte
Versteinerungen von Tieren, Pflanzen oder Tier- und Pflanzenspuren sind an den Stränden zu finden. Hier sind vor allem versteinerte Seeigel, Donnerkeile (Belemniten/kalkige Gehäusespitzen von Kopffüßlern), Schwämme, Muscheln oder Krebsbauten zu finden. Fossilien zu suchen, gehört für viele professionelle Geologen, aber auch Hobbygeologen zu ihren bevorzugten Tätigkeiten.
Der letzten Eiszeit haben wir es zu verdanken, dass heute an der Nord- und Ostsee Steine aus vielen Ländern Skandinaviens zu finden sind: Das Geschiebe aus dem Norden ist nach dem Schmelzen der Gletscher liegen geblieben. Die Steinvielfalt

doi.org/10.35468/6025-02

ist enorm und zahlreiche Steinarten kann man einer konkreten Region in Norwegen oder Schweden zuordnen. Hier werden unter anderem Granit, Porphyr, Diabas, Basalt, Gneis, Schiefer, Sandstein, Kalkstein und Feuerstein gefunden. Die Ostsee verfügt über deutlich mehr Steine als die Nordsee.

Spuren von Menschen
Glas- und Keramikscherben sind recht häufig am Strand zu finden: Wenn diese länger im Wasser waren, sind ihre Bruchkanten stumpf und die Flächen matt. Über Flüsse, Müllhalden und Strandverschmutzungen gelangen z. B. alte Flaschen und Keramiken ins Meer. Es gibt Menschen, die aus gesammelten Meerglas und Meerkeramik Schmuck und andere Kunstgegenstände gestalten. Ganz besonders häufig findet man grünes, braunes und weißes Glas, da die meisten Getränkeflaschen eine dieser Farben haben.
Darüber hinaus findet man weiteren Zivilisationsmüll am Strand wie Zigarettenkippen, Dosen, Plastikeimer, Blinker von Anglern, Schnüre von Netzen von Fischern in vielen Farben und letztlich allen Abfall, den Haushalte und die Industrie entsorgen. Auch hier kommt der Müll durch Flüsse oder durch Verklappungen im Meer, meernahe Müllhalden oder durch das Liegenlassen am Strand. Zudem verschmutzt auch nicht sichtbares Mikroplastik zunehmend die Meere und ist zu einem großen Problem geworden.

Fachdidaktischer Ansatz: Forschendes Lernen

Forschendes Lernen basiert auf der Grundidee, dass sich Lernende in einem aktiv-konstruktiven Prozess Wissen durch eigene Fragestellungen und selbstständig beschreitende Lösungswege aneignen. So gestalten und verantworten Lernende ihre Lernprozesse selbstständig, reproduzieren keine trägen Kenntnisse, sondern aktives und anwendungsorientiertes Wissen und Können – mit Unterstützung der Lehrkräfte (Knörzer et al. 2019). Forschendes Lernen verlangt übergeordnete klare strukturelle Rahmenbedingungen, in der dann die Lernenden Autonomieangebote eigenständig gestalten (Knörzer et al. 2019). So können individuelle Erkenntnisinteressen der Schüler*innen ins Zentrum rücken und fremdbestimmtes Lernen zugunsten einer individuellen Förderung reduziert werden. Zugleich müssen beim Forschenden Lernen in der Grundschule die Arbeitsergebnisse vor allem für die Kinder bedeutsam sein (Jähn 2019). Simon & Pech (2019) verweisen darauf, dass der Besuch außerschulischer Lernorte im Sachunterricht geeignet ist, Ansätze des forschenden Lernens konkret umzusetzen, da zahlreiche sachunterrichtsdidaktische und -methodische Zugangsweisen beim Unterricht vor Ort forschend-fragende Elemente enthalten. Sie sehen beim Lernen an anderen Orten die besondere „Chance der räumlichen und zeitlichen Entgrenzung“ (Simon & Pech 2019, 155), die Möglichkeiten eröffnen, tradierte schulische Lehr-Lern-Rahmenbedingungen

doi.org/10.35468/6025-02

auszublenden und stattdessen Elemente zu stärken, die problemorientierte und aktivierende Lernansätze ins Zentrum rücken. Forschungsorientiertes Lernen integriert Zugänge des entdeckenden Lernens, des wissenschaftlichen Arbeitens sowie emanzipatorische Ansätze (Simon & Pech 2019). Zudem ermöglicht forschendes Lernen die Möglichkeit, den Blick verstärkt und vertieft auf Gesamtzusammenhänge zu werfen (Simon & Pech 2019) und Lernen so stärker in konkrete und komplexe Sachkontexte einzubinden.

Knörzer et al. (2019) halten eine Umsetzung des Forschenden Lernens in allen fachlichen Perspektiven des Sachunterrichts aber auch in den anderen Grundschulfächern für möglich und weisen darauf hin, dass Forschung im Rahmen der Forderung nach Wissenschaftsorientierung in einer von Wissenschaft geprägten Gesellschaft zum Sachunterricht gehört und Kinder selbst bereits Forscher*innen sind: So entspricht forschendes Lernen den anthropologischen Veranlagungen der Kinder und kann im Unterricht entfaltet werden. Reflektionen und Scaffolding durch Erwachsene sind aber notwendig, die zentral durch Sprache begleitet werden (Knörzer et al. 2019). Der Dialog in diesem Lernprozess wird auch an anderer Stelle als besonders bedeutsam für das Forschende Lernen mit Grundschulkindern herausgestellt (Jähn 2019). Im Sachunterricht bedeutet forschendes Lernen, dass die Kinder ihre Fragen stellen und bearbeiten können: Mit Unterstützung der Lehrkraft werden Forschungsfragen entwickelt und diese dann u. a. mit Experimenten oder anderen eigenen Forschungsmethoden beantwortet (vgl. Jähn 2019; Knörzer et al. 2019). Vielfältige methodische Zugänge des Sachunterrichts können hier zum Einsatz kommen: Da die Grundschüler*innen erst die unterschiedlichen fachspezifischen Methoden des Sachunterrichts kennenlernen müssen, sind Vorschläge, Erklärungen und Einführungen der Lehrkaft (oft) notwendig. Die Kinder können u. a. bestimmen, befragen, beobachten, Daten erfassen und auswerten, experimentieren, fotografieren, Modelle bauen, philosophieren, pflegen, Sachzeichnungen anfertigen, Texte schreiben, vergrößern oder Zeitleisten erstellen (Blaseio 2015).

Knörzer et al. (2019) betonen, dass Sachunterrichtsstudierende selbst einen forschenden Habitus entwickelt haben müssen, um später forschendes Lernen im Sachunterricht zu berücksichtigen und eine neue Lehr-Lernkultur zu etablieren. Auch wenn die Forschungsergebnisse dazu empirisch noch nicht ausreichen, kann davon ausgegangen werden, dass Lernen in der konkreten Lebensumwelt die Sichtbarkeit und Unmittelbarkeit des Lerngegenstandes erhöht und die Chance der Überwindung traditioneller schulischer Lehr-Lernprozesse eröffnet (Simon & Pech 2019). Umso wichtiger ist es, beim Besuch außerschulischer Lernorte die Verschulung beim Lernen zu überwinden und stattdessen Elemente sowie die Haltung des forschenden Lernens zu betonen.

doi.org/10.35468/6025-02

Exkursionsdidaktische Methode: Spurensuche

Exkursionen – der Besuch außerschulischer Lernorte – gehören zu einem *guten* Sachunterricht dazu (Blaseio 2016), weil dabei die Unterrichtsgegenstände unmittelbar in ihrer originalen Umwelt erfahren werden können. Aus der geographiedidaktischen Exkursionsdidaktik kann die Methode der Spurensuche für den Sachunterricht beim Unterricht außerhalb des Klassenzimmers fruchtbar gemacht werden.

Der Geograph Gerhard Hard wird übereinstimmend in der Literatur als Ideenvater der ersten Ansätze zur geographiedidaktischen Methode der Spurensuche in den 1980er Jahren genannt (vgl. Böing & Sachs 2007; Budke & Kanwischer 2007; Stolz & Feiler 2018). Das Ziel des Spurensuchens ist es „sich mittels Interpretationen von Zeichen die Welt zu erschließen" (Budke & Kanwischer 2007, 17). Bei der Spurensuche werden in einem vorher ausgewählten Raum von den Schüler*innen natürliche oder anthropogene Hinterlassenschaften aufgespürt und die Bio-, Geo- oder Artefakte als Beteiligte stattgefundener Raumaktivitäten betrachtet.

Böing & Sachs (2007) weisen darauf hin, dass eine schülerorientierte Arbeitsexkursion, in der die Spurensuche im Zentrum steht, einen Grad an Offenheit der Lernprozesse erfordert, da die Dinge im Raum nicht vorher bestimmbar sind. Stolz & Feiler (2018) und Böing & Sachs (2007) ordnen deshalb die Spurensuche den konstruktivistischen Methoden zu, da induktives Vorgehen, individuelle Schwerpunktsetzungen und Ergebnisoffenheit die zentralen Kennzeichen der Spurensuche darstellen. Gerade deshalb bietet sich die Spurensuche auch als Einstieg in eine neue Unterrichtsreihe an, wie Budke & Kanwischer (2007) es an einem Beispiel zum Hamburger Hafen für den Geographieunterricht skizzieren: Die Ergebnisse der Spurensuche bilden den Ausgangspunkt für die folgende Unterrichtsarbeit. Ihr skizziertes Beispiel basiert auf dem Ansatz von Hard, dass jede Spur zwei Seiten hat: eine Subjektseite und eine Objektseite. Die Objektseite fragt nach dem, was das für eine Spur ist und die Subjektseite stellt den Spurensuchenden ins Zentrum und fokussiert die (individuelle) Perspektive auf die Sache durch jede einzelne Schüler*in (Budke & Kanwischer 2007). Das genaue Beobachten gehört zu den zentralen fachspezifischen Methoden der Spurensuche (Subjektseite) ebenso wie die individuellen Fragen nach der Bedeutung der beobachteten Spuren (Budke & Kanwischer 2007). Der nachfolgende Unterricht greift dann die durch die Spurensuche ergebenen Erkenntnisse und Fragen der Schüler*innen auf (Stolz & Feiler 2018).

Im Perspektivrahmen Sachunterricht (GDSU 2013) wird der Ansatz der Spurensuche zwar nicht genannt, aber in der geographischen Perspektive bei Raumveränderungen „Spuren" als Zugang explizit ausgewiesen und das Beispiel „Steine und Fossilien" als „Spuren der Erdgeschichte" erwähnt (GDSU 2013, 55). Es

doi.org/10.35468/6025-02

geht aber auch um die Auseinandersetzung mit Naturphänomenen und um die Beziehung von Raum und Mensch (*Menschen nutzen, gestalten, belasten, gefährden und schützen Räume*) (GDSU 2013).
Da die Schüler*innen erst vielfältige methodische Zugänge anhand der thematischen Arbeit nach und nach während der Grundschulzeit im Sachunterricht kennenlernen, steht ihnen erst ein im Aufbau befindliches Methodenrepertoire zur Verfügung (Blaseio 2015). So brauchen Grundschulkinder bei der Spurensuche eine stärkere methodische Anleitung und Unterstützung durch die Lehrkraft als Schüler*innen der Sekundarstufe.
Bei der Spurensuche wird eine hohe Eigenaktivität der Lernenden erwartet. Das Merkmal ausgeprägter Selbsttätigkeit kennzeichnet auch insgesamt das Fach Sachunterricht, aber ebenso den Ansatz des Forschenden Lernens (siehe *fachdidaktischer Ansatz*). Daher ist der Zugang der Spurensuche für das forschende Lernen in einem vielperspektivischen Sachunterricht besonders geeignet.

Exkursionsdidaktisches Setting

Rahmenbedingungen
Eine Exkursion an den Strand kann besonders gut mit Kindern durchgeführt werden, die nahe der Nord- und Ostsee leben. Für andere Grundschulklassen ergeben sich vor allem Möglichkeiten bei Klassenfahrten an die Küsten oder auf die Inseln der Nordsee und der Ostsee.

Auswahl des Ortes für die Spurensuche
Bei der Auswahl des konkreten Strandabschnittes ist darauf zu achten, einen möglichst nicht für den Tourismus aufbereitete Küstenbereich zu wählen: Denn nur an diesen Stränden hat man die Chance auf interessante Ergebnisse bei der Spurensuche. Gut geeignet sind von zentralen Tourismusorten entfernt liegende Strände: So stört man zugleich nicht die Urlauber*innen und auch die Kinder können sich ungehindert bewegen. Die Ergebnisse der Spurensuche sind maßgeblich davon abhängig, welcher konkrete Strandabschnitt ausgewählt wird. Dadurch ergibt sich auch die spannende Möglichkeit, die Spurensuche an mehreren, unterschiedlichen Stränden durchzuführen, die Ergebnisse zu vergleichen und standortspezifische Unterschiede zu erforschen.

doi.org/10.35468/6025-02

Abb. 1: Geeigneter Strandabschnitt für die Exkursion: übersichtliche Lage und Strandfunde vorhanden (eigenes Bild)

Problemorientierte Fragen

Das Vorhaben muss für die Kinder spannend und herausfordernd sein. Daher werden die Kinder in die Rolle von Detektiv*innen versetzt, die herausfinden sollen, wer oder was sich am Strandabschnitt aufhält bzw. aufgehalten hat.
An die Kinder gerichtet: „Wir sind heute Stranddetektiv*innen! Wir wollen zusammen herausfinden: Wer lebt oder hat am Strand gelebt? Welche Dinge befinden oder befanden sich hier am Strand? Dafür müssen wir Spuren lesen! Spuren helfen Detektiv*innen, Informationen zu erhalten.“

doi.org/10.35468/6025-02

Angabe zur Klassenstufe

Die Exkursion an den Strand ist für Grundschulklassen aus der 3. und 4. Jahrgangsstufe für das Fach Sachunterricht konzipiert. Sie kann aber auch mit Schüler*innen aus 5. und 6. Klassen durchgeführt werden, wenn diese bisher wenig Exkursionserfahrungen haben. Hier kann die Exkursion den Fächern Biologie, Geografie oder auch dem Fach Naturwissenschaften zugeordnet werden.

Kompetenzorientierung

Nach dem Raumkonzept von Wardenga (2002) wird der Strand als Container betrachtet: Die physisch-materielle Welt des Strandes wird beim Spurensuchen von Schüler*innen erforscht. Das forschende Lernen innerhalb des Sachunterrichts wird gefördert (GDSU 2013). Es werden Räume erkundet, untersucht und Ergebnisse dokumentiert (GDSU 2013). Konkret können die Kinder menschliche, tierische, pflanzliche und erdgeschichtliche Spuren unterscheiden, ordnen und gestalten. Die Schüler*innen können die gefundenen Bio-, Geo- und Artefakte durch die Verwendung von Bestimmungshilfen namentlich bezeichnen (Blaseio 2015). Unter anderem durch die weitere (Internet-)Recherche im Klassenraum erwerben die Kinder vertieftes Wissen zu einzelnen Strandfunden, die anhand von Steckbriefen oder Postern aufbereitet und präsentiert werden (vgl. GDSU 2013; Blaseio 2015).

Vorbereitung und Material

Die Kinder sollten zuvor schon mindestens einmal an einem Strand gewesen sein, damit die ersten räumlichen Eindrücke von einem Strand bereits zuvor verarbeitet sind. Es kann auch der für die Spurensuche ausgewählte Strand schon vorher mit der Klasse besucht werden. Auf jeden Fall sollte die Lehrkraft den ausgewählten Strandabschnitt gut kennen: Die Forderung gilt für alle Exkursionsorte, die im Unterricht aufgesucht werden. Der Strandabschnitt sollte nicht länger als 600 m sein, damit die Lehrkraft die Kinder stets gut im Blick haben kann. Zudem werden klare Regeln aufgestellt (siehe *Ablauf*).

Die Gruppen benötigen für das Sammeln der Gegenstände Behältnisse wie Rucksack, Stofftasche, Eimer oder Korb. Für die Präsentation werden ein Laken und drei Handtücher benötigt. Für das Sammeln menschlicher Spuren können Handschuhe oder eine Aufhebzange bereitgestellt werden. Zudem sollte besprochen werden, dass z. B. verwesende Tiere nicht angefasst werden sollen und auch keine anderen Dinge gesammelt werden, die die Kinder nicht anfassen möchten oder die gefährlich sein könnten. Im Zweifelsfall sollten die Dinge lieber liegen bleiben. Evtl. sollte auf gefährlichen Phosphor hingewiesen werden, der leicht mit Bernstein verwechselt werden kann.

Geeignete Bestimmungshilfen müssen für Phase 3 der Exkursion bereitgestellt werden (siehe Infoboxen 2 und 3).

doi.org/10.35468/6025-02

Für das Zurückholen der Kinder aus den Sammelphasen sollte ein akustisches Signal wie Tröte oder Trillerpfeife zur Hand sein.

Ablauf (ca. 3 Zeitstunden)
Es empfiehlt sich an einer sehr übersichtlichen Stelle – ungefähr in der Mitte des Standabschnitts – das Basislager aufzuschlagen. Dafür kann mit einem Stock ein großer Kreis in den Sand gemalt werden, der beispielsweise mit der Klassenbezeichnung innen beschriftet wird. Hier können sich die Kinder hinsetzen und auch ihre Rucksäcke und weitere Dinge im Verlauf der Spurensuche liegenlassen
Es ist im Rahmen der Aufsichtspflicht wichtig, dass die beiden Endpunkte vom Basislager gut einsehbar sind und den Kindern auch genau gezeigt werden, z. B. anhand markanter Punkte (z. B. bis zur Treppe, bis zum Schild) oder durch eigene Markierungen. Am besten geht man die Endpunkte mit den Kindern ab und betont, dass sie sich nur in diesem Areal von ca. 300 m links und 300 m rechts vom Basislager aufhalten dürfen. Der Strand darf nicht verlassen werden und es darf nur mit den Füßen (Wassersandalen) ins Wasser gegangen werden. Das Areal der späteren Spurensuche muss allen Schüler*innen klar sein.

Phase 1: Sachensuchen
Um das Gelände kennen zu lernen und das Sammeln zu üben, wird mit einer ersten Aufgabe begonnen, bei der bewusst noch kein sachlicher Bezug zum späteren Spurensuchen vorhanden ist. Zunächst werden Sachen gesammelt, die bestimmte Eigenschaften aufweisen. Jedes Kind soll vier Sachen suchen, die folgende Eigenschaften haben:

* *Etwas Weißes*

* *Etwas Rundes*

* *Etwas Hartes*

* *Etwas Schönes*

Die Gegenstände sollen so klein sein, dass sie in die Hände der Kinder passen. Wenn die Kinder die Sachen gefunden haben, kommen sie selbstständig in das Basislager zurück. Alternativ kann nach 10 Minuten das Rückholsignal ausgelöst werden.
Bei der Auswertung bilden immer drei Kinder eine Gruppe und stellen sich gegenseitig ihre Funde vor. Ggf. ist zunächst eine Rückmeldung bezüglich der Regeln (u. a. Areal nicht verlassen, Rückholsignal befolgen) durch die Lehrkraft notwendig. Bei der anschließenden Klassenrunde darf jedes Kind seinen „schönsten“ oder „interessantesten“ Fund zeigen und beschreiben.

doi.org/10.35468/6025-02

Phase 2: Spurensuche
Die Lehrkraft eröffnet die nächste Phase: "Wir sind heute Stranddetektiv*innen! Wir wollen herausbekommen, wer oder was sich hier am Strand aufhält oder aufgehalten hat. Wie können wir das machen? "Die Kinder werden angeregt, Ideen einzubringen. Die Lehrkraft kann dann ergänzen: „Stranddetektiv*innen müssen Spuren suchen!“
Die Kinder bilden Zweiergruppen und sollen im Strandabschnitt nach Spuren suchen: Jede Gruppe soll fünf unterschiedliche Spuren finden. Dafür bekommt jede Gruppe einen Behälter. Bevor die Kinder starten, sollte es Gelegenheit für Rückfragen geben. Die Lehrkraft kann ein Beispiel für eine Spur aufzeigen und anhand einer Muschel erklären (oder ein anderes Material aus Phase 1), dass die Muschelschale am Strand das Gehäuse einer ehemals lebendigen Muschel war.

Für diese Aufgabe sind 10 bis 15 Minuten vorgesehen.

Nach der Rückkehr setzen sich alle Kinder wieder in den Kreis, in deren Mitte ein großes Tuch (Bettlaken) liegt. Im Gespräch werden die verschiedenen Gegenstände von den Schüler*innen vorgestellt. Gemeinsam mit den Kindern werden Kategorien gebildet und diese dann auch konkret auf dem Laken lokal zugeordnet. Die Dialoge zwischen den Kindern und der Lehrkraft sollten durch eine forschende Haltung geprägt sein (siehe *fachdidaktischer Ansatz*), bei denen die Kinder Ideen nachgehen können. Im Gespräch sollten alle möglichen und nachvollziehbaren Kategorienbildungen der Kinder zugelassen werden. Im weiteren Verlauf können dann weitere Zusammenfassungen erfolgen (evtl. Impuls der Lehrkraft: Ziel, möglichst wenig Kategorien). Wenn zum Beispiel eine Kategorie „Muscheln“ und eine Kategorie „Krebse“ geschaffen wurde, könnten die in „Spuren von Tieren“ zusammengefasst werden. Am Ende könnten so vier übergreifende Kategorien entstehen:

1. Spuren von Tieren
2. Spuren von Pflanzen
3. Spuren der Erdgeschichte
4. Spuren von Menschen

Da die Spuren von Menschen (u. a. Müll) im weiteren Verlauf nicht mehr berücksichtigt werden, könnte hier ein Schwerpunkt gesetzt werden. Diese ganze Auswertungsphase sollte 25 Minuten nicht übersteigen.

Phase 3: Vertiefte Spurensuche – arbeitsteilig
Die Lehrkraft erklärt: „Wir wollen uns die Spuren von Tieren, Pflanzen und der Erdgeschichte am Strand jetzt noch genauer ansehen. Wir bilden dafür Gruppen und diese erhalten dann den Auftrag, konkrete Spuren durch das Sammeln von entsprechenden Dingen zu finden“. Die Gruppengröße sollte 3 bis 5 Kinder um-

doi.org/10.35468/6025-02

fassen. Die Gruppenzuordnung sollte nach Interesse der Kinder erfolgen. Bei üblichen Klassengrößen werden je zwei Gruppen pro Themenschwerpunkt gebildet:

1. Spuren von Tieren
2. Spuren von Pflanzen
3. Spuren der Erdgeschichte

Für die Aufgabe sind ca. 20 Minuten bereitzustellen. Jeweils die beiden Gruppen, die den gleichen Spurensuchauftrag hatten, stellen sich zunächst gegenseitig ihre Funde vor. Sie legen dafür ihre Gegenstände übersichtlich auf ein Handtuch. Alle drei Gruppen stellen ihre Funde dann der ganzen Klasse vor (Zeitrahmen der Auswertung ca. 15 bis 20 Minuten).

Abb. 2: Mögliche Strandfunde: Treibholz, Schnecke, Zahn, Bernstein, Glas, Keramik, Stein, Muschel, Hühnergott, Knochen, Tierhaut (eigenes Bild)

doi.org/10.35468/6025-02

Phase 4: Bestimmung der Spuren

Die Kinder bekommen nun die Aufgabe, die einzelnen Dinge konkret zu bestimmen. Die Lehrkraft fragt: „Welche Spuren von Tieren, Pflanzen und der Erdgeschichte habt Ihr hier am Strand gefunden? Welche Namen haben sie?"

Die drei Themengruppen erhalten passendes Bestimmungsmaterial (siehe Infobox 3). Es soll nicht nur Stein" sondern beispielsweise Granit oder Porphyr bestimmt werden. Wie konkret die Ausdifferenzierung vorgenommen werden kann, hängt vom bereitgestellten Bestimmungsmaterial ab.

Wenn bei den Bestimmungen Namen gefunden werden, dann füllen die Kinder Beschriftungskärtchen aus, die an die Dinge mit Klebeband geheftet werden. Für diese Aufgabe sind ca. 20 Minuten vorgesehen.

Alle drei Gruppen stellen ihre Ergebnisse abschließend (ca. 15 Minuten) vor und so wird gemäß der Forschungsfrage zusammengetragen, wer oder was sich am Strand aufhält oder aufgehalten hat. Die gesammelten Gegenstände werden verpackt und mit in die Schule genommen. Stark riechendes Material sollte am Strand verbleiben und stattdessen fotografiert werden.

Exkurs: Verwendung von Bestimmungshilfen

Durch die Verwendung der Bestimmungshilfen lernen die Schüler*innen Arten und Gegenstände aufgrund unterschiedlich ausgeprägter Merkmale voneinander zu unterscheiden und zu klassifizieren (Blaseio 2015). Sie erweitern durch die Nutzung der Bestimmungshilfen ihre Sachkenntnisse und differenzieren ihr Wissen weiter aus: aus einer Muschel wird eine Herzmuschel oder eine Bohrmuschel. Die Bestimmungshilfen dürfen nicht zu detailreich sein, andererseits müssen sie aber die Möglichkeit bieten, dass die Kinder ihre Funde auch genau bestimmen können (Blaseio 2015). Gut geeignet sind Bestimmungshilfen, die für Kinder im Alter von 6 bis 12 Jahren herausgegeben werden. Für die Verwendung bei der Strandexkursion sollten die Kinder in die allgemeine Verwendung von Bestimmungshilfen eingeführt sein und erste Bestimmungsübungen bei anderen Themen des Sachunterrichts bereits durchgeführt haben.

Infobox 1

doi.org/10.35468/6025-02

Beispiel: Bestimmungshilfen für die Strandexkursion (Nord- oder Ostsee)

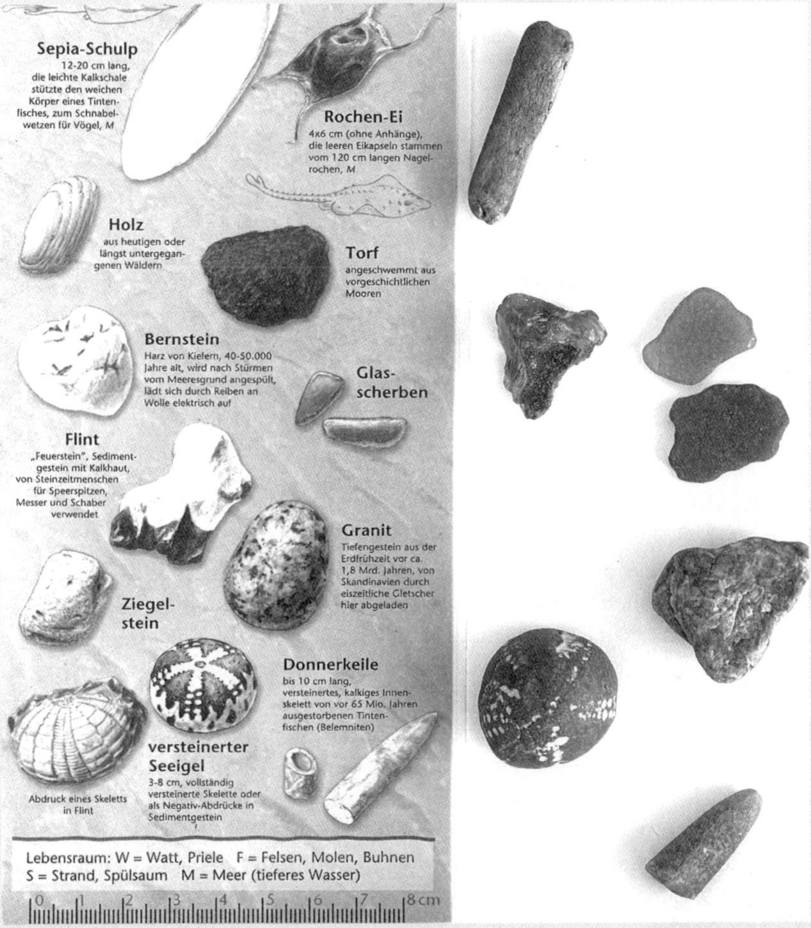

Bestimmen der Strandfunde mit Bestimmungsfolder: Seeigel, Donnerkeil, Meerglas, Treibholz, Bernstein, Granit (aus Folder "Funde im Watt und am Strand", Quelle s. u., Abdruckgenehmigung erteilt), Foto: Beate Blaseio

- Rudolph, F. (2016): Natur-Erlebnisbuch Ostsee. Kiel & Hamburg: Wachholtz.
- Ahlborn, S. (2019): Natur-Erlebnisbuch Nordsee. Kiel & Hamburg: Wachholtz.
- Bestimmungsfolder aus dem Verlag Ulrich & Papenberg (www.naturentdecken-shop.de) zu den Themen: Funde im Watt und am Strand (Nordsee), Funde am Ostseestrand, Pflanzen der Nordseeküste, Steine am Ostseestrand, Pflanzen der Ostseeküste oder Boxen mit 10 Foldern: Ostsee-Edition oder Nordsee-Edition.

Infobox 2

doi.org/10.35468/6025-02

Beispiele: Weiterführende Bestimmungshilfen

Spuren von Tieren und Pflanzen

Rudolph, F. (2016): Strandfunde: Das Bestimmungsbuch für Muscheln, Schnecken und andere Schätze. Kiel & Hamburg: Wachholtz.

Haag, H. (2018): Was lebt an Strand und Küste? Kindernaturführer: 85 heimische Tiere und Pflanzen. Stuttgart: Franckh Kosmos.

Burnie, D. (2018): Naturführer für Kinder. Küste und Strand. München: Dorling Kindersley.

Tinz, S. (2014): Strand und Küste. Naturführer für Kinder. Stuttgart: Eugen Ulmer.

Spuren der Erdgeschichte

Rudolph, F. (2016): Strandsteine. Das Bestimmungsbuch für die Nord- und Ostsee. Kiel & Hamburg: Wachholtz.

Fischer, J. & U. (2020): Schätze finden. Das Fossilienbuch für kleine und große Entdecker. Norderstedt: Books on Demand.

Rüter, M. & Baberg, I. (2018): Steine, Minerale und Fossilien. München: Circon.

Infobox 3

Differenzierung im inklusiven Klassenraum

Jedes Kind (ggf. auch Partnergruppe) wählt sich nach eigenem Interesse einen gefundenen Gegenstand für die weitere vertiefende Arbeit für die nächsten Sachunterrichtsstunden aus (beispielsweise Herzmuschel, versteinerter Seeigel oder Grünalge). Sie sollen einen umfangreichen Steckbrief schreiben oder ein Poster zu ihrem Thema erstellen (Blaseio 2015) – mit vielen recherchierten und aufbereiteten Informationen zu ihrem Gegenstand. Hierfür müssen im Unterricht den Kindern internetfähige Endgeräte zur Verfügung stehen und Grundlagen zum eigenen Recherchieren bereits vorhanden sein (z. B. Kindersuchmaschinen) oder bei dieser Arbeit (begleitet) neu erworben werden. Verschiedene Arbeitsweisen wie u. a. Sachzeichnen, Vergrößern mit Lupe und USB-Mikroskop, Fotografieren, Zählen, Messen oder Beobachten werden angewendet (Blaseio 2015).

Die Ergebnisse werden in Form einer Präsentation oder Ausstellung „Strandfunde“ gezeigt. Einladungen für Nachbarklassen oder Eltern können dafür ausgesprochen werden. Durch die interessensgeleitete Themenauswahl, die Wahl der Arbeitsweisen sowie den Unterstützungsgrad der Lehrkraft findet eine Differenzierung im inklusiven Klassenraum statt.

Raumkonzept

Nach Wardenga (2002) wird bei der Spurensuche am Strand der Container-Raum zugrunde gelegt: Hier werden nach ihrer Definition Räume als Konglomerat natürlicher und anthropogener Faktoren betrachtet; also die Ergebnisse von Prozessen der natürlichen Landschaftsgestaltung sowie vergangener und zukünftiger menschlicher Aktivitäten. Der skizzierte Unterrichtsverlauf richtet den Blick auf

doi.org/10.35468/6025-02

den realen, landschaftsgeographischen Raum „Strand“, in dem vielfältige Dinge vorgefunden werden und der in seiner „existierende(n) Ganzheit“ (Wardenga 2002, 9) zum Thema im Sachunterricht wird. Strand als Container-Raum betrachtet, setzt sich mit konkreten Bio-, Geo- und Artefakten dieser Landschaft auseinander: Steine, Fossilien, Tiere, Pflanzen, Tier- und Pflanzenreste, aber auch mit anthropogenen Abfallprodukten, die am Strand als Spuren menschlichen Daseins und Handelns vorhanden sind.

Transfer

Das „Sachensuchen“ kann auch auf andere Naturräume übertragen werden, wie z. B. Wiese, Wald oder Gewässer wie Bach, Fluss oder See. Hier sind dann die Aufgaben entsprechend den Fundmöglichkeiten anzupassen.
Auch hier muss das Exkursionsgelände begrenzt und möglichst gut einsichtbar sein. Alle vier Phasen der Arbeit und die Nachbereitung im Klassenzimmer können in vergleichbarer Form bei diesen Naturräumen durchgeführt werden. Der Schwerpunkt bei den Aufgaben drei und vier wird bei den Spuren der Tiere und Pflanzen liegen. Hier gibt es auch zahlreiche Bestimmungsliteratur für Kinder, die am Exkursionstag zur Verfügung stehen müssen.

Kommentierte Leseempfehlung

→ Bestimmungsliteratur (Kinder) siehe Material in den Infoboxen 2 und 3
→ Bestimmungsliteratur (Erwachsene): Die zahlreichen Bestimmungsbücher für Tiere, Pflanzen, Steine und Fossilien des Wachholtz Verlags (www.wachholtz-verlag.de), des Verlags Quelle und Meyer (www.quelle-meyer.de) sowie die Werke aus dem Kosmos Verlag (www.kosmos.de) sind für die eigene Vorbereitung und für die begleitende Bestimmungsarbeit gut geeignet.

Referenzen

Blaseio, B. (2019): Sammeln. Bern: hep.

Blaseio, B. (2016): Außerschulische Lernorte im Sachunterricht. In: J. Erhorn & J. Schwier (Hrsg.): Pädagogik außerschulischer Lernorte. Bielefeld: transcript, 261-282.

Blaseio, B. (2015): Das Methoden 1x1 Sachunterricht. Berlin: Cornelsen.

Böing, M. & Sachs, U. (2007): Exkursionsdidaktik zwischen Tradition und Innovation. Eine Bestandsaufnahme. In: Geographie und Schule 29 (167), 36-44.

Budke, A. & Kanwischer, D. (2007): Spurensuche als Unterrichtseinstieg. In: Praxis Geographie 37 (1), 17-19.

GDSU (Gesellschaft für Didaktik des Sachunterrichts) (Hrsg.) (2013): Perspektivrahmen Sachunterricht. Bad Heilbrunn: Klinkhardt.

Jähn, D. (2019): Zur Anbahnung Forschenden Lernens im Sachunterricht. In: M. Knörzer, L. Förster, U. Franz & A. Hartinger (Hrsg.): Forschendes Lernen im Sachunterricht. Bad Heilbrunn: Klinkhardt, 107-113.

doi.org/10.35468/6025-02

Knörzer, M., Förster, L., Franz, U. & Hartinger, A. (2019): Editorial. Forschendes Lernen im Sachunterricht. In: M. Knörzer, L. Förster, U. Franz, U. & A. Hartinger (Hrsg.): Forschendes Lernen im Sachunterricht. Bad Heilbrunn: Klinkhardt, 9-16.
Länderdaten (2021): Küstenlänge aller Länder. Online unter: www.laenderdaten.de/geographie/kuestenlaenge.aspx (Abrufdatum: 26.05.2021).
Simon, T. & Pech, D. (2019): Forschendes Lernen im Sachunterricht an außerschulischen Lernorten? Potenziale, Hoffnungen und ernüchternde Evidenzen. In: M. Knörzer, L. Förster, U. Franz & A. Hartinger (Hrsg.): Forschendes Lernen im Sachunterricht. Bad Heilbrunn: Klinkhardt, 153-159.
Stolz, C. & Feiler, B. (2018): Exkursionsdidaktik. Stuttgart: Ulmer.
Wardenga, U. (2002): Alte und neue Raumkonzepte für den Geographieunterricht. In: geographie heute 23 (200), 8-11.

Autorin

Beate Blaseio, Prof. Dr.
Europa-Universität Flensburg
Institut für Sachunterricht
Fakultät I
Auf dem Campus 1, 24943 Flensburg
blaseio@uni-flensburg.de
Website: https://www.uni-flensburg.de/sachunterricht/das-sind-wir/prof-dr-beate-blaseio
Forschungsschwerpunkte: Allgemeine Sachunterrichtsdidaktik, Sachunterricht aus internationaler Perspektive, Inhalte und Methoden des Sachunterrichts

doi.org/10.35468/6025-02

Anne-Kathrin Lindau, Jaqueline Simon und Toni Simon

Auf in die Wildnis des Stadtwaldes – Wildnisbildung als exkursionsdidaktischer Ansatz. Ein Beitrag zur Bildung für nachhaltige Entwicklung in der Primarstufe

Teaser

Der verwildernden Natur im Stadtwald auf der Spur zu sein, fokussiert das Konzept der Wildnisbildung im Kontext einer Bildung für nachhaltige Entwicklung (BNE). Das Erleben von verwildernder Natur – Bereiche, in denen der Mensch nicht mehr gestaltet, sondern die Natur sich frei entfalten kann – ist ein zentraler Aspekt der Wildnisbildung. Durch die Analyse von Mensch-Umwelt-Beziehungen wird ein Beitrag zur geographischen Bildung durch das Umsetzen der Basiskonzepte BNE und der Raumkonzepte geleistet.

Raum des exkursionsdidaktischen Settings

Stadtwald mit unterschiedlichen Verwilderungsgraden und/oder erkennbaren klimabedingten Schäden

Fachdidaktischer Ansatz: Bildung für nachhaltige Entwicklung

Die aktuellen globalen Herausforderungen der Menschheit im 21. Jahrhundert, wie z. B. Klimawandel, Naturkatastrophen, Globalisierung, Ressourcenverknappung, Migrationen, Disparitäten und Pandemien, sind nur im Kollektiv der Weltgemeinschaft zu bewältigen. Ein viel diskutierter Ansatz stellt dabei das Leitbild der Nachhaltigen Entwicklung dar, das die Befriedigung der Bedürfnisse heutiger Generationen umfasst, ohne die Bedürfnisse zukünftiger Generationen einzuschränken, um damit intra- und intergenerationale Gerechtigkeit zu ermöglichen. Da Nachhaltigkeit alle Bereiche des Lebens beinhaltet, ist es die Aufgabe der ganzen Gesellschaft, eine Nachhaltige Entwicklung anzustreben, die ökologisch verträglich, sozial gerecht und wirtschaftlich leistungsfähig ist. Um diese Herausforderungen gemeinschaftlich lösen zu können, verabschiedeten die Vereinten

doi.org/10.35468/6025-03

Nationen 2015 die Sustainable Development Goals (SDGs) als Leitperspektiven einer Nachhaltigen Entwicklung mit dem Ziel diese bis 2030 zu erreichen (UN 2015).
Als eine wichtige Voraussetzung für eine Nachhaltige Entwicklung wird das Nachhaltigkeitsziel Hochwertige Bildung (SDG 4) gesehen, insbesondere das Unterziel 4.7 Bildung für nachhaltige Entwicklung (BNE). Dieses zielt darauf ab, Menschen zu einem zukunftsfähigen Denken und Handeln unter Nachhaltigkeitsaspekten zu befähigen. Laut Generalversammlung der Vereinten Nationen soll bis 2030 sichergestellt werden, „dass alle Lernenden die notwendigen Kenntnisse und Qualifikationen zur Förderung nachhaltiger Entwicklung erwerben, unter anderem durch BNE und nachhaltige Lebensweisen, Menschenrechte, Geschlechtergleichstellung, eine Kultur des Friedens und der Gewaltlosigkeit, Weltbürgerschaft und die Wertschätzung kultureller Vielfalt und des Beitrags der Kultur zu Nachhaltiger Entwicklung“ (KMK & BMZ 2016, 49). Aufbauend auf das UNESCO-Weltaktionsprogramm BNE wurde 2017 vom Bundesministerium für Bildung und Forschung (BMBF) und der Deutschen UNESCO-Kommission (DUK) der Nationale Aktionsplan BNE (Nationale Plattform Bildung für nachhaltige Entwicklung 2017) verabschiedet. Darin werden Handlungsfelder, Ziele und Maßnahmen für alle Bildungsbereiche festgelegt. Um Schüler*innen als zukünftige Entscheidungsträger*innen sowie Multiplikator*innen für die Herausforderungen einer Nachhaltigen Entwicklung zu sensibilisieren und zur Mitgestaltung dieser zu befähigen, ist eine strukturelle Implementierung von BNE an institutionellen Bildungseinrichtungen notwendig. Ziel ist es dabei, BNE in alle Bildungsbereiche zu integrieren und insbesondere junge Menschen zur Verantwortungsübernahme für eine nachhaltige Transformation der Gesellschaft zu befähigen (Rieckmann 2016). Um mithilfe des komplexen Konzepts einer BNE systematisch und zielgerichtet Kompetenzen bei Lernenden in Bildungsinstitutionen zu entwickeln, wurde auf der Grundlage von de Haan (2008) ein Kompetenzmodell entwickelt, das allen Unterrichtsfächern zugrunde liegt. In der Weiterentwicklung von BNE-Kompetenzmodellen werden im Orientierungsrahmen für den Lernbereich Globale Entwicklung im Kontext einer BNE die Kompetenzbereiche Erkennen, Bewerten und Handeln unter anderem auch für den Sachunterricht unterschieden (KMK & BMZ 2016).
Die Bezüge zwischen BNE und der geographischen Perspektive des Sachunterrichts sind sehr eng. BNE fokussiert die SDGs und damit eng verbunden das Mensch-Umwelt-System und in diesem Kontext das Verhältnis zwischen Mensch und seiner Umwelt. Diese Bildungsansprüche beinhaltet u. a. auch die geographische Perspektive des Sachunterrichts. Neben der fachlichen Ausrichtung auf die Nachhaltigkeitsthemen mit dem Ziel der Erkenntnisgewinnung umfasst BNE im Sachunterricht das Erleben sowie die Förderung der Urteilsfähigkeit. Eng verbunden ist damit eine Transformation von Lehr- und Lernumgebungen, die ein

doi.org/10.35468/6025-03

multiperspektivisches (ökologisch, gesellschaftlich, ökonomisch, politisch) und problemorientiertes sowie zukunftsorientiertes Lernen ermöglichen (Adamina et al. 2016). Das Konzept Wildnisbildung im Kontext einer BNE kann aus geographischer Perspektive die Analyse von Mensch-Umwelt-Beziehungen umfassen.

Exkursionsdidaktische Methode: Wildnisbildung

Auf der Suche nach Konzepten zur Umsetzung einer BNE im institutionellen Bildungsbereich erweist sich das Konzept der Wildnisbildung[1] als geeigneter Ansatz. Dieses Konzept knüpft auf inhaltlicher Ebene am aktuell viel diskutierten Thema Wildnis an, das im öffentlichen, naturschutzfachlichen und naturschutzpolitischen Diskurs unter anderem im Kontext der Kernprobleme des Globalen Wandels (insbesondere Biodiversitätsverlust und Klimawandel) sowie im Rahmen einer Nachhaltigen Entwicklung diskutiert wird (DUK 2015). Wildnisbildung kann einen Beitrag dazu leisten, Lernprozesse im Rahmen einer BNE zu initiieren, indem sie verschiedene Kernprobleme des Globalen Wandels aufgreift und im Kontext von Wildnis und Verwilderung betrachtet. Wilde beziehungsweise verwildernde Natur unterschiedlicher Größendimensionen und Schutzstatus markiert den Ausgangspunkt für Bildungsprozesse, die sich an den SDGs orientieren und damit einen Beitrag zu BNE leisten (Lindau et al. 2021).
Ursprünglich war Wildnisbildung als nationalparkspezifisches Bildungskonzept auf Großschutzgebiete beschränkt, da dort der Prozessschutzgedanke im von Bibelriether (1998) geprägten Leitbild der deutschen Nationalparke „Natur Natur sein lassen“ etabliert ist. Der fachliche Diskurs um Wildnis reicht jedoch viel weiter. Die Nationale Strategie zur biologischen Vielfalt der Bundesregierung aus dem Jahr 2007 formulierte perspektivisch, dass sich bis 2020 auf zwei Prozent der deutschen Landesfläche Wildnis entwickeln sollte.[2] Neben Großschutzgebieten wie Nationalparks werden hier auch ehemalige Truppenübungsplätze und Bergbaufolgelandschaften als potenzielle Wildnisentwicklungsgebiete angeführt. Darüber hinaus wird Wildnis in Städten, auch urbane Wildnis genannt, als neuartiges Landschaftsbild diskutiert, das veränderte Raumnutzungs- und Pflegestrategien erfordert, erprobt und wissenschaftlich begleitet. Es wird zunehmend angestrebt, bisher anthropogen genutzte Flächen aus einer aktiven Nutzung zu nehmen und sich selbst zu überlassen. Die Erweiterung des fachlichen Diskurses um Wildnis über die Grenzen von Nationalparken hinaus führt parallel auch

1 Das Bildungskonzept Wildnisbildung wird als eine Umsetzungsvariante einer Bildung für nachhaltige Entwicklung verstanden und an dieser Stelle im Rahmen des Buchprojektes als exkursionsdidaktische Methode geführt.

2 Dieses Ziel wurde bislang nicht erreicht (siehe Megerle 2019, 680; Initiative "Wildnis in Deutschland" 2020, 1).

doi.org/10.35468/6025-03

zu einer Neuausrichtung des Konzeptes der Wildnisbildung, indem der Fokus stärker auf BNE vor dem Hintergrund globaler Herausforderungen sowie auf institutionelle Bildungsanlässe gelegt wird. Im Sinne einer inklusiven Gesellschaft, die niemanden zurücklässt, sondern auf Gerechtigkeit und Partizipation abzielt, erscheint es sinnvoll, Wildnisbildung vielen Menschen zu ermöglichen.
Kernpunkt der Wildnisbildung ist der Aufenthalt in der verwildernden Natur, um zum einen den Eigenwert der Natur in Abhängigkeit zum menschlichen Leben sowie der Beanspruchung der Natur durch den Menschen zu reflektieren. Zum anderen soll durch den Aufenthalt in der verwildernden Natur für eine begrenzte Zeit (ein bis mehrere Tage) die eigene Komfortzone des alltäglichen Lebens verlassen werden, um Reflexionsanlässe bezogen auf den eigenen Lebens- und Konsumstil durch den Aufenthalt in der verwildernden Natur unter einfacheren Verhältnissen – zum Teil in sogenannten Wildniscamps (z. B. Schlafen im Biwak unter einem Tarp, Feuer als Wärme- und Kochquelle) – auszulösen.
Wilde beziehungsweise verwildernde Natur existiert neben Großschutzgebieten (z. B. Nationalparken) auch in unmittelbarer Umgebung und bietet Potenziale, im Rahmen von Exkursionen entdeckt zu werden. Dazu zählen z. B. Flächen wie naturnahe Flussauen, bebaute oder unbebaute Stadtbrachen, alte Bahnhofs- oder Fabrikgelände und Stadtwälder. Aber auch eine sich selbst überlassene „wilde Ecke“ in einem Garten, Stadtpark und Schulhof kann als Lernanlass für Wildnisbildung im Kontext einer BNE genutzt werden. Insbesondere für den Primarbereich bietet sich das Erleben und Wahrnehmen von wilder und verwildernder Natur in unmittelbarer Umgebung des eigenen Lebensbereiches an (Lindau et al. 2021).
Dazu bietet eine Exkursion durch das unmittelbare Erleben von ehemals anthropogen und anschließend ungenutzten verwildernden Flächen besondere Potenziale, die mithilfe der Arbeit mit Karten sinnvoll verbunden werden kann. Die schulische Förderung einer *cartographical literacy* respektive des mündigen Umgangs mit digitalen und analogen Karten ist auch durch die gestiegene Allgegenwärtigkeit digitaler Karten von ungebrochener Bedeutung (z. B. Gryl 2014). Kartenkompetenz umfasst die Fähigkeiten, Karten lesen, auswerten, anfertigen und reflektieren sowie mit ihrer Hilfe Räume beschreiben zu können (Hüttermann 2012). Sie befähigt Lernende, Vorstellungen ihrer räumlichen Umwelt aufzubauen und zu verfeinern, womit ein wichtiger Beitrag zur Orientierung in ihrer Umwelt und zu derer (nachhaltigen) Gestaltung geleistet wird (Hemmer & Wrenger 2016). In der Primarstufe kommt dem Sachunterricht die Aufgabe zu, Kartenkompetenz zu fördern, z. B. durch Kartenskizzen, die kartographische Dokumentation von Erkundungen oder das subjektive Festhalten von z. B. Wahrnehmungen von und Empfindungen zu Räumen auf einer Karte (ebd.).

doi.org/10.35468/6025-03

Im Rahmen von Exkursionen können Kinder darin unterstützt werden, Räume durch das Lesen von Karten aufzusuchen und sich in diesen zurechtzufinden. Hierzu müssen Kartendarstellungen gedeutet, interpretiert sowie in den Realraum „übersetzt" werden. Vor Ort werden Räume wahrgenommen und ihre Spezifik kann unter bestimmten Fragestellungen/thematischen Fokussierungen in (subjektive) Kartierungen eingehen, wofür passende Darstellungen gewählt werden müssen. Neben Mental Maps (Zeichnung der mentalen Repräsentation eines Raumes; siehe Abbildung 3) bietet sich hierzu nach Schubert und Wrenger (2016) die thematische Kartierung an, bei der auf einem Kartenausschnitt mit einem topographischen Grundgerüst Beobachtungen und Eindrücke nach festgelegten Kriterien symbolisch festgehalten werden. Im Rahmen der Wildnisbildung lassen sich so z. B. qualitative Eindrücke von verwildernden Flächen oder das Vorkommen verwildernder und intensiv forstwirtschaftlich genutzter Waldflächen dokumentieren. Die Reflexion solcher Prozesse und v. a. der Unterschiedlichkeit von Raumwahrnehmungen fördert die Erkenntnis, dass Karten subjektive (Re-)Konstruktionen von Räumen sind.

Exkursionsdidaktisches Setting

Stadtwälder setzen sich zunehmend aus verschiedenen Bereichen zusammen: aus verwildernden Gebieten mit naturnahen (Laub)Mischwaldbeständen (z. T. Naturschutzgebiete) und aus forstwirtschaftlich genutzten Bereichen mit Fichten- oder Kiefern-Monokulturen. Als Flachwurzler sind Fichten nicht an die zunehmende Trockenheit als *eine* Auswirkung des Klimawandels angepasst: Geschwächt können sie den Befall von Borkenkäfern nicht abwehren, der sich jedoch wegen höherer Durchschnittstemperaturen mehrmals im Jahr vermehrt; auch von durch den Klimawandel häufiger vorkommenden Sturmereignissen und -würfen sind Fichten und andere aufgeforstete Flachwurzler besonders bedroht. Sogar tiefwurzelnde Kiefern sind in extrem trockenen Jahren gefährdert.
Der Stadtwald als Raum des exkursionsdidaktischen Settings bietet zahlreiche Chancen, Impulse für Bildungsprozesse in der Primarstufe zu setzen – z. B. für Wildnisbildung im Kontext geographischer Bildung und BNE und hier speziell zur Förderung des Verständnisses von Raumkonzepten (siehe unten) – z. B. im Rahmen von Exkursionen. Meurel et al. (2023) haben didaktische Prinzipien als Gelingensbedingungen von Schüler*innenexkursionen (siehe Abb. 1 außen) sowie Kompetenzbereiche zusammengetragen, die auch in den Bildungsstandards Geographie ausgewiesen werden (DGfG 2020) und die Planung, Gestaltung sowie Reflexion von Wildnisbildungsmaßnahmen im Kontext geographischer Exkursionen und BNE im Sachunterricht unterstützen.

doi.org/10.35468/6025-03

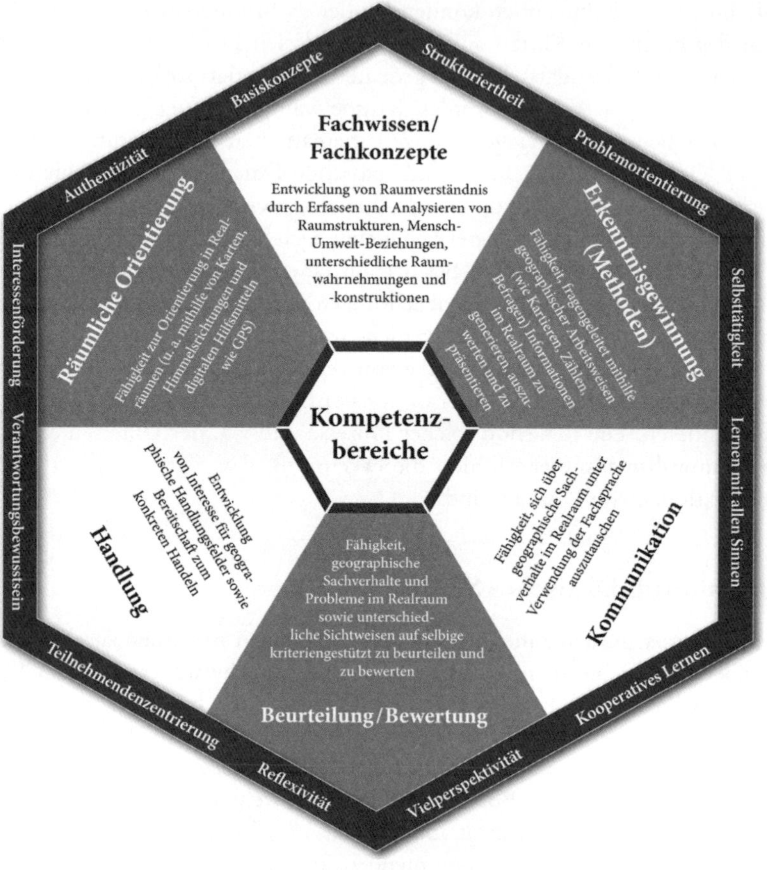

Abb. 1: Kompetenzbereiche und didaktische Prinzipien geographischer Schüler*innenexkursionen (Meurel u. a. 2023, S. 119, eigene Darstellung; Grafik: C. Pietsch)

In der Primarstufe bietet sich dafür eine Kombination aus den exkursionsdidaktischen Grundkonzepten Überblicks- und Arbeitsexkursion an. Diese unterscheiden sich in der lehr-lerntheoretischen Ausrichtung und damit im Grad der Selbstbestimmung der Lernenden (siehe Abb. 2).

Während die Überblicksexkursion Lernende unterstützen kann, aufgesuchte Räume subjektiv wahrzunehmen und zu erschließen, können durch die „Spurensuche" – als Form der konstruktivistischen Arbeitsexkursion – und das damit verbundene Spurenlesen Räume nach eigenen Interessen subjektiv wahrgenommen und zu diesen individuell bedeutsame Fragen entwickelt werden. Das Klären dieser Fragen kann zur subjektiven Raumbewertung und zum Erkennen gesellschaftlicher Raumkonstruktionen beitragen.

doi.org/10.35468/6025-03

Überblicksexkursion	Arbeitsexkursion		
kognitivistisch	kognitivistisch	konstruktivistisch	
		gemäßigt konstruktivistisch	**stark konstruktivistisch**
… zur Demonstration geographischer Sachverhalte und rezeptiven Aneignung kognitiver Lerninhalte	… zur selbstständigen Anwendung geographischer Arbeitsweisen in einem systematisierten Lernprozess mit feststehenden (Lern-)Inhalten	… zur aktiven Wissenskonstruktion in einem selbstständigen, möglichst selbstgesteuerten Lernprozess in der Balance zwischen Konstruktion und Instruktion	… zur aktiven Wissenskonstruktion in einem weitestgehend freien und selbstgesteuerten Lernprozess
Beispiel: *Schüler*innen folgen den referierenden Ausführungen der Lehrkraft, eines*r Experten*in oder Schülers*in (z. B. Stadtführung).*	*Beispiel:* *Schüler*innen beobachten, kartieren, befragen im Rahmen einer von der Lehrkraft vorstrukturierten Exkursion (z. B. Betriebserkundung).*	*Beispiel:* *Schüler*innen beobachten, kartieren, befragen im Rahmen einer thematisch vorgegebenen sowie von Schüler*innen und der Lehrkraft gemeinsam strukturierten Exkursion (z. B. Projekt).*	*Beispiel:* *Schüler*innen entwickeln auf der Grundlage individueller Erkundungen eine für sie bedeutsame Fragestellung und bearbeiten diese unterstützt durch die Lehrkraft (z. B. Spurensuche).*

Abnahme der Instruktion

Zunahme der Konstruktion

Abb. 2: Klassifikation exkursionsdidaktischer Konzepte (Meurel u. a. 2023, S. 120, eigene Darstellung; Grafik: C. Pietsch)

Durch zwei halbtägige Exkursionen und deren unterrichtliche Vor- und Nachbereitung erschließen die Lernenden verwildernde und bewirtschaftete Gebiete des Stadtwaldes und erkennen, kartieren und reflektieren mögliche Auswirkungen des Klimawandels. Das Lernarrangement bietet die Möglichkeit zur Arbeit mit analogen *und* digitalen Karten, trägt zur Anbahnung von Kartenkompetenz bei und berücksichtigt v. a. die geographischen Basiskonzepte BNE und Raumkonzepte (Fögele & Mehren 2021). Während der erste Exkursionstag der subjektiven Raumerschließung dient, wird die dem Konzept zugrundeliegende Problemstellung (Auswirkungen des anthropogenen Klimawandels auf den Stadtwald) ab dem zweiten Exkursionstag aufgegriffen.

Das skizzierte Setting wird optimalerweise in den (Früh-)Sommermonaten durchgeführt, wenn bei vorangeschrittener Vegetationsperiode und Blattentwicklung der Bäume geschwächte und abgestorbene Bäume leicht erkennbar sind.

Problemorientierte Frage

Wird der/unser Stadtwald durch den Klimawandel zerstört?

Angabe zur Klassenstufe

Die Einheit ist für die Jahrgangsstufe 3 und 4, grundsätzlich aber ab Klassenstufe 1 (ggf. adaptiert) einsetzbar.

doi.org/10.35468/6025-03

Kompetenzorientierung

Die Schüler*innen können im Rahmen einer geographischen Wildnisbildung:

- vertraute Räume auf digitalen oder analogen Karten erkennen;
- mithilfe digitaler oder analoger Karten ausgewählte Räume aufsuchen;
- Räume (kriteriengeleitet) wahrnehmen und beschreiben;
- sich räumliche Gegebenheiten erschließen und raumbezogene Beobachtungen kartieren;
- Gemeinsamkeiten und Unterschiede von Raummerkmalen und -situationen zusammentragen und benennen (z. B. genutzter versus verwildernder Wald);
- am Beispiel des Stadtwaldes Beziehungen des Menschen zur Umwelt beschreiben;
- Einflüsse des Menschen auf den Stadtwald als (Natur)Raum verstehen und beschreiben;
- anhand des Stadtwaldes beispielhafte Auswirkungen des Klimawandels nachvollziehen und diese insbesondere vor dem Hintergrund der Monokultur-Forstwirtschaft reflektieren;
- am Beispiel des Stadtwaldes eigene Überlegungen zum nachhaltigen Umgang mit der Natur anstellen (siehe auch GDSU 2013).

Vorbereitung und Material

Die aufzusuchenden Bereiche des Stadtwaldes sollten Merkmale eines bewirtschafteten und eines verwildernden Waldes besitzen, die *kontrastierend* wahrnehmbar sind. Klimabedingte Schäden (z. B. Trockenrisse bei Fichten, Borkenkäferspuren, abgestorbene Bäume (z. B. Kiefern), Sturmwurf) sollten möglichst gut erkennbar sein. Die Gesamtlänge des Exkursionsweges wird passend zur Lerngruppe bzw. zu den zeitlichen Ressourcen ausgewählt und Gefahrenquellen werden vorab erkundet.

Weiterhin ist es zielführend, verschiedene Kartenarten bzw. -darstellungen (z. B. topographische, physische und thematische Karten, Satellitenbilder, Hybrid aus Karte und Satellitenbild bestehend) in analoger sowie digitaler Form zur Verfügung zu stellen. Auf ihnen soll die Schule, das Gebiet zwischen der Schule und dem aufzusuchenden Bereich des Stadtwaldes sowie die in ihm aufzusuchenden Bereiche abgebildet sein. Bei Bedarf können zudem Streckennetze öffentlicher Verkehrsmittel hinzugezogen werden. Für die Nutzung digitaler Karten und Darstellungen sind mobile Endgeräte (z. B. Smartphones und/oder Tablets) vorzubereiten.[3] Für den zweiten Exkursionstag wird für alle Lernenden ein Kartenausschnitt mit einem topografischen Grundgerüst des aufgesuchten Raumes benötigt (wenn möglich digital und analog; wenn analog, dann Größe DIN-A4).

---

3 Karten können z. B. vorab heruntergeladen werden, sodass sie ohne Internetempfang verfügbar sind.

Zur fachlichen Vorbereitung der Lehrkraft werden folgende Publikationen empfohlen:

- DBU Naturerbe GmbH (Hrsg.) (2009): Manche mögen's heiß. URL: http://www.waldundklima.de/klima/klima_docs/waldschaedlinge_klimawandel_pwin_01.pdf
- Stiftung Wald in Not (Hrsg.) (2008): Wald im Klimastress. Online unter: http://www.waldundklima.de/klima/klima_docs/klimastress_wald_swin_2008.pdf

Für die unterrichtliche Nachbereitung „Klimawandel und Auswirkungen auf den Wald" empfohlenes Material:

- Bild- oder Videoimpulse zu klimabedingten Schäden im Wald (Bilder und Video-Hinweise siehe → **digitales Zusatzmaterial** 3)
- BMUB (Hrsg.) (2017): Klimawandel Arbeitsheft für Schülerinnen und Schüler – Grundschule. Online unter: https://www.globaleslernen.de/sites/default/files/files/education-material/gs_klima_schueler_bf.pdf (insbesondere Seite 15 und 22)

Digitaler Anteil
Zusatzmaterial 1: Verhaltensleitlinien für den Besuch im Stadtwald
Zusatzmaterial 2: Wahrnehmungsübungen
Zusatzmaterial 3: Bild- und Videoimpulse
https://elibrary.utb.de/doi/suppl/10.35468/9783781560253

Ablauf

Tag 1: Unterrichtliche Vorbereitung
Am ersten Tag werden die Funktionen von Karten als konzentrierte Darstellung geographischer Informationen, verschiedene Kartenarten bzw. -darstellungen mit ihren Spezifika (Gemeinsamkeiten/Unterschiede, Potenziale/Grenzen) sowie ihre Bedeutung für den Alltag erarbeitet. Als Einstieg eignet sich z. B. ein Gesprächskreis mit in der Mitte ausliegenden analogen und digitalen Karten. Im Anschluss planen die Schüler*innen in Gruppen mithilfe verschiedener Karten mögliche Routen von der Schule zum Stadtwald (Dekodieren von und Orientieren mithilfe von Karten; *Raumkonzept: Raum als System von Lagebeziehungen).* Im Plenum werden diese unter Berücksichtigung des Ziels und der voraussichtlichen Rahmenbedingungen am Exkursionstag (z. B. Wetter, zeitliche Ressourcen, körperliche Voraussetzungen) verglichen und Unterschiede in den Darstellungen der Karten und deren Auswirkung auf die Raumorientierung expliziert. Eine gemeinsame Route wird ausgewählt und in die analogen und digitalen Karten eingezeichnet (*Raumkonzept: Raum als System von Lagebeziehungen*). Zum Abschluss werden Verhaltensleitlinien für die Exkursion zusammengetragen und besprochen, die aus wildnisbildnerischer Sicht relevant sind und sich zum Teil von umweltpädagogischen oder auch Alltagserfahrungen abgrenzen können (v. a. Minimal-Impact

doi.org/10.35468/6025-03

bzw. Leave-No-Trace; z. B. keinerlei Pflanzenteile abreißen, Entsorgung von Taschentüchern nach dem „Toilettengang"; siehe → **digitales Zusatzmaterial** 1).

Tag 2: Exkursion
Mithilfe des am Vortag erarbeiteten Wegeplans wird der Stadtwald aufgesucht. Nach einem emotionalen Ankommen (z. B. mithilfe einer Wahrnehmungsübung) und der Wiederholung der Verhaltensleitlinien werden das verwildernde und das bewirtschaftete Gebiet des Stadtwaldes durch Erkunden erschlossen *(Raumkonzepte: Raum als Container, Raum als System von Lagebeziehungen*). An den von der Lehrkraft vorab ausgewählten Punkten werden Pausen eingelegt und es können Naturerfahrungsübungen/-spiele zur (multi)sensorischen Raumwahrnehmung durchgeführt werden (siehe → **digitales Zusatzmaterial** 2). Vor dem Verlassen des Stadtwaldes wird an einem ausgewählten Ort pausiert und die Lernenden werden aufgefordert, eine Mental Map im individuell möglichen Detailliertheitsgrad zu zeichnen (siehe Abb. 3) – entweder vom gesamten erkundeten Raum oder vom Raumausschnitt des aktuellen Aufenthaltsortes. Abschließend werden im Gespräch die Mental Maps verglichen und der individuelle Wert des verwildernden versus bewirtschafteten Stadtwaldes für das Erleben von Ruhe und Abgeschiedenheit als „Gegenpol" zur Stadt mit ihren spezifischen Reizen (Lindau et al. 2021) sowie das Verhalten im Wald mit Blick auf Folgen für den besuchten Raum und ggf. Konsequenzen für Exkursionstag 2 reflektiert.

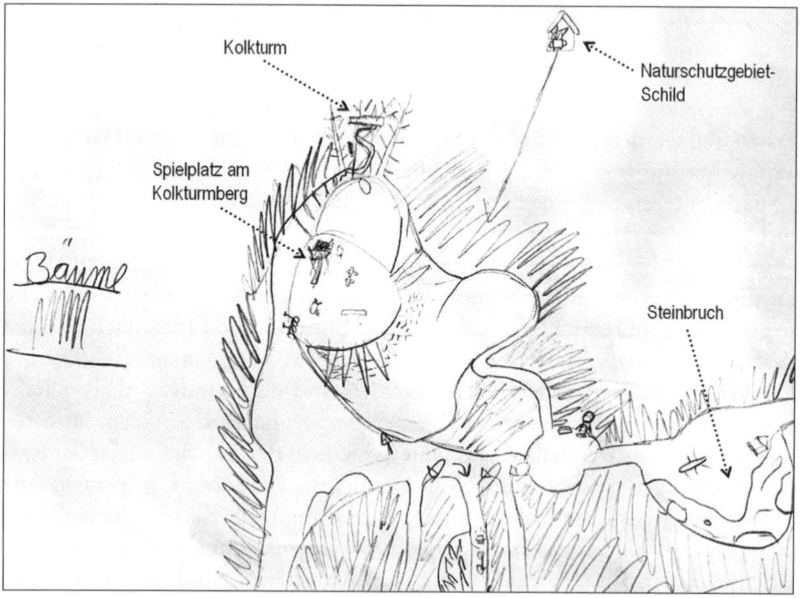

Abb. 3: Mental Map eines Kindes (10 Jahre) vom Stadtwald Dölauer Heide in Halle (Saale) mit erläuternden Eintragungen der Autor*innen (eigene Abbildung)

doi.org/10.35468/6025-03

Tag 3: Unterrichtliche Nach- und Vorbereitung
Nach einem (ggf. durch Fotos unterstützten) Rückblick auf den Vortag werden subjektiv bedeutsame Erlebnisse im Gesprächskreis berichtet. Danach werden die Mental Maps im Plenum präsentiert und der Konstruktcharakter von Karten als Ergebnisse individueller Wahrnehmung sowie gestalterischer Umsetzung wird expliziert (*Raumkonzepte: subjektiv wahrgenommener Raum, Raum als Konstrukt*). Anschließend werden die subjektiven Eindrücke der Lernenden zum bewirtschafteten und verwildernden Gebiet des Stadtwaldes gesammelt und gegenübergestellt. Im nächsten Schritt klärt die Lehrkraft mit den Schüler*innen den Begriff „Klimawandel“. Dann werden in Gruppenarbeit (Expert*innengruppen) anhand von kurzen Texten und Abbildungen (ggf. auch Videos) Auswirkungen des Klimawandels auf den Wald erarbeitet und präsentiert (Gruppe 1: Sturmereignisse und Folgen v. a. für Flachwurzler; Gruppe 2: Trockenheitsphasen und Folgen v. a. für Buchen, Fichten und Kiefern; Gruppe 3: „Borkenkäferbefall“; Gruppe 4: Nutzung des Waldes durch den Menschen; *Raumkonzept Raum als Container*). Die Lernenden erarbeiten damit einerseits Indikatoren für anthropogene Eingriffe/Spuren im Wald (z. B. Forstwald, Polter, Müll, Fahrrinnen) und andererseits für klimabedingte Schäden (z. B. trockenheitsgeschädigte Bäume, Borkenkäferspuren, Schaftrisse), die im Stadtwald erkennbar sind und für deren Dokumentation (siehe Tag 4) Symbole vereinbart werden. Zum Abschluss kann die Gegenüberstellung vom bewirtschafteten versus verwildernden Gebiet des Stadtwaldes hinsichtlich möglicherweise wahrgenommener klimabedingter Schäden ergänzt/aktualisiert werden.

Tag 4: Exkursion
Nach dem Ankommen am Stadtwald werden die Verhaltensleitlinien wiederholt und eine Wahrnehmungsübung durchgeführt. Es schließt sich ein problemorientierter Einstieg anhand der Frage „Wird der/unser Stadtwald vom Klimawandel zerstört?“ an. Der Stadtwald wird erneut über dieselbe Strecke wie am Exkursionstag 1 erwandert; im Rahmen einer „Spurensuche“ werden mittels analoger und digitaler Kartenausschnitte subjektive thematische Karten angefertigt. Verwendet werden dabei die am Vortag vereinbarten Symbole für klimabedingte Schäden, die ebenso wie die zurückgelegte Wegstrecke eingezeichnet werden (*Raumkonzepte: subjektiv wahrgenommener Raum; Raum als System von Lagebeziehungen*). Zum Ende des Exkursionstages werden die beobachteten Mensch-Umwelt-Beziehungen, das eigene Befinden im bewirtschafteten versus verwildernden Waldgebiet sowie das eigene Verhalten und jenes der Gruppe reflektiert.

Tag 5: Unterrichtliche Nachbereitung
Unter Rückgriff auf die problemorientierte Frage werden die thematischen Karten ausgewertet. Hierbei liegt der Fokus auf den subjektiv wahrgenommenen Unterschieden der beiden Gebiete des Stadtwaldes sowie auf den sich daraus er-

doi.org/10.35468/6025-03

gebenden Zusammenhang zu menschlichen Eingriffen im Waldgebiet (*Basiskonzept BNE unter Berücksichtigung des Nachhaltigkeitsvierecks mit den Dimensionen Ökologie, Ökonomie, Soziales, Politik*): Die schnell nachwachsenden Fichten bzw. Kiefern liefern Rohstoffe/Profit (Ökonomie), sind aber anfälliger für die Auswirkungen des Klimawandels (Ökologie), worunter die lokale Forstwirtschaft und der Stadtwald als Ausflugsziel leiden (Soziales), weshalb es konkrete, nachhaltige Aufforstungskonzepte benötigt (Politik). Zum Ende erfolgt eine abschließende Bewertung der Bedeutung des Waldes für den Menschen und des Menschen für den Wald in Gegenwart und Zukunft im Kontext des Klimawandels (*Raumkonzept: Raum als Konstrukt*).
Neben der inhaltlichen Auswertung der thematischen Karten werden Gemeinsamkeiten und Unterschiede zwischen (topographischer) Karte, Mental Map und wahrgenommenem Exkursionsraum herausgestellt: Auf der topographischen Karte sind Klimaschäden aufgrund der Verkleinerung, Verebnung und Grundrissdarstellung nicht entnehmbar – aber sie sind im Kontext originärer Begegnung erfahrbar.

Differenzierung im inklusiven Klassenraum

Grundsätzlich sind bei Exkursionen, ihrer Vor- und Nachbereitung unterschiedliche Wahrnehmungen und Perspektiven der Lernenden anzuregen, zu kommunizieren und unterschiedliche Kompetenzstände bei didaktisch-methodischen Inszenierungen zu berücksichtigen, um Ansprüchen eines vielperspektivischen und inklusiven Sachunterrichts gerecht zu werden (Simon 2019). Differenzierungen könnten z. B. durch Anpassung der zurückzulegenden Strecke (körperliche Anforderung), durch Variationen beim Zeichnen der Mental Maps bzw. Anfertigen der thematischen Karte (bzgl. der Größe des Gebietes, der Detailliertheit der Darstellung, der Anzahl von zu verwendenden Symbolen; kognitive Anforderung) i. S. einer Differenzierung nach oben (Steigerung) versus unten (Verringerung der Ansprüche) erfolgen. Digitale Karten bieten insbesondere die Möglichkeit auf visueller Ebene (z. B. Ändern der Darstellung, Zoomen) flexibel zu differenzieren. Sollte die Anfertigung einer Mental Map bzw. thematischen Karte grundlegend zu herausfordernd sein (z. B. kognitiv und/oder motorisch), können Wegstrecken oder klimabedingte Schäden auch fotografisch dokumentiert werden. Bei der Gruppenarbeit (Tag 3) kann u. a. ein rein ikonischer Zugang (Bilder, Videos) oder ein differenzierter symbolischer Zugang durch Varianzen beim Textumfang und -niveau (einzelne Wörter, Wortgruppen, längerer Fließtext; einfache Sprache, mehr/weniger Fachsprache, Kombination Erst- und Zweitsprache) gestaltet werden.

Raumkonzepte

Die von Wardenga (2002) für den schulischen Einsatz formulierten vier Raumbegriffe lassen sich am Beispiel der Wildnisbildung und dem darin beinhalteten

doi.org/10.35468/6025-03

Konstrukt von Wildnis explizieren. Bedeutsam ist, dass diese Raumkonzepte nicht losgelöst voneinander bestehen, sondern gerade in der parallelen Betrachtung und Anwendung für das Thema Wildnis geeignet sind. Die weiteren Ausführungen orientieren sich an den Raumkonzepten nach Wardenga (2002):

1. *Der Container-Raum – Wildnis als Container*
   Die Raumerfassung und -beschreibung erfolgt über die Kartenarbeit mittels Kartierung der Raumelemente der physisch-materiellen Welt sowie deren räumliche Lage. Dazu gehören z. B. Oberflächenformen, Vegetation, Gewässer, Siedlungen und Verkehrswege. Wildnis wird als real existierende Wirklichkeit verstanden.
2. *Der Raum der Raumstrukturforschung – Wildnis als System von Lagebeziehungen*
   Räume werden als System von Lagerelationen verstanden, indem die Bedeutung von Standorten, Lagebeziehungen und Distanzen für die Schaffung von gesellschaftlicher Wirklichkeit in Vergangenheit und Gegenwart analysiert wird. Dazu gehören im Rahmen der Exkursion die Lagebeziehungen zwischen dem Schulgebäude und der verwildernden Natur sowie die Distanz bzw. der Weg. Weiterhin kann die Lage von verwildernden Flächen in der Vergangenheit, in der Gegenwart sowie in der Zukunft analysiert werden.
3. *Der Raum der Wahrnehmungsgeographie – Die subjektive Wildnis*
   Verwildernde Gebiete werden als subjektive Raumwahrnehmung verstanden, die individuelle Betrachtungsweisen fokussieren. Die Erstellung von Mental Maps zu verwildernden Flächen zeigt unterschiedliche Perspektiven und dargestellte Vorstellungen von Wildnis auf.
4. *Raum als Element von Kommunikation und Handlung – Wildnis als Raumkonstrukt*
   Das Raumkonzept versteht Wildnis als Konstrukt, das von Menschen „gemacht" und somit ein kulturelles Produkt ist. Darüber hinaus kann am Beispiel der Exkursion reflektiert werden, dass Karten stets konstruiert sind.

Weitere zentrale fachdidaktische Ansätze

Transformatives Lernen, Systemdenken (Mensch-Umwelt-Beziehungen), Ästhetische Bildung, Phänomenologie

Transfer

Der Transfer des Ansatzes der Wildnisbildung im Kontext einer BNE betrifft sowohl die Thematik der verwildernden Natur als auch den methodischen Zugang. Es lassen sich neben dem (Stadt)Wald auch andere (zurzeit) vom Menschen ungenutzte und sich selbst überlassene Flächen für die Exkursion nutzen. Geeignet sind Wiesen, urbane Brachen, verwildernde Gärten oder wilde Ecken und Nischen

doi.org/10.35468/6025-03

(auch auf dem schulischen Gelände oder in unmittelbarer Nähe). Außerhalb des urbanen Bereichs lohnt sich das Aufsuchen von (Groß-)Schutzgebieten, in denen verwildernde Flächen einem besonderen Schutz unterliegen, wie z. B. Nationalparke mit Wildnisbildungskonzepten und spezifischen Bildungsangeboten. Aus fachdidaktischer Perspektive bieten die Vorschläge zur Planung, Durchführung und Reflexion zahlreiche Potenziale für die Entwicklung von eigenen Exkursionen, die auf die Zielgruppen und räumlichen Gegebenheiten angepasst werden können.

Kommentierte Leseempfehlung

Lindau, A.-K., Mohs, F. & Reinboth, A. (2021): Bildung für nachhaltige Entwicklung und Wildnisbildung. In: A.-K. Lindau, F. Mohs, A. Reinboth & M. Lindner (Hrsg.): Wilde Nachbarschaft. Wildnisbildung im Kontext einer Bildung für nachhaltige Entwicklung. München: oekom, 15-44. → Überblick über Wildnisbildung als Ansatz einer BNE

Simon, J. (2021): Vorstellungen und Einstellungen von Grundschülerinnen und -schülern zu Wildnis. In: A.-K. Lindau, F. Mohs, A. Reinboth & M. Lindner (Hrsg.): Wilde Nachbarschaft. Wildnisbildung im Kontext einer Bildung für nachhaltige Entwicklung. München: oekom, 195-202. → Einblick in Vor- und Einstellungsforschung zu Wildnis bei Grundschüler*innen

Simon, J. (2021): „Wilde Schule" – Wildnisbildung in der Primarstufe. In: A.-K. Lindau, F. Mohs, A. Reinboth & M. Lindner (Hrsg.): Wilde Nachbarschaft. Wildnisbildung im Kontext einer Bildung für nachhaltige Entwicklung. München: oemkom, 289-296. → Praxisbeispiel für Wildnisbildung in der Primarstufe → Darstellung des Forschungsstandes zu Wildnisbildung und der möglichen Verknüpfung von Wildnisbildung und Sachunterricht

Simon, J. (2022): Wildnisbildung – ein Desiderat grundschulpädagogischer und sachunterrichtsdidaktischer Forschung. In: www.widerstreit-sachunterricht.de, Nr. 27 (2022). Online unter: https://public.bibliothek.uni-halle.de/sachunterricht/article/view/2792
(Abrufdatum: 10.02.2023)

Referenzen

Adamina, M., Hemmer, M., Schubert, J. C., & Hartinger, A. (Hrsg.) (2016): Die geographische Perspektive konkret. Begleitband 3 zum Perspektivrahmen Sachunterricht (Begleitbände zum Perspektivrahmen Sachunterricht, Bd. 3). Bad Heilbrunn: Klinkhardt.

Bibelriether, H. (1998): Faszination Wildnis – wissenschaftlich nicht erfassbare Realität. In: Nationalpark 100 (3), 4-9.

de Haan, G. (2008): Gestaltungskompetenz als Kompetenzkonzept einer Bildung für nachhaltige Bildung. In: I. Bormann & G. de Haan, (Hrsg.): Kompetenzen der Bildung für nachhaltige Entwicklung. Operationalisierung, Messung, Befunde. Wiesbaden: Verlag für Sozialwissenschaften, 23-43.

DGfG (Deutsche Gesellschaft für Geographie) (2020): Bildungsstandards im Fach Geographie für den Mittleren Schulabschluss (10. Aufl). Bonn: DGfG.

DUK (Deutsche UNESCO-Kommission e. V.) (Hrsg.) (2015): Querbeet. Biologische Vielfalt und Bildung für nachhaltige Entwicklung – Anregungen für die Praxis. Bonn: DUK.

Fögele, J. & Mehren, R. (2021): Basiskonzepte – Schlüssel zur Förderung geographischen Denkens. In: Praxis Geographie 51 (4), 50-57.

Gesellschaft für Didaktik des Sachunterrichts (GDSU) (Hrsg.) (2013): Perspektivrahmen Sachunterricht. Vollst. überab. und erw. Ausgabe. Bad Heilbrunn: Klinkhardt.

doi.org/10.35468/6025-03

Gryl, I. (2014): Reflexive Kartenarbeit. Hinterfragen als alltägliche und fachliche Praxis. In: Praxis Geographie 44 (6), 4-9.

Hemmer, M. & Wrenger, K. (2016): Förderung der Kartenkompetenz im Sachunterricht. In: M. Adamina, M. Hemmer & J. C. Schubert (Hrsg.): Die geographische Perspektive konkret. Begleitband 3 zum Perspektivrahmen Sachunterricht. (Begleitbände zum Perspektivrahmen Sachunterricht, Bd. 3). Bad Heilbrunn: Klinkhardt, 179-186.

Hüttermann, A. (2012): Von der „Einführung in das Kartenverständnis" zur „Kartenkompetenz": Der schillernde Begriff der Kartendidaktik. In: A. Hüttermann, P. Kirchner, S. Schuler & K. Drieling (Hrsg.): Räumliche Orientierung. Braunschweig: Westermann, 22-32.

Initiative „Wildnis in Deutschland" (2020): Agenda für Wildnis. Zentrale Forderungen der Initiative „Wildnis in Deutschland". Online unter: https://wildnisindeutschland.de/agenda (Abrufdatum: 13.03.2023).

KMK (Kultusministerkonferenz) & BMZ (Bundesministerium für wirtschaftliche Zusammenarbeit und Entwicklung) (Hrsg.) (2016): Orientierungsrahmen für den Lernbereich Globale Entwicklung im Rahmen einer Bildung für nachhaltige Entwicklung (2. Aufl.). Online unter: https://www.kmk.org/fileadmin/veroeffentlichungen_beschluesse/2015/2015_06_00-Orientierungsrahmen-Globale-Entwicklung.pdf (Abrufdatum: 21.07.2021).

Lindau, A.-K., Mohs, F. & Reinboth, A. (2021): Bildung für nachhaltige Entwicklung und Wildnisbildung. In: A.-K. Lindau, F. Mohs, A. Reinboth & M. Lindner (Hrsg.): Wilde Nachbarschaft. Wildnisbildung im Kontext einer Bildung für nachhaltige Entwicklung. München: oekom, 15-44.

Megerle, H. E. (2019): Wildnis und Landschaft. In: O. Kühne, F. Weber, K. Berr & C. Jenal (Hrsg.): Handbuch Landschaft. Wiesbaden: Springer VS, 675-690.

Meurel, M., Hemmer, M. & Lindau, A.-K. (2023): Geographische Schüler*innenexkursionen planen, durchführen und auswerten – der Gentrifizierung auf der Spur. In: G. Gryl, M. Lehner, T. Fleischhauer & K. W. Hoffmann (Hrsg.): Geographiedidaktik. Heidelberg, Berlin: Springer, 115-129. https://doi.org/10.1007/978-3-662-65720-1_8

Nationale Plattform Bildung für nachhaltige Entwicklung (2017): Nationaler Aktionsplan Bildung für nachhaltige Entwicklung Der deutsche Beitrag zum UNESCO-Weltaktionsprogramm. Online unter: https://www.bne-portal.de/bne/shareddocs/downloads/files/nationaler_aktionsplan_bildunger_nachhaltige_entwicklung_neu.pdf?__blob=publicationFile&v=3 (Abrufdatum: 21.07.2021).

Rieckmann, M. (2016): Bildung für nachhaltige Entwicklung – Konzeptionelle Grundlagen und Stand der Implementierung. In: M. Schweer (Hrsg.): Bildung für nachhaltige Entwicklung in pädagogischen Handlungsfeldern – Grundlagen, Verankerung und Methodik in ausgewählten Lehr-Lern-Kontexten. Frankfurt/M.: Peter Lang, 11-32.

Schubert, J. C. & Wrenger, K. (2016): Kartieren und Befragen als geographische Arbeitsweisen – Erkundung des Wochenmarktes und Analyse räumlicher Strukturen. In: M. Adamina, M. Hemmer & J. C. Schubert (Hrsg.): Die geographische Perspektive konkret. Begleitband 3 zum Perspektivrahmen Sachunterricht. Bad Heilbrunn: Klinkhardt, 201-214.

Simon, T. (2019): Potenzialorientierung, Sachunterricht(sdidaktik) und Inklusion. In: M. Veber, R. Benölken & M. Pfitzner (Hrsg.): Potenzialorientierte Förderung in den Fachdidaktiken. Münster u. a.: Waxmann, 113-133.

UN (United Nations) (2015): Transforming our world: the 2030 Agenda for Sustainable Development. Online unter: https://sdgs.un.org/2030agenda (Abrufdatum: 08.03.2023).

Wardenga, U. (2002): Alte und neue Raumkonzepte für den Geographieunterricht. In: Geographie heute 23 (200), 8-11.

doi.org/10.35468/6025-03

Autor*innen

Anne-Kathrin Lindau, Prof. Dr.
Martin-Luther-Universität Halle-Wittenberg
Institut für Geowissenschaften und Geographie
Von-Seckendorff-Platz 4, 06120 Halle
anne.lindau@geo.uni-halle.de
Website: https://didaktik.geographie.uni-halle.de/mitarbeiterinnen/lindau/
Forschungsschwerpunkte: Didaktik der Geographie, Lehrkräfteprofessionalisierung, Exkursionsdidaktik, Bildung für nachhaltige Entwicklung, Wildnisbildung sowie Sprache und System

Jaqueline Simon
Martin-Luther-Universität Halle-Wittenberg
Institut für Schulpädagogik und Grundschuldidaktik
Franckeplatz 1, 06110 Halle
jaqueline.simon@paedagogik.uni-halle.de
Website: https://mlu.de/enxvq
Forschungsschwerpunkte: Wildnisbildung, Umgang mit Kinderfragen im (Sach-)Unterricht, digitale Medien in der Lehrer*innenbildung und Schulpraktische Studien

Toni Simon, Dr.
Martin-Luther-Universität Halle-Wittenberg
Institut für Schulpädagogik und Grundschuldidaktik
Franckeplatz 1, 06110 Halle
toni.simon@paedagogik.uni-halle.de
Website: https://mlu.de/bdsox
Forschungsschwerpunkte: Didaktik des Sachunterrichts, inklusive Schulpädagogik unter besonderer Berücksichtigung von Fragen der Didaktik, Diagnostik und Partizipation sowie Einstellungen zur schulischen Inklusion

doi.org/10.35468/6025-03

Hannes Schmalor und Steffen Ciprina

Mit geographischen Arbeitsweisen der Gesundheit von Bächen auf den Grund gehen. Naturwissenschaftliche Grundbildung im Sachunterricht fördern

Teaser

Im Sachunterricht können Kompetenzen der naturwissenschaftlichen Grundbildung gefördert werden. In diesem Kontext bieten sich Bäche zur naturwissenschaftlichen Untersuchung an, da diese häufig im Nahraum von Schulen vorzufinden sind. Der vorliegende Beitrag zeigt auf, wie beim Stationenlernen mit geographischen Arbeitsweisen, die Fragestellung „Wie gesund ist unser Bach?" bearbeitet werden kann.

Raum des exkursionsdidaktischen Settings

Natürliche, denaturierte und renaturierte Bäche im Nahraum

Fachdidaktischer Ansatz: Naturwissenschaftliche Grundbildung

Das Fach Geographie stellt das Brückenfach zwischen Natur- und Gesellschaftswissenschaften dar (DGfG 2020). Dies hat Auswirkungen auf die Denkweisen und Kompetenzen, die im Unterrichtsfach Geographie vermittelt werden. So erhebt die Geographie den Anspruch, einen Beitrag zur Förderung der naturwissenschaftlichen Bildung zu leisten, zugleich die spezifischen Methoden der naturwissenschaftlichen Erkenntnisgewinnung sowie deren Grenzen erfahrbar zu machen (DGfG 2020). Zur fachlichen Klärung des Begriffs der *naturwissenschaftlichen Grundbildung* (engl. scientific literacy) wird sich oftmals auf die Definition der OECD (2007) bezogen (u. a. Labudde & Möller 2012).

doi.org/10.35468/6025-04

Naturwissenschaftliche Grundbildung umfasst

„• Das naturwissenschaftliche Wissen einer Person und deren Fähigkeit, dieses Wissen anzuwenden, um Fragestellungen zu identifizieren, neue Erkenntnisse zu erwerben, naturwissenschaftliche Phänomene zu erklären und auf Beweisen basierende Schlüsse über naturwissenschaftliche Sachverhalte zu ziehen. [...]
- Das Verständnis der charakteristischen Eigenschaften der Naturwissenschaften als eine Form menschlichen Wissens und Forschens. [...]
- Die Fähigkeit zu erkennen, wie Naturwissenschaften und Technologie unsere materielle, intellektuelle und kulturelle Umgebung prägen. [...]
- Die Bereitschaft, sich mit naturwissenschaftlichen Themen und Ideen als reflektierender Bürger auseinanderzusetzen [...]“ (OECD 2007, 41f.).

Infobox 1

Im Sachunterricht kann die naturwissenschaftliche Grundbildung der naturwissenschaftlichen Perspektive, der geographischen Perspektive, aber auch den perspektivenvernetzenden Themenbereichen (GDSU 2013) zugeordnet werden. Dass auch Grundschulkinder in der Lage sind ein grundlegendes naturwissenschaftliches Verständnis zu entwickeln, führen z. B. Möller et al. (2014) und Labbude & Möller (2012) an. Zudem konnten Prenzel et al. (2003) die motivierende Wirkung von naturwissenschaftlichen Themen im Sachunterricht auf Schüler*innen nachweisen. Aufgrund der aufgezeigten Ergebnisse ist es folgerichtig, dass Otto (2016) den Sachunterricht als ein für die naturwissenschaftliche Grundbildung geeignetes Unterrichtsfach sieht.

Wie die Definition der OECD (2007) deutlich macht (s. Infobox 1), geht es in der naturwissenschaftlichen Grundbildung um mehr als die Aneignung naturwissenschaftlichen Wissens. Neben überfachlichen Kompetenzen wie Problemlöse-, Kooperations- und Reflexionsfähigkeiten (Otto 2016), dem Recherchieren, Kommunizieren und Argumentieren (Duit et al. 2007) und affektiven Komponenten wie Neugierde und Interesse (Otto 2016), steht vor allem der naturwissenschaftliche Weg der Erkenntnisgewinnung im Mittelpunkt (siehe Abbildung 1) (Labudde & Möller 2012).

doi.org/10.35468/6025-04

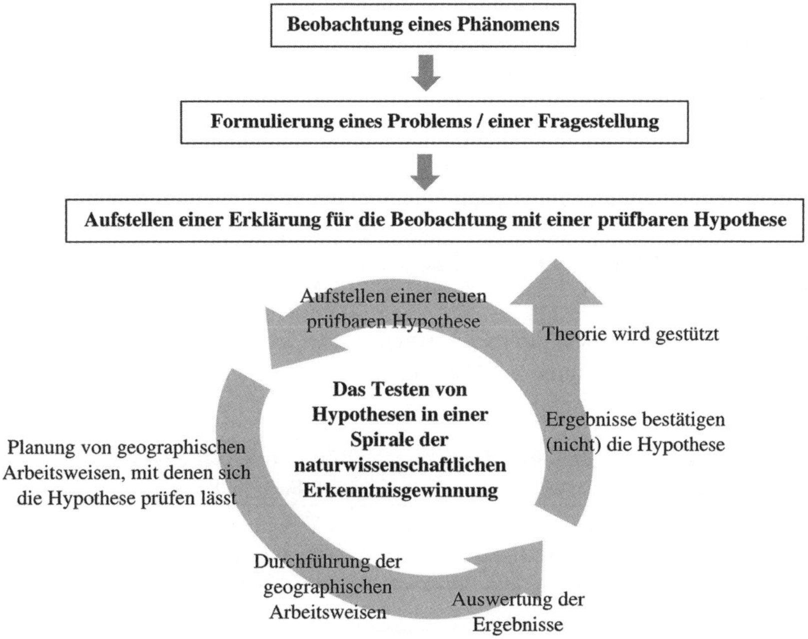

Abb. 1: Prozess der naturwissenschaftlichen Erkenntnisgewinnung mit geographischen Arbeitsweisen (eigene Darstellung, verändert nach Stiller et al. 2020, 31)

Wie in Abbildung 1 deutlich wird, liegt der Schwerpunkt dabei in der Beobachtung von bestimmten Phänomenen, der daraus folgenden Entwicklung von Fragestellungen und Problemen sowie der anschließenden Formulierung und Überprüfung von Hypothesen. Zur Überprüfung der Hypothesen ist dabei das Beherrschen verschiedener naturwissenschaftlicher Arbeitsweisen (z. B. Beobachtungen, Messungen, Experimente) notwendig, die im Folgenden aus dem Blickfeld der geographischen Perspektive näher erläutert werden.

Exkursionsdidaktische Methode: Geographische Arbeitsweisen

Jede naturwissenschaftliche Fachdisziplin verfügt über spezifische Arbeitsweisen, mit denen fachbezogene Erkenntnisse gewonnen werden. Der die Geographie prägende Dualismus als Bindeglied zwischen Natur- und Gesellschaftswissenschaften spiegelt sich an dieser Stelle auch in ihren fachspezifischen, geographischen Arbeitsweisen wider. In Tabelle 1 werden ausgewählte geographische Arbeitsweisen angeführt, die für die Informationsgewinnung auf Exkursionen genutzt werden

doi.org/10.35468/6025-04

können und an dem gewählten Kontext „Bach“ dargestellt werden.[1] Innerhalb der Arbeitsweisen finden sich zudem anwendbare Methoden, die dem Verständnis der Geographie als Raumwissenschaft entsprechen (z. B. Orientieren und Erkunden im Gelände) (DGfG 2020). Im Sachunterricht werden entsprechende Kompetenzen entwickelt, indem „Schülerinnen und Schüler [...] [zu] Merkmalen und Situationen (z. B. zu Naturphänomenen, zu von Menschen geschaffenen Objekten und Einrichtungen oder zu Mensch-Natur-Beziehungen) im Raum Beobachtungen vornehmen, Daten erheben kartieren, Personen befragen und ihre Ergebnisse darlegen“ (GDSU 2013, 49).

Tab. 1: Ausgewählte Geographische Arbeitsweisen und mögliche Anwendungen (eigene Darstellung auf Grundlage von Rinschede & Siegmund 2020, 237)

Geographische Arbeitsweise	Beschreibung der Arbeitsweise	Einsatz der Arbeitsweise am Bach (s. Beispiel)
Beobachten	Erfassung äußerer Erscheinungsformen, Strukturen, Funktionen und Prozessen mit allen Sinnen	Wahrnehmung der räumlichen Nutzung der verschiedenen zu untersuchenden Bachabschnitte
Beschreiben	Aneignung und Abstraktion durch das Verbalisieren von Beobachtungen	Beschreiben des Weges zum Exkursionsstandort; Beschreiben der räumlichen Nutzung der Bachabschnitte
Zählen	Feststellung verschiedener räumlich relevanter Aktivitäten (z. B. Häufigkeiten)	Anzahl (verschiedener) Tiere; Anzahl (verschiedener) Pflanzen
Messen	Quantitative Erhebung von Daten	Länge, Breite, Tiefe und Fließgeschwindigkeit des Baches bestimmen
Entnehmen von Proben	Untersuchung von physisch-geographischen Parametern	Bestimmung der Gewässergüte durch z. B. Messung des pH-Werts
Fotografieren	Dokumentation von beobachtbaren geographischen Phänomenen und Prozessen	Charakteristische Standorte am Bach fotografieren
Experimentieren	Beobachtung natürlicher Prozessabläufe nach wissenschaftlichem Weg der Erkenntnisgewinnung	Untersuchung der Parameter der Gewässergüte

1 Auf drei der Arbeitsweisen am Bach wird im exkursionsdidaktischen Setting konkreter eingegangen.

doi.org/10.35468/6025-04

Orientieren und Erkunden im Gelände	oftmals unter Verwendung von analogen oder digitalen Hilfsmitteln	Orientierung mit Hilfe einer Karte des Gebietes am Bach mit Untersuchungsstandorten
Kartieren	Anfertigung von Kartenskizzen bezüglich verschiedener Sachverhalte	Raumnutzungskartierung verschiedener Bachabschnitte
Zeichnen/ Skizzieren	Schulung der Beobachtung im Gelände	Weg zum Exkursionsstandort; Verlauf des Bachs darstellen

Für die wissenschaftliche Erkenntnisgewinnung können vor allem exkursionsdidaktische Settings herangezogen werden, da Schüler*innen eine *originale Begegnung* mit dem Lerngegenstand ermöglicht wird (Dickel & Glasze 2009). Ohl & Neeb (2012) verwenden eine Klassifikation von Schülerexkursionen nach dem Grad der Schüleraktivität im Gelände. Die Anwendung von geographischen Arbeitsweisen lässt sich dabei der schülerorientierten Arbeitsexkursion als hypothesen- und fragegeleiteten Untersuchung von Problemen, zuordnen. In diesem Zusammenhang weisen sie auf die Eignung von Arbeitsexkursionen als „dynamische Wechselwirkung von Kopf- und Handarbeit im Lehr- Lern-Prozess" zur Förderung einer Handlungsorientierung hin (Ohl & Neeb 2012, 265f.). Nach Wilhelmi (2014) bieten sich insbesondere physisch geographische Themenbereiche wie Klimatologie oder Gewässerökologie durch ihren hohen Grad an Komplexität für die Förderung einer Handlungsorientierung an, die durch die praxisnahe Anwendung von Arbeitsmethoden erfahrbar gemacht werden können. Zudem legen nach seiner Auffassung handlungsorientierte Methoden, in Kombination mit der Ergründung physisch geographischer Themen den Grundstein für die spätere Ausbildung einer Handlungskompetenz (Wilhelmi 2014). Für eine Auseinandersetzung im Hinblick des Schülerinteresses bezüglich verschiedener geographischer Arbeitsmethoden auf Exkursionen empfiehlt sich die Studie von Bette et al. (2015), die der Arbeit mit handlungsorientierten Methoden beim richtigen Einsatz eine erhöhte Behaltensleistung und Potentiale zur Förderung des Interesses zuspricht.

Exkursionsdidaktisches Setting

Das exkursionsdidaktische Setting ist so konzipiert, dass einerseits mit dem Inhaltsgegenstand „Bach" ein Themenbereich behandelt wird, der nach dem Perspektivrahmen Sachunterricht sowohl perspektivenvernetzend als auch aus der geographischen Perspektive betrachtet werden kann und andererseits durch die naturwissenschaftliche Grundbildung perspektivenübergreifende Denkweisen mit Hilfe von perspektivbezogenen (geographischen) Arbeitsweisen erlernt werden sollen. Als zentrale perspektivbezogene geographische Denk-, Arbeits- und Handlungsweise kann die Fähigkeit angesehen werden, dass Schüler*innen „für

doi.org/10.35468/6025-04

ein überschaubares eigenes Erkundungsvorhaben [...] Fragen entwickeln, das Vorgehen planen, die Materialien zusammenstellen, die Erkundungen bzw. Experimente durchführen sowie die Ergebnisse und die Antworten zu den Fragen zusammenstellen" (GDSU 2013, 49).

Problemorientierte Frage

Im vorliegenden exkursionsdidaktischen Setting soll die Fragestellung „Wie gesund ist unser Bach?" in den Fokus genommen werden. Die Fragestellung eignet sich, da dadurch sowohl natürliche als auch anthropogen geprägte oder renaturierte Bäche aus dem Nahraum der Schule untersucht werden können.

Unter einem Bach wird dabei ein Fließgewässer verstanden, welches einen Einzugsbereich von 10-100 km² besitzt (LANUV 2015). Für die Exkursion ist dabei entscheidend, ob es sich um einen natürlichen, denaturierten oder renaturierten Bach handelt.

Begriffe: *Denaturierung* und *Renaturierung*

„**Denaturierung**: Unter dem Begriff Denaturierung wird die Zerstörung der natürlichen Umweltbedingungen verstanden. In diesem Beispiel ist explizit der anthropogene Einfluss auf die Fließgewässer durch zum Beispiel Urbarmachungen und Begradigungen gemeint, welche vorgenommen wurden, um den Gewässerlauf besser nutzen zu können.

Renaturierung: Unter Renaturierung versteht man die Wiederherstellung von durch menschliche Eingriffe veränderten Landschaften oder Teile einer Landschaft, zum Beispiel Bäche, in einen naturnahen Zustand. Ziel ist eine möglichst natürliche, ungestörte Weiterentwicklung der Flora und Fauna sowie ein Erreichen eines naturnahen Zustandes des jeweiligen Stoff-, Wasser- und Energiehaushaltes" (Früh & Schmalor 2017, 14).

Infobox 2

Angabe zur Klassenstufe

Da für die Durchführung der im Folgenden vorgestellten Exkursion grundlegende schulische Fähigkeiten (Rechen-, Lese- und Schreibfähigkeiten, kooperatives Arbeiten) vorhanden sein sollten und auch anspruchsvollere geographische Arbeitsweisen vorgeschlagen werden, ist die Planung insgesamt auf die Jahrgangsstufen 3-4 ausgelegt.

Kompetenzorientierung

Durch die Fähigkeiten (Fragen entwickeln, Vorgehen planen, Erkundungen durchführen, Ergebnisse und Antworten zusammenstellen) werden anhand der

doi.org/10.35468/6025-04

Raumerkundung des Baches zentrale Punkte der naturwissenschaftlichen Erkenntnisgewinnung eingeübt. Als zentraler perspektivbezogener Themenbereich der Geographie wird im Inhaltsfeld „(1) Naturphänomene, natürliche Zyklen und Kreisläufe“ die Fähigkeit der Schüler*innen „naturraumbezogene Phänomene in der eigenen Umgebung wahrnehmen, beobachten, messen und beschreiben […]“ (GDSU 2013, 52) zu können, aufgeführt. Dabei wird im Themenbereich explizit darauf verwiesen, dass „in besonderem Maße Verknüpfungen zur naturwissenschaftlichen Perspektive gegeben“ (GDSU 2013, 52) sind. Hier kann vor allem ein Bezug zu den perspektivbezogenen Denk-, Arbeits- und Handlungsweisen hergestellt werden, in denen in „(1) Naturphänomene sachorientiert (objektiv) untersuchen und verstehen“ und „(2) Naturwissenschaftliche Methoden aneignen und anwenden“ (GDSU 2013, 39f.) ein enger Bezug zur naturwissenschaftlichen Grundbildung hergestellt wird. Neben dem Perspektivrahmen verweisen auch die Bildungsstandards im Fach Geographie auf typische Fähigkeiten der naturwissenschaftlichen Grundbildung: „Schülerinnen und Schüler können [...] problem-, sach- und zielgemäß Informationen im Gelände (z. B. Beobachten, Kartieren, Messen, Zählen, Probennahme, Befragen) oder durch einfache Versuche und klassische Experimente gewinnen“ (DGfG 2020, 20).

Vorbereitung und Material

Im Zuge der Vorbereitung der Exkursion zum Bach ist es für die Lehrkraft essenziell, bereits vorab einen geeigneten Standort zu identifizieren. Dabei sollte unter anderem auf folgende Aspekte geachtet werden: Zugänglichkeit, Erlaubnis für das Betreten des Gebiets, Erreichbarkeit mit ÖPNV oder zu Fuß, begehbarer Bachlauf inklusive Ufer, Überprüfung von Analyseschwerpunkten (z. B. geeignete Stelle für die Entnahme der Tiere), ungefährliche Fließgeschwindigkeit, Überschaubarkeit des Gebiets. Zur Gewährleistung der Sicherheit sollte zudem überprüft werden, inwiefern die Schüler*innen bereits schwimmen können und ob genügend Aufsichtspersonen zur Verfügung stehen. Ebenfalls berücksichtigt werden sollte die Jahreszeit, in der die Exkursion durchgeführt wird. Dabei bieten sich vor allem die Frühlings- und Sommermonate an. Um die Aufsichtspflicht bei der Exkursion, gerade im Zusammenhang mit möglichen Gefahrenquellen am Bach, zu gewährleisten, benötigt die Lehrkraft zudem Unterstützung von anderen Lehrpersonen oder Eltern.

Die dargestellte Unterrichtseinheit umfasst eine Vorbereitungsstunde, die Exkursion zum Bach sowie eine Nachbereitungsstunde zur Sicherung. In der Vorbereitungsstunde werden die Schüler*innen gegenüber der Thematik Bach sensibilisiert. Dafür werden von der Lehrkraft verschiedene Fotos unterschiedlicher Bachtypen (natürlicher, denaturierter, renaturierter Bach) mitgebracht, die idealer Weise auch den Exkursionsraum umfassen. Mit Hilfe der Fotos werden Gemeinsamkeiten und Unterschiede zwischen den verschiedenen Bachtypen erarbeitet und zur Leitfrage der Exkursion „Wie gesund ist unser Bach?“ hingeleitet. Im

doi.org/10.35468/6025-04

Sinne des wissenschaftsorientierten Arbeitens bietet es sich an, die Hilfsmittel und geographischen Arbeitsweisen, die zur Beantwortung der Fragestellung benötigt werden, zu besprechen. Diesbezüglich sollten die bei der Exkursion einzusetzenden Materialien (Klemmbrett, Stifte, Arbeitsaufträge, Zollstock, Maßband, Stoppuhr, Holzstück/Korken, Becherlupen, Kescher, Gummistiefel) bereits im Klassenraum erläutert werden, sodass diese während der Exkursion den Umgang mit den verschiedenen Materialien erlernen. Für den reibungslosen Ablauf am Bach sollten zudem mit den Schüler*innen verschiedene Sicherheitsregeln besprochen werden (WWF 2012).

Ablauf der Exkursion

Für die Beantwortung der Fragestellung bietet es sich an, verschiedene Stationen vorzubereiten, die zur Durchführung der verschiedenen Arbeitsweisen geeignet sind. Die Stationen sollten dabei jeweils eine geographische Arbeitsweise (siehe Tabelle 2) umfassen, durch ein Schild, z. B. als „Station 2“, gekennzeichnet sein und von einer Aufsichtsperson betreut werden. An den Stationen werden die auf die geographische Arbeitsweise und das Raumbeispiel zugeschnittenen Arbeitsblätter verteilt.
Bevor die jeweiligen Arbeitsweisen an den Stationen durchgeführt werden, sollen sich die Schüler*innen einen Überblick über das Exkursionsgebiet verschaffen. Dafür bieten sich die Arbeitsweisen „Beobachten“ und „Zeichnen/Skizzieren“ an. Nachdem der Bachverlauf und das dazugehörige Ufer beobachtet wurden, soll der Gewässerabschnitt individuell skizziert werden. In den Skizzen sollten dabei optimaler Weise die Vegetation am Ufer in Form von Pflanzen, Sträuchern und Bäumen und weitere markante Punkte des Realraumes herausgestellt werden. Je nach Lernausgangslage der Schüler*innen kann die anschließende Stationsarbeit in Einzel- oder Gruppenarbeit absolviert werden. Eine gleichmäßige Verteilung der Schüler*innen auf die Stationen wird dabei empfohlen. Für die Auseinandersetzung mit den geographischen Arbeitsweisen wird jeweils eine Bearbeitungszeit von ca. einer Stunde empfohlen.

Mögliche Stationen können sein:

Station 1: Messung der Breite und Tiefe
Zur Messung der Breite und Tiefe wird ein Zollstock empfohlen, da dieser stabil in der Tiefenmessung eingesetzt werden kann. Die Schüler*innen sollen bei der Station an verschiedenen Stellen die Wassertiefe und Bachbreite untersuchen, da gleichbleibende Messergebnisse ein Indiz für anthropogen geprägte Bachabschnitte darstellen. Dabei sollte darauf geachtet werden, dass bei der Tiefenmessung Steine und Hindernisse zu Verzerrungen in den Ergebnissen führen können. Für die Dokumentation der Messergebnisse bietet sich eine Tabelle auf dem Arbeitsblatt an.

doi.org/10.35468/6025-04

Station 2: Messung der Fließgeschwindigkeit

Mit Hilfe eines Maßbandes werden an der Station mehrere fünf Meter lange Bachabschnitte abgemessen. Innerhalb dieser Bachabschnitte werden Fließgeschwindigkeitsmessungen durchgeführt. Dafür wird ein schwimmender Gegenstand (Holzstück, Korken etc.) in den Bach gelegt und die Zeit gestoppt, die dieser zum Zurücklegen der fünf Meter benötigt. Schnelle und identische Fließgeschwindigkeiten können als Indikator für einen begradigten und anthropogen geprägten Bachverlauf dienen. Die gemessenen Zeiten werden anschließend auf dem Stationsblatt notiert. An dieser Station bietet sich zudem Gruppenarbeit an, da verschiedene Rollen (Zeitnehmer, Platzierer des Schwimmobjektes, Beobachter) notwendig sind.

Station 3: Zählung verschiedener Tierarten

Die Anzahl und die Art der Tiere, die im Bach gefunden werden, dienen oftmals als Zeiger für die Wasserqualität. So kommen in natürlichen Bachverläufen andere Zeigerarten vor als in denaturierten Fließgewässern. Eine Auswahl mit Fotos häufiger Zeigertiere findet sich u. a. in WWF (2012) oder bei Früh & Schmalor (2017). Zur Bestimmung der Wasserqualität wird an Steinen, Pflanzen, Holzstücken oder auf dem Bachgrund mit Hilfe von Keschern nach Tieren gesucht. Diese sollten anschließend in einem Becherglas mit Wasser beobachtet, untersucht und mit Fotos/Zeichnungen auf den Arbeitsblättern bestimmt werden. Die Tierfunde und Ergebnisse sollten anschließend auf dem Stationsblatt festgehalten werden.

Nachbereitung

Untergliedert und abgeschlossen werden Arbeitsexkursionen oftmals durch Sicherungsphasen der Inhalte (Stolz & Feiler 2018). Im dargestellten Exkursionsvorhaben finden, mithilfe der auf die einzelnen Stationen zugeschnittenen Arbeitsblätter, bereits im Gelände Zwischensicherungen von Inhalten statt, auf deren Ergebnisse in der nachbereitenden Stunde im Klassenraum zurückgegriffen wird. Mithilfe der durch geographische Arbeitsweisen gewonnenen Informationen und Daten kann nun die übergeordnete Problemfrage beantwortet werden. Dazu übertragen die Lernenden ihre Stationsergebnisse in ein vorbereitetes Analyseschema, mit dem die Gesundheit des Bachs bepunktet werden kann (siehe Tabelle 2).

doi.org/10.35468/6025-04

Tab. 2: Kriterien zur Bewertung der „Gesundheit“ des Bachs (eigene Darstellung nach WWF 2012, 17)

Geographische Arbeitsweise	1 Punkt	2 Punkte	3 Punkte
Zeichnen/ Skizzieren: Bachverlauf	Der Bach fließt gerade und ist kanalisiert.	Der Bach fließt mehr oder weniger gerade.	Der Bach hat viele Kurven und schlängelt sich durch die Landschaft.
Zeichnen/ Skizzieren: Ufer	Das Ufer besteht aus Betonmauern oder Steinblöcken. Es sind nur wenige Pflanzen zu sehen.	Das Ufer besteht teilweise aus Beton- oder Steinflächen, teilweise aber auch aus Wiesen oder Pflanzen.	Das Ufer ist mal flach, mal steil. Es finden sich Wiesen, verschiedene Pflanzen, Sträucher und Bäume.
Messung: Breite und Tiefe des Bachs	Der Bach ist immer gleich breit und tief.	Wenig Abwechslung in der Breite und Tiefe des Bachs.	Der Bach weist viele unterschiedlich tiefe und breite Stellen auf.
Messung: Fließgeschwindigkeit	Das Wasser im Bach fließt überall gleich schnell.	Der Bach hat Stellen mit langsam und schnell fließendem Wasser.	Der Bach hat Stellen mit langsam und schnell fließendem Wasser, an manchen Orten steht das Wasser auch still.
Zählung: Anzahl verschiedener Tierarten	Am Bach lassen sich 3 oder weniger unterschiedliche Tierarten finden.	Am Bach lassen sich zwischen 4 und 6 verschiedene Tierarten finden.	Am Bach lassen sich 7 oder mehr verschiedene Tierarten finden.

Die Nachbereitung im Klassenraum bietet sich nach Falk (2015) zudem für die Förderung der Metareflexion an. Die Lernenden reflektieren die heuristischen Denk- und Arbeitsweisen, die während der naturwissenschaftlichen Erkenntnisgewinnung im Gelände angewendet wurden, indem sie ihren Lernprozess rückblickend beschreiben, mögliche Probleme herausarbeiten bzw. diskutieren und begründet eine Antwort auf die Fragestellung formulieren. Durch die Reflexion des eigenen Lernprozesses entwickeln die Schüler*innen grundlegende Kompetenzen im Sinne einer naturwissenschaftlichen Grundbildung.

Differenzierung im inklusiven Klassenraum

Infolge der direkten Erfahrung und Auseinandersetzung mit den Lerninhalten profitieren sowohl lernschwache als auch lernstarke Schüler*innen. Auf Arbeitsexkursionen werden nach Stolz & Feiler (2018) alle Lernkanäle zur Verarbeitung

doi.org/10.35468/6025-04

von Wissen (auditiv, visuell, haptisch) angesprochen. Besonders die Kombination der gleichzeitigen Anwendung mehrerer Lernkanäle fördert die originale Begegnung im Gelände. Sowohl lernschwache als auch lernstarke Schüler*innen werden durch die Methodik der Exkursion gemäß ihres individuellen Leistungsstandes unterstützt. Eine weitere Differenzierungsmöglichkeit stellt bspw. die Verteilung unterschiedlicher Rollen in der Gruppenarbeit an den verschiedenen Stationen dar.

Raumkonzept

Da in der Exkursion die Fragestellung „Wie gesund ist unser Bach?“ beantwortet werden soll und die Untersuchung der physisch-materiellen Welt durch geographische Arbeitsweisen im Sinne der naturwissenschaftlichen Grundbildung erfolgt, kann die vorliegende Raumbetrachtung als typisch für das Raumkonzept *Containerraum* (Wardenga 2002) angesehen werden.

Transfer

Die im Rahmen des exkursionsdidaktischen Settings vorgestellten geographischen Arbeitsweisen und die damit verbundene Förderung der naturwissenschaftlichen Grundbildung lässt sich an natürlichen, denaturierten oder renaturierten Bächen durchführen. Dabei ist zu beachten, dass die verschiedenen Arbeitsweisen besonders bei natürlichen Bachverläufen für die Schüler*innen interessant erscheinen. Zusätzlich zu den hier vorgestellten Arbeitsweisen (siehe Tabelle 2) sei darauf hingewiesen, dass auch andere geographische Arbeitsweisen, wie z. B. das „Entnehmen von Proben“ (siehe Tabelle 1), bei der Erkundung von Bächen eingesetzt werden können. Die geographischen Arbeitsweisen im Sinne der naturwissenschaftlichen Grundbildung können zudem an anderen physisch geographischen Themen, wie z. B. der Untersuchung von Seen, Meeren und Böden eingesetzt werden. Beim Transfer auf andere physisch geographische Themen müssen die geographischen Arbeitsweisen den räumlichen Fragestellungen angepasst werden. So ist z. B. die Untersuchung der Fließgeschwindigkeit eines Gewässers an einem See nicht zielführend. Stattdessen könnten hier unterschiedliche Uferabschnitte genauer untersucht werden. Für die naturwissenschaftliche Erkenntnisgewinnung bietet sich im Sachunterricht oftmals das perspektivenübergreifende Arbeiten mit der naturwissenschaftlichen Perspektive an.

doi.org/10.35468/6025-04

Kommentierte Leseempfehlung

WWF (World Wide Fund For Nature) (Hrsg.) (2012): Wir entdecken unseren Bach. Unterrichtseinheit. o.O. Onl. unter: https://www.wwf.ch/sites/default/files/doc-2017-09/2012-03-lehrmittel-wir-entdecken-unseren-bach.pdf (Abrufdatum: 03.03.2021). → Vertiefende Literatur zur Arbeit am Bach, mit verschiedenen Unterrichtsideen und Unterrichtsmaterialien für Lehrer*innen

Umweltbundesamt (Hrsg.) (2020): Unsere Bäche und Flüsse. Renaturieren – entwickeln – naturnah unterhalten. Dessau-Roßlau. Online unter: https://www.umweltbundesamt.de/publikationen/unsere-baeche-fluesse-renaturieren-entwickeln (Abrufdatum: 03.03.2021). → Vertiefende Literatur zur Thematik „Bäche“ und „Flüsse“ sowie zur anthropogenen Prägung von Bächen und dem Prozess der Renaturierung

Referenzen

Bette, J., Hemmer, M., Miener, K., Schubert, J. C. (2015): Didaktische Impulse. Welche Arbeitsweisen interessieren Schüler auf Exkursionen? In: Praxis Geographie 45 (7/8), 62-65.

DGfG (Deutsche Gesellschaft für Geographie) (Hrsg.) (2020): Bildungsstandards im Fach Geographie für den Mittleren Bildungsabschluss – mit Aufgabenbeispielen (10. Aufl.). Bonn: o. V. Online unter: https://geographie.de/wp-content/uploads/2020/09/Bildungsstandards_Geographie_2020_Web.pdf (Abrufdatum: 01.03.2021).

Dickel, M. & Glasze, G. (2009): Rethinking Excursions – Konzepte und Praktiken einer konstruktivistisch orientierten Exkursionsdidaktik. In: M. Dickel & G. Glasze (Hrsg.): Vielperspektivität und Teilnehmerzentrierung – Richtungsweiser der Exkursionsdidaktik (Praxis Neue Kulturgeographie, Bd. 6, 3-14), Wien: LIT.

Duit, R., Gropengießer, H. & Stäudel, L. (2007): Naturwissenschaftliches Arbeiten. Eine Einführung. In: R. Duit, H. Gropengießer & L. Stäudel (Hrsg.): Naturwissenschaftliches Arbeiten. Unterricht und Material 5-10. Seelze-Velber: Friedrich, 4-8.

Falk, G. (2015): Exkursionen. In: S. Reinfried & H. Haubrich (Hrsg.): Geographie unterrichten lernen. Die Didaktik der Geographie. Berlin: Cornelsen, 150-153.

Früh, F. & Schmalor. H. (2017): Lernen vor Ort - alles im „Fluss“. Renaturierte und denaturierte Fließgewässerabschnitte kennenlernen. In: geographie heute 38 (333), 12-16.

GDSU (Gesellschaft für Didaktik des Sachunterrichts) (Hrsg.) (2013): Perspektivrahmen Sachunterricht. Vollständig überarbeitete und erweiterte Ausgabe. Bad Heilbrunn: Klinkhardt.

Labudde, P. & Möller, K. (2012): Stichwort: Naturwissenschaftlicher Unterricht. In: Zeitschrift für Erziehungswissenschaft 15 (1), 11-36.

Landesamt für Natur, Umwelt und Verbraucherschutz Nordrhein-Westfalen (LANUV) (Hrsg.) (2015): Fließgewässertypenkarten Nordrhein-Westfalens. LANUV-Arbeitsblatt 25. Recklinghausen. Online unter: https://www.lanuv.nrw.de/fileadmin/lanuvpubl/4_arbeitsblaetter/40025.pdf (Abrufdatum: 02.03.2021).

Möller, K., Kleickmann, T. & Sodian, B. (2014): Naturwissenschaftlich-technischer Lernbereich. In: W. Einsiedler; M. Götz, A. Hartinger, F. Heinzel, J. Kahlert & U. Sandfuchs (Hrsg.): Handbuch Grundschulpädagogik und Grundschuldidaktik. Bad Heilbrunn: Klinkhardt, 527-535.

Ohl, U. & Neeb, K. (2012): Exkursionsdidaktik: Methodenvielfalt im Spektrum vom Kognitivismus und Konstruktivismus. In: J.-B. Haversath (Hrsg.): Geographiedidaktik: Theorie - Themen - Forschung (Das Geographische Seminar). Braunschweig: Westermann, 259-288.

Organisation für wirtschaftliche Zusammenarbeit und Entwicklung (OECD) (Hrsg.) (2007): PISA 2006 – Schulleistungen im internationalen Vergleich. Naturwissenschaftliche Kompetenzen für die Welt von morgen. Paris. Online unter: http://www.oecd.org/pisa/39728657.pdf (Abrufdatum: 01.03.2021).

doi.org/10.35468/6025-04

Otto, K.-H. (2016): Geographie und Scientific Literacy – Der Beitrag der Geographie zur naturwissenschaftlichen (Grund-)Bildung. In: K.-H. Otto (Hrsg.): Geographie und naturwissenschaftliche Bildung – Der Beitrag des Faches für Schule, Lernlabor und Hochschule (Geographiedidaktische Forschungen, Bd. 63). Münster: Monsenstein und Vannerdat, 1-22.

Prenzel, M., Geiser, H., Langeheine, R. & Lobemeier, K. (2003): Das naturwissenschaftliche Verständnis am Ende der Grundschule. In: W. Bos; E.-M. Lankes, M. Prenzel, K. Schwippert, R. Valtin & G. Walther (Hrsg.): Erste Ergebnisse aus IGLU. Schülerleistungen am Ende der vierten Jahrgangsstufe im internationalen Vergleich. Münster: Waxmann, 143-187.

Rinschede, G. & Siegmund, A. (2020): Geographiedidaktik (4. Aufl.). Paderborn: Schöningh.

Stiller, C., Allmers, T., Habigsberg, A., Stockey, A. & Wilde, M. (2020): Erkenntnisgewinnung in den Naturwissenschaften: Von der Hypothese zur Theorie. In: PraxisForschungLehrer*innenBildung. Zeitschrift für Schul- und Professionsentwicklung 2 (2), 28-39.

Stolz, C. & Feiler, B. (2018): Exkursionsdidaktik. Ein fächerübergreifender Praxisratgeber. Stuttgart: Ulmer.

Wardenga, U. (2002): Alte und neue Raumkonzepte für den Geographieunterricht. In: Geographie heute 23 (200), 8-11.

Wilhelmi, V. (2014): Physische Geographie im Unterricht – handlungs- und prozessorientiert. In: Praxis Geographie 44 (5), 4-7.

WWF (World Wide Fund For Nature) (Hrsg.) (2012): Wir entdecken unseren Bach. Unterrichtseinheit. o. O. Online unter: https://www.wwf.ch/sites/default/files/doc-2017-09/2012-03-lehrmittel-wir-entdecken-unseren-bach.pdf (Abrufdatum: 03.03.2021).

Autoren

Hannes Schmalor, Dr.
Technische Universität Dortmund
Institut für Didaktik integrativer Fächer (IDIF)
August-Schmid-Str. 6, 44227 Dortmund
hannes.schmalor@tu-dortmund.de
Forschungsschwerpunkte: Systemkompetenzforschung, Bildung für nachhaltige Entwicklung (BNE), Digitalisierung

Steffen Ciprina
Ruhr-Universität Bochum
Geographisches Institut
Universitätsstr. 150, 44801 Bochum
steffen.ciprina@rub.de
Forschungsschwerpunkte: Mobiles ortsbezogenes Lernen, Exkursionsdidaktik, Climate Change Education (CCE)

doi.org/10.35468/6025-04

Veit Maier, Michael Morawski und Sebastian Wolff-Seidel

„Warum will jemand hier wohnen?" – Rollenexkursionen im Sachunterricht. Multiperspektivität erfahrbar machen

Teaser

Das Ziel dieses exkursionsdidaktischen Settings ist es, Perspektivwechsel anzuregen und diese kommunikativ zu reflektieren. Schüler*innen lernen durch die Einnahme anderer/fremder Perspektiven unterschiedliche Sichtweisen auf Räume kennen. Durch kommunikative Reflexion dieser neuen Erfahrungen können Exkursionsteilnehmer*innen lernen, dass Räume durch vielfältige Perspektiven geprägt werden und damit einhergehende (Sprach)Handlungen unterschiedliche Interpretationen ermöglichen.

Raum des exkursionsdidaktischen Settings

Nahraum der Schule. Dieses Exkursionskonzept kann und sollte in Überblicksexkursionen im Nahraum der Schule eingesetzt werden. Der Raum des hier präsentierten exkursionsdidaktischen Settings ist der unmittelbare Nah- und Lebensraum der Schüler*innen im Umfeld der Schule. Da einige Grundschüler*innen diesen Raum bereits kennen und eigene Erfahrungen mitbringen, hat dies den Vorteil, dass die Schüler*innen bereits sicherer in der Versprachlichung von Raumerfahrungen sein können. Darüber hinaus können sich die Schüler*innen im Nahraum ggf. bereits besser orientieren. Der Vorteil des Nahraums bzgl. den Vorkenntnissen auch eben im Bereich der Versprachlichung der Raumerfahrungen ist relevant, da die Schüler*innen recht komplexe Beobachtungs- und damit Versprachlichungsaufgaben bearbeiten. Beobachten – auch eben von erkannten räumlichen Materialisierungen der Grunddaseinsfunktionen (z. B. Gruppe 1: Bildung und Freizeit, Gruppe 2: Wohnen und Verkehr, Gruppe 3: Versorgung) – bedingt eine Versprachlichung. Beobachten ist im Rahmen der Exkursion eben auch ein sprachlicher Vorgang, in dem die Mitteilung der Beobachtung, sei sie an jemand anderen oder auch im Sinne einer Ergebnisfeststellung an den/die Beobachter*in selbst gerichtet ist und kommunikativ in der Ergebnissicherung aufbereitet werden muss (Pech & Rauterberg 2013). Die Lehrkraft sollte natür-

doi.org/10.35468/6025-05

lich reflektieren, inwiefern für die gewählten Rollen der Exkursion ausreichend Beobachtungsmöglichkeiten in diesem Raum vorliegen. Differenzierend kann auch eine Karte mit Hinweisen für die Schüler*innen ausgegeben werden, sofern diese selbständig in Gruppen mit Betreuer*innen (z. B. begleitenden Eltern) die Exkursion durchführen.

Fachdidaktischer Ansatz: Multiperspektivität

Eine plurale, offene und demokratische Gesellschaft zeichnet sich durch eine Vielzahl von Sichtweisen und Perspektiven aus. Multiperspektivität ist folglich ein Prinzip, dass unterschiedliche, teils kontroverse Sichtweisen von Individuen und sozialen Gruppen auf einen Gegenstand oder ein Phänomen aufdeckt und in Unterrichtsszenarien dazu dienen soll, Schüler*innen andere Sichtweisen darzulegen und damit auch ein Verständnis für divergierende Interessen und daraus möglicherweise resultierende Konflikte zu eröffnen. Um dem Rechnung zu tragen, werden in dem Material dieser Exkursionsmethode weniger wissenschaftliche und viel mehr „lebensweltliche Kategorien des alltäglichen Denkens und Handelns" (Armreiter & Weichhart 1998, 64) verwendet, die den Schüler*innen dazu dienen sollen, Räume als Orte verschiedener, teils miteinander konkurrierender Perspektiven oder Wirklichkeiten zu begreifen. Folglich lernen Schüler*innen hier Raum als wahrnehmungsabhängige Konstante zu begreifen. Vasiljuk und Budke (2021) schlagen für eine gewinnbringende Perspektivübernahme ein Kompetenzstrukturmodell vor, das folgenden Schritte beinhaltet: Acknowledgment, Comparison, Analysis, Deconstruction, Evaluation und Metareflection.

Insgesamt wird durch die gewählte Vorgehensweise im Rahmen der Exkursion zunächst das Prinzip der Realbegegnung (Peterssen 1999) angestrebt. Schüler*innen bearbeiten hier geographische Fragestellungen im realen Raum, außerhalb des Klassenzimmers. Damit eng verbunden ist das Unterrichtsprinzip der Anschauung, das hier in Form der operativen Anschauung (Rinschede 2020) zum Tragen kommt. Die Erkenntnisgewinnung der Schüler*innen wird durch Eigentätigkeit und durch die Umgestaltung von Wahrnehmungen und Vorstellungen erreicht.

Exkursionsdidaktische Methode: (Multiperspektivische) Rollenexkursionen

Die Fähigkeiten sich unterschiedliche Bedürfnisse von Personen und deren Auffassungen von einem konkreten Raum zu erschließen, gehen mit einem Wechsel der Perspektive einher, welcher erlernt werden kann. Bei dieser Methode wird ein Perspektivwechsel durch einen Rollenwechsel konkretisiert. Solche Rollenwechsel können einen Erkenntnisprozess anstoßen, indem sie die „pluralistische Natur der

doi.org/10.35468/6025-05

Realität“ (Rhode-Jüchtern 1996, 5) verdeutlichen. Die Exkursionsteilnehmer*innen können so erfahren, dass Räume nicht determiniert sind, sondern dass sie durch (Sprach-)Handlungen unterschiedliche Interpretationen ermöglichen und auch Veränderungen unterliegen (Böing & Sachs 2009). Die Reflexion von rollenspezifischen Raumwahrnehmungen im Kontrast zu anderen und eigener Raumauffassung kann den konstruktivistischen Charakter von Raum verdeutlichen. Es kann also die Verkürzung „Subjekt A erkennt Objekt B“ als solche erkannt werden und folgendermaßen ergänzt werden: “A erkennt B als C” (vgl. Hard 1973; Daum 1982; Dickel 2006). Unterschiedliche Subjekte (A) können also den gleichen Raum (B) unterschiedlich interpretieren (C). Die didaktisch gegebene Herausforderung, Schüler*innen zu befähigen, sowohl mehrperspektivisch auf Räume und Prozesse in diesen zu blicken, soll durch die Methode der Rollenexkursion angegangen werden. In einer Rollenexkursion sollen die Schüler*innen sich bezogen auf eine Problem- oder/und Planungsfrage in eine (fiktive) Rolle hineinversetzen und aus dieser Rolle heraus Argumente finden. Letztendlich sollen diese Argumente dann in einen Entscheidung- und Reflexionsprozess einbezogen werden. Wenn man Lernen als sozialen Prozess versteht, darf dieser Erkenntnisprozess durch Kommunikation in Gruppen stattfinden. Daher sollen sich die Exkursionsteilnehmer*innen in Kleingruppen zunächst mit ihrer zugeteilten Rolle, und mit spezifischen Bedürfnissen, identifizieren. Im Laufe der Exkursion sollen sie ihre Rolle ausspielen bzw. einbringen. Das kann in Form von Wortmeldungen und Diskussionsbeiträgen geschehen. Gerade das „Vor-Ort-Erleben“ (Böing & Sach 2009, 36) erhöht die Authentizität und die rollenbezogene Involviertheit im Vergleich zu einem Rollenspiel im Klassenzimmer. Insbesondere der kommunikative Austausch zu unterschiedlichen Raumnutzungen kann ein konstruktivistisches Verständnis von Raum im Sinne des „Geographie machens“ (Werlen 2008, 294) verdeutlichen.

Exkursionsdidaktisches Setting:

Das zentrale Element bei dieser Exkursionsform sind die Rollenkarten, die dazu dienen, den Schüler*innen eine bestimmte Perspektive an die Hand zu geben und diese anregen sollen, diesen Blickwinkel einzunehmen. Die operative Anschauung wird folglich an dieser Stelle durch das Nachahmen erreicht und ermöglicht den Schüler*innen eigene Wahrnehmungen und Vorstellungen des Exkursionsgebietes anhand der Rollen zu hinterfragen und zu verändern. Damit wird das Prinzip der Multiperspektivität unterstrichen. Wichtig ist es den Beginn der Erkenntnisgewinnung durch spätere Reflexion und Dekonstruktion der geschaffenen Rollenbilder und -beurteilungen der beobachteten Räume zu vertiefen. Diese zu entwickelnden Kompetenzen sollen Schüler*innen zudem dazu befähigen, multiperspektivisch und reflektierend raumbezogenen Konflikte zu analysieren (Kuckuck 2014).

doi.org/10.35468/6025-05

Die hier vorgestellte Rollenexkursion wurde so in Köln in zwei unterschiedlichen Stadtexkursionen in Köln Kalk und am Rheinauhafen eingesetzt. Aufgrund der Konzeption ist es möglich auch andere Standorte auszuwählen, da die Rollenkarten parallel zu einer Überblicksexkursion verwendet werden können. Die Aufgaben der Rollenexkursion knüpfen an die Beobachtungen und Erläuterungen während der Exkursion an. Durch die Rollenkarten werden problemorientierte Überblicksexkursionen erweitert, um die Teilnehmer*innen stärker zu involvieren. Im Falle der beiden Testläufe kamen die Schüler*innen mit der Lehrperson zu einem vorher vereinbarten Startpunkt, wo die Autoren auf diese warteten und die Exkursion einleiteten. Zu diesem Zweck wurden zunächst die Materialien verteilt, die hier kurz vorgestellt werden:

Problemorientierte Frage

Die Problemfrage für die Schüler*innen lautet: Warum will jemand hier wohnen und was bedeutet das eigentlich für mich?

Angabe zur Klassenstufe

Die Methode ist je nach Komplexität/Schwerpunkt der Fragestellung und des Materials sowie der exkursionsdidaktischen Strukturierung in der Unterrichtssequenz zwischen der dritten und sechsten (bspw. in Berlin) Klasse einsetzbar. Je nach Positionierung gilt es vorentlastend und reduzierend vorzugehen. Das hier vorgestellte Material wurde in einer komplexeren Variante in der Sekundarstufe I erprobt. Für diesen Entwurf wurde das Material gänzlich überarbeitet und an die jüngere Zielgruppe auf Seiten der Schüler*innen angepasst. Die Inhalte und Rollenkarten wurden vollständig überarbeitet und für den Einsatz in der Grundschule angepasst.

Kompetenzorientierung

Die Methode adressiert die Förderung verschiedener Denk-, Arbeits- und Handlungsweisen. Die Schüler*innen müssen merkmalsrelevante Strukturen in ihrem Lebensumfeld *erkennen* und *verstehen*. Je nach Jahrgangsstufe werden beobachtete Merkmale eigenständig erarbeitet und genannte Fragestellungen aufgeworfen. Grunddaseinsfunktionen sollen in einem Perspektivwechsel hinsichtlich der räumlichen Nutzung des Nahraums durch die Akteure auf den Rollenkarten *reflektiert* werden. Durch die Gruppenarrangements und die Sicherungsphasen sollen die Schüler*innen ihre Ergebnisse und Einschätzungen anderen gegenüber vermitteln und adressatengerecht *kommunizieren*. In geographiebezogenen Denk-, Arbeits- und Handlungsweisen spielen Orientierungsfähigkeiten in unmittelbar erfahrbaren Räumen, der Einsatz von Orientierungshilfen sowie die Konstruktion und Reflexion von Orientierungsmustern und Raumvorstellungen eine zentrale Rolle.

doi.org/10.35468/6025-05

Die Methode verortet sich im Perspektivrahmen demnach in der geographischen Perspektive und dort vor allem in der DAH GEO 1 und GEO 2 „Räume und Lebenssituationen in Räumen wahrnehmen“ und „Vorstellungen und Konzepte dazu bewusst machen und reflektieren“ (GDSU 2013, 47). Die Schüler*innen sollen lernen, ihrer vertrauten Umgebung wahrzunehmen und zu beschreiben, was ihnen in Räumen auffällt, wie sie ihre Umwelt empfinden und was ihnen bedeutsam ist sowie lernen Vorstellungen zu räumlichen Situationen in ihrer Nähe und Ferne zu beschreiben und darzulegen, welche Erfahrungen und „Vorbilder“ zu diesen Vorstellungen geführt haben. Ferner sollen sie eigene Erfahrungen und Vorstellungen von räumlichen Situationen mit unterschiedlichen Darstellungen in Medien (z. B. Bilder, Texte und Graphiken) vergleichen und dabei gezielte Überlegungen anstellen, welche Vorstellungen unterschiedliche Darstellungsformen vermitteln und was sie bedeuten können. Am Beispiel eigener Erfahrungen sollen sie dann nach der Exkursion darüber berichten, wie wir über Räume denken und wie möglicherweise Menschen aus anderen Lebensbereichen über unseren (nahen) Lebensraum denken, indem sie kooperativ in Kleingruppen rollenorientiert die Exkursion durchführen (GDSU 2013).

Vorbereitung, Material und Ablauf

Der Ablauf der Rollenexkursion gliedert sich in die vorbereitende Phase der *Pre-discovering Activity*, die Exkursion selbst (*While-discovering Activity*) sowie die Nachbereitung in Form einer *Post-discovering Activity:*

Pre-discovering Activity:

Mit Vorbereitung im Klassenraum ist es hier möglich gemeinsam mit den Schüler*innen unterschiedliche Rollen, mit ihren spezifischen Perspektiven, zu entwickeln und Rollenkarten auszuarbeiten. Dabei kann die Recherche nach diesen Rollen und ihren Perspektiven bzw. Meinungen auch zu einer intensiven Auseinandersetzung mit Stereotype im Spannungsfeld zwischen kognitiver Notwendigkeit und Pauschalisierung führen. Insofern diese Zeit nicht gegeben ist, können unterschiedliche Rollen von der Lehrperson vorbereitet werden.

While-discovering Activity:

Vor Ort müssen Kleingruppen ihre Rolle oder Perspektive ausgeteilt bekommen. Es bietet sich an, im Sinne des Scaffoldings, selber eine Rolle einzunehmen und zu Beginn beispielhaft auszuspielen. So können die Teilnehmer*innen sehen, wie weit das Schauspiel gehen kann. Es hat sich als günstig erwiesen bei denjenigen Gruppen, die ihre Rolle ausspielen, Argumentationen für die Position zu erfragen. Eine Orientierung an W-Fragen kann hilfreich sein: Wer bin ich? Warum will ich hier wohnen? Was heißt das eigentlich für mich?

doi.org/10.35468/6025-05

Post-discovering Activity:
In der Nachbereitung vor Ort sollte auf die Simplifizierung der Rollen auf den Karten eingegangen werden. Das kann in Form von nachfragen (z. B. „Sind denn alle älteren Ehepaare so?") geschehen. Hier kann an die Diskussion aus der Vorbereitung angeknüpft werden. Als Nachbereitung im Klassenzimmer können unterschiedliche Rollen und ihre Standortentscheidungen tabellarisch zusammengetragen und gesichert werden. Insofern noch nicht als Vorbereitung geschehen, sollte eine Auseinandersetzung mit Stereotypen erfolgen.

Material:
Das Material besteht aus Rollenkarten, die zu Beginn der Exkursion an die Schüler*innen verteilt werden (siehe → **digitales Zusatzmaterial**). Jede Rollenkarte ist mit Informationen zur Rolle und einer Aufgabenstellung besetzt.

Digitaler Anteil
Rollenkarten

https://elibrary.utb.de/doi/suppl/10.35468/9783781560253

Differenzierung im inklusiven Klassenraum
Im Folgenden soll die inklusive Differenzierung den Fokus auf eine sprachliche Förderung legen. Diese ist besonders wichtig bei Schüler*innen, die aufgrund ihrer Entwicklungs- und Lernvoraussetzungen Sprache in Wort und Schrift als Mittel der Erkenntnis, der Darstellung, des Ausdrucks und der Kommunikation nicht in der erwarteten und altersgemäßen Weise nutzen können (KMK 1998) und einen besonderen Förderbedarf im Bereich „Sprache" haben. Die sprachlichen Fähigkeiten von Schüler*innen sollten verbessert werden, um ihnen die Teilnahme am Unterricht und einen langfristigen Bildungserfolg zu ermöglichen. Alle sollen die Fähigkeiten erwerben, Ideen und Wünsche zu kommunizieren und soziale Beziehungen aufzubauen.
Jeder Fachunterricht und somit auch der Sachunterricht ist immer auch Sprachunterricht. Das ist für alle Schüler*innen bedeutsam, das neue Vokabular erlernen, auf neue Satzkonstruktionen im Unterricht stoßen und mit neuen Texttypen in Kontakt kommen. Besonders bedeutsam und herausfordernd ist dies für Schüler*innen, die sich Deutsch als neue Sprache aneignen sowie für Lehrer*innen, die noch keine Erfahrung mit sprachlicher Bildung im Fachunterricht sammeln konnten. Auch ihnen stellt sich die Aufgabe, über die sprachlichen Lernziele des Fachunterrichts Bescheid zu wissen und diese Ziele systematisch zu verfolgen. Der erste und wesentliche Schritt dazu ist eine sprachbewusste Unterrichtsplanung, zu der u. a. bei Rödel & Simon (2019), Wildemann & Fornol (2013), Tajmel & Hägi-Mead (2017) und Leisen (2017) kleinschrittig und nachvollziehbar, praxis-

doi.org/10.35468/6025-05

orientiert und praxiserprobt angeleitet wird. Denkbar wäre z. B. die Übertragung von Scaffolding-Ansätzen z. B. aus dem bilingualen Erdkundeunterricht oder von Leisen (2017) auf den vorwiegend deutschsprachigen Sach- und Erdkundeunterricht. In dem hier vorliegenden Setting wurden u. a. Wortkarten und Hilfskarten mit Phrasen und Satzanfängen zur Verbalisierung des Beobachteten verwendet. Zusätzliche Visualisierungshilfen (Bild/Wortkarten), die an der Tafel systematisch strukturiert wurden, sind ebenso einsetzbar wie graphic organizer auf den Arbeitsblättern. Ein graphic organizer, auch bekannt als Wissenskarte, Konzeptkarte, Story Map, kognitiver Organizer, Vorausorganisator oder Konzeptdiagramm, ist hier als ein pädagogisches Hilfsmittel zu verstehen, das visuelle Symbole verwendet, um Wissen und Konzepte durch Beziehungen zwischen ihnen auszudrücken. In Absprache mit Sonderpädagog*innen vor Ort können individuellere Lerneinheiten für Einzelfälle unterstützend erstellt werden.

Raumkonzepte

Die vorliegende Rollenexkursion folgt einem konstruktivistischen Raumverständnis. Schüler*innen werden hier an eine Betrachtungsweise von Räumen herangeführt, die Raum als das Ergebnis menschlicher Handlungen und Kommunikation und als durch unterschiedliche Betrachtungsweisen stets verzerrtes Produkt derselben begreift. Mit der hier vorgeschlagenen Methode werden folglich insbesondere die Raumkonzepte *Wahrnehmungsraum* und *sozialer Konstruktion*, sprich das dritte und vierte Raumkonzept nach Wardenga (2002) bedient. Schüler*innen sollen zunächst den Raum als Wahrnehmungsraum begreifen, in dem unterschiedliche Individuen auf ihre individuellen Arten und Weisen den Raum betrachten, beurteilen und bewerten. In der hier dargestellten Rollenexkursion steht dabei die Frage im Vordergrund, ob einzelne Standorte aus Sicht bestimmter Rollenbilder heraus geeignete Wohnorte bzw. -umfelder darstellen.

Darüber hinaus spielt auch das vierte Raumkonzept, dass der Raum nicht objektiv, sondern als das Ergebnis alltäglicher Handlungen, Kommunikationen und schlussendlich Regionalisierungen bzw. "Geographie machens" begreift (Werlen 2008, 294), eine zentrale Rolle. Raum, als Element von Kommunikation und Handlung (Wardenga 2002) verstanden, kann hier insbesondere im Zuge der Reflexion eine zentrale Rolle spielen. Schüler*innen können in einer Reflexionsphase versuchen zu ergründen, woher ihre Ideen zur Gestaltung ihrer Rollen kamen und wie sie anhand dieser Vorstellungen zu bestimmten Einschätzungen gelangten. Die selbst entwickelten Raumwahrnehmungen können und sollten mit Unterstützung der Lehrkraft auf diese Weise dekonstruiert und reflektiert werden. Damit eröffnet diese Rollenexkursion die Möglichkeit neben der Betrachtung des Wahrnehmungsraums auch die Betrachtung des Raums als Produkt und Element von Kommunikation und Handlung zu begreifen.

doi.org/10.35468/6025-05

Transfer

Die hier vorgestellte Methode stellt eine Exkursion zur Reflexion räumlicher Wahrnehmungsmuster im Nahraum der Schule unter dem Filter akteursrelevanter Grunddaseinsfunktionen dar. Die Schüler*innen vollziehen einen Perspektivwechsel und analysieren unter dem Mantel dieser Rolle den sonst nur durch ihre Perspektive wahrgenommen Raum. Es liegt nahe, dass diese Methodenwahl auch auf andere (geographische) Themenfelder expandiert werden kann. An die Rollenexkursion andockend könnte außerdem ein anderer Raum mit den hier dargestellten Rollenkarten und den Problemfragen analysiert werden. Man überträgt sozusagen das bisher verwendete Konzept auf einen neuen Raum wie bspw. das Umfeld einer anderen Schule oder eine andere Nachbarschaft. Beispielsweise könnte man außerdem diese Art der Rollenexkursion mit den Schüler*innen auf die Reflexion räumlicher Konfliktthemen ausweiten, z. B. den Ausbau der Schule, Vergrößerung eines Spielplatzes, die Nutzung des Rheins, Ausbau erneuerbarer Energien oder den Ausbau einer Autobahn/Umgehungsstraße. Auch hier spielen das Verständnis von Nutzungsinteressen unterschiedlicher Akteure und die Reflexion unterschiedlicher Perspektiven eine zentrale Rolle. Die Schüler*innen können so je nach Altersstufe progressiv zu ersten Schritten (geographischer) Argumentationen geführt werden, die faktische wie normative Belege zulassen und gerade in der Dekonstruktion von Raumkonflikten eine entscheidende Kompetenz darstellen. Hier könnte dann ein weiterer fachdidaktischer Ansatz, nämlich der des sprachbewussten Unterrichts ansetzen, in dem die Schüler*innen sprachsensibel u. a. durch Scaffoldingprozesse im Bereich schriftlicher und/oder mündlicher Argumentation geschult werden.

Kommentierte Leseempfehlung

Vasiljuk, D. & Budke, A. (2021): Multiperspectivity as a Process of Understanding and Reflection: Introduction to a Model for Perspective-Taking in Geography Education. In: European Journal of Investigation in Health, Psychology and Education 11 (2), 529-545. https://doi.org/10.3390/ejihpe11020038
→ Im Artikel wird ein Kompetenzmodell für die Perspektivenübernahme entwickelt. Das Modell kann helfen, Multiperspektivität im Unterricht zu berücksichtigen. Der Artikel ist frei zugänglich.

Budke, A. & Wienecke, M. (2009): Exkursion selbst gemacht: Innovative Exkursionsmethoden für den Geographieunterricht (Praxis Kultur- und Sozialgeographie, Bd. 47). Potsdam: Universitätsverlag Potsdam.
→ Geographiedidaktische Exkursionen

Thüne, A. (2009). Kreativ – aktiv – innovativ – provokativ. Zum Einsatz von Befragungen als Exkursionsmethode. In: A. Budke & M. Wienecke (Hrsg.): Exkursion selbst gemacht: Innovative Exkursionsmethoden für den Geographieunterricht (Praxis Kultur- und Sozialgeographie, Bd. 47). Potsdam: Universitätsverlag Potsdam. → Dieser Sammelband zeigt viele spannende Exkursionsmethoden, die der konstruktivistischen Exkursionspraxis zugeordnet werden können. Das Dokument ist frei zugänglich.

doi.org/10.35468/6025-05

Referenzen

Arnreiter, G. & Weichhart, P. (1998): Rivalisierende Paradigmen im Fach Geographie. In: G. Schurz & R. Weingartner (Hrsg.): Koexistenz rivalisierender Paradigmen. Opladen: Westdeutscher Verlag, 53-85.

Böing, M. & Sachs, U. (2009): Rollenexkursion als geographische Bühne für mehrperspektivisches Handeln im Raum. In: M. Dickel & G. Glasze (Hrsg.): Vielperspektivität und Teilnehmerzentrierung. Richtungsweiser Exkursionsdidaktik (Praxis neue Kulturgeographie, Bd. 6, 15-38). Zürich, Berlin: LIT.

Daum, E. (1982): Exkursion. In: L. Jander, W. Schramke & H.-J. Wenzel (Hrsg.): Metzler Handbuch für den Geographieunterricht. Ein Leitfaden für Praxis und Ausbildung. Stuttgart: Metzlersche Verlagsbuchhandlung, 71-76.

Dickel, M. (2006): Zur Philosophie von Exkursionen. In: W. Hennings, D. Kanwischer & T. Rhode-Jüchtern (Hrsg.): Exkursionsdidaktik – innovativ!? (Geographiedidaktische Forschungen, Bd. 40, 31-50). Weingarten: HGD.

Falk, G.C. (2012): Experience-based Geography Learning. What we can learn from the "Little Prince". In: G.C. Falk, H. Haubrich, M. Müller, Y. Schleicher & S. Reinfried (Hrsg.): Experience-based Geography Learning. IGU 2012 Symposium Proceedings. Berlin: Mensch & Buch, 1-4.

Hard, G. (1973): Die Geographie – Eine wissenschaftstheoretische Einführung. Berlin, New York: De Gruyter.

GDSU – Gesellschaft für Didaktik des Sachunterrichts (Hrsg.). (2013): Perspektivrahmen Sachunterricht. Vollständig überarbeitete und erweiterte Ausgabe. Bad Heilbrunn: Verlag Julius Klinkhardt.

Jürgens, U. (2013): Nahversorgung durch Aldi, Lidl und Co? In: Geographische Rundschau 65 (3), 50-57.

KMK (Kultusministerkonferenz) (1998): Empfehlungen zum Förderschwerpunkt Sprache. Online unter: (Abrufdatum: 21.01.2023). https://www.kmk.org/fileadmin/veroeffentlichungen_beschluesse/1998/1998_06_26-FS-Sprache.pdf

Kuckuck, M. (2014): Konflikte im Raum – Verständnis von gesellschaftlichen Diskursen durch Argumentation im Geographieunterricht (Geographiedidaktische Forschungen, Bd. 54, Dissertation). Münster: Monsenstein und Vannerdat.

Leisen, J. (2017): Handbuch Fortbildung: Sprachförderung im Fach – Sprachsensibler Fachunterricht in der Praxis. Stuttgart: Klett.

Otto, K.-H. & Mönter, L. (2013): METHODE ROLLENEXKURSION Südwestfalen 360° – Die Region neu entdecken, erleben, erfahren. Südwestfalen Agentur GmbH. Online unter: https://www.suedwestfalen-macht-schule.com/fileadmin/user_upload/MediaPortal/Methoden/Methode_Rollenexkursion/Methode_Rollenexkursion.pdf (Abrufdatum: 20.02.2021).

Pech, D. & Rauterberg, M. (2013): Auf den Umgang kommt es an. ‚Umgangsweisen' als Ausgangspunkt einer Strukturierung des Sachunterrichts. Skizze der Entwicklung eines „Bildungsrahmens Sachlernen". In: Widerstreit Sachunterrich. 5. Beiheft. Online unter: https://www.widerstreit-sachunterricht.de/beihefte/beiheft5/beiheft5_2.pdf. (Abrufdatum: 23.12.2022).

Peterssen, W. (1999): Wissenschaftliche(s) Arbeiten: Eine Einführung für Schule und Studium. München: Oldenbourg.

Rhode-Jüchtern, T. (1996): Welt-Erkennen durch Perspektivenwechsel. In: Praxis Geographie 26 (4), 4-8.

Rinschede, G. (2020): Geographiedidaktik (3. Aufl.). Paderborn: Schöningh.

Rödel, L. & Simon, T. (2019): Inklusive Sprach(en)bildung. Ein interdisziplinärer Blick auf das Verhältnis von Inklusion und Sprachbildung. Bad Heilbrunn: Verlag Klinkhardt.

Tajmel, T. & Hägi-Mead, S. (2017): Sprachbewusste Unterrichtsplanung – Prinzipien, Methoden und Beispiele für die Umsetzung. Münster: Waxmann.

doi.org/10.35468/6025-05

Vasiljuk, D. & Budke, A. (2021): Multiperspectivity as a Process of Understanding and Reflection: Introduction to a Model for Perspective-Taking in Geography Education. In: European Journal of Investigation in Health, Psychology and Education 11 (2), 529-545. https://doi.org/10.3390/ejihpe11020038

Wardenga, U. (2002): Räume der Geographie und zu Raumbegriffen im Geographieunterricht. Wirtschafts- und Sozialgeographie Wirtschaftsinformationen 120, 47-52.

Werlen, B. (2008): Sozialgeographie (3. Aufl.). Bern: UTB.

Wildemann, A. & Fornol, S. (2017): Sprachsensibel unterrichten in der Grundschule. Anregungen für den Deutsch-, Mathematik- und Sachunterricht (2. Aufl.). Seelze: Klett Kallmeyer.

Autoren

Veit Maier, Dr.
Universität zu Köln
Institut für Geographiedidaktik/Mercator-Institut für Sprachförderung und Deutsch als Zweitsprache
Gronewaldstraße 2, 50931 Köln
veit.maier@uni-koeln.de
Website: https://geodidaktik.uni-koeln.de/mitarbeiter-innen/wissenschaftliche-mitarbeiter-innen/dr-veit-maier
Forschungsschwerpunkte: Sprachsensibler Geographieunterricht, Problemlösen und Kreativität

Michael Morawski, Dr.
Bergische Universität Wuppertal, Institut für Geographie und Sachunterricht
Gaußstraße 20, 42119 Wuppertal
morawski@uni-wuppertal.de
Website: https://www.sachunterricht.uni-wuppertal.de/de/personen/michael-morawski/
Forschungsschwerpunkte: Didaktik des Sachunterrichts, Digitalisierung, Bildungsgerechtigkeit und Sprachbewusster Geographieunterricht

Sebastian Wolff-Seidel, Dr.
Bergische Universität Wuppertal, Institut für Geographie und Sachunterricht
Gaußstraße 20, 42119 Wuppertal
swolff@uni-wuppertal.de
Website: https://www.sachunterricht.uni-wuppertal.de/de/personen/sebastian-wolff-seidel/
Forschungsschwerpunkte: Didaktik des Sachunterrichts, Politische Bildung, Popular Geopolitics und Digitale Medien

doi.org/10.35468/6025-05

Maik Wienecke

Mit einem Field Sketch vom Gestern zum Heute. Der zeitliche Wandel aus geographischer Perspektive

Teaser

Die Welt in der sich Kinder bewegen, ist meist nicht groß aber ein Wandel findet auch vor ihrer Haustür statt. Oft geschieht das nicht weit vom Schul- oder Wohnort entfernt und oft sind diese Veränderungen nicht bei allen beliebt und willkommen. Vertraute Dinge werden durch neue ersetzt oder müssen sich mit neuen Sachen plötzlich den Platz teilen, was nicht immer ohne Probleme möglich ist. Durch die Methode des Field Sketching, einer Skizze im Feld, lässt sich der Ist-Zustand eines Raumes darstellen und genauer betrachten. Probleme werden lokalisiert und anschließend bewertet und hinterfragt, wie am Beispiel eines Hochhauses deutlich wird, das 1969 in eine Altstadt gebaut wurde.

Raum des exkursionsdidaktischen Settings

Ein Hochhaus in der barocken Innenstadt – DDR-Bauten in Potsdams Altstadt. Dieses Beispiel steht stellvertretend für Orte bzw. Räume, in denen Flächennutzungskonflikte bestehen.

Fachdidaktischer Ansatz: Zeitlicher Wandel

Der zeitliche Wandel ist eines von vier geographischen Hilfskonzepten, die von Liz Taylor (2008) zur Unterstützung räumlicher Betrachtungen konzipiert wurden. Mit ihnen ist es möglich „alle geographischen Fachinhalte mit ihrem Fokus auf Raum und Zeit zu ordnen. Sie berücksichtigen, dass die Geographie eine sich verändernde Welt voller Unterschiede zum Gegenstand hat, deren einzelne Elemente sich gegenseitig beeinflussen" (Taylor 2011, 10). Der Wandel beinhaltet dabei „Veränderungen natürlicher und kultureller Entwicklungen sowohl von physischen als auch humangeographischen Prozessen" (Wienecke 2013, 203). Dieses Hilfskonzept ist in erster Linie ein probates Mittel für eine kriteriengestützte Beschreibung dafür, inwiefern sich ein Ort bzw. ein Raum von einem festgelegten Zeitpunkt in der Vergangenheit bis zu einem anderen Zeitpunkt in der

doi.org/10.35468/6025-06

Vergangenheit bzw. bis zum Ist-Zustand in der Gegenwart verändert hat. Wichtig ist dabei, dass der Zustand des Untersuchungsgegenstands an den festgelegten Zeitpunkten ausreichend dokumentiert wurde, um die Veränderungen deutlich und genau feststellen, beschreiben und belegen zu können. Der Wandel als Konzept bzw. Prinzip verdeutlicht also, welche Prozesse in der Vergangenheit Einfluss auf die Gegenwart haben und welche gegenwärtigen Prozesse wahrscheinlich Einfluss auf die Zukunft haben werden. Dabei erkennen die Schüler*innen Problemlagen und Widersprüche und beginnen sich mit den einzelnen Akteuren und deren Meinungen und Interessen auseinanderzusetzen.

Exkursionsdidaktische Methode: Field Sketching

Bei einem Sketch handelt es sich um nichts anderes als eine Skizze. Die Methode impliziert folglich genau das: Eine skizzenhafte Zeichnung einer Landschaft bzw. eines eingegrenzten Ortes oder Raumes, der für die Erweiterung der Erkenntnisse und Fähigkeiten von Interesse ist (siehe Abbildung 1). Natürlich kann auch eine Fotographie des Raumes diesen Überblick festhalten. Letztendlich tut sie das sogar viel detailreicher als es die Skizze je vermag (siehe Abbildung 2). Aber genau hierin liegt ein wesentlicher Vorzug des eigenhändig angefertigten Field Sketchs. Denn zum einen erfüllt es den Zweck eines intensiveren Blickes auf die wesentlichen Eigenschaften des betreffenden Ortes bzw. Raumes, indem seine für den Untersuchungsgegenstand unwesentlichen Erscheinungen ausgegrenzt oder nur bedingt bei der zeichnerischen Aufnahme Berücksichtigung finden. Die Betrachtenden selektieren oder betonen dabei Details des Raumes ganz individuell und unterschiedlich. Zum anderen kann kaum eine andere Methode der Feldforschung durch eine klare Beschriftung und Etikettierung so genaue Erhebungen von Informationen eines Raumes in Bezug auf Lagerelationen und Ansätze für Erläuterungen zu besonderen Eigenschaften liefern, wie das Field Sketching. Aus diesem Grund sollten die Schüler*innen dazu angeregt werden, die Hände von ihren mobilen Endgeräten zu lassen und anstatt eines schnell gemachten Fotos den Stift in die Hand zu nehmen, und damit eine solide Basis für die Auseinandersetzung mit dem Untersuchungsgebiet zu einer bestimmten Zeit von einem bestimmten Ort aus zu schaffen (Saint John & Richardson 2008).

Das Field Sketch soll den betrachteten Raum abbilden. Da nur wenige Landschaften einfach strukturiert und leicht darstellbar sind, ist es notwendig für die Schüler*innen gute Bedingungen für eine erfolgreiche und gewinnbringende Zeichnung zu schaffen, da die zeichnerischen Fähig- und Fertigkeiten der Kinder sehr differenziert ausfallen. Hier hilft natürlich praktische Übung, aber aller Anfang ist schwer und braucht die entsprechende Anleitung, um eine motivierende Wirkung auf der Exkursion nicht ableben zu lassen. So können Probezeichnungen bereits im Vorfeld im Klassenraum anhand von Fotografien, Bildern oder

doi.org/10.35468/6025-06

Abb. 1: Field Sketch einer 10-jährigen Schülerin

Abb. 2: Foto des im Field Sketch dargestellten Raumes (eigenes Bild)

dem Blick aus dem Fenster des Schulraumes auf den Einsatz der Methode auf einer Exkursion vorbereiten und die notwendige Grundlage einer erfolgreichen Umsetzung vor Ort legen.

Nachdem die Kinder Seitenlinien gezogen haben, die das Field Sketch einrahmen, beginnen sie zuerst die Elemente des Raumes zu skizzieren, die am weitesten entfernt sind. So arbeiten sie sich langsam zum Vordergrund vor. Dabei werden die aus ihrer Sicht wichtigen Raummerkmale beschriftet und nummeriert. Notizen zu den Beschriftungen können ggf. auf der Rückseite oder auf einem Beiblatt erfolgen und bei der späteren Präsentation bzw. Ausstellung des Sketches hilfreich sein, um die eigene Arbeit mit den Ergebnissen der anderen vergleichend zu diskutieren (Farbrother & Holmes 2011).

Der Einsatz der Field Sketches im Unterricht kann ganz unterschiedlich ausfallen. Möglich ist ein Vergleich mit alten Fotografien verbunden mit dem Lokalisieren und Festhalten von Veränderungen und deren (möglichen) Auswirkungen (Farbrother & Holmes 2011). Beim eventuellen Verfassen einer schriftlichen Analyse oder Auswertung, unter Berücksichtigung von Notizen und Nummern, können Fragen aufgegriffen und ggf. beantwortet werden, die darauf abzielen, den Charakter des Raumes bzw. dessen Wahrnehmung genauer zu beschreiben. Dabei liegt der Fokus auf den Veränderungen, die stattgefunden oder auch nicht stattgefunden haben, um anschließend weiterführende Fragen aufzugreifen und ggf. zu beantworten: Welche Prozesse sind dafür verantwortlich? Welche möglichen Probleme resultierten daraus bzw. resultieren daraus noch bis heute?

Nur wenn die Sketches effektiv analysiert und die Vernetzungen von Orten innerhalb des Raumes aufgrund ihrer Lagebeziehungen berücksichtigt werden, wertet das die durch die Zeichnung erhobenen Daten auf und kann zu einem gewinnbringenden Erkenntnisprozess führen.

Auch ist ein Vergleich von mehreren Sketchen eines Ortes verschiedener Schüler*innen sinnvoll um die Kinder über unterschiedliche Wahrnehmungen, Interessen und Beeinflussungen ins Gespräch kommen zu lassen. Zum Beispiel kann der Grad an Vorkenntnissen der Kinder über den Ort und die abgelaufenen Prozesse, die sein Erscheinungsbild hervorbrachten, unterschiedliche Wahrnehmungen des skizzierten Gebiets hervorrufen. Andere Faktoren können auch das Alter, das Geschlecht oder der soziale Hintergrund der Kinder sein (Farbrother & Holmes 2011).

doi.org/10.35468/6025-06

Farbrother & Holmes (2011, 34) fassen u. a. folgende Hinweise und Tipps beim Erstellen der Sketches zusammen:

- Zeichne einen Rahmen, als Eingrenzung der Skizze! (Spätestens hier wird deutlich, dass ein Smartphone als mobiles Endgerät nicht in Frage kommen sollte.)
- Gib dem Sketch eine geeignete Überschrift, die gleichzeitig schon einen Ortsbezug herstellt! (Hilfreich sind hier ggf. auch Angaben zur Himmelsrichtung, Lage oder zur eigenen Position (z. B. Blick vom Marienberg oder von der Humboldt-Brücke aus gesehen).)
- Entscheide, was für Dich vorrangig den Ort bzw. Raum ausmacht! (Je nach Thema, haben Autos oder Papierkörbe vielleicht keine große Relevanz.)
- Es ist hilfreich, sich an den tatsächlichen Größenverhältnissen zu orientieren und diese für das Sketch aufzugreifen. Bäume und Gebäude sind hierbei gute Anhaltspunkte. Wenn die Größen bestimmter Häuser oder natürlicher Erhebungen bekannt sind, können diese auch im Sketch angegeben werden.

In Bezug auf Sketches, die in erster Linie physisch-geographische Themen aufgreifen sollen, ergänzen Saint John & Richardson (2008, 8):

- Ein häufiger Fehler ist eine übertriebene Darstellung vertikaler Elemente (z. B. werden Berge oder Hügel oft zu hoch eingezeichnet). Das lässt sich durch eine Dreiteilung des Blattes vermeiden oder zumindest reduzieren in dem zwei dünne horizontale Linien quer über das Blatt gezogen werden. Alternativ kann das auch durch entsprechendes Falten des Blattes erfolgen.

Exkursionsdidaktisches Setting

„Schandfleck oder Denkmal? – Soll das Hotelhochhaus in der Altstadt abgerissen werden?" Wie soll mit Gebäuden umgegangen werden, die vielleicht einen wirtschaftlichen oder historischen Wert haben, sich aber möglicherweise nachteilig auf das Aussehen eines Ortes auswirken?

Im Jahr 2014 wurde in der brandenburgischen Landeshauptstadt Potsdam ein neuer Landtagsbau feierlich eingeweiht und bezogen. Dieses Gebäude steht seitdem im Zentrum der Altstadt am „Alten Markt". Ein besonderes Merkmal dieses Neubaus ist seine Fassade, die eine Rekonstruktion des barocken Stadtschlosses darstellt, welches einst an gleicher Stelle stand, im Zweiten Weltkrieg zerstört und in den 1950er Jahren aufgrund politischer Entscheidungen gesprengt und abgetragen wurde (Thielemann 2016).

Das Hotel auf der anderen Straßenseite wurde Ende der 1960er Jahre direkt im ehemaligen Lustgarten des verschwundenen Schlosses erbaut und überragt seitdem mit seiner Höhe von 60 Metern die Altstadt. Mit dem nun wieder sichtbaren Schlossneubau können die baulichen Unterschiede auf den beiden Straßenseiten kaum größer sein, weshalb die Mehrheit im Stadtparlament mitteilte, dass man

doi.org/10.35468/6025-06

jede Chance ergreifen sollte, „dieses jede Maßstäblichkeit sprengende Gebäude abzutragen oder umzubauen „ (Fabian 2018, maz-online.de).
Die Argumente dieser Diskussion lassen sich drei gesellschaftswissenschaftlichen Perspektiven zuordnen. Aus geographischer Sicht bietet der Flächennutzungskonflikt um das Hotel und seine nun wieder barocke Umgebung eine spannende Gelegenheit, um sich mit ausgewählten Merkmalen rund um die Nutzung eines Raumes zu beschäftigen. Dabei kommen die Raumkonzepte Wardengas (2002), allen voran der Wahrnehmungsraum, ins Spiel, denn die unterschiedlichen Wahrnehmungen des Raumes und seiner Gebäude erzeugen den bestehenden Konflikt überhaupt erst. Auf der einen Seite die Befürworter*innen des Hotels, die darin einen für die Tourismuswirtschaft der Stadt gewinnbringende Immobilie oder auch einen Ort der Identifikation und Erinnerung sehen und gleichzeitig dem neuen Landtagsbau bzw. Stadtschloss einen Disneyland-Charakter zuschreiben (Budde 2015) und einen Mehrwert für die Stadtentwicklung absprechen. Auf der anderen Seite jene, die in dem Hotel eher eine sozialistische Bausünde sehen, seine Ästhetik als Betonklotz negativ konnotieren und eine Wiederherstellung der nach dem Zweiten Weltkrieg verschwundenen barocken Straßenfluchten und -viertel mit aus ihrer Sicht historisch wertvollen Leitbauten befürworten. Der Neubau des Stadtschlosses bzw. Landtags, gepaart mit einem anschließenden Abriss anderer DDR-Gebäude am „Alten Markt“, verstärkte die Exponiertheit des Hotelhochhauses und die kritische Betrachtung der Lagebeziehung des Hotels zu seiner Umgebung noch. Das nährt die Ansicht das Hochhaus stelle „das eigentliche Problem im Raumbezug zwischen Schloss und Lustgarten“ (Stich 2013, www.maz-online.de) dar.
Die historische Perspektive spielt dahingehend eine Rolle, dass die Befürworter*innen des Hotels darauf verweisen, es mit einer schützenswerten Quelle gelungener DDR-Architektur zu tun zu haben, an der sich in Teilen auch die Geschichte der Deutsch-Deutschen-Teilung erzählen ließe. Die Gegner*innen des Hotels verdeutlichen hingegen, dass mit dem Abriss des Gebäudes der Lustgarten sowie das Stadtschloss ihre historische Bedeutung wiedererlangen werden. Es sei lediglich Nostalgie, die das Festhalten an dem Hotel aus scheinbar historischen Erwägungen bestimme.
Die Abrissdebatte ist zu einem Politikum geworden. Beide Seiten haben Bürgerinitiativen auf den Weg gebracht, womit auch die politische Perspektive ins Spiel kommt.
Dieses Beispiel lässt sich auch auf andere Städte wie Dresden oder Frankfurt/M. übertragen, in deren Altstädten lang verschwundene Stadtviertel und Leitbauten wieder aufgegriffen bzw. rekonstruiert wurden (vgl. Schulze 2010; Göpfert 2018). Hier wurden „Bausünden“ revidiert. Nichts anderes wünschen sich die Befürworter*innen eines Abriss‘ des Hotelhochhauses in Potsdam.

doi.org/10.35468/6025-06

Problemorientierte Fragen

Das Hochhaus in der Altstadt – ein Schandfleck oder die Lösung des Wohnungsproblems?

Das Hotel-Hochhaus in der Altstadt – ein Schandfleck oder Tourismusmagnet in bester Lage?

Angabe zur Klassenstufe

Für die Durchführung empfiehlt sich die Klassenstufe 4.

Kompetenzorientierung

Inwiefern das hier zu Grunde liegende Beispiel einen perspektivenübergreifenden Charakter hat, wurde bereits verdeutlicht. Der Perspektivrahmen Sachunterricht benennt vor allem bei den Denk-, Arbeits- und Handlungsweisen (DAH) verschiedene perspektivenübergreifende Ansätze, die als Unterstützung der prozeduralen Komponente wirksam werden (GDSU 2013).

Durch die Auseinandersetzung mit dem Hochhaus als Gegenstand des Anstoßes und der Anfertigung eines Field Sketches, erkennen und verstehen die Kinder die Problemhaftigkeit des Raumes und (v)erarbeiten gleichzeitig eigenständig eine individuelle Sichtweise in den Skizzen über die sie anschließend in der Folgestunde oder ggf. noch vor Ort reflektiert mit ihren Mitschüler*innen ins Gespräch kommen. Die Produkt- und Handlungsorientierung unterstützen die Motivation der Kinder dem Thema interessiert zu begegnen und u. a. folgende perspektivübergreifende DAHs:

Die Kinder können:

- „Fragen nach Veränderungen menschlichen Zusammenlebens in der Zeit stellen" (GDSU 2013, 58) und diese Fragen aus einem aktuellen Erkenntnisinteresse heraus formulieren.
- „Veränderungen (…) gesellschaftlicher Strukturen (z. B. Wandlungen des Stadtraumes durch Zerstörungen, Abriss, Nutzungsveränderung oder Neubauten) zu (…) verschiedenen Zeitpunkten erkennen" (GDSU 2013, 59)
- An „Gegenständen aus ihren eigenen Lebenswelten (insbesondere ihres Wohnortes) historische Veränderungen benennen" (GDSU 2013, 62).
- „Erkennen und beschreiben, dass Wandel in unterschiedlichen Tempi ablaufen" (GDSU 2013, 62).

Durch das perspektivenbezogene Konzept „Wandel" wird die räumliche Orientierung durch die zeitliche Orientierung ergänzt. Erst diese Vernetzung der Perspektiven zeigt, dass Konflikte, die durch eine unterschiedliche Wahrnehmung von Räumen durch die Menschen oder eine diskursive Lagebeziehung von Orten zueinander in der Gegenwart bestehen, ihren Ursprung nicht in der Gegenwart haben müssen. Vielmehr wird den Kindern klar, dass Vergangenheit und Gegen-

doi.org/10.35468/6025-06

wart zusammenhängen, weil in der Zeit zurückliegende Entscheidungen und Handlungen bis heute Auswirkungen auf das Lebensumfeld der Schülerinnen und Schüler haben.
Auch die geographischen Bildungsstandards greifen eine Verzahnung von Gegenwart und Vergangenheit auf:

Die Schüler*innen können

- „vergangene und gegenwärtige humangeographische Strukturen in Räumen beschreiben und erklären“ (DGfG 2020, 14)
- „die realen Folgen sozialer (…) Raumkonstruktionen (…) erläutern“ (DGfG 2020, 15)
- „Fähigkeit zur Einordnung geographischer Objekte und Sachverhalte in räumliche Ordnungssysteme“ (DGfG 2020, 17) erlernen
- „die Lage eines Ortes (und anderer geographischer Objekte und Sachverhalte) in Beziehung zu weiteren geographischen Bezugseinheiten (…) beschreiben“ (DGfG 2020, 17).
- zur „Reflexion von Raumwahrnehmung und -konstruktion“ (DGfG 2020, 18) angeregt werden, in dem sie „anhand von kognitiven Karten/Mental Maps und Augmented Reality erläutern, dass Räume stets selektiv und subjektiv wahrgenommen werden (…) [und], dass Raumdarstellungen stets konstruiert sind“ (DGfG 2020, 18).

Das deckt sich mit Aussagen aus dem Perspektivrahmen Sachunterricht, wo es mit Bezug auf die historische Perspektive heißt: „Und schließlich erfahren die Kinder in der Beschäftigung mit der Geschichte, dass Vergangenheit, Gegenwart und Zukunft zusammenhängen; indem sie verstehen, dass früheres Handeln (oder Nicht-Handeln) heutiges Leben beeinflusst hat, können sie auch verstehen, dass heutiges Handeln, also auch ihr Handeln, das Leben zukünftiger Generationen beeinflusst“ (GDSU 2013, 56). Es werden folglich auch anderen Perspektiven des Sachunterrichts bzw. gesellschaftswissenschaftlichen Unterrichts die Türen geöffnet, können sich die Kinder doch nicht nur geografisch relevante Kenntnisse und Fähigkeiten sowie topografisches Orientierungswissen aneignen, sondern auch das Handeln der Menschen in Zeitverläufe einordnen und deren Dauer und damit einhergehende Veränderungen benennen. Das geographische Hilfskonzept „Wandel“ unterstützt letztendlich das zentrale Motiv der historischen Erkenntnisgewinnung, in dem es den Kindern dabei hilft „durch den Blick in die Vergangenheit andere (…) Denk-, Lebens- und Handlungsweisen kennen zu lernen und so seinen eigenen Horizont zu erweitern, um gegenwärtige Probleme und Handlungsansprüche besser verstehen und zukünftige Handlungsperspektiven entwickeln zu können“ (GDSU 2013, 57). Gleichzeitig können sie anhand anschaulicher Beispiele aus politischer Sicht zur „Begegnung, Erschließung und Auseinandersetzung mit Fragen [gebracht werden, wie] mittels Entscheidungen

doi.org/10.35468/6025-06

das öffentliche Zusammenleben von Menschen in einer Gesellschaft zu regeln und gemeinsame Probleme (…) zu lösen“ (GDSU 2013, 28) sind.

Vorbereitung und Material

Im Vorfeld der Exkursion sind mögliche Standorte für das Anfertigen der Field Sketches durch die Lehrkraft zu eruieren und in Bezug auf Kriterien wie Sicherheit und Arbeitsbedingungen der Kinder vor Ort zu hinterfragen. Des Weiteren ist ein Methodensteckbrief (siehe Abbildung 3) als Handout sinnvoll, der die Merkmale eines Field Sketches und das methodische Vorgehen beim Zeichnen zusammenfasst und verdeutlicht. Die Erfahrung hat gezeigt, dass ein Durchsprechen der Methode anhand des Steckbriefs unmittelbar vor der Durchführung die besten Ergebnisse hervorbringt.

Was ist zu tun?

- Finde einen sicheren, bequemen und geschützten Ort zum Zeichnen!
- Bevor Du beginnst, rufe Dir nochmal Zweck und Sinn des Sketches in Erinnerung. —> Das hilft Entscheidungen zu treffen, was auf's Bild sollte und was vielleicht unwichtig ist.
- Enthält Dein Sketch auch Himmel und Horizont, macht es Sinn das Blatt in drei Teile zu gliedern —> 1. Horiziont/Himmel, 2. Hintergrund, 3. Vordergrund
- Zeichne zuerst einen Bildrahmen und beginne mit den am weitesten entfernten Dingen!
- Arbeite Dich dann bis zum Vordergrund vor!
- Du kannst wichtige Dinge gern beschriften oder nummerieren. Das macht die Auswertung später leichter.

Was brauchst Du?

Klemmbrett/ Notebook oder Block mit steifen Rücken

Einen weichen Bleistift/ Zeichen-App

Radiergummi

Mehrere Seiten Papier (falls mehrere Versuche nötig sind)

Eine Kamera/Handy für ein Foto des gezeichneten Ortes bzw. Raumes

Abb. 3: Steckbrief der Methode (aus dem Englischen von Farbrother, D. & Holmes, D. 2011, 34)

Die Kinder benötigen als Material ein Klemmbrett als Zeichenunterlage, Papier (mind. ab Größe DIN A 4), Bleistift und Radiergummi. Beim Papier sollten mehrere Blätter mitgeführt werden, um Fehlversuche zu berücksichtigen bzw. zu ermöglichen. Eine Alternative sind digitale Endgeräte mit entsprechender Bildschirmgröße, auf denen eine entsprechende Zeichen-Applikation installiert ist. Diese Endgeräte sollten über eine ausreichende Akkuleistung, Bildschirmhelligkeit und eine Bildschirmgröße verfügen, die mit dem Zeichnen im A4 Format vergleichbar ist.

doi.org/10.35468/6025-06

Ablauf

Je nach Entfernung vom Schulstandort, ist für den Besuch des außerschulischen Lernortes, verbunden mit dem Anfertigen eines Field Sketches vor Ort, ein Zeitrahmen von 45-60 Minuten vorgesehen. Beim Feldversuch war die Schule vom Hotelstandort etwa 10 Gehminuten entfernt, so dass die gesamte Durchführung der Exkursion in einer Doppelstunde möglich war.

Das kompetenzorientierte Kernanliegen der Stunde besteht darin, dass sich die Schüler*innen auf Grundlage selbstständig entwickelter Argumente ein Urteil zu einem lokalen Flächennutzungskonflikt bilden, indem sie durch das Field Sketch die geographische Perspektive vor Ort beleuchten und im Anschluss über eine zukünftige Nutzung des Raumes, ins Gespräch kommen.

Als Einstieg in das Thema können in einem Steh- bzw. Sitzkreis auf dem Schulhof Bilder von beispielhaften Flächennutzungskonflikten in Form von „Bausünden" gezeigt werden. Die Kinder sollen die auf den Bildern dargestellten Räume beschreiben und anschließend bezüglich ihres Aussehens bewerten. Eventuell können die Kinder hier bereits nach vergleichbaren Raumstrukturen in der näheren Umgebung befragt und so bereits Rückschlüsse auf das Untersuchungsgebiet der Exkursion gezogen werden.

Im Anschluss erfolgt der Weg zum Zielort der Exkursion. Die Lehrkraft sollte im Vorfeld mögliche Standorte für das Anfertigen der Sketches lokalisiert haben und teilt die Schüler*innen nach der Erläuterung der Aufgabenstellung in Tandems oder Trios ein. Diesen Arbeitsgruppen werden dann die jeweiligen Standorte für das Anfertigen der Field Sketches zugewiesen.

Eine Aufteilung der Klasse auf nicht weit voneinander entfernt liegende unterschiedliche Standorte hat den Vorteil, das Untersuchungsgebiet aus verschiedenen Blickwinkeln dokumentieren zu können und gleichzeitig durch die Tandems bzw. Trios mehrere Sketches vom selben Standort zu erhalten. Das erleichtert eine Vergleichbarkeit der Wahrnehmungen bei der späteren Auswertung der Produkte im Klassenraum oder vor Ort. Die Verteilung auf unterschiedliche Standorte ist nicht unbedingt nötig, wenn die Sketches aus größerer Distanz angefertigt werden. Ein Hochhaus ist auch aus der Entfernung von vielen Orten aus sichtbar, so dass ein Sketch nicht unmittelbar vor Ort, sondern ggf. auch aus einem Stadtpark, von einer natürlichen Erhöhung oder einem anderen näherliegendem Gebäude aus angefertigt werden kann. Im Falle des Hotelhochhauses in Potsdam, befindet sich dieses auf einer parkähnlichen Freifläche, wo die einzelnen auf die Standorte verteilten Kindergruppen fern von Verkehrsgefahren gut sichtbar im Blickfeld der Lehrkraft bleiben konnten. Andere, vom Hotelbau weiter entfernt liegende, Schulen könnten bspw. von dem Schulstandort näherliegenden natürlichen Erhöhungen aus ihre Schüler*innen Field Sketches anfertigen lassen. Für das Anfertigen der Field Sketches sollten etwa 20-30 Minuten anberaumt werden.

doi.org/10.35468/6025-06

Die Einführung in die Methode des Field Sketching kann entweder in der vorherigen Stunde oder auch erst während der Exkursion erfolgen. Letzteres hat den Vorteil, dass die Kinder dann direkt im Anschluss einen unmittelbaren Impuls bei der Anfertigung der Skizzen und den damit verbundenen Anforderungen haben. Ersteres hat den Vorteil, dass vor Ort mehr Zeit für die Gestaltung der Produkte zur Verfügung steht, die Kinder nicht durch die außerschulische Umgebung abgelenkt sind und das Risiko einer zeitaufwändigen Klärung von auftretenden Verständnisfragen geringer ist.
Die volle Aufmerksamkeit, ohne eine Ablenkung durch die Umgebung und Geräuschkulisse der außerschulischen Lernumgebung, erhalten die erzielten Ergebnisse am besten im Klassenraum. Es wird deshalb empfohlen, die Auswertung der Sketches nicht direkt vor Ort vorzunehmen, wenn die Lernumgebung zu viel Unruhe und Unaufmerksamkeit bei den Kindern erzeugt. In diesem Falle sollte sich eine Auswertung nur auf die Methode des Field Sketching beschränken und dabei aufgetretene Fragen, Probleme und Erkenntnisse besprochen werden. Diesbezüglich ist ein Mehrwert zu erwarten, da der Arbeitsprozess unmittelbar im Vorfeld erfolgte und eine Rückbesinnung in der nächsten Stunde die aktuellen Impulse und Nachwirkungen im retrospektiven Blick schmälern könnte.

Differenzierung im inklusiven Klassenraum

Bei Kindern mit hirnorganischen Schädigungen können oft Schwierigkeiten beim selbstorganisierten Lernen bzw. bei der Strukturierung und Planung von Handlungsabläufen beobachtet werden (Boenisch 2016). Darunter fallen auch das Erfassen von Größen und geometrischen Formen sowie die Notwendigkeit einer intensiven Wiederholung des Gelernten, weil sich eine flexible Übertragung des neuen Wissens nicht leicht einstellen lässt (Boenisch 2016). Diesen Defiziten einer motorischen Entwicklung könnte das Field Sketching entgegenwirken, denn die zeichnerische Zuwendung zum Lerngegenstand, erlaubt die Fokussierung auf die visuell-räumliche Erfassung des Raumes. Bei Kindern mit hirnorganischen Veränderungen kann hier ein möglicherweise leichterer Zugang realisiert werden, da das „Verstehen von Anordnungen, Reihenfolgen, Größenverhältnissen und Richtungen" (Boenisch 2016) ausschließlich zeichnerisch und nicht verbal erfolgt. Da viele dieser Schüler*innen gleichzeitig oft „eine vergleichsweise hohe sprachliche Kompetenz zeigen" (Boenisch 2016) und daher oft überschätzt werden, kann das Field Sketching auch ein Indikator sein, um mögliche Lern- und Wahrnehmungsprobleme sichtbar zu machen.

Raumkonzepte

In Konflikten wie diesem werden in erster Linie zwei der Raumkonzepte, wie Wardenga (2002) sie beschreibt, sichtbar. Da ist zum einen das „Problem der Individualität", dominiert von der „Frage nach der subjektzentrierten Wahrnehmung"

doi.org/10.35468/6025-06

(Wardenga 2002, 10). Was Wardenga (2002) in diesem Zusammenhang anhand von Urlaubslandschaften aufzeigt, trifft auch auf die Diskussion über die Beseitigung oder den Erhalt des Hochhauses in der Altstadt zu. Hier tritt die „Rolle von subjekt- und gruppenspezifischen Bewertungen [welche] eine vorhandene (…) Infrastruktur unter den spezifischen Anforderungen spezieller Nutzerkreise" (Wardenga 2002, 10) beurteilen, sehr deutlich hervor. Die unterschiedliche Wahrnehmung des Raumes durch Gegner*innen bzw. Befürworter*innen des Abriss' lässt die Menschen überhaupt erst eines der Lager wählen und steuert die Argumentation der jeweiligen Gruppen in diesem Diskurs. Wird das Gebäude als historische Quelle einer architektonischen Strömung oder einer bestimmten Zeit wahrgenommen, ist in der Schlussfolgerung die Vorstellung vom Umgang mit dieser Quelle eine ganz andere als bei einer Wahrnehmung des Gebäudes als „Schandfleck", der sich durch sein Alleinstellungsmerkmal nicht in die restliche Stadtstruktur und Ästhetik einfügt.
Hier findet sich der Übergang zum Raumkonzept, welches den Raum als System von Lagebeziehungen betrachtet (Wardenga 2002). „In dieser Perspektive rückt das Problem der Raumstruktur in den Vordergrund. Hier würde vor allem die Bedeutung von Standorten, Lagerelationen und Distanzen (…) thematisiert" (Wardenga 2002, 9) werden. Bleiben wir beim Potsdamer Beispiel, wirkt das Hotelhochhaus an seinem Standort, umgeben von barocken Gebäuden der Altstadt, in der Tat deplatziert. Hier zeigt sich aber ganz klar der Nutzen des geographischen Hilfskonzepts „Wandel". Betrachten wir nämlich den Ist-Zustands des Lustgartens seit dem Bau des Hotels vor 50 Jahren, wird deutlich, dass der Standort dieses Gebäudes erst seit 2010, durch den Wiederaufbau bzw. Neubau des im 2. Weltkrieg zerstörten barocken Stadtschlosses und ebenfalls zerstörter barocker Leitbauten, zu einem größeren Problem wurde. Verstärkt wurde es durch den gleichzeitigen Abriss anderer DDR-Gebäude in der näheren Umgebung. Die Lagerrelationen auf diesem Areal sind folglich heute ganz andere als zu DDR-Zeiten oder vor 20 Jahren als die Wiederherstellung der barocken Stadtstruktur kein Thema war bzw. Gebäude des sozialistischen Städtebaus noch in hoher Zahl das Stadtbild prägten.
Nicht zuletzt ist auch das Raumkonzept vom Raum als Element von Kommunikation und Handlung hier vertreten. Begriffe wie DDR-Architektur, sozialistische bzw. barocke Stadtstrukturen oder Bausünden sind gute Beispiele dafür, „wie über bestimmte Räume kommuniziert und wie die durch die raumbezogene Sprache erst konstituierten Entitäten durch alltägliches Handeln und Kommunizieren fortlaufend produziert und reproduziert werden" (Wardenga 2002, 10).

Weitere zentrale fachdidaktische Ansätze

Quellenanalyse (Architektur), Rollenspiel (Pro/Contra Abriss), Debatte (Pro/Contra Abriss)

doi.org/10.35468/6025-06

Transfer

Ein Vergleich historischer Gemälde oder Fotografien mit dem heutigen Zustand des zu skizzierenden Ortes kann mit Bezug auf die Ausdehnung von Siedlungen und Infrastruktur und der damit verbundenen Bodenversiegelung bzw. dem Vorgang der Verstädterung problemorientiert anhand von Themenbereichen wie Mobilität oder Nachhaltige Entwicklung im Unterricht behandelt werden.
Die Methode kann überall zur Anwendung kommen, wo Veränderungen der Landschaft zu Flächennutzungskonflikten führen (z. B. auch durch den Bau von Windkraftanlagen, Mastbetrieben oder Umgehungsstraßen).
Auch bietet es sich an, anhand eines Field Sketching geomorphologischer Formen der Erdoberfläche (Flusstäler, Gebirgszüge, Komponenten der glazialen Serie) einer Landschaft, eine Analyse der Verwundbarkeit bei möglichen Naturgefahren (Hochwasser, Muren) für Siedlungsräume im Sinne des Zugangs zur Gesellschaft-Umwelt-Forschung (Matissek & Sakdapolrak 2016) durchzuführen.

Kommentierte Leseempfehlung

Witt, D. & Sieber, C. (Hrsg.) (2021): Leitfaden Referendariat im Fach Gesellschaftswissenschaften. Frankfurt/M.: Wochenschau-Verlag. → Dieses Buch behandelt den theoretischen Rahmen für Fächer, welche die Fachperspektiven von Geographie, Geschichte und Politik in sich vereinen. Daher sind die Beispiele, welche die Autor*innen (sowohl Lehrkräfte als auch Hochschulmitarbeiter*innen) hier ausführen, generell perspektivübergreifend angelegt. Hier werden außerschulische Lernorte ebenso thematisiert wie problem- und handlungsorientiertes Lehren und Lernen.

Walker Leslie, C. (1995): The Art of Field Sketching. Dubuque, USA: Kendall Hunt Publishing. → Zum Field Sketching ist im deutschsprachigen Raum so gut wie keine Literatur zu finden. Das hier aufgeführte englisch verfasste, nicht wissenschaftliche Buch, ist nur noch als E-Book u. a. über die Seite der Autorin (http://www.clarewalkerleslie.com/books.htm) bestellbar und befasst sich mit den Grundlagen des Beobachtens und schnellen Zeichnens von Naturräumen für alle Altersklassen, ohne dieses an den Endresultaten zu messen

Referenzen

Boenisch, J. (2016): Förderschwerpunkt Körperliche und motorische Entwicklung. In: Sonderpädagogische Förderschwerpunkte in NRW – Ein Blick aus der Wissenschaft und die Praxis, Ministerium für Schule und Weiterbildung des Landes NRW. Online unter: https://xn--broschren-v9a.nrw/sonderpaedagogische-foerderschwerpunkte/home/#!/Koerperliche-und-motorische-Entwicklung-Paedagogik (Abrufdatum: 28.07.2021)

Budde, V. (2015): Wahl zwischen DDR-Moderne oder Disneyland barock. In: Deutschlandfunk. Online unter: https://www.deutschlandfunk.de/potsdam-wahl-zwischen-ddr-moderne-oder-disneyland-barock.691.de.html?dram:article_id=332298 (Abrufdatum 28.07.2021).

DGfG (Deutsche Gesellschaft für Geographie) (2020): Bildungsstandards im Fach Geographie für den Mittleren Schulabschluss – mit Aufgabenbeispielen. Berlin. Online unter: https://geographie.de/wp-content/uploads/2020/09/Bildungsstandards_Geographie_2020_Web.pdf (Abrufdatum: 15.02.2022).

doi.org/10.35468/6025-06

Fabian, N. (2018): Abschied aus Potsdam – „Mercure“ Direktor geht nach München. In: Märkische Allgemeine Zeitung. Online unter: https://www.maz-online.de/Lokales/Potsdam/Abschied-aus-Potsdam-Mercure-Direktor-Marco-Wesolowski-geht-nach-Muenchen (Abrufdatum: 27.07.2021).

Farbrother, D. & Holmes, D. (2011): A-Z Advancing Geography: Fieldwork, Sheffield: Geographical Association.

GDSU (Gesellschaft für Didaktik des Sachunterrichts) (Hrsg.) (2013): Perspektivrahmen Sachunterricht. Vollständig überarbeitete und erweiterte Ausgabe. Bad Heilbrunn: Klinkhardt.

Göpfert, C.-J. (10.05.2018): Neue Altstadt Frankfurt. Die Inszenierung eines Traums In: Frankfurter Rundschau. Frankfurt/M. Online unter: https://www.fr.de/frankfurt/inszenierung-eines-traums-10986651.html (Abrufdatum: 22.07.2021).

Mattissek, A., Sakdapolrak, P. (2016). Gesellschaft und Umwelt. In: Freytag, T., Gebhardt, H., Gerhard, U., Wastl-Walter, D. (eds) Humangeographie kompakt. Springer Spektrum, Berlin, Heidelberg. https://doi.org/10.1007/978-3-662-44837-3_2

Saint John, P. & Richardson, D. (2008): Methods of presenting fieldwork data. Sheffield: Geographical Association.

Schulze, R. (2010): Technisches Rathaus in Frankfurt: Nackt bis auf den Beton. In: Frankfurter Allgemeine Zeitung. Frankfurt/M. Online unter: https://www.faz.net/aktuell/rhein-main/frankfurt/technisches-rathaus-in-frankfurt-nackt-bis-auf-den-beton-1952598.html (Abrufdatum: 22.07.2021).

Stich, J (2013): Hotel Mercure das wirkliche Problem. In: Märkische Allgemeine Zeitung. Online unter: https://www.maz-online.de/Lokales/Potsdam/Klipp-Hotel-Mercure-das-wirkliche-Problem (Abrufdatum: 27.07.2021).

Taylor, L. (2008). Key concepts and medium term planning. In: teaching geography 33 (2), 50-54.

Taylor, L. (2011): Basiskonzepte im Geographieunterricht. In: Praxis Geographie 41 (7/8), 8-14.

Thielemann, Christian (2016): Der Untergang des Potsdamer Stadtschlosses, Berlin: Edition Breus.

Wardenga, U. (2002). Alte und neue Raumkonzepte für den Geographieunterricht. In: geographie heute 23 (200), 8-11.

Wienecke, M. (2013): Geographical Concept: Wandel. In: M. Rolfes & A. Uhlenwinkel (Hrsg.): Metzler Handbuch 2.0 Geographieunterricht. Braunschweig: Westermann, 203-209.

Autor

Maik Wienecke, Dr.
Universität Potsdam
Historisches Institut
Professur Didaktik der Geschichte
Am Neuen Palais 10, 14469 Potsdam
wienecke@uni-potsdam.de
Website: https://www.uni-potsdam.de/de/hi-didaktik/maik-wienecke
Forschungsschwerpunkte: Exkursionsdidaktik, Fächerverbindender Unterricht

doi.org/10.35468/6025-06

Diana Stage, Jurik Stiller, Verena Röll und Julia Becker

Mobilität in der Schulumgebung – Verkehrsraumkartierung aus Sicht von Schulkindern. Subjektive Kartographie als geographischer Zugang

Teaser

Die Behandlung von Mobilitätsaspekten, die einen Beitrag zur nachhaltigen Veränderung des Mobilitätsverhaltens leisten kann, ist spätestens ab der Primarstufe vorgesehen (vgl. Spitta 2020; Schwedes et al. 2021). Zur verkehrlichen Analyse des Schulumfeldes wird ein Vorschlag unterbreitet, der anhand subjektiver Kartographie die kindliche Wahrnehmung des Raumes zugänglich macht. Die Kinder werden so in die Lage versetzt, Ordnungsmuster zu räumlichen Situationen aufzubauen, weiterzuentwickeln sowie ihr eigenes Ordnungsmuster zu reflektieren. Die Ergebnisse der subjektiven Kartographie sowie die Reflexion der Schüler*innen werden in eine thematische Kartierung überführt.

Raum des exkursionsdidaktischen Settings

Schulweg und Schulumgebung

Fachdidaktischer Ansatz: Subjektive Kartographie

Subjektive Kartographie bietet einen Zugang zu mentalen Repräsentationen und individuellen Raumwahrnehmungen. Ein überaus großes Potential besteht in der Analyse und Reflexion von Räumen als bloße topographische „Container" übersteigende Konstruktionen (Gryl 2016). Subjektive Kartographie beschreibt eine Praxis, bei der Lernende auf weit(est)gehend leeren Blättern nach eigenen Gestaltungsprinzipien ohne zwingenden Einbezug von Aspekten wie Maßstab oder Unterscheidung von Auf- und Grundriss, Karten erstellen.

doi.org/10.35468/6025-07

Begriff: Konstruktion der Karten
Karten sollen hier als Konstruktion bzw. Repräsentation bestimmter – auf der Erdoberfläche sichtbarer und unsichtbarer – Informationen und Deutungen verstanden werden (vgl. MacEachren 1995; Gryl 2016).

Infobox 1

Dabei können verschiedene Impulse zum Einsatz kommen. Ein Fokus auf Fragestellungen, zu denen sich die Befragten entsprechend schnell eine Darstellung der Raumwirksamkeit ableiten können, ist sinnvoll. Es ist eine individuelle Bedeutsamkeit und/oder die häufige und routinierte Raumbegegnung vorauszusetzen. Um die individuelle Bedeutsamkeit für andere zugänglich zu machen, nennt Daum (2011b) als mögliche Impulse beispielhaft die Fragen nach dem Schulweg, nach dem eigenen Wohnort und der unmittelbaren Umgebung, nach „Orten und Plätzen, die ich mag (die ich nicht mag)“ (o.S.) oder auch „Meine Welt, mein Leben“ (o.S.) (Sport- oder Musikverein, Wohnort der besten Freund*innen, Wohnort nahe Verwandte, besondere öffentliche Orte). Hintergrund sind Überlegungen zur Abkehr von traditionell im Unterricht fokussierten Raumkonzepten des vermeintlich objektiven Raumkonzepts I: Containerraum (Daum, 2011b, o.S.). Ziel reflexiver Kartenarbeit wie der Erstellung subjektiver Karten wäre in diesem Sinne, die Unterschiedlichkeit der Beobachtungen und Interpretationen (topographisch) identischer räumlicher Begebenheiten zu reflektieren und wertzuschätzen. Die folgenden zwei beispielhaften subjektiven Karten zeigen den Schulweg zweier Berliner Grundschüler (siehe Abbildung 1 und 2).

Abb. 1: Jakob, 1. Klasse

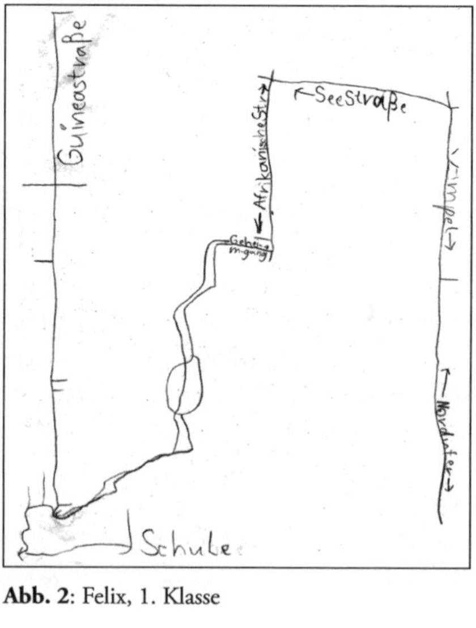

Abb. 2: Felix, 1. Klasse

Exkursionsdidaktische Methode: Kartierung

Geographie als Fachdisziplin ist konzeptionell sowie praktisch eng mit der Visualisierung von Räumen verbunden. Insbesondere Karten spielen eine zentrale Rolle bei der Abbildung und Repräsentation von räumlichen Informationen. Die Erstellung von Karten ist somit ein zentrales Arbeitsfeld der (Schul-)Geographie und bringt eine hohe Notwendigkeit mit sich, früh das Kartieren zu üben und darüber zu reflektieren (Gryl 2016). Darüber hinaus ist die Methode entsprechend der Lebensbedeutsamkeit für Kinder gewählt. Durch ein Kartenverständnis wird Kindern die Möglichkeit gegeben, Gegebenheiten wahrzunehmen, zu erkennen, darüber zu kommunizieren und zu reflektieren.
In Ergänzung bzw. Verarbeitung auch der Erkenntnisse der subjektiven Kartographie (siehe oben) verfolgt die Kartierung das Ziel, ein möglichst maßstabsgerechtes und zwischen Auf- und Grundriss unterscheidendes Verorten von Informationen auf Karten zu erreichen (Spektrum 2001). In der Regel werden die Informationen gemeinschaftlich gesammelt und in eine zuvor bereits erstellte/vorliegende topographische Karte oder einen Umgebungsplan entsprechenden Maßstabs eingetragen. Dies erfolgt meist per Raumerschließung, wobei vorab nach Kriterien zu suchen ist, die dann ortsgebunden erfasst und später in die Karte übertragen werden können.
Digitale Formate werden im eigenen Forschungsgebiet der sogenannten Geoinformation subsumiert. Die Geoinformationssysteme stehen darin beispielhaft für besonders komplexe und vielfältige Varianten (Gryl 2016). Einfacher zugänglich werden digitale Formate anhand des sogenannten webmappings, das die niedrigschwellige Zugänglichmachung von digitalen Geoinformationen über das Internet meint (Peterson 2014).

Exkursionsdidaktisches Setting

Im Nachfolgenden wird der Unterrichtsvorschlag einer Verkehrsraumanalyse mittels subjektiver Kartographie und anschließender thematischer Kartierung detailliert beschrieben.

Problemorientierte Frage

Wie selbstständig kannst du dich in deiner Schulumgebung bewegen?
Die Fragestellung wurde gewählt, da sie den Fokus auf die Mobilität und die verkehrliche Situation des Schulumfeldes verdeutlicht und zum Reflektieren dieser Aspekte einlädt.

Angabe zur Klassenstufe

Eine Durchführung empfiehlt sich in der 3.-4. Klasse.

doi.org/10.35468/6025-07

Kompetenzorientierung

Für die Durchführung der Unterrichtseinheit wird vorausgesetzt, dass bereits eine Einführung in den Umgang mit (topographischen) Karten und Plänen stattgefunden hat. In Anlehnung an die zu vermittelnden Kompetenzen im perspektivübergreifenden Themenbereich „Mobilität" zielt die Unterrichtseinheit darauf ab, die eigene Wohn- und Schulumgebung unter verschiedenen Blickwinkeln (z. B. Vorhandensein und Beschaffenheit von Fuß- und Radwegen, ÖPNV-Angebot, Verkehrsaufkommen, Verkehrssicherheit, Lärm, Flächenverbrauch, Spielmöglichkeiten, Angstorte, Barrieren usw.) zu erkunden und Ergebnisse der Erkundungen zu dokumentieren (subjektive Kartierung der Schulumgebung) (GDSU 2013). Daran anschließend dient die Einheit dazu, Ordnungsmuster zu räumlichen Situationen aufzubauen und weiterzuentwickeln (DAH GEO 4). Schüler*innen soll es ermöglicht werden, persönliche Vorstellungen als eigene Orientierungsmuster von räumlichen Situationen und zu Beziehungen zur Umwelt zusammenzustellen, darzustellen und diese im Austausch mit anderen zu kommentieren sowie persönlich zu beurteilen (gemeinsame Kartierung der Schulumgebung) (GDSU 2013). Mit dem Zugang besteht ein motivierender Lebenswelt- bzw. Alltagsbezug. Schüler*innen erhalten einen Einblick in ggf. individuelle Herausforderungen der Mobilität ihrer Mitschüler*innen (z. B. aufgrund von Beeinträchtigungen) im Alltag und unterschiedliche Lebenserfahrungen können in die Darstellungen und den Austausch untereinander einfließen und so verschiedene Lebensweisen und den damit einhergehenden Wahrnehmungen den Schüler*innen nähergebracht werden. Die Schüler*innen werden darüber hinaus in die Lage versetzt, die mit Mobilitätsaspekten verknüpften Problemstellungen zu erkennen und zu reflektieren. Es entsteht schließlich ein individuelles Lernprodukt, das überdies im partizipativen Dialog mit Entscheidungsträger*innen eingesetzt werden kann. Schüler*innen können somit potenziell dazu befähigt werden ihr „Recht auf Stadt" (Lefebvre 2016 [1968]) zu erkennen. Dies beinhaltet u. a. sich selbst als aktive*n Mitgestalter*in statt nur als passive*n Bewohner*in wahrzunehmen. Ein im juristischen Sinne Recht auf Mitbestimmung wird Kindern zudem in der UN-Kinderrechtskonvention zugesprochen. So ist in Artikel 12 Absatz 2 festgehalten, dass Kindern die Gelegenheit gegeben werden muss in allen sie „berührenden Gerichts- oder Verwaltungsverfahren entweder unmittelbar oder durch einen Vertreter oder eine geeignete Stelle im Einklang mit den innerstaatlichen Verfahrensvorschriften gehört zu werden" (Vereinte Nationen 1989, Art. 12(2)). Kommunale Stadt- und Verkehrsplanung gehört ohne Frage zu den Verwaltungsverfahren, von denen Kinder unmittelbar betroffen sind (Krause & Fuchs 2021).

Ablauf, Vorbereitung und Material

In diesem Abschnitt erfolgt eine Beschreibung des Ablaufs der Unterrichtseinheit, der Vorbereitung und der benötigten Materialien. Der beschriebene Ablauf ist

doi.org/10.35468/6025-07

in neun Unterrichtsphasen eingeteilt. Zwecks Übersichtlichkeit sind die Länge der verschiedenen Unterrichtsphasen sowie die Materialien zusätzlich in Tabelle 1 dargestellt. Während der gesamten Unterrichtsphasen bietet sich fächerübergreifendes Arbeiten über den Sachunterricht hinaus an (z. B. Mathe-, Deutsch- und Kunstunterricht).

1. Phase: Hinführung: Platzdeckchen und Beobachtung

Vorbereitung: Platzdeckchen (A3-Blatt eingeteilt in vier Felder. Feld 1: Was können Hindernisse auf dem Schulweg sein?/Feld 2: Was begegnet dir alles auf deinem Schulweg?/Feld 3: Was gefällt dir an deinem Schulweg?/Feld 4: Was gefällt dir nicht an deinem Schulweg?

Material: A3-Blätter für Platzdeckchen, Tafel/Whiteboard/Smartboard, Kreide/Stifte

Die Unterrichtseinheit beginnt mit der problemorientierten Fragestellung: *Wie selbstständig kannst du dich in deiner Schulumgebung bewegen?*

Um allen Kindern ermöglichen zu können am Unterrichtsgespräch teilzunehmen, wird die binnendifferenzierende Methode *Platzdeckchen* eingesetzt. Die Kinder werden in vierer-Gruppen eingeteilt und das Platzdeckchen ausgeteilt. Jedes Kind beantwortet zunächst die Frage seines Feldes (Think). Mithilfe eines bspw. akustischen Signals wird das Platzdeckchen gedreht, so dass eine neue Frage beantwortet wird. Wenn jede Frage beantwortet wurde, bekommen die Kinder einige Minuten Zeit, um sich auszutauschen und Unklares zu besprechen (Pair). Im Anschluss wird eine Mindmap an der Tafel/am Whiteboard/am Smartboard angefertigt (Share). Als Hausaufgabe wird den Schüler*innen aufgegeben, ihren Schulweg bewusst wahrzunehmen.

2. Phase: Erarbeitung: Erstellung der subjektiven Karte „Mein Schulweg"

Vorbereitung: Theoretische Grundlagen zur Arbeit mit subjektiven Karten (Daum 2011b).

Material: Blanko-Papier (A3 oder A4), Stifte, möglichst in unterschiedlichen Farben

Die Schüler*innen fertigen jeweils eine subjektive Karte an. Dabei stellt der Schulweg den Ausgangspunkt dar. Als Impuls von der Lehrkraft an die Schüler*innen gilt weiterhin die Leitfrage. Dabei geht es nicht um eine möglichst objektiv exakte Kartographie und nicht um die künstlerischen Fähigkeiten der Schüler*innen, sondern um die individuelle Sichtweise auf den Verkehrsraum der Schulumgebung (Daum 2011a). Ziel ist es, dass die Schüler*innen ihre Lebensräume und deren subjektive Relevanz wahrnehmen und erkennen (Daum 2011a). Die Lehrkraft sollte dabei auf korrigierende Anregungen verzichten.

doi.org/10.35468/6025-07

3. Phase: Vertiefung: Hinderliche sowie förderliche Aspekte auf dem Schulweg

Material: Subjektive Karten der Schüler*innen, Blanko-Papier (A4 oder A3), Stifte

Im Anschluss werden die subjektiven Karten in Kleingruppen (drei bis vier Schüler*innen pro Gruppe) besprochen. Den Schüler*innen wird die Möglichkeit gegeben, ihre Karten zu erläutern und zu vergleichen, um sich über die jeweiligen Wahrnehmungen auszutauschen, die eigenen Erkenntnisse zu reflektieren sowie Gemeinsamkeiten und Unterschiede zu erkennen und zu beschreiben (Daum 2011a). Zentral sind das Herausarbeiten, Sammeln, Bewerten und Gruppieren von Aspekten bezogen auf die Situation der Schulumgebung. Hierfür sollen die Kinder in Kleingruppen Plakate erarbeiten, in denen wesentliche Aspekte aus ihren subjektiven Karten unter Überschriften gruppiert sind.

4. Phase: Sicherung sowie Sprachbildung im Klassenverband

Material: Plakate, Tafel/Whiteboard/Smartboard, Kreide/Stifte

Nach dem Austausch in Kleingruppen erfolgt die Diskussion im Klassenverband. Die Plakate der Kinder werden vorgestellt und besprochen. Dabei werden ähnliche Aspekte identifiziert. Ziel ist es, die Aspekte der Kinder aufzunehmen und fachsprachlich zu unterfüttern. So können beispielsweise Bus und Bahn zu ÖPNV-Angebot zusammengefasst werden oder Ampel, Zebrastreifen und Mittelinsel zu Querungshilfen. Es entsteht ein Cluster mit Aspekten, die für die Kinder auf ihrem Schulweg zentral sind, welches von der Lehrkraft schriftlich festgehalten wird.

5. Phase: Erarbeitung einer Kartenlegende

Material: Cluster mit Aspekten, Tafel/Whiteboard/Smartboard, Kreide/Stifte

Es werden wertende Zeichen für eine Legende entwickelt. Die Lehrkraft lässt im Klassenverband diskutieren: *Wie die herausgearbeiteten Aspekte mit einem simplen Bild (Symbol) veranschaulicht werden können.* Beispielsweise wird „Grüne Ampelphase für zu Fuß Gehende“ mit einem gehenden Ampelmännchen symbolisiert und „Verkehrsgeräusche“ mit einem Ohr. Wenn das Ampelmännchen grün gemalt wird, so empfinden die Schüler*innen die Ampelphase für sich als ausreichend, wenn es rot gemalt wird als zu kurz. Ein rotes Ohr bedeutet, dass die Schüler*innen die Verkehrsgeräusche als unangenehm empfinden. Ein grünes Ohr kann eingesetzt werden, wenn betont werden soll, dass die Geräusche nicht als störend empfunden werden.

doi.org/10.35468/6025-07

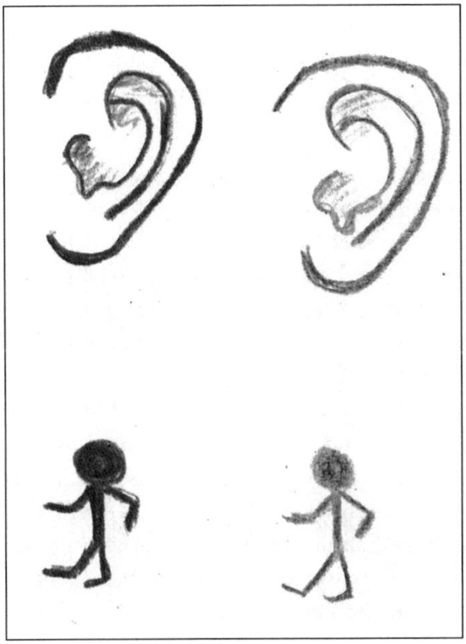

Abb. 3: Merve, 4. Klasse

6. Phase: Einführung in die Karte der Schulumgebung

Vorbereitung: Ggf. einlesen in die Arbeit mit Karten: Vielperspektivische Blicke auf (reflexive) Kartenarbeit bietet Gryl (2016), zur Arbeit mit Karten allgemein LISUM (2007)

Material: Karten der Schulumgebung der Schüler*innen in DIN A3, Stifte

Eine Einführung in die Arbeit mit Karten gilt für die nächsten Unterrichtsstunden als vorausgesetzt oder könnte an dieser Stelle erfolgen.
Die Lehrkraft führt eine Karte von der Schulumgebung ein. Zum Beispiel eignet sich ein Ausschnitt der Schulumgebung von openstreetmap.org oder eine Kopie eines Stadtplans (hierbei ggf. Copyright beachten). Im Klassenverband wird über die Karte gesprochen. Vor allem muss dabei thematisiert werden, was auf einer Karte abgebildet wird und was mögliche Orientierungspunkte sein können. Letzteres soll von den Schüler*innen auf der Karte markiert werden.
Jedem*r Schüler*in liegt eine Karte vor. Wichtig ist, dass die Karte einen Maßstab von maximal 1:1000 hat, sodass die Schulumgebung in für Kinder gut leserlicher Größe auf ein DIN-A3-Papier passt.

doi.org/10.35468/6025-07

7. Phase: Vor-Ort-Kartierung der Schulumgebung

Vorbereitung: Lehrkraft trägt Symbole als Legende zum Kopieren zusammen.

Material: Legende, Karten der Schüler*innen in A3, Stifte, z. B. Pappe, um Karte zu stabilisieren

In der nächsten Unterrichtsphase erfolgt die Exkursion in die Schulumgebung. Vorab legt die Lehrkraft im Austausch mit den Schüler*innen Regeln fest, wie sie sich im Straßenverkehr verhalten. Je nach personellen Kapazitäten findet die Exkursion in Kleingruppen oder im Klassenverband statt. Unter Berücksichtigung der Leitfrage *Wie selbstständig kannst du dich in deiner Schulumgebung bewegen?* kartieren die Schüler*innen die Schulumgebung. Sie erkunden das Schulumfeld und schauen sich beispielsweise das ÖPNV-Angebot an, Querungshilfen, Vorhandensein/Beschaffenheit von Fuß- und Radverkehrsanlagen sowie Grünanlagen. Sie achten auf Geräusche, die Luftqualität und ihr Empfinden dabei. Ist die Schulumgebung verwinkelt, dunkel oder hell (Sichtbeziehungen), was für Gefühle löst das aus? Wie wird das Verkehrsaufkommen (Fuß-, Rad-, Auto-, Lieferverkehr etc.) bewertet? Wie sicher fühlen sich die Schüler*innen? Die Aufteilung der Flächen kann untersucht und die Gerechtigkeit bewertet werden (Platz für Autos, zu Fuß Gehende, Radfahrende, Spielmöglichkeiten etc.)
In die Karte werden die erstellten Symbole in entsprechender Farbe eingetragen. Zum Beispiel empfinden die Schüler*innen den Geräuschpegel an der Kreuzung vor der Schule als unangenehm, weshalb sie auf die Karte an dieser Stelle ein rotes Ohr malen. Nördlich von der Schule in der Nähe des Parks empfinden sie die Geräusche als angenehm, weshalb auf die Karte an dieser Stelle ein grünes Ohr eingezeichnet wird. Wenn den Schüler*innen vor Ort Aspekte auffallen, die zuvor nicht bedacht wurden, können dafür spontan Symbole entwickelt werden.

8. Phase: Erstellung der thematischen Karte „Meine Schulumgebung"

Material: Karten der Schüler*innen, Legende, große Karte und Stifte/Smartboard und Smartboardstifte/Laptop und Beamer

Im Klassenverband wird die Leitfrage *Wie selbstständig kannst du dich in deiner Schulumgebung bewegen?* diskutiert, indem die Verkehrsraumanalyse im Klassenverband zusammengeführt wird. Dabei werden die Ergebnisse auf einer großen Karte oder digital eingetragen, sodass letztendlich eine gemeinsame thematische Karte der Schulumgebung aus Sicht der Schüler*innen entsteht.

Zusatzanregung 1: Vergleich Schulwegpläne mit thematischer Karte

Material: Thematische Karte, Schulwegplan

doi.org/10.35468/6025-07

Exkurs: Schulwegpläne
Für einige Schulen gibt es Schulwegpläne, die die sichersten Wege zur Schule markieren. Sie sind für manche Bundesländer verpflichtend, für die meisten gibt es jedoch nur eine Empfehlung, Bremen und Bayern haben keine Regelung dazu. Weitere Informationen zu den Schulwegplänen sowie ggf. Schulwegpläne gibt es hier: http://schulwegplaene.de/schulwegplanung.html.

Infobox 2

Die erstellte thematische Karte kann mit den Schulwegplänen verglichen werden. Dabei wird herausgearbeitet, was Erwachsene für Kinder als wichtig erachten und was Kinder als relevant erachten.

Zusatzanregung 2: Verschiedene Sichtweisen verschiedener Akteur*innen

Material: Thematische Karte

Als ergänzende Unterrichtsphase bieten sich an dieser Stelle der Unterrichtseinheit die vertiefende Reflexion der eigenen Sichtweise (thematische Karte) und das Hineinversetzen in andere Verkehrsteilnehmende an. Die Lehrkraft gibt den Impuls *Wie selbstständig können sich andere Verkehrsteilnehmende in der Schulumgebung bewegen?* anhand dessen die Schüler*innen in Kleingruppen oder im Klassenverband die verkehrliche Situation aus unterschiedlichen Blickwinkeln beleuchten. Je nach Dynamik der Diskussion kann die Lehrkraft Hilfestellungen geben: *Welche Verkehrsteilnehmende gibt es in der Schulumgebung? Welche Interessen haben diese? Welche Akteur*innen spielen darüber hinaus eine Rolle (z. B. Politiker*innen)?*

9. Phase: Partizipation

Material: Je nach Aufgabe: 1. Thematische Karte, Legende, ausgewählte subjektive Karten, Computer/Laptop, Drucker, Papier, Briefumschlag, Briefmarke; 2. Thematische Karte stark vergrößert, Legende, subjektive Karten; 3. „leere" Karte, Legende, Stifte, Klemmbretter

Ziel der abschließenden Unterrichtsphase ist es, die Schüler*innen zur Partizipation zu befähigen. Anhand der Frage *Was können wir mit unserer Karte bewirken?* können sich die Schüler*innen verschiedene Möglichkeiten je nach eigenem Interesse überlegen. Drei Anregungen: 1. Die thematische Karte an die zuständige kommunale Verwaltung/Kommunalpolitik schicken, um auf die Bedürfnisse der Schüler*innen hinzuweisen. Zur Veranschaulichung können auch subjektive Karten beigefügt werden, die beispielsweise Barrieren für die Schüler*innen verdeutlichen oder Gefühle darstellen. Dabei kann das Schreiben eines Briefes geübt werden. (Fächerübergreifendes Arbeiten im Sach- und Deutschunterricht

doi.org/10.35468/6025-07

ist möglich). 2. Subjektive Karten und thematische Karte in der Schule aufhängen beispielsweise als Ausstellung, bei Projekttagen, während eines Schulfestes und mit anderen Schüler*innen, Lehrkräften, Erziehungsberechtigte usw. ins Gespräch kommen. 3. Mit Verkehrsteilnehmenden (z. B. Anwohner*innen, Gewerbetreibenden) vor der Schule sprechen. *Wie selbstständig können sie sich in der Schulumgebung bewegen?* Symbole auf die thematische Karte einzeichnen lassen. (In Kombination mit Zusatzanregung 2 sinnvoll: Überprüfung der theoretischen Annahmen.)

doi.org/10.35468/6025-07

Tab. 1: Übersicht Unterrichtseinheit „*Wie selbstständig kannst du dich in deiner Schulumgebung bewegen?*“

Unterrichtsphase	Minuten	Ablauf	Zielstellung/Kompetenz	Material	Raumkonzept
1.	45 + Hausaufgabe	*Impuls:* Wie selbstständig kannst du dich in deiner Schulumgebung bewegen? *Aufgabe:* Platzdeckchen, Austausch in Kleingruppen und Mindmap im Klassenverband *Hausaufgabe:* Schulumgebung bewusst wahrnehmen mit Fokus auf die verkehrliche Situation.	Wahrnehmen, Erkennen der Schulumgebung und darüber kommunizieren.	A3-Blätter für Platzdeckchen, Tafel/Whiteboard/Smartboard, Kreide/Stifte	I+III
2.	45	*Aufgabe:* Subjektive Karte von der Schulumgebung malen mit Fokus auf die verkehrliche Situation.	Persönlich wahrgenommene Schulumgebung reflektieren und visualisieren.	Papier (A3 oder A4), Stifte	III
3.	90	*Aufgabe*: Vergleich der subjektiven Karten in Kleingruppen. Herausarbeiten, Sammeln, Bewerten und Gruppieren von Aspekten bezogen auf die Situation der Schulumgebung und Erstellen von Plakaten.	Über die Schulumgebung kommunizieren. Differenziertes Bild von der Schulumgebung erhalten. Bewertung von Aspekten.	Subjektive Karten, Blanko-Papier (A4 oder A3), Stifte	III
4.	45	*Aufgabe:* Anhand der Plakate Aspekte sammeln, gruppieren und fachsprachlich unterfüttern.	Entwicklung von Fachsprache.	Plakate, Tafel/Whiteboard/Smartboard, Kreide/Stifte	III
5.	45	*Impuls:* Wie können die herausgearbeiteten Aspekte mit einem simplen Bild (Symbol) veranschaulicht werden? *Aufgabe:* Erstellung einer Legende.	Kennenlernen und Reflektieren über die Funktion von Symboliken.	Cluster mit Aspekten, Tafel/Whiteboard/Smartboard, Kreide/Stifte	III

doi.org/10.35468/6025-07

Unterrichts-phase	Minuten	Ablauf	Zielstellung/Kompetenz	Material	Raum-konzept
6.	60	Einführung einer Karte der Schulumgebung. *Impuls:* Wo ist die Schule auf der Karte? Welche Orte erkennt ihr noch? *Aufgabe:* Über für die Kinder einschlägige Punkte auf der Karte sprechen und diese markieren.	Erkennen von markanten Punkten auf der Karte, darüber kommunizieren und mit Hilfe einer Karte orientieren.	Karten der Schulumgebung der Schüler*innen in DIN A3, Stifte	I+II
7.	90	*Exkursion:* Erkundung der Schulumgebung, Kartierung unter der Verwendung der entwickelten Symbole.	Erkennen der verkehrlichen Situation, urteilen über diese und Erkenntnisse aus dem vorangegangenen Unterricht umsetzen.	Legende, Karten der Schüler*innen in A3, Stifte, z. B. Pappe, um Karte zu stabilisieren	III
8.	45	*Impuls:* Wie selbstständig kannst du dich in deiner Schulumgebung bewegen? *Aufgabe:* Verkehrsraumanalyse aus Sicht der Kinder im Klassenverband zusammenführen und Erstellen einer gemeinsamen thematischen Karte.	Über die verkehrliche Situation diskutieren und gemeinsame Karte erstellen.	Karten der Schüler*innen, Legende, große Karte und Stifte/Smartboard und Smartboardstifte/Laptop und Beamer	III
Zusatz 1	30	*Aufgabe:* Vergleichen der thematischen Karte mit Schulwegplan.	Reflexion von Karten.	Thematische Karte, Schulwegplan	III+IV
Zusatz 2	45	*Impuls:* Wie selbstständig können sich andere Verkehrsteilnehmende in der Schulumgebung bewegen? *Aufgabe:* Diskussion der verkehrlichen Situation aus unterschiedlichen Blickwinkeln.	Reflexion der eigenen Sichtweise und Hineinversetzen in andere Perspektiven.	Thematische Karte	III+IV

doi.org/10.35468/6025-07

Unterrichts-phase	Minuten	Ablauf	Zielstellung/Kompetenz	Material	Raum-konzept
9.	Variiert nach Aufgabe und Umfang der Aufgabe	*Impuls:* Was können wir mit unserer Karte machen? *Aufgabe*: z. B. 1. entwickelte thematische Karte an nächste politische Instanz schicken, 2. in der Schule aufhängen, 3. von anderen Verkehrsteilnehmenden Symbole auf Karte einzeichnen lassen	Anregung zur Partizipation und Kommunikation.	Je nach Aufgabe: 1. Thematische Karte, Legende, ausgewählte subjektive Karten, Computer/Laptop, Drucker, Papier, Briefumschlag, Briefmarke; 2. Thematische Karte stark vergrößert, Legende, subjektive Karten; 3. „leere“ Karte, Legende, Stifte, Klemmbretter	III+IV

doi.org/10.35468/6025-07

Differenzierung im inklusiven Klassenraum

Inklusion als menschenrechtsbasierter Ansatz rückt die Unterschiedlichkeit der Schüler*innen ins Blickfeld und macht diese zum Ausgangspunkt der Unterrichtsplanung. Eine idealtypisch formulierte Unterrichtskonzeption kann nicht auf die Expertise der Lehrkraft verzichten, die die konkreten Lernvoraussetzungen der Schüler*innen sowie deren Entwicklungspotenziale kennt.

Diese Konzeption legt als Leitidee für binnendifferenziertes Arbeiten das Konzept „Think-Pair-Share" (Koch 2015, 28), auch bekannt unter „Ich-Du-Wir" (Ulm 2010, 9), zugrunde. Diese Unterrichtsstruktur wird sowohl als Unterrichtsmethode angewendet (Bsp. Platzdeckchen) als auch als Organisationsstruktur der Unterrichtseinheit. Das Konzept strukturiert das Verhältnis von inhaltlicher Auseinandersetzung sowie von kooperativen Lernsituationen im Sinne Wockens (1998). Die erste Phase Think (ich) ist offen für individuelle Gedanken, Erfahrungen usw. Auf diese Weise wird ermöglicht, dass jede*r Schüler*in sich mit der Thematik auseinandersetzt und unterschiedliche Zugänge, Denkmuster sichtbar werden und den Unterricht bereichern können. Die zweite Phase Pair (du) ermöglicht die Auseinandersetzung mit den individuellen Gedanken in Partner- oder Kleingruppenarbeit. Diese Phase lebt von der Verschiedenheit der Kinder, da über die unterschiedlichen Erfahrungen und Perspektiven eine Vertiefung sowie Reflexion der eigenen Sichtweisen überhaupt erst möglich wird. In der letzten Phase Share (wir) werden die Ergebnisse im Klassenverband zusammengetragen, was eine größere Diskussion/Reflexion erlaubt und/oder eine Sicherung der Ergebnisse.

Raumkonzepte

Bei dem dargelegten Vorgehen kommen die Raumkonzepte I-III (IV zum Teil) zum Tragen. Mittels der subjektiven Karte wird zu Beginn der Einheit die individuelle Wahrnehmung des Schulwegs und der Schulumgebung festgehalten (Raumkonzept III, Wahrnehmungsraum). Die subjektiven Karten dienen als Grundlage für die Diskussion positiver und negativer Aspekte des Verkehrsraumes. Durch die Entwicklung einer eigenen Kartenlegende und der anschließenden Kartierung nehmen die Schüler*innen die Schulumgebung als einen Raum wahr, in dem bestimmte Sachverhalte zu finden sind wie z. B. Radwege, Barrieren, Ampeln, Freiflächen etc. und wie diese für sie selbst zu bewerten sind (Raumkonzept I, Containerraum bzw. Raumkonzept II, Raum als System von Lagebeziehungen). Anhand der vorhandenen Infrastruktur wird die Einbindung der Schulumgebung in den größeren städtischen Kontext bewusst gemacht, die unterschiedlichen Wege und Mobilitätsformen der Schüler*innen veranschaulicht sowie andere Mobilitätsformen kennengelernt (Raumkonzept II, Raum als System von Lagebeziehungen). Reflexion im Bereich des Raumkonzepts IV kann unter Umständen erreicht werden, wenn auf Basis der finalen Karte und im Gespräch mit Stakeholder*innen über den nun mittels der Karte erzeugten Eindruck von der Schulumgebung diskutiert würde.

doi.org/10.35468/6025-07

Weitere zentrale fachdidaktische Ansätze
Raumanalyse, Orientierungskompetenz, Partizipation

Transfer

Subjektive Kartographie als fachdidaktischer Ansatz lässt sich, wie eingangs erwähnt, auf andere Räume und Themen übertragen. Je nach Fragestellung kann der Maßstab entsprechend variieren (z. B. „Mein Kiez", „Meine Stadt", „Meine Welt"). Es muss damit gerechnet werden, dass in der hier beschriebenen Altersklasse die Kartierungskompetenz noch nicht besonders ausgeprägt ist. Dies sollte jedoch nicht als Beschränkung aufgefasst werden, da bei der subjektiven Kartographie bewusst auf maßstabgerechtes und perspektivisch korrektes Abbilden verzichtet wird. Für die Verkehrsraumanalyse der Schulumgebung bieten sich als Alternative bzw. zusätzliche methodische Zugänge z. B. reflexive Fotografie (Eberth 2018), quantitative Befragungen (Fragebögen) und Interviews an.

Kommentierte Leseempfehlung

Gryl, I. (2016): Reflexive Kartenarbeit – eine Einleitung und Gebrauchsanregung zu diesem Band. In: I. Gryl (Hrsg.): Reflexive Kartenarbeit. Braunschweig: Westermann, 5-24. → Dieser Band möchte Methoden einer reflexiven Kartenarbeit vorstellen, ihren ersten Einsatz mithilfe passender Arbeitsmaterialien erleichtern und ihre Anwendung auf weitere unterrichtliche Themenfelder jenseits der hier vorgestellten Beispiele anregen. Reflexive Kartenarbeit ist - in Kürze - eine Kartenarbeit des kritischen Hinterfragens. Diesem Vorhaben spielt in die Hände, dass Karten ein sehr grundlegendes Arbeitsmittel im Geographie- und Sachunterricht sind, dessen Einsatz durch eine reflexive Herangehensweise deutlich bereichert werden kann.

Schwedes, O., Pech, D., Becker, J., Daubitz, S., Röll, V., Stage, D. & Stiller, J. (2021): Von der Verkehrserziehung zur Mobilitätsbildung. IVP-Discussion Paper (2. Aufl.). Berlin. Online unter: https://www.ivp.tu-berlin.de/fileadmin/fg93/Dokumente/Discussion_Paper/DP4_Schwedes_et_al_Mobilit%C3%A4tsbildung.pdf (Abrufdatum: 23.12.2022). → Das Discussion Paper befasst sich mit dem inhaltlichen und terminologischen Wandel von der Verkehrserziehung zur Mobilitätsbildung. Seit ihrem Ursprung in den 1930er Jahren fokussierte Verkehrserziehung vor allem die Gewährleistung und die Förderung der Sicherheit von Kindern und Jugendlichen im Straßenverkehr, auch wenn sie in der Zwischenzeit um soziale und ökologische Themenbereiche ergänzt wurde. Im Hinblick auf die notwendige Verkehrswende stellt das Paper die Frage, inwieweit heutzutage eine umfassende, an BNE orientierte Mobilitätsbildung notwendig ist. Das Paper liefert diesbezüglich erste Anstöße für ein Konzept, das die eigene Urteilsbildung sowie die Entwicklung von kritisch-reflexiven Denken im Kontext von Mobilität zentral stellt.

Spitta, P. (2020): Praxisbuch Mobilitätsbildung. Unterrichtsideen zu Mobilität, Verkehr und Bildung für nachhaltige Entwicklung für die Klassen 1-6. Baltmannsweiler: Schneider Verlag Hohengehren. → Philipp Spitta, selbst Grundschullehrer, Fachseminarleiter für das Fach Sachunterricht und Anbieter von Veranstaltungen zu Mobilitätsbildung, liefert in seinem zweiten Praxisbuch zahlreiche erprobte Unterrichtsvorschläge und Projektideen für die Umsetzung einer an BNE orientieren Mobilitätsbildung. Zu Spittas zwei Säulen der Mobilitätsbildung gehört neben den Unterrichtsinhalten auch das Schulleben, d. h. alle beteiligten Kinder und Erwachsene aus der Schule und Kommune. Das Buch zeigt Möglichkeiten für eine langfristige Verankerung des Themas in der Schule auf, z. B. durch Aktionswochen, Kinderbefragungen zur Gestaltung des Schulumfeldes oder das Erstellen von Schulwegplänen.

doi.org/10.35468/6025-07

Referenzen

Daum, E. (2011a): So sehe ich die Welt. Subjektives Kartographieren als sozialräumliche Praxis. In: Geographie heute 32 (291/292), 59-62.

Daum, E. (2011b): Subjektives Kartographieren. In: sozialraum.de (3). Ausgabe 1. Online unter: https://www.sozialraum.de/subjektives-kartographieren.php (Abrufdatum: 09.11.2021).

Eberth, A. (2018): Reflexive Geographien. Zum Potenzial reflexiver Fotografie in exkursionsdidaktischen Kontexten. In: M. Dickel, L. Keßler, F. Pettig & F. Reinhardt (Hrsg.): Grenzen markieren und überschreiten – Positionsbestimmungen in weiten Feld der Geographiedidaktik. Tagungsbeiträge zum HGD-Symposium 2017 in Jena. Münster: HDG, 188-198.

GDSU (Gesellschaft für die Didaktik des Sachunterrichts) (Hrsg.) (2013): Perspektivrahmen Sachunterricht. Bad Heilbrunn: Julius Klinkhardt Verlag.

Gryl, I. (2016): Reflexive Kartenarbeit – eine Einleitung und Gebrauchsanregung zu diesem Band. In: I. Gryl (Hrsg.): Reflexive Kartenarbeit. Braunschweig: Westermann, 5-24.

Koch, B. (2015): Inklusiver Unterricht als Entwicklungsaufgabe für die Berufsbildung. Didaktische Prinzipien und Chancen des kooperativen Lernens. In: Berufsbildung in Wissenschaft und Praxis 44 (2), 26-29.

LISUM (Landesinstitut für Schule und Medien Berlin-Brandenburg) (2007): Geografieunterricht in der Grundschule. Fachspezifische Methoden. Online unter: https://bildungsserver.berlin-brandenburg.de/fileadmin/bbb/unterricht/rahmenlehrplaene/grundschule/fachbezogenes/geografie/Fachspezifische_Methoden_Geografie.pdf (Abrufdatum: 30.06.2021).

Krause, J. & Fuchs, S. (2021): Belange von Kindern in der der Verkehrsplanung. In: D. Bär, & R. Roth (Hrsg): Handbuch Kinderfreundliche Kommunen. Kinderrechte kommunal verwirklichen. Frankfurt/M.: Debus Pädagogik Verlag, 496-504.

Lefebvre, H. (2016) [1968]: Das Recht auf Stadt. Hamburg: Edition Nautilius.

MacEachren, A.M. (1995): How maps work. Representation, visualization, and design. New York: Guilford Publications.

Peterson, M.P. (2014): Mapping In The Cloud. New York: Guilford Press.

Schwedes, O., Pech, D., Becker, J., Daubitz, S., Röll, V., Stage, D. & Stiller, J. (2021): Von der Verkehrserziehung zur Mobilitätsbildung. IVP-Discussion Paper (2. Aufl.). Berlin. Online unter: https://www.ivp.tu-berlin.de/fileadmin/fg93/Dokumente/Discussion_Paper/DP4_Schwedes_et_al_Mobilit%C3%A4tsbildung.pdf (Abrufdatum: 23.12.2022).

Spektrum (2001): Kartierung. Lexikon der Geographie. Heidelberg: Spektrum Akademischer Verlag.

Spitta, P. (2020): Praxisbuch Mobilitätsbildung. Unterrichtsideen zu Mobilität, Verkehr und Bildung für nachhaltige Entwicklung für die Klassen 1-6. Baltmannsweiler: Schneider Verlag Hohengehren.

Ulm, V. (2010): Mit „guten" Aufgaben arbeiten. In: V. Ulm (Hrsg.): Gute Aufgaben Mathematik. Heterogenität nutzen. Berlin: Cornelsen Scriptor, 8-11.

Vereinte Nationen (1989): Übereinkommen über die Rechte des Kindes. Online unter: https://www.kinderrechte.de/kinderrechte/un-kinderrechtskonvention-im-wortlaut/#c3262 (Abrufdatum 15.02.2022).

Wocken, H. (1998): Gemeinsame Lernsituationen. Eine Skizze zur Theorie des gemeinsamen Unterrichts. In: A. Hildeschmidt & A. Sander (Hrsg.): Integrationspädagogik. Auf den Weg zu einer Schule für alle. Weinheim, München: Juventa, S. 37-52.

doi.org/10.35468/6025-07

Autor*innen

Diana Stage
Technische Universität Berlin
Institut für Land- und Seeverkehr (ILS)
Salzufer 17-19, 10587 Berlin
Website: https://mobild.hypotheses.org/
Forschungsschwerpunkte: Integrierte Verkehrsplanung und Mobilitätsbildung

Jurik Stiller
Humboldt-Universität zu Berlin
Institut für Erziehungswissenschaften
Schönhauser Allee 10, 10119 Berlin
Website: https://mobild.hypotheses.org/
Forschungsschwerpunkte: Sachunterricht & seine Didaktik, Mobilitätsbildung, Kompetenzmodellierung und Kompetenzerfassung

Verena Röll, Dr.
Technische Universität Berlin
Institut für Land- und Seeverkehr (ILS)
Salzufer 17-19, 10587 Berlin
Website: https://mobild.hypotheses.org/
Forschungsschwerpunkte: Integrierte Verkehrsplanung und Mobilitätsbildung

Julia Becker
Humboldt-Universität zu Berlin
Institut für Erziehungswissenschaften
Schönhauser Allee 10, 10119 Berlin
ju.becker@hu-berlin.de
Website: https://mobild.hypotheses.org/
Forschungsschwerpunkte: Sachunterricht & seine Didaktik, Mobilitätsbildung, Inklusive Bildung und Demokratiebildung

doi.org/10.35468/6025-07

Eva-Kristina Franz und Barbara Lenzgeiger

Spielraum für Kommunikation und Partizipation – Befragungen im Sachunterricht. Kommunikativer Sachunterricht am Beispiel eines inklusiven Spielplatzes im Nahraum der Schule

Teaser

Spielplätze gehören zum alltäglichen Leben von Kindern. Sie nutzen diese aktiv oder kommen auf dem Schulweg daran vorbei. Was aber, wenn in der Umgebung der eigenen Schule nun ein solcher Platz neu entstehen oder ein vorhandener Spielplatz umgestaltet werden soll? Mittels einer Online-Befragung wird der Spielplatz und seine Umgebung im Nahraum der Schule zum Ausgangspunkt und Gegenstand kommunikativen Sachunterrichts. Das Unterrichtsbeispiel zielt darauf ab, Schüler*innen für ihre Lebensräume und die Bedürfnisse anderer Menschen zu sensibilisieren, lässt sich an vielen Orten realisieren und auch auf andere Räume problemlos übertragen.

Raum des exkursionsdidaktischen Settings

Spielplatz (in der Nähe des Schulgeländes)

(Geographie-)didaktisches Prinzip: Kommunikativer Sachunterricht

Die inklusive Gestaltung von Spielplätzen ist in den letzten Jahren immer mehr in den Fokus gerückt. Nicht nur die Frage der Barrierefreiheit für Menschen mit Beeinträchtigungen sondern auch das gemeinsame Nutzen vorhandener (Spiel) Plätze für Menschen verschiedener Altersgruppen mit ihren spezifischen Bedürfnissen wird im Sinne eines weiten Inklusionsverständnisses (Löser & Werning 2015) bei der Planung neuer Spielräume mitgedacht. So werden auch bei Fritz Fuchs, dem beliebten Nachfolger von Peter Lustig in der ZDF-Serie Löwenzahn bei solchen Fragen die Wünsche und Ideen der potentiellen Nutzer*innen mit einbezogen (Eisert 2019), im Rahmen der *Spatial Citizenship* können Spielplätze

doi.org/10.35468/6025-08

neu gedacht und durch die Beteiligung der verschiedenen Akteure so auch neu gedeutet werden (Jekel et al. 2015; Gryl 2016). Diesem Ansatz des *Spatial Citizenship* wohnt ein hohes Demokratisierungspotential inne (Pokraka & Gryl 2018): Kinder können in diesem Kontext Kompetenzen erwerben, digitale (Geo)Medien reflexiv nutzen, sich einen Raum individuell und kollektiv aneignen und damit an gesellschaftlichen, räumlichen Entscheidungen partizipieren.

Eine derartige Kommunikation stellt in allen Perspektiven des Sachunterrichts ein bedeutsames Prinzip dar: Die Kommunikation von Kindern untereinander und mit ihren Lehrkräften bietet dabei die große Chance, unterschiedliche Sichtweisen im Unterricht zu thematisieren (Kaiser 1997). Dieses kommunikative Ringen um eine Gestaltung des gesellschaftlichen Miteinanders trägt damit unmittelbar zur Bildung der Kinder bei, welche nach Pech und Kaiser (2004, 4) „die Erhebung des Subjekts, seine Mündigkeit, die Fähigkeit der Selbstbestimmung und -gestaltung des eigenen Lebens und des Erhebens seiner Stimme“ beinhaltet. Kommunikativen Sachunterricht versteht Kaiser (1997, 181) dabei als einen zukünftigen Sachunterricht, der „wesentlich auch Sozialunterricht zwischen konkreten Menschen in systemischen sozialen Beziehungen [ist], die in ihren Zusammenhängen auch im Unterricht gesehen werden sollten“. Die aktuelle Zeit ist – verstärkt durch die Corona-Pandemie – geprägt durch den Trend zur Individualisierung. Heimunterricht und Abstandsgebote veränderten unser Zusammenleben rasant. Diese Entwicklung verlangt deutlicher als zuvor „ein besonders hohes Maß an Kooperation und Kommunikation der Menschen untereinander“ (Kaiser 2013, 13). Eine moderne Sachunterrichtsdidaktik hat daher weniger den Auftrag, traditionell erworbenes Wissen zu reproduzieren, sondern vor allem Kindern dabei zu helfen, kommunikationsfähig zu werden und sozial kooperieren zu können (Kaiser 2013, 13). Die geographische Perspektive des Sachunterrichts „bietet dafür eine besondere Chance, weil es [...] um lebens- und praxisnahe Themen geht, die [auch] außerhalb der Schule in der Gesellschaft eine große Bedeutung haben“ (DGfG 2002, 22). Bei Themen wie der Planung und der Stadtentwicklung ist die Kommunikationsfähigkeit zentral (DGfG 2002, 22).

Das Erleben, dass in der näheren Umgebung der Schule ein Spielplatz neugestaltet werden soll oder ein bestehender Spielplatz umgestaltet werden könnte, stellt daher eine großartige Chance für den Sachunterricht dar. Spielplätze gehören in der Regel für Kinder im Grundschulalter überall zum alltäglichen Aktions- und Erfahrungsraum. Dem (geographie-)didaktischen Ansatz des Nahraumbezugs folgend, gilt es im Sachunterricht möglichst immanent auf den alltäglichen Erfahrungsraum der Schüler*innen zurückzugreifen (Kestler 2020). Im Sinne eines kommunikativen Sachunterrichts kommen die Kinder untereinander ins Gespräch, wie sie sich einen neuen Spielplatz vorstellen. Diese Vorstellungen artikulieren sie gegenüber der Lehrkraft und im Rahmen der geplanten Befragung, treten sie mit den unterschiedlichsten Menschen rund um den Spielplatz in einen kommunikativen Austausch.

doi.org/10.35468/6025-08

Exkursionsdidaktische Methode: Befragung

Der Einsatz der geographischen Fachmethode *Befragung* ermöglicht es, vor Ort Informationen zu beschaffen (Rinschede et al. 2020). Im Unterschied zu anderen humangeographischen Arbeitsweisen wie der Zählung, der Beobachtung oder Kartierung wird bei der Befragung der Kontakt zu Personen(-gruppen) gesucht, um deren Wahrnehmung von Räumen zu ergründen. Ziel des Methodeneinsatzes ist es, subjektive Einschätzungen der befragten Personen(-gruppen) möglichst unverfälscht zu erheben und zu dokumentieren (Fraedrich 2005). So soll ein zuverlässiges Bild über Meinungen, Einstellungen und Bewertungen entstehen (Schattenschneider 2018). Die im Rahmen der Befragung erhobenen Daten werden im Anschluss interpretiert, um Zusammenhänge herzustellen und Einstellungen sowie Erwartungen zu ergründen.

Grundsätzlich gilt es – um differenzierte Daten zu erhalten – verschiedene Aspekte zu berücksichtigen: Die Anzahl der befragten Personen sollte möglichst groß sein, um aussagekräftige Ergebnisse zu erzielen. Es muss darauf geachtet werden, dass alle Beteiligten oder Nutzer, also Männer, Frauen und Kinder verschiedener Altersgruppen, befragt werden. Dazu können die Daten an verschiedenen Tagen und zu verschiedenen Tageszeiten erhoben werden, um die Vielfalt der Personengruppe bestmöglich abzudecken. Bei der Formulierung der Fragen sollte zudem darauf geachtet werden, dass bestimmte Antworten nicht unbewusst durch die Art der Fragestellungen impliziert werden (vgl. Fraedrich 2005; Schubert 2016). Es wird zwischen zwei Formen der Befragung unterschieden: der mündlichen Befragung (z. B. Leitfadeninterview) und der schriftlichen Befragung (z. B. Fragebogen).

Bei der mündlichen Befragung in Form von Interviews sollten bereits vorab Fragen formuliert und so ein Interviewleitfaden konzipiert werden. Die Antworten können entweder notiert oder anhand von Tonaufzeichnungen festgehalten werden. Die mündliche Befragung eignet sich dabei eher für kleine Befragungsgruppen oder Gruppen, die über einen längeren Zeitpunkt hinweg befragt werden sollen (Fraedrich 2005). Bei der mündlichen Befragung ist es möglich, mit den Befragten ins Gespräch zu kommen, Stimmungen wahrzunehmen und durch Nachfragen einen differenzierten Eindruck zu bekommen. Allerdings kann sowohl die Befragung selbst als auch die Auswertung viel Zeit in Anspruch nehmen. Bei der schriftlichen Befragung können geschlossene Antwortformate, in Form von Multiple-Choice-Items, oder offene Antwortformate, bei denen die befragte Person die Möglichkeit erhält, eigene Ideen zu formulieren, eingesetzt werden. Meist empfiehlt sich eine Kombination beider Antwortformate, um möglichst differenzierte Informationen zu erhalten und gleichzeitig den zeitlichen Rahmen nicht zu sprengen. Der Fragebogen kann den befragten Personengruppen entweder in Papierformat oder als Online-Dokument zur Verfügung gestellt und damit

doi.org/10.35468/6025-08

einfach verbreitet werden. Dabei bietet sich der Einsatz von online-gestützten Fragebogen an, da sich Daten schneller erheben, auswerten und somit auch schneller interpretieren lassen.

Online-gestützte Umfragen

Es gibt zahlreiche Anbieter, die es ermöglichen, kostenlose Online-Umfragen zu erstellen. Bei der Auswahl des Anbieters sollten verschiedene Kriterien berücksichtigt werden: So sollte das Erstellen der Umfrage unkompliziert und selbsterklärend sein. Die Oberfläche muss übersichtlich gestaltet und strukturiert sowie leicht bedienbar sein, damit die Teilnehmer*innen der Befragung bzw. Befrager*innen sich auf dieser zurechtfinden. Zudem gilt es unbedingt darauf zu achten, dass die Daten in einer Form gesammelt werden, die eine einfache Auswertung ermöglichen oder die Daten bereits automatisch ausgewertet werden.
Im Folgenden wird das Programm *Google Formulare*[1] vorgestellt, welches neben anderen Anbietern wie *SurveyMonkey* oder *Typeform*, viele der bereits genannten Kriterien erfüllt.
Um eine Umfrage bei *Google Formulare* erstellen zu können, ist ein kostenloses Google-Konto erforderlich, welches von der Lehrkraft erstellt werden kann. Die an der Umfrage teilnehmenden Personen benötigen kein Google Konto. Es gibt die Möglichkeit, das Design des Fragebogens aus verschiedenen Vorlagen zu wählen oder die Einstellungen selbst vorzunehmen. Zudem können verschiedene Frage-/Antwortformate ausgewählt werden: Ist es erwünscht, dass mehrere gegebene Antwortmöglichkeiten ausgewählt werden können, muss das Antwortformat *Kästchen* gewählt werden. Soll die Entscheidung auf lediglich eine gegebene Antwort fallen, findet sich dieses Antwortformat unter *Multiple-Choice-Frage*. Zudem ist es möglich unter den Antwortformaten *Kurzantwort* oder *Absatz* offene Antworten zu verfassen. Wurden die Fragen erstellt, kann in einem nächsten Schritt der Link zur Teilnahme an die teilnehmenden Personen verschickt werden oder die Personen, ausgestattet mit einem Tablet, am gewünschten Exkursionsort befragt werden. Zudem wäre es möglich, sich den Fragebogen in Papierform ausgeben zu lassen. Die übersichtliche Auswertung der Ergebnisse der Erhebung in Form von Grafiken können anschließend online eingesehen und heruntergeladen werden.
Online-gestützte Umfragen können eine Möglichkeit sein, die Vorteile beider Befragungsformen – also schriftlicher und mündlicher Befragung – zu nutzen: So kann möglichst ökonomisch gearbeitet werden, da sich die Daten bereits in einer Form befinden, die schnell ausgewertet werden kann bzw. das Programm diese bereits eigenständig auswertet. Zudem ist es möglich, mit den Befragten direkt in Kontakt zu kommen, wenn der Link nicht online versandt wird,

1 https://docs.google.com/forms/

doi.org/10.35468/6025-08

sondern die Schüler*innen diese selbst im Rahmen einer Exkursion und mit Hilfe eines Tablets mit den gewünschten Personen durchführen. Durch den direkten Kontakt mit den befragten Personen wird zudem mündliche Kommunikation ermöglicht und es kann eine hohe Rücklaufquote sichergestellt werden. Somit wird den Schüler*innen ermöglicht, ihre Kompetenzen im Sinne eines kommunikativen Sachunterrichts zu erweitern (Kaiser 2013): Sie können lernen mit ihren Mitschüler*innen zu kommunizieren und zu kooperieren und kommen auch mit ihnen bisher unbekannten Menschen ins Gespräch.

Exkursionsdidaktisches Setting

Spielplätze sind beliebte Orte, um mit Kindern unbeschwerte Zeit in Bewegung zu verbringen (Mutz et al. 2020). Diese werden von Familien mit Kindern in der Freizeit und auch im schulischen Alltag zur Förderung von Bewegungsaktivitäten genutzt.

Darüber hinaus stellen Spielplätze aber auch Treffpunkte im Quartier dar, weshalb gute Spielplätze tendenziell ein inklusiver Charakter auszeichnet: bei modernen Spielplätzen sind Spielgeräte so konzipiert, dass sie möglichst auch für geistig- und bzw. oder mobilitätseingeschränkte Kinder und Jugendliche nutzbar sind, und sie bieten auch gezielt Bewegungsangebote für Jugendliche und Erwachsene an. Nicht selten werden in Kombination mit *Urban-Gardening*-Projekten zudem gemütliche Sitzgelegenheiten zur Verfügung gestellt, die auch ältere Menschen im Umkreis des Spielplatzes zum Verweilen einladen. Mancherorts werden sogenannte *Chillout-Zonen* realisiert, die Jugendlichen ermöglichen sich vom öffentlichen Blick dezent abgeschirmt zu treffen. Beispielhaft können hier die „Alla Hopp!" Bewegungs- und Begegnungsräume angeführt werden, welche im Rhein-Neckar-Raum rund um Mannheim und Heidelberg mit aktuell 19 Anlagen Begegnung ermöglichen und durch Bewegung Gesundheit fördern wollen (Dietmar Hopp Stiftung o. J).

Abbildung 1 zeigt exemplarisch einen Auszug eines Flyers einer solchen Anlage. Die hier dargestellte Anlage liegt im Nahraum einer Grund- und einer Gemeinschaftsschule. In direkter Nachbarschaft sind aber auch eine Kindertagesstätte und ein großes Seniorenheim. Darüber hinaus sind zudem eine ganze Reihe an Eigenheimen in direkter Nachbarschaft, deren Bewohner*innen möglicherweise der Installation einer solchen Anlage eher kritisch gegenüberstehen – eine Konstellation, die sich vielerorts so bietet und die verdeutlicht, dass bei der Gestaltung eines neuen Spielplatzes auf teilweise divergierende Bedürfnisse Rücksicht genommen werden sollte. Exemplarisch wird bei der Frage nach der Neu- bzw. potentiellen Umgestaltung eines solchen Ortes deutlich, dass die Wahrnehmung dieses Ortes und die Kommunikation über ihn im Sinne des vierten Raumkonzepts

doi.org/10.35468/6025-08

Wardengas (2002) sich teilweise massiv unterscheiden kann: Derselbe Ort kann von kleineren Kindern als höchst attraktiv, bei älteren Kindern aber bereits eher als unterfordernd und damit langweilig angesehen werden. Eltern jüngerer Kinder genießen eine gute Einsicht des gesamten Raumes, während Jugendliche einen fehlenden Sichtschutz negativ interpretieren. Anwohner*innen mit Kindern erfreuen sich an der lokalen Nähe zu einem Spielplatz, andere Anwohner*innen erleben ihn aber vielleicht als Lärmquelle und wünschen sich eine stärkere Reglementierung der Nutzungszeiten, vor allem in den Morgen- und Abendstunden.

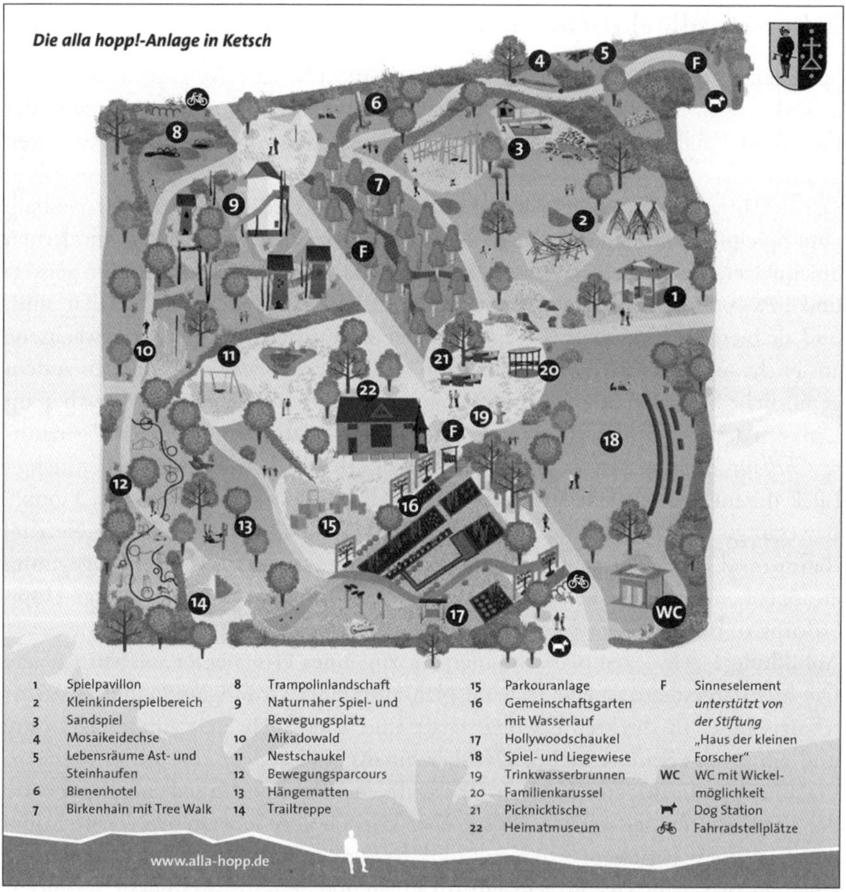

Abb. 1: Ausschnitt aus dem Flyer der alla-hopp!-Anlage in Ketsch (Quelle: Dietmar Hopp Stiftung, Verwendungsgenehmigung liegt vor)

doi.org/10.35468/6025-08

Diese Diskrepanz zu moderieren und einen möglichst für alle zufriedenstellenden Entwurf zu generieren, erscheint als eine geeignete Rahmung dafür, die Kinder kognitiv zu aktivieren. Die verschiedenen Nutzer*innengruppen mit ihren jeweils zu erwartenden Wünschen hinsichtlich des Spielplatzes sind in ihrer Zahl übersichtlich und bieten dazu einen eindeutigen ersten strukturellen Rahmen. Neben der Frage, welche Anforderungen die jeweiligen Perspektiven für die Neu- bzw. Umgestaltung des Spielplatzes implizieren, gilt es zudem herauszuarbeiten, wo in der Nähe der Schule und der Wohngebäude weitere Spielplätze oder Parkanlagen zu finden sind, welche ggf. die Bedürfnisse einer oder mehrerer Gruppen bereits im Besonderen abdecken. Fragen des Lärmschutzes stellen sich ebenfalls in Abhängigkeit der Distanzen und geographischen Begebenheiten vor Ort.

Problemorientierte Frage

Neben einem Zuwachs an Wissen über die sie umgebende Umwelt sollen Kinder im Sachunterricht erfahren, dass unsere demokratischen Strukturen im Kontext (politischer) Entscheidungen immer die „bewusste Wahl zwischen Alternativen oder Varianten“ (Götzmann & Weißeno 2015, 17) beinhalten. Es gilt dabei zwischen Tatsachenfeststellungen und Bewertungen unterscheiden zu können. Auch bei der (Um)Gestaltung eines Spielplatzes gibt es eine ganze Reihe an Gestaltungsmöglichkeiten, welche in Abhängigkeit der Interessen und Bedürfnisse der potentiellen Nutzer*innen stehen (siehe dazu auch die Ausführungen zum Spielplatz als exkursionsdidaktischem Setting). Im Sinne eines kommunikativen Sachunterrichts gilt es, die Kinder miteinander, aber auch mit Anwohner*innen und Nutzer*innen des zu gestaltenden Spielplatzes, ins Gespräch zu bringen, die verschiedenen Sichtweisen auf den zu entwickelnden Raum in den gemeinsamen Unterricht in Erfahrung zu bringen und diese im Unterricht mit dem Ziel auszuwerten, eine möglichst für alle gute Lösung zu erarbeiten.
Für die Schüler*innen könnte zunächst die Fragestellung *„Wie soll unser (neuer) Spielplatz aussehen?“* im Zentrum stehen. Nachdem die Kinder im Lernkontext angekommen sind und ihre eigenen Vorstellungen aktiv reflektiert und ggf. in ein erstes Lernprodukt (Leisen 2021) überführt haben (siehe dazu auch die Ausführungen zum Ablauf der Unterrichtseinheit), kann diese Frage dann erweitert werden. Die Fragen *„Wie soll der Spielplatz für andere Nutzer*innen aussehen?“*, *„Wie können die Bedürfnisse verschiedener Nutzer*innen integriert werden?“* und *„Was sollte an unserem Spielplatz vermieden werden?“* können ergänzt und final mit der Frage abgeschlossen werden *„Welche dieser Wünsche werden eigentlich in direkter Nähe zu unserem neuen Spielplatz schon realisiert?“*.

Angabe zur Klassenstufe

Das Unterrichtsbeispiel geht von einer jahrgangsgemischten Klasse 3 und 4 aus, ist aber auch für jeweils eine der beiden Klassenstufen einzeln realisierbar.

doi.org/10.35468/6025-08

Kompetenzorientierung

Das vorgestellte Unterrichtsbeispiel kann vor allem in den Themenbereichen *Menschen nutzen, gestalten, belasten, gefährden und schützen Räume (2)* und *Entwicklungen und Veränderungen in Räumen (4)* der geographischen Perspektive des Sachunterrichts (GDSU 2013) verortet werden. Zudem werden folgende Denk-, Arbeits- und Handlungsweisen in den Blick genommen:

DAH GEO 1: *Räume und Lebenssituationen in Räumen wahrnehmen; Vorstellungen und Konzepte dazu bewusst machen und reflektieren*

Da Menschen ihre Umwelt oftmals wenig bewusst wahrnehmen (GDSU 2013), zielt das Unterrichtsbeispiel darauf ab, die Schüler*innen für ihre Lebensräume zu sensibilisieren. Die Schüler*innen lernen – exemplarisch am Lebensraum Spielplatz – genau hinzusehen und so persönlich bedeutsame Räume wahrzunehmen, Fragen zu stellen und Räume zu beschreiben. Sie sollen sich über die Bedeutung dieses Raumes für sie selbst und andere Menschen bewusst werden.

DAH GEO 2: *Räume erkunden, untersuchen und Ergebnisse dokumentieren*

Die Schüler*innen informieren sich über ihren Spielplatz, indem sie diesen aktiv-entdeckend erkunden. Durch die Befragung anderer Personen, die den Spielplatz als Lebensraum nutzen, erfassen sie deren Bedürfnisse. Die Schüler*innen haben so die Möglichkeit, die Befragung als eine geographiedidaktische Methode kennenzulernen, durch die sie Informationen gewinnen zu können (GDSU 2013). Sie können lernen, dass durch die Befragung von Personen gewonnene Daten als eine von zahlreichen verschiedenen Quellen mit geographischem Informationsgehalt dienen und erweitern so ihr Repertoire an Strategien zur Informationsgewinnung (DGfG 2002). Aufgrund der immer größer werdenden Bedeutung der Digitalisierung sollte eine daraus abgeleitete Konsequenz für die Unterrichtsgestaltung im Rahmen der geographischen Perspektive der Einsatz von digitalen Informationsquellen bzw. Methoden der Informationsgewinnung wie der eines Online-Fragebogens sein (vgl. DGfG 2002; KMK 2017).

DAH GEO 4: *Ordnungsmuster zu räumlichen Situationen und zu Natur-Mensch-Beziehungen aufbauen und weiterentwickeln*

Durch den Austausch mit ihren Mitschüler*innen und den befragten Personen zum Lebensraum Spielplatz entwickeln die Schüler*innen Ideen, welche Merkmale der Lebensraum Spielplatz braucht, um optimal genutzt zu werden (GDSU 2013). Sie lernen die gewonnenen Informationen zu strukturieren, bedeutsame Erkenntnisse hervorzuheben und diese darzustellen. Dabei spielt die Kommunikation eine bedeutende Rolle, da die Schüler*innen als Teil der geographischen

doi.org/10.35468/6025-08

Gesamtkompetenz lernen, sich auszutauschen, so also über geographische Themen ins Gespräch zu kommen, und die gewonnen Daten strukturiert zu präsentieren (DGfG 2002).

Vorbereitung und Material

Zur Vorbereitung der Unterrichtseinheit muss zunächst ein Spielplatz im Nahraum der Schule ausgewählt und mit den Verantwortlichen auf kommunaler Ebene abgestimmt werden, ob und wenn ja in welcher Form die Schüler*innen Vorschläge zur Gestaltung dieser Anlage einbringen können. Unabhängig ob die Möglichkeit besteht, in zeitlicher Nähe die Vorschläge der Kinder zu realisieren, setzt die Unterrichtsreihe voraus, dass von Seiten der Kommune grundsätzlich die Bereitschaft besteht, mit den Kindern in einen Dialog zu treten.

Für die erste Unterrichtsphase, der Begehung des Geländes, bedarf es – wenn noch nicht geschehen – eine Einführung in das Kartographieren für die Kinder. Gegebenenfalls bereitet die Lehrkraft dann Skizzen des Geländes vor, in welche die Kinder vorhandene Elemente wie beispielsweise große Bäume, Zugang zu Wasser und Bänke schriftlich oder symbolisch festhalten können. *Für den inklusiven Klassenraum können hier auch Piktogramme aufgeklebt oder mit Figuren ein Sandkasten ausgestaltet werden.*

Für die Erstellung erster eigener Entwürfe sollten entweder ausreichend große Bögen zur Verfügung stehen oder Kartons und andere Alltagsmaterialien wie Joghurtbecher, Klorollen, Holzstäbe, Perlen, Schnur sowie Heißklebepistolen, Acrylfarben etc., um dreidimensionale Modelle zu gestalten. *Für den inklusiven Klassenraum ist hierbei auf das Gefahrenpotenzial der Materialien und Werkzeuge zu achten. Farben sollten ggf. ungiftig sein, Kleinteile könnten verschluckt werden.*

Für die Befragung benötigt die Lehrkraft ein Google-Konto, um den Online-Fragebogen zu gestalten. Es werden Tablets und Internetzugang benötigt. Idealerweise können Tabellen und Diagramme in der Schule gedruckt werden. Zur Plakatpräsentation werden Fotokartons oder Flipchartbögen, dicke Filzstifte und eventuell weitere Moderationskarten zur Gestaltung ansprechender Plakate benötigt. *Für den inklusiven Klassenraum könnte der Fragebogen auch mit Piktogrammen gestaltet werden, die Software Boardmaker bietet hier z. B. eine große Bandbreite. Auch auf Medien zur unterstützten Kommunikation könnte bei der Befragung zurückgegriffen werden.*

doi.org/10.35468/6025-08

Ablauf

Tab. 1: Zeitlicher Ablauf der beispielhaften Lernsituation

Arbeitsphase	Schulstunden
Thematische Hinführung • Sammeln von Ideen • (Anfertigen von Skizzen/Modellen eines Traumspielplatzes)	1 (3) Schulstunde(n)
Erweiterung • Diskussion über Bedürfnisse/Wünsche verschiedener Personengruppen • Berücksichtigung gesetzlicher Regelungen/finanzieller Vorgaben	1 Schulstunde
Vorbereitung der Befragung • Sammeln von Fragen/Antwortmöglichkeiten • Auswahl von Fragen/Antwortmöglichkeiten • Einpflegen der Fragen/Antwortmöglichkeiten in Befragungstool • Einüben der Befragung	4 Schulstunden
Durchführung der Befragung • Befragung der Nutzer*innen/Anwohner*innen in Kleingruppen • Dokumentation der Ergebnisse in Befragungstool	5 Schulstunden
Auswertung der Ergebnisse • Interpretation der Diagramme • Auswertung der offenen Fragen	2 Schulstunden
Erstellung von Entwürfen, die die Bedürfnisse verschiedener Personengruppen berücksichtigen	2 Schulstunden

Sich bei der Planung eines neuen Spielplatzes oder bei der Umgestaltung eines bestehenden Spielplatzes aktiv einbringen zu können, wird Kinder vermutlich zunächst auf viele Ideen bringen. In dieser ersten Phase findet eine erste Begehung des Spielplatzes statt, um die räumlichen Begebenheiten wie Größe und Topographie und ggf. vorhandene Elemente wie große Bäume, der Zugang zu Wasser, Bänke in einer ersten Skizze festzuhalten und diese für die eigenen Entwürfe nutzbar machen zu können.

Jedes Kind für sich hat bezüglich eines Spielplatzes Vorlieben und hätte vermutlich gerne bestimmte Elemente auch im eigenen Nahraum realisiert. In der Kommunikation mit der Gruppe werden diese Ideen dann wahrscheinlich kokonstruktiv erweitert und vielleicht bis hin zu Utopien weiterentwickelt, obwohl manche Ideen vermutlich generell nicht umsetzbar sein werden.

doi.org/10.35468/6025-08

Dennoch ist eine solche erste Phase von großer Bedeutung, um den Kindern zunächst Raum zu geben, sich selbst bewusst zu werden, welche Wünsche sie mit einem Spielplatz verbinden. Vielleicht besteht genug Zeit, auch diese Ideen auf Skizzen oder in Modellen festzuhalten. Ein solches ästhetisches Lernen im Kontext des kommunikativen Sachunterrichts kann bereits die Vielfalt an Erlebensweisen (Schomaker 2013) sichtbar werden lassen und in einem inklusiven Sinne allen Kindern gleichermaßen Raum geben, sich zu verdeutlichen (Alavi & Franz 2020). Alternativ könnten den Schüler*innen verschiedene Spielplatzentwürfe zur Verfügung gestellt werden, anhand derer diese ihre Wünsche einfacher versprachlichen können.

Nach einer solchen Phase der Phantasie, bei der quasi alles erlaubt ist, hat die Lehrkraft jedoch die Aufgabe, die Kinder einerseits auf konkurrierende bzw. sich ausschließende Vorstellungen selbst hinzuweisen, als auch sie damit zu konfrontieren, dass ein Spielplatz eine deutlich größere Nutzer*innenschaft hat, als sie in der Klasse vorzufinden ist. Wie sind die Bedürfnisse von kleineren Kindern? Welche die von Eltern? Wie von Großeltern? Welche Wünsche haben Anwohner*innen? Darüber hinaus gibt es gesetzliche Regelungen, die bei der Gestaltung von Spielanlagen zu beachten sind und auch der finanzielle Spielraum ist meist vorab bereits im kommunalen Haushalt festgelegt.

Will sich die Klasse nun an der Planung des neuzugestaltenden Spielplatzes beteiligen, müssen die Rahmenbedingungen geklärt, aber – und das wird zum Herzstück der Unterrichtseinheit – auch herausgearbeitet werden, welche unterschiedlichen Ansichten und Meinungen vorherrschen. Mit Hilfe eines Klassengesprächs führt die Lehrkraft die Schüler*innen zu der Problemstellung hin, dass unterschiedliche Personen(gruppen) unterschiedliche Vorstellungen eines optimalen Spielplatzes haben. Dabei sollte deutlich werden, dass die Besucher*innen eines Spielplatzes befragt werden müssen, um herauszuarbeiten, wie sich diese Ansichten tatsächlich darstellen und in wie weit sie mit den Vorannahmen der Klasse übereinstimmen. Dazu werden dann in einem ersten Schritt gemeinsam mit den Schüler*innen mögliche Fragen und Antworten formuliert (siehe Tabelle 2).

Tab. 2: Mögliche Fragen und Antworten für die Befragung

Art der Fragestellung	Fragen	Beispiele für Antworten
Geschlossene Fragen	Wie alt sind Sie? Wie alt bist du?	a) 1-5 Jahre b) 6-14 Jahre c) 15-20 Jahre d) 21-50 Jahre e) über 50 Jahre

doi.org/10.35468/6025-08

Art der Fragestellung	Fragen	Beispiele für Antworten
	Woher kommen Sie? Woher kommst du?	Hier gilt es verschiedene Stadtteile/Ortsteile zu wählen, sowie Orte, die sich außerhalb der Stadt/des Orts befinden.
	Wie haben Sie den Spielplatz erreicht? Wie hast du den Spielplatz erreicht?	a) zu Fuß b) mit dem Roller/Fahrrad c) mit den öffentlichen Verkehrsmitteln (Bus/U-Bahn/S-Bahn/Tram/Zug) d) mit dem Auto
	Wie häufig besuchen Sie den Spielplatz? Wie häufig besuchst du den Spielplatz?	a) 1x pro Tag b) 1x pro Woche c) 1-2x pro Monat d) seltener
	Welche Bereiche auf dem Spielplatz nutzen Sie? Welche Bereiche auf dem Spielplatz nutzt du?	a) Kleinkindspielbereich b) Nestschaukel c) Bewegungsparcours d) Spiel- und Liegewiese e) ….
	Welche Bereiche würden Sie auf dem Spielplatz gerne nutzen? Welche Bereiche würdest du auf dem Spielplatz gerne nutzen?	a) Kleinkindspielbereich b) Nestschaukel c) Bewegungsparcours d) Spiel- und Liegewiese e) ….
Offene Fragen	Was gefällt Ihnen besonders gut am Spielplatz? Was gefällt dir besonders gut auf dem Spielplatz?	
	Welche Änderungen wünschen Sie sich für den Spielplatz? Welche Änderungen wünschst du dir für den Spielplatz?	
	Was sollte bei der Gestaltung des Spielplatzes auf keinen Fall passieren?	

doi.org/10.35468/6025-08

Dabei bietet es sich an, dass die Schüler*innen die Fragen und mögliche Antworten in Gruppen entwickeln. Im Plenum werden die Fragen und Antworten gesammelt, es wird überprüft, inwieweit sie dem Befragungsziel entsprechen und sie werden schließlich reduziert. Da alle Schüler*innen mit dem gleichen gemeinsam erstellten Fragebogen arbeiten sollen, überträgt die Lehrkraft selbst die Fragen in das Tool *Google Formulare* (siehe die Ausführungen zur exkursionsdidaktischen Methode: Befragung). Um die Befragung vorzubereiten, müssen verschiedene Aspekte besprochen werden: Die Schüler*innen sollten in die Bedienung des Tools Google Formulare eingeführt werden. Die Besonderheiten der Befragungen sollten thematisiert werden. Die Ansprache der Probanden sollte geprobt werden. Zudem muss der zeitliche Rahmen festgelegt werden, in dem die Befragung stattfinden soll und die sensible Behandlung der privaten Daten sollte ebenfalls ein Thema sein (Schubert & Wrengler 2016).
Nach einem ersten Test des Fragebogens innerhalb der Klasse, finden an mehreren Tagen Exkursionen zum Spielplatzgelände statt und Passant*innen sowie Anwohner*innen werden vor Ort befragt. Darüber hinaus könnten die Kinder in Kleingruppen andere Schüler*innen der Grundschule sowie Jugendliche an weiterführenden Schulen und Kindergartenkinder im Umfeld der Schule befragen. Sollte ein Senior*innenheim angrenzen, wäre auch hier eine Erhebung denkbar.
In den darauffolgenden Unterrichtseinheiten geht es dann an die Auswertung der Befragungsergebnisse: Die Daten aus den geschlossenen Fragen werden von *Google Formulare* in Kreisdiagramme überführt und von den Schüler*innen zunächst in Kleingruppen und dann im Plenum interpretiert.
Für die anstehende Plakatpräsentation werden die Diagramme ausgedruckt. Anschließend werden die offenen Antworten in Anlehnung an eine qualitative Inhaltsanalyse (Kuckartz 2018) ausgewertet. Dazu werden alle Antworten pro Frage ausgedruckt und jede Aussage einzeln ausgeschnitten. Gemeinsam sind die Kinder gehalten, Aussagen zu ähnlichen Themen zueinander zu legen und anschließend eine Überschrift zu suchen. Damit wird eine rudimentäre induktive Kategorienbildung bei den Schüler*innen angebahnt, ohne diese als solche zu benennen. Anschließend werden in Gruppen die Aussagen pro Kategorie zusammengefasst. Daraufhin werden die gefundenen Antwortkategorien ebenfalls in ihren Häufigkeiten erfasst und auf Plakaten zur Präsentation aufbereitet. Wenn besonders interessante Aussagen im Material zu finden sind, können diese zusätzlich auf die Plakate notiert werden.
Sind alle Daten ausgewertet, so werden erneut in Expert*innengruppen Entwürfe für den Spielplatz erstellt, die möglichst allen geäußerten Bedürfnissen Rechnung tragen. Idealerweise werden diese bei einem Besuch Verantwortlichen auf kommunaler Ebene an der Schule ebenso vorgestellt wie die Ergebnisse der Umfrage. Vermutlich kommt man im Unterricht selten in die gewinnbringende Situation, tatsächlich einen Spielplatz aktiv neu planen zu dürfen. Alternativ kann ein be-

doi.org/10.35468/6025-08

stehender Spielplatz im Nahraum der Schule betrachtet werden und im Rahmen des beschriebenen Unterrichtsvorhabens können Vorschläge für die kommunale Verwaltung zur Verbesserung erarbeitet werden. Vielleicht ergibt sich in diesem Kontext sogar ein Treffen mit dem Stadt- oder Gemeinderat, im Zuge dessen die Kinder ihre Ergebnisse und die daraus resultierenden Überlegungen präsentieren können. Dieser Schritt ermöglicht nicht nur direktes politisches Lernen, sondern bietet Raum, den eigenen Erkenntnisprozess noch einmal durchzugehen und den individuellen sowie den kollektiven Lernzuwachs zu reflektieren.
Das beschriebene Vorhaben lässt sich auch im Rahmen einer Projektwoche umsetzen.

Differenzierung im inklusiven Klassenraum

Für den inklusiven Klassenraum bedarf es wenig Differenzierungsangebote, da viele Teile der Unterrichtseinheit ohnehin für alle Kinder gleichermaßen realisierbar sind. Alle Kinder kennen Spielplätze und können diese – ggf. mit dem Rollstuhl – erreichen. Während der ersten Exkursion sind die Kinder aufgefordert, vorhandene Elemente wie große Bäume, den Zugang zu Wasser oder Bänke schriftlich oder symbolisch festzuhalten. Hierbei können alle Kinder wählen, ob sie schreiben oder zeichnen. Dennoch gibt es für Kinder mit Schwierigkeiten in der Feinmotorik die Möglichkeit, Piktogramme aufzukleben. Kinder, die einen enaktiven Zugang nutzen sollten, könnten statt einer zweidimensionalen Skizze auf einen Sandkasten zurückgreifen und Miniaturbäume und Spielgeräte einstecken.
Auch die Phase der ersten Entwicklung eigener Ideen und Entwürfe kann über das den Kindern zur Verfügung gestellte Material differenziert und der Strukturierungsgrad der Selbststeuerungskompetenz der Kinder angepasst werden.
Die Umfrage selbst zu differenzieren, ist die größte Herausforderung der Einheit. Natürlich könnten Kinder in gut überlegt zusammengesetzten Kleingruppen auch einfach mit dabei sein, das Tablet halten und eine ausgewählte Frage stellen. Alternativ könnten auch Piktogramme auf Papierbögen eingesetzt werden oder auf Medien aus dem Repertoire der unterstützen Kommunikation als Alternative für ein aktives Vorlesen der Fragen eingesetzt werden.
Für die Auswertung der Bögen sollte insbesondere im inklusiven Klassenzimmer auf eine gute Zusammenstellung der Gruppen geachtet werden und ggf. gezielt Aufgaben an Kinder vergeben werden. Auftragskärtchen sorgen hier für transparente Erwartungen an die Kinder.

Raumkonzepte

Nutzt man den Spielplatz als exkursionsdidaktisches Setting, so offenbart er sich nicht nur als Raum kategorialer Sinneswahrnehmung (z. B. Wie nehmen Kinder, Jugendliche, Erwachsene, Anwohner den Spielplatz wahr? Worin unterscheiden sich ihre Bewertungen und Wahrnehmungen?) sondern auch als Container (z. B.

doi.org/10.35468/6025-08

Welche Spielgeräte werden von wem genutzt?) und als System von Lagebeziehungen (z. B. Wie weit ist der Spielplatz von den Wohnhäusern, wie weit von der Schule entfernt? Wo befinden sich weitere Spielplätze?) (vgl. DGfG 2002; Schubert 2016).

Transfer

Die hier in der vorliegenden Unterrichtsreihe realisierte Kombination aus Nahraumbezug, kommunikativem Sachunterricht und Methoden des Kartierens und Befragens lässt sich auch auf andere öffentliche Gemeinschaftsflächen übertragen, sei es die Gestaltung eines Marktplatzes, eines öffentlichen Parks, eines *Urban-Gardening-Projekts*, eines Pausenhofs, eines Ruheraums in der Schule, eines Freizeit- oder Kulturzentrums.
Durch die Nähe zum Konzept des Spatial Citizenships werden neben geographischen auch politische und ethische Fragen offenbart, welche sich zum Beispiel im Hinblick auf Biodiversität auch auf die biologische Perspektive erweitern lassen. Auch dem Kartieren und der Geomedien könnte durchaus ein noch größerer Stellenwert eingeräumt werden.
Ebenfalls bestehen in diesem Zusammenhang Anknüpfungsmöglichkeiten zur technischen Perspektive (z. B. Hebelgesetz bei der Wippe; Schwelle et al. 2015).

Kommentierte Leseempfehlung

Becher, A., Miller, S., Oldenburg, I., Pech, D. & Schomaker, C. (Hrsg.) (2013): Kommunikativer Sachunterricht. Facetten der Entwicklung; Festschrift für Astrid Kaiser. Unter Mitarbeit von Astrid Kaiser. Baltmannsweiler: Schneider-Hohengehren. → Dieser Sammelband stellt eine konzise Übersicht über das Konzept des kommunikativen Sachunterrichts dar und bietet Vertiefungen in alle Perspektiven des Sachunterrichts. Besonders hervorzuheben ist, dass auch die inklusive Gestaltung ausführlich und pointiert dargelegt wird.

Schubert, J. C. & Wrengler, K. (2016): Kartieren und Befragen als geographische Arbeitsweisen. Erkundung des Wochenmarktes und Analyse räumlicher Strukturen. In: M. Adamina, J. C. Schubert & M. Hemmer (Hrsg.): Die geographische Perspektive konkret. Begleitband 3 zum Perspektivrahmen Sachunterricht (Begleitbände zum Perspektivrahmen Sachunterricht, 3, 201-214). Bad Heilbrunn: Klinkhardt. → Dieser Artikel verbindet die geographiedidaktischen Methoden der Befragung und des Kartierens. Diese Methoden werden einleitend theoretisch verortet. Im Anschluss wird die unterrichtliche Umsetzung am Beispiel des Lernorts *Wochenmarkt* ausführlich und anschaulich beschrieben.

Pokraka, J. & Gryl, I. (2018): Kinder:Karten:Kommunikation - Spatial Citizenship zwischen Partizipation und Paternalismus. In: KN - Journal of Cartography and Geographic Information 68 (3), 140-146. → Dieser Beitrag stellt ausführlich dar, welches Potenzial für Demokratisierung dem *Spatial Citizenship* innewohnt. Dabei werden vorherrschende Machträume kritisch befragt und dem Ansatz innewohnende Fallstricke mit dem Ziel reflektiert, Partizipation zu realisieren.

doi.org/10.35468/6025-08

Referenzen

Alavi, B. & Franz, E.-K. (2020): Ästhetische Zugänge zu einem inklusiven Geschichtsunterricht. In: B. Alavi, S. Barsch, Ch. Kühberger & M. Lücke (Hrsg.): Handbuch „Diversität im Geschichtsunterricht". Schwalbach im Taunus: Wochenschau Verlag, 82-92.

DGfG (Deutsche Gesellschaft für Geographie) (2002): Grundsätze und Empfehlungen für die Lehrplanarbeit im Schulfach Geographie (Curriculum 200+). Bonn: Deutsche Gesellschaft für Geographie.

Dietmar Hopp Stiftung GmbH (o. J.): alla Hopp. Jetzt kommt Bewegung rein. Online unter: http://alla-hopp.de/startseite/(Abrufdatum: 15.02.2022).

Eisert, C. (2019): Architektur. Die neue Schule. Löwenzahn, Staffel 39, Folge 1, 22.09.2019.

Fraedrich, W. (2005): Wie führt man eine Befragung durch? In: geographie heute 231/232, 57-59.

GDSU (Gesellschaft für Didaktik des Sachunterrichts)(2013): Perspektivrahmen Sachunterricht. Vollständig überarbeitete und erweiterte Ausgabe. Bad Heilbrunn: Klinkhardt.

Götzmann, A. & Weißeno, G. (2015): Politisches Lernen im Sachunterricht zu Demokratie und Bürgerentscheid. In: E. Gläser & D. Richter (Hrsg.): Die sozialwissenschaftliche Perspektive konkret. Begleitband 1 zum Perspektivrahmen Sachunterricht (Begleitbände zum Perspektivrahmen Sachunterricht, Bd. 1, 13-25). Bad Heilbrunn: Verlag Julius Klinkhardt.

Gryl, I. (2016): Der Schulhof – Erleben, Teilhaben und Gestalten zwischen pädagogischem Schutzraum und Öffentlichkeit. In: M. Adamina, J. C. Schubert & M. Hemmer (Hrsg.): Die geographische Perspektive konkret. Begleitband 3 zum Perspektivrahmen Sachunterricht (Begleitbände zum Perspektivrahmen Sachunterricht. Bd. 3, 13-25). Bad Heilbrunn: Verlag Julius Klinkhardt.

Jekel, T., Gryl, I. & Oberrauch, A: (2015): Education for Spatial Citizenship. Versuch einer Einordnung. In: GW Unterricht 137 (1), 5-13.

Kaiser, A. (1997): Kommunikativer Sachunterricht. In: D. Spindler (Hrsg.) Schule… und sie bewegt sich doch. Dokumentation der Ostfriesischen Hochschultage der GEW 1996. Oldenburg: BIS, 179-190.

Kaiser, A. (2013): „Indianer" im Sachunterricht. Baltmannsweiler: Schneider-Hohengehren.

Kestler, F. (2020): Einführung in die Didaktik des Geographieunterrichts: Grundlagen der Geographiedidaktik einschließlich ihrer Bezugswissenschaften (3. Aufl.). Bad Heilbrunn: Klinkhardt.

Kuckartz, U. (2018): Qualitative Inhaltsanalyse. Methoden, Praxis, Computerunterstützung (4. Aufl.). Weinheim: Beltz.

KMK (2017): Bildung in der digitalen Welt. Strategie der Kultusministerkonferenz. Online unter: ww.kmk.org/fileadmin/pdf/PresseUndAktuelles/2018/Digitalstrategie_2017_mit_ Weiterbildung.pdf. (Abrufdatum: 24.07.2021).

Leisen, J. (2021): Ein Lehr-Lern-Modell zum Lehren und Lernen. Online unter: http://www.lehr-lern-modell.de/lehr-lern-modell (Abrufdatum: 28.07.2021).

Löser, J. M., & Werning, R. (2015): Inklusion - allgegenwärtig, kontrovers, diffus? In: Erziehungswissenschaft 26 (51), 17-24.

Mutz, M., Albrecht, P. & Müller, J. (2020): Die Nutzung von öffentlichen Spielplätzen und ihr Beitrag zur täglichen Bewegungsaktivität von Kindern im Grundschulalter. In: Diskurs Kindheits- und Jugendforschung 15 (1), 87-102.

Pech, D. & Kaiser, A. (2004): Problem und Welt. Ein Bildungsverständnis und seine Bedeutung für den Sachunterricht. In: D. Pech & A. Kaiser (Hrsg.): Die Welt als Ausgangspunkt des Sachunterrichts (Basiswissen Sachunterricht, Bd. 6, 3-27). Baltmannsweiler: Schneider-Hohengehren.

Pokraka, J. & Gryl, I. (2018): Kinder:Karten:Kommunikation - Spatial Citizenship zwischen Partizipation und Paternalismus. In: KN - Journal of Cartography and Geographic Information 68 (3), 140-146.

Rinschede, G., Siegmund, A., Ditter, R., Kisser, T. H., Peter, C. & Rausch, B. (2020): Geographiedidaktik (4. Aufl.). Paderborn, Stuttgart: Ferdinand Schöningh; UTB.

doi.org/10.35468/6025-08

Schattenschneider, J. (2018): Umfrage: Fragebogen, GrafStat. In: S. Reinhardt & D. Richter (Hrsg.): Politik-Methodik. Handbuch für die Sekundarstufe I und II (4. Aufl.). Berlin: Cornelsen, 174-179.
Schomaker, C. (2013): Vielfältige Erlebensweisen zum Ausdruck bringen. Zur Bedeutsamkeit ästhetischen Lernens im Rahmen kommunikativen Sachunterrichts. In: A. Becher, S. Miller, I. Oldenburg, D. Pech & Schomaker, C. (Hrsg.): Kommunikativer Sachunterricht. Facetten der Entwicklung; Festschrift für Astrid Kaiser. Unter Mitarbeit von Astrid Kaiser. Baltmannsweiler: Schneider-Hohengehren, 193-203.
Schubert, J. C. (2016): Raumkonzepte im Kontext geographischen Lernens im Sachunterricht. In: M. Adamina, J. C. Schubert, & M. Hemmer (Hrsg.): Die geographische Perspektive konkret. Begleitband 3 zum Perspektivrahmen Sachunterricht (Begleitbände zum Perspektivrahmen Sachunterricht, Bd. 3, 143-146). Bad Heilbrunn: Klinkhardt.
Schubert, J. C. & Wrengler, K. (2016): Kartieren und Befragen als geographische Arbeitsweisen. Erkundung des Wochenmarktes und Analyse räumlicher Strukturen. In M. Adamina, J. C. Schubert, & M. Hemmer (Hrsg.): Die geographische Perspektive konkret. Begleitband 3 zum Perspektivrahmen Sachunterricht (Begleitbände zum Perspektivrahmen Sachunterricht, Bd. 3, 201-214). Bad Heilbrunn: Klinkhardt.
Schwelle, V., Lohrmann, K., & Hartinger, A. (2015): Anders und doch gleich: Arbeiten mit unähnlichen Beispielen. Phänomenkreise zum Hebelgesetz. In: Grundschule Sachunterricht 65, 26-33.
Wardenga, U. (2002). Alte und neue Raumkonzepte für den Geographieunterricht. Geographie heute 23 (200) 8-11.

Autorinnen

Eva-Kristina Franz, Prof. Dr.
Universität Trier
Professur für Grundschulforschung und Pädagogik der Primarstufe
Universitätsring 15, 54296 Trier
eva.franz@uni-trier.de
Forschungsschwerpunkt: Grundschullehrer*innenbildung

Barbara Lenzgeiger, Jun.-Prof. Dr.
Katholische Universität Eichstätt-Ingolstadt
Lehrstuhl für Grundschulpädagogik und Grundschuldidaktik
Ostenstraße 26, 85072 Eichstätt
Barbara.Lenzgeiger@ku.de
Forschungsschwerpunkte: Lehrer*innenprofessionalität, Lehren und Lernen in der digitalen Welt und Grundlegende Bildung

doi.org/10.35468/6025-08

Claudia Henrichwark und Michael Morawski

„Ich mach' mir die Welt, wie sie mir gefällt" – Fotografie als aktive Medienarbeit. Ein geographischer Zugang zur Partizipation

Teaser
Medial vermittelte Repräsentationen von geographischen Räumen prägen unseren Alltag und unsere subjektive Konstruktion der Welt. Im dargestellten Unterrichtsbeispiel erkennen die Schüler*innen Räume einerseits als sozial konstruiert und ausgehandelt, andererseits als Optionsraum, der Gelegenheit zur Veränderung bietet. Die Kinder setzen Ideen zur Neugestaltung ihres Schulhofs medial in Szene, um mit ihren eigenen Medienprodukten mögliche Entscheider von ihrem Vorhaben zu überzeugen und so an kommunalpolitischen Prozessen zu partizipieren.

Raum des exkursionsdidaktischen Settings

Schulhof und Spielplätze im Nahraum

Fachdidaktischer Ansatz: Partizipation

Partizipation ist in der Geographie- und Sachunterrichtsdidaktik ein tragender Begriff und ein entscheidender Prozess. Durch Partizipation werden nicht nur inhaltlich-methodische Aspekte aufgegriffen, sondern auch Kernziele und Herausforderungen des Faches – bspw. im Sinne der politischen Bildung, in Bildungsleitlinien zur Nachhaltigkeit oder in der kritischen Geographie und das alles gefiltert in den Herausforderungen einer zunehmend digitalisierten Gesellschaft – gefestigt. Die Bereitschaft zum konkreten Handeln und zur Partizipation in raumpolitischen Entscheidungsprozessen wird unter anderem im Kompetenzbereich Handlung der Bildungsstandards (DGfG 2020) und als Handlungsaufgabe in den Kernlehrplänen eingefordert und legitimiert (Ministerium für Schule und Weiterbildung des Landes Nordrhein-Westfalen 2014). Beide Dokumente verwenden den Begriff der Partizipation in geographischen Kontexten exklusiv bezogen auf raumpolitische Entscheidungsprozesse, die Bildungsstandards spezifischer auf regionale stadtplanerische Prozesse. Dies legitimiert den in dem Beitrag

doi.org/10.35468/6025-09

vorgestellten Schwerpunkt. Einleitend ist zu erkennen, dass die Verwendung von „Partizipation“ und „Beteiligung“ als Begriffe in der Fachliteratur weitestgehend synonym erfolgt, egal ob sie nun eher politisch-demokratietheoretisch, pädagogisch oder stadtplanerisch ausgerichtet sind. Der Beitrag hier sieht sich in der Schnittstelle. Von (politischer) Partizipation zu sprechen ist nur dann angemessen, wenn echte Mitwirkungs-, Mitsprache- oder Mitentscheidungsmöglichkeiten für die Beteiligten gegeben sind. Eine Grundlage der meisten Stufenmodelle, die zur Orientierung für sinnvolle Partizipationsprojekte im Unterricht herangezogen werden sollten und die unterschiedliche Qualitäten von Beteiligung beschreiben, bildet das Modell u. a. von Roger Hart (1993). Schröder (1995) hat dieses Stufenmodell ins Deutsche transferiert und leichte Veränderungen vorgenommen. Die dort zu findenden Stufen „Manipulation” und „Decoration” haben gemein, dass Kinder lediglich eingebunden werden, um Interessen von Erwachsenen zu vertreten, ohne sich selbst vertiefend mit der gegebenen Problematik vertiefend auseinandergesetzt oder selbst die Initiative zur Aktivität artikuliert zu haben. Der Unterschied zwischen den beiden Stufen besteht darin, dass auf der Stufe der „Manipulation“ Erwachsene bewusst Partizipation von Kindern und Jugendlichen in der Stadtentwicklung vortäuschen. Auf der Stufe der „Decoration“ tun sie dies hingegen nicht (Ohl, 2009). Alibi-Teilhabe sind Verfahren, bei denen Kinder oder Jugendliche scheinbar mitbestimmen können, aber tatsächlich im Hinblick auf das jeweilige Thema keine oder nur sehr geringe Entscheidungsmöglichkeiten haben. Das hier beschriebene Beispiel positioniert sich in den Stufen 6 „Mitwirkung“ und 7 „Mitbestimmung“ des Modells von Schröder. Die Stufe 6 umfasst den Prozess der Mitwirkung. Kinder äußern sich hier in indirekter Einflussnahme durch Fragebögen oder Interviews. Sie artikulieren Vorstellungen oder Kritik. Sie haben jedoch keine Entscheidungskraft bei der konkreten Planung und Umsetzung einer Maßnahme. Stufe 7 beinhaltet konkretere Mitbestimmungsprozesse. Die Projektidee stammt von Erwachsenen, aber alle Entscheidungen werden gemeinsam und demokratisch mit den Kindern getroffen (vgl. Schröder 1995; Ohl 2009). Die Ziele, die mit in dem Beitrag vorgestellten Unterrichtskonzepten zur Partizipation im Nahraum einhergehen, wurden kritisch anhand dieser Stufen positioniert und reflektiert, um zu vermeiden, dass Partizipation ausschließlich bestimmten Eigeninteressen der Lehrkräfte dient (siehe *Ablauf*). Somit sollte bestmöglich vermieden, was als Alibibeteiligung oder Scheinpartizipation (Steenkamp 2017) beschrieben wird. Tatsächlich verhaften kindliche Partizipationsprojekte oftmals eher auf einer unteren Stufe dieser Partizipationsleiter und werden von institutionellen oder individuellen Akteur*innen überwiegend zur Selbstvermarktung genutzt (Ohl 2009). Für Pokraka und Gryl (2018) erscheint es daher u. a. sinnvoll, Kindheit als soziales Konstrukt zu verstehen und somit (auch eurozentristische) Projektionen von Vorstellungen über Kindheit, kindliche Partizipationsmöglichkeiten und kindliche Fürsorgebedürfnisse zu dekonstruieren – gerade eben wenn es um die Aneignung,

doi.org/10.35468/6025-09

Wahrnehmung und auch Aushandlung von Raum geht. Entwicklungs- und sozialisationstheoretische Ziele von Partizipation liefern dahingehend Begründungen für die Kinder- und Jugendbeteiligung in der Stadtentwicklung. Sie verdeutlichen, welche Bedeutung „Raum" in der Stadt für das Aufwachsen von Kindern und Jugendlichen hat und welche Probleme damit einhergehen. Es würde über die Intention dieses Beitrags hinausgehen, im Einzelnen auf alle subjektiven Einflussgrößen im Hinblick auf die Raumaneignung einzugehen.

(Noch) aktuellere Diskurse zur Partizipation zeigt u. a. der „Spatial Citizenship"-Ansatz (vgl. Gryl & Jekel 2012; Pokraka & Gryl 2018). Der Ansatz ist in der kritischen Kartographie verwurzelt, mit einem Fokus auf räumlich-gesellschaftliche Partizipation durch die reflexive Nutzung von Geomedien, wie z. B. (digitalen) Karten oder hier eben Bilder (Gryl & Jekel 2012), um unter anderem sozial konstruierte Machträume (Lefebvre 1993) zu hinterfragen.

Durch die wachsende Bedeutung des Visuellen in der Mediengesellschaft ist das Verhältnis zwischen Mensch, Bild und Wirklichkeit auch in Partizipationsprozessen einem Wandel unterlegen, den auch die Geographie und der Sachunterricht als teils „visuelle Disziplin" grundlegend berührt. Eine „(geographische) Bildkompetenz", die jenseits einer formalen inhaltsorientierten Bildanalyse auch die bild- und erkenntnistheoretische Dimension reflektiert, begegnet diesen Herausforderungen und soll hier als Grundgerüst für eine Übertragung in den Sachunterricht angedacht werden (Jahnke 2012).

In einem andockenden Diskurs zur Partizipation sprechen sich Scharf et al. (2019) zudem für eine Bildung zur Innovativität und Kreativität zur Partizipationsförderung aus, um reale Partizipation zu ermöglichen und um auf Gefahren neoliberaler Bildungskontextualisierungen zu reagieren.

Das hier beschriebene Unterrichtsbeispiel lässt sich zudem durchaus interdisziplinär an die zentralen Ziele des Regionalen Lernens 21+ des Kompetenzzentrums „Regionales Lernen" der Universität Vechta anbinden (ISPA 2022).

Zur Partizipation an Entscheidungsprozessen gehört eben nicht nur die grundsätzliche Möglichkeit, sondern auch die Aussicht auf *erfolgreiche Partizipation*. Diese geht über das bloße *Gehört werden* hinaus.

In diesem Beitrag werden Möglichkeiten vorgestellt, wie Schüler*innen im Grundschulalter im Sinne einer aktiven Medienarbeit

- gezielt Medien für die Planung und erfolgreiche Präsentation ihrer Wünsche zur Gestaltung ihres Schulhofs produzieren können,
- ihre Medienkompetenz entwickeln und
- Werkzeuge erhalten, um sich aktiv an Entscheidungsprozessen zu beteiligen.

Dabei werden Unterrichtsprozesse fokussiert, die sich an die Erarbeitung von Inhalten anschließen, die dem geographischen Themenbereich TB GEO 4 - *Entwicklung und Veränderungen in Räumen* (GDSU 2013) zuzuordnen sind.

doi.org/10.35468/6025-09

Exemplarisch wird die übergeordnete Thematik *Schulhof(neu)gestaltung* ausgewählt, unter deren Dach die soziale Konstruktion des Nahraums *Schulhof* erfolgt.

Exkursionsdidaktische Methode: Aktive Medienarbeit

Nachfolgende Ausführungen basieren auf einem Beitrag von Holzwarth (2012) zur fotografischen Wirklichkeitskonstruktion im Spannungsfeld von Bildgestaltung und Bildmanipulation. Die dort dargestellten Strategien zur Bedeutungskonstruktion bzw. -veränderung werden für die Zielgruppe der Grundschulkinder angepasst, erweitert und im Kontext des Rahmenthemas Partizipation an der Schulhof(neu)gestaltung beschrieben.

Die Basistechniken der Medienproduktion sind selbstverständlich auf andere Themenfelder bzw. Perspektiven des Sachunterrichts übertragbar und vielfältig einsetzbar.

Ein Grundprinzip aktiver Medienarbeit ist die bewusste Medienproduktion. Es gilt, die Schüler*innen immer wieder in Situationen zu versetzen, in denen sie nicht einfach nur spontan *knipsen*, sondern zielgerichtet *fotografieren.*

Das in diesem Beitrag vorgestellte Unterrichtsbeispiel basiert auf der Annahme, dass die Kinder der Lerngruppe erstmalig mit der zielgerichteten und bewussten Produktion von Fotos konfrontiert bzw. bislang noch nie Medienprodukte und deren Wirkung diskutiert oder analysiert haben.

Ziel ist zum einen die *Aneignung* der Grundtechniken des bewussten Fotografierens und zum anderen das *Erleben* adressatenspezifischer Medienproduktion. Auf dieser Grundlage werden die Schüler*innen in einem nächsten Schritt selbst zu Produzenten *adressatenspezifischer* Medienprodukte.

Zur Vorbereitung auf das Projekt zur partizipativen *Schulhof(neu)gestaltung* bietet sich eine Rallye in 3er-Gruppen mit unterschiedlichen Aufgaben an. Die Aufgaben beinhalten jeweils die bewusste Auseinandersetzung mit positiver bzw. negativer Bedeutungskonstruktionen von Räumen, die durch planvolles Fotografieren festgehalten werden.

Innerhalb der Gesamtgruppe existieren zwei unterschiedliche Aufträge, die die Kinder „in geheimer Mission“ erfüllen sollen:

- Auftrag der Gruppen A: Welches sind eure Lieblingsplätze auf dem Schulhof? Bitte einigt euch auf drei Orte und fotografiert diese. Ist euch eine Einigung nicht möglich, darf jedes Kind seinen Lieblingsplatz bestimmen und fotografieren.
- Auftrag der Gruppen B: Welche Plätze auf dem Schulhof gefallen euch überhaupt nicht? Bitte einigt euch auf drei Orte und fotografiert diese. Ist euch eine Einigung nicht möglich, darf jedes Kind den Ort seiner Wahl fotografieren.

In Kleingruppen fotografieren die Schüler*innen Orte auf dem eigenen Schulhof. Im Anschluss werden die Fotos gesammelt und entweder ausgedruckt und in

doi.org/10.35468/6025-09

Kleingruppen betrachtet oder alternativ in willkürlicher Reihenfolge im Plenum großflächig projiziert. Da die Geheimaufträge den jeweils anderen Gruppen im Vorfeld nicht bekannt sind, treten während der Präsentationsphase zwangsläufig Irritationen auf, wenn die Kinder die Bilder der jeweils anderen Gruppe sehen, die mit gegensätzlichem Auftrag unterwegs waren.

Praktischer Hinweis: QR-Code für den Arbeitsauftrag

Um den Charakter der Geheimmission zu verstärken, erhalten alle Gruppen ihre Aufträge in Form von QR-Codes. Diese können zum Beispiel schnell und einfach auf der Seite www.qrcode-generator.de erstellt werden. Der Aufgabentext wird dort in das Leerfeld eingefügt und der QR-Code wird automatisch generiert. Dieser kann heruntergeladen und den Kindern in verschlossenen Umschlägen zur Verfügung gestellt werden.
Die Schüler*innen benötigen nun ein Smartphone oder Tablet, die über einen QR-Code Reader verfügen (teilweise bereits in die Nutzung der Kamera integriert). Die Kinder scannen den Code und können ihren geheimen Auftrag lesen.

Infobox 1

Mit der Präsentationsphase beginnt die erste medienpädagogische Intervention in Form der kritischen Würdigung und Diskussion der Bildwirkungen und -aussagen.

Impulse in dieser Phase könnten sein:

- Können die Fotos sortiert werden? Welche Kriterien bieten sich dazu an?
- Worin bestanden die Geheimaufträge der jeweils anderen Gruppen?
- Ist eine Zuordnung der Fotos zu den Aufträgen in allen Fällen möglich? Wenn nein, woran liegt das? Welche Gestaltungsmerkmale können festgehalten werden?
- Sind die Fotograf*innen mit der Zuordnung einverstanden? Wurde die Absicht richtig erkannt?

Gestaltungsmöglichkeiten und Fachbegriffe sollten in dieser Phase gemeinsam erarbeitet und systematisiert werden. So wird den Kindern am eigenen Material bewusst, dass Mediengestaltungen und -manipulationen in drei Phasen – *vor*, *während* und *nach* der Produktion – unterteilt werden können (vgl. Tippkarten im → **digitalen Zusatzmaterial** (siehe Seite 146). Möglicherweise werden unterstützende Fotos von der Lehrkraft gezielt produziert und in die Präsentation integriert.

doi.org/10.35468/6025-09

Mit diesem Einstieg wird das Bewusstsein der Kinder für die Kraft der Bilder und die Möglichkeit gezielter Manipulation bzw. Bedeutungs(re)konstruktion geschärft. Sie erkennen zum einen, dass Räume sozial konstruiert sind und zum andern, dass Raumwahrnehmungen subjektiv sind. Die weiteren Kleingruppenphasen beginnen mit der vorbereitenden Planung des bewussten Fotografierens wie oben beschrieben und werden durch Reflexionsphasen begleitet, in denen die Kinder Zwischenergebnisse präsentieren und diskutieren.
Im → **digitalen Zusatzmaterial** werden Beispiele für die adressatenbewusste Medienproduktion erläutert, die im Projekt *partizipativer Schulhof(neu)gestaltung* einsetzbar sind. Formuliert sind diese in Form von Anregungen, die den Kindern als Tippkarten zur Verfügung gestellt werden. Je nach Zusammensetzung, Leistungsstand und Vorerfahrungen der Schüler*innen können diese Anregungen aus den Tippkarten in stärker durch die Lehrkraft begleiteten Phasen verwendet werden. Weitere Impulse zur medialen Umsetzung subjektiver Raum(re)konstruktionen finden sich ebenfalls im → **Zusatzmaterial**.

Digitaler Anteil
Tippkarten, Impulse zur medialen Umsetzung subjektiver Raum(re)konstruktionen

https://elibrary.utb.de/doi/suppl/10.35468/9783781560253

Exkursionsdidaktisches Setting

Exkursionsdidaktisch ist das Vorhaben zum einen als projekt- und situationsgebundene Exkursion einzuordnen, die in dem Bereich einen stark reflektierenden Charakter hat und somit auch transferierende und medienbildende Kompetenzen et al. im Sinne einer kritischen (geographischen) Bildkompetenz fördert (Rinschede 2007). Das Gesamtarrangement des Projekts beinhaltet zum anderen aber auch Übersichtsexkursionen im Nahraum sowie festigende und zielgerichtete Exkursionseinheiten, da die Exkursionen an diesen Stellen des Verlaufs zentrale Arbeitsergebnisse hervorbringen und diese einordnen sollen (siehe *Ablauf*).

Problemorientierte Frage

Wir beteiligen uns an politischen Entscheidungen: Wie können wir unsere Ideen zur nachhaltigen Schulhof(neu)gestaltung vor Politiker*innen erfolgreich präsentieren?

Angabe zur Klassenstufe

Da es sich um ein schulweites Vorhaben handelt, an dem sich möglichst viele Kinder der Schule beteiligt können sollten, sind die hier beschriebenen Aktionen

doi.org/10.35468/6025-09

beispielsweise im Rahmen einer Projektwoche umsetzbar. Altersgemischte Gruppen sind zu empfehlen.
Alternativ könnten sich natürlich auch einzelne Klassen – vorzugweise im 3. und 4. Schuljahr – bzw. Arbeitsgruppen oder gewählte Kinder im Schulparlament mit der medientechnischen Umsetzung beschäftigen.

Kompetenzorientierung

Im Zentrum des vorliegenden Beitrags steht der perspektivenbezogene Themenbereich TB GEO 4 – *Entwicklung und Veränderungen in Räumen* (GDSU 2013) und die Schüler*innen sollten im Anschluss an das Unterrichtsszenario Folgendes können: *„Ideen für die Gestaltung des Lebensraums entwerfen, im Austausch mit anderen darlegen, argumentieren und zu Ideen anderer Personen Stellung nehmen, dabei Wünsche und Anliegen benennen, begründen und Möglichkeiten für die eigene Mitwirkung und Umsetzung entwerfen“* (GDSU 2013, 55).
Entsprechend wird mit dem Unterrichtsvorhaben *Schulhof(neu)gestaltung* ein Thema erarbeitet, an dem die Kinder vermutlich ein hohes Interesse haben, da es um die Mitwirkung an der Gestaltung ihres zentralen Lebensraums *Schulhof* geht. Möglicherweise wird der Aspekt ökologischer Schulhofgestaltung zuvor erarbeitet, der in der Folge den zentralen Leitgedanken darstellt.

Die Planung sieht vor, dass die Kinder

- Ideen für die Gestaltung ihres Lebensraums entwickeln,
- in Kleingruppen arbeiten und eigene Wünsche und Anliegen zur Schulhofgestaltung benennen und auch Bedarfe von Mitschüler*innen mit Handicap berücksichtigen,
- unterschiedliche Ideen innerhalb der Kleingruppen bzw. der Klasse aber auch im Austausch mit der gesamten Schülerschaft darlegen und wertschätzend diskutieren,
- Ideen medial in Szene setzen, indem sie Optionen der Fotografie bewusst zur Bildgestaltung nutzen und unterschiedliche Bildaussagen erproben,
- ihre Medienprodukte adressatenspezifisch planen und gezielt für ihre Absichten – hier Partizipation an der Schulhof(neu)gestaltung – nutzen.

Über die geographiebezogenen Kompetenzen des Sachunterrichts hinaus ist das dargestellte Unterrichtsvorhaben dem Kompetenzbereich *Handlung* des Faches Geographie zuzuordnen. Die zentral zu erwerbende Kompetenz besteht in der *„Fähigkeit und Bereitschaft, auf verschiedenen Handlungsfeldern natur- und sozialraumgerecht handeln zu können“* (DGfG 2020, 9). Dieser Kompetenzbereich wird bedeutsam, wenn die Kinder beispielsweise eine Bestandsaufnahme von Spielgeräten im näheren und weiteren Schulraum durchführen und ihre Vorschläge darauf bezogen abstimmen. Auf Stadtteilkarten können Orte, wie zum Beispiel Spielplätze markiert und im Rahmen kleinerer Exkursionen aufgesucht werden.

doi.org/10.35468/6025-09

Die Eindrücke werden fotografisch erfasst und in der eigenen Planung genutzt, indem zum Beispiel bewusst auf Dopplungen von Spielgeräten verzichtet wird oder Abgrenzungen zu nicht nachhaltig gestalteten Plätzen gezielt erfolgen.
Ergänzend nimmt das vorgestellte Unterrichtsvorhaben auf die nachfolgenden geographiebezogenen Denk-, Arbeits- und Handlungsweisen des Sachunterrichts (GDSU, 2013) Bezug:

- DAH GEO 1: Räume und Lebenssituationen in Räumen wahrnehmen; Vorstellungen und Konzepte dazu bewusst machen und reflektieren
- DAH GEO 2: Räume erkunden, untersuchen und Ergebnisse dokumentieren.

Darüber hinaus weist das Vorhaben eine enge Verbindung zur sozialwissenschaftlichen Perspektive des Sachunterrichts auf. Zum einen geht es darum, sich an Entscheidungsprozessen zu beteiligen, indem Anliegen der Schülerschaft in schulinternen aber auch schulübergreifenden und politischen Gremien vorgetragen werden. Zum anderen geht es darum, eigene Bedürfnisse und Wünsche darzustellen, diese aber durchaus auch vor dem Hintergrund ökologischer Schulhofgestaltung zu reflektieren und vor allem mit den Bedarfen aller Mitschüler*innen in Beziehung zu setzen. Insbesondere die folgenden sozialwissenschaftlichen Denk-, Arbeits- und Handlungsweisen werden einbezogen:

- DAH SOWI 1: An ausgewählten gesellschaftlichen Gruppen partizipieren
- DAH SOWI 2: Argumentieren sowie zwischen Einzelnen oder zwischen Gruppen mit unterschiedlichen Interessen und Bedürfnissen verhandeln.

Zur konkreten Organisation von Partizipationsprozessen auf schulischer und kommunaler Ebene sei an dieser Stelle auf Literatur zur sozialwissenschaftlichen Perspektive des Sachunterrichts verwiesen (z. B. exemplarisch der Band von Goll & Schmidt (2021) zur politischen Bildung). Wichtige Fragestellungen in diesem Kontext sind beispielsweise:

- Wie können vielfältige Vorschläge erarbeitet werden, an denen möglichst viele Kinder beteiligt sind?
- Wie werden Auswahlverfahren und Abstimmungen auf der schulischen Ebene organisiert?
- Wie werden Entscheidungen herbeigeführt?
- Sind Mehrheitsentscheidungen immer richtig?

Diese perspektivenbezogenen Denk-, Arbeits- und Handlungsweisen werden im dargestellten Unterrichtsbeispiel mit dem perspektivenvernetzenden Themenbereich der *Nachhaltigen Entwicklung* verknüpft. Dabei steht insbesondere die Kompetenzen *Mitgestalten, Mitwirken, Teilhaben* im Fokus, da die Schüler*innen zur Schulhofgestaltung *„zur Ideenentwicklung beitragen, an Entscheidungsprozessen sowie bei der Umsetzung mitwirken und dabei Aufgaben eigenständig übernehmen“* (GDSU 2013, 78f).

doi.org/10.35468/6025-09

Der in diesem Beitrag beschriebene, zentrale Aspekt des Vorhabens ist in der Entwicklung von Medienkompetenz zu sehen. Wie dabei Medienkompetenz zu definieren ist, wurde bereits von Pokraka, J. & Gryl, I. (2018) auch für den Grundschulbereich beschrieben (GDSU 2021). Nachfolgend wird auf die sechs Kompetenzbereichen der KMK-Vorgaben zur Bildung in der digitalen Welt Bezug genommen (KMK 2017).
Im Fokus des Projekts stehen die Kompetenzbereiche *Produzieren und Präsentieren* (insbesondere der Teilaspekt *Eine Produktion planen und in verschiedenen Formaten gestalten, präsentieren, veröffentlichen oder teilen)* sowie *Analysieren und Reflektieren* (mit den Teilaspekten *Gestaltungsmittel von digitalen Medienangeboten kennen und bewerten* bzw. *Wirkungen von Medien in der digitalen Welt analysieren und konstruktiv damit umgehen).* Die vier weiteren Kompetenzbereiche werden im Beispiel tangiert, aber nicht dezidiert ausgeführt.

a) Kompetenzbereich: Suchen, Verarbeiten und Aufbewahren

Um vielfältige Möglichkeiten der Schul- und Spielplatzgestaltung kennenzulernen und subjektive Raumwahrnehmungen zu dokumentieren, sollten die Kinder Orte im schulischen Nahraum fotografieren. Die Fotos können im Rahmen von gemeinsamen Exkursionen, aber auch in der Freizeit entstehen. Wichtig ist, dass die Kinder nicht nur das Fotografieren, sondern auch die Speicherung der Daten sowie ggf. das Umbenennen und Wiederfinden der Dateien üben.
Neben der konkreten Begehung von Spielplätzen im schulischen Raum bieten sich Internetrecherchen an. Je nach Klassenstufe und Erfahrung der Kinder werden unterschiedliche Unterstützungsmaßnahmen der Lehrkraft notwendig, damit die Suche erfolgreich verläuft. Nachfolgend einige Beispiele:

- Die Kinder sammeln zunächst in Kleingruppen vielfältige Suchbegriffe, Synonyme und Wortkombinationen, z. B. Schulhofgestaltung, Schulhof der Zukunft, ... und suchen mithilfe von Kindersuchmaschinen (z. B. www.blinde-kuh.de, www.fragfinn.de oder www.helles-koepfchen.de) nach Bildern und Informationen.
- Alternativ recherchiert die Lehrkraft selbst einige Zielseiten und stellt den Link zur Verfügung. Da dies häufig mit dem Abschreiben langer Internetadressen und entsprechender Fehleranfälligkeit verbunden ist, bieten sich QR-Codes an. Die Kinder nutzen den QR-Code-Scanner des Tablets (s. o.) und gelangen so direkt auf die Internetseite.
- Anschließend planen die Kinder mit Unterstützung der Lehrkraft, was mit den Suchergebnissen geschehen soll. Können Bildrechte angefragt werden, um die Bilder zur weiteren Medienproduktion nutzen zu dürfen? Welche Ideen sollen in der eigenen Planung Berücksichtigung finden und der Schulgemeinschaft vorgeschlagen werden?

doi.org/10.35468/6025-09

- Die Kinder sollten von Beginn an erfahren, wie wichtig es ist, festzuhalten, wie und wo recherchiert wurde und wo die Informationen, Zwischenergebnisse und fertigen digitalen Produkte gespeichert und vor allem auch wiedergefunden werden können (z. B. eigener Speicherstick, schuleigene Cloud). Darüber hinaus sollte das Thema *Datensicherung* (Sicherungskopien, Passwörter, ...) angesprochen werden.

b) Kompetenzbereich: Kommunizieren und Kooperieren

Das in diesem Beitrag gewählte Rahmenthema bietet sich an, die Kommunikation per E-Mail zum Beispiel in folgenden Kontexten zu üben:
- Wissensfragen oder Interviewanfragen an Expert*innen zum Beispiel für Spielplatzplanungen schicken.
- Bitte um Unterstützung (Beratung, Pflanzen, ...) beim Anlegen eines schuleigenen Gartens verfassen.
- Anfragen an Sponsoren mit Verweis auf entsprechend gestaltete Medienprodukte z. B. auf der Schulhomepage.
- Preisanfragen für Spielgeräte verfassen, ...

Selbstverständlich sind hier auch die adressatenspezifischen Medienprodukte einzuordnen, die mit dem Ziel der Präsentation und Partizipation (oder ggf. Sponsorenakquise) entstanden sind, z. B. mediale Traumreisen zum ökologischen gestalteten Wunschschulhof, digitale (ggf. vertonte) Präsentationen, Fotocollagen bestehend aus manipulierten bzw. gestalteten Fotos, Kurzfilme oder Präsentationen: heute – zukünftig, Stopp-Motion-Filme usw.

c) Kompetenzbereich: Schützen und sicher Agieren

Die Sicherheit der Kinder im Netz muss gewährleistet werden. Dazu gehört beispielsweise, dass die Schüler*innen
- über eine Schulmailadresse verfügen, die keine Rückschlüsse auf persönliche Daten der Kinder erlaubt und über die der Mailverkehr sicher organisiert werden kann.
- Regeln für die E-Kommunikation kennen (keine persönlichen Informationen preisgeben, keine Verabredungen treffen, keine kostenpflichtigen Bestellungen aufgeben, ...)
- die E-Mails zunächst innerhalb der Klassen von Kindern und abschließend von der Lehrkraft auf Netiquette, Rechtschreibung, ... überprüfen lassen.

d) Kompetenzbereich: Produzieren und Präsentieren

Produzieren und Präsentieren sind eng miteinander verwoben. Grundsätzlich gilt, dass Medienprodukte immer eine Würdigung erfahren und *nicht nur einfach so* angefertigt werden. Im vorliegenden Unterrichtsvorhaben ist die Anerkennung der Produkte integraler Bestandteil des Vorhabens, da diese mit dem Ziel der Prä-

doi.org/10.35468/6025-09

sentation und Partizipation erstellt werden. Beispiele für die aktive Medienproduktion finden sich in den Tippkarten (→ **siehe digitales Zusatzmaterial,** Seite 146). An dieser Stelle soll ergänzend darauf hingewiesen werden, dass die aktive Medienarbeit auch immer mit dem Erwerb von Metawissen verbunden werden sollte. Zur Erstellung von Medienprodukten und für die Weiterverarbeitung von Informationen und Bildern aus fremder bzw. nicht eigener Quelle, sollten die Kinder von Beginn an lernen, dass sie Persönlichkeitsrechte wahren müssen und Bilder, Fotos oder Informationen nicht ohne Erlaubnis kopieren und verwenden dürfen bzw. Quellen und Urheber immer angeben müssen.

e) Kompetenzbereich: Problemlösen und Handeln

Neben der Schulhof(neu)gestaltung können weitere Aspekte zur problemorientierten Medienarbeit einladen:

- Damit die Planungen auch finanziell umsetzbar sind, entwickeln die Kinder Finanzierungsideen und gestalten beispielsweise einen Spendenaufruf auf der Schulhomepage. Außerdem gestalten Sie eine Mailanfrage mit der Bitte an den Förderverein, die finale Umsetzung zu übernehmen.
- Die Erstellung von Flyern oder Sponsorenbriefen zur Neugestaltung des Schulhofs ist die nächste Gelegenheit zur aktiven Medienarbeit. Die produzierten Fotos, die das Anliegen markant visualisieren, werden ausgewählt und adressatenspezifisch verwendet.
- Erfahrene Kinder erstellen eigene Videobeiträge.

f) Kompetenzbereich: Analysieren und Reflektieren

Die Umsetzung adressatenspezifischer Medienproduktion ist eine wunderbare Gelegenheit zur Analyse und Reflektion von Medienabsichten. Wie im o. g. Beispiel zur Hinführung beschrieben, gilt es die Kinder mit Gestaltungen und Möglichkeiten der Manipulation von und durch Medien vertraut zu machen und sie in die Rolle der Mediengestalter zu versetzen.

Mit der Präsentation werden den Zuschauer*innen nicht nur die Wünsche der Kinder sehr plastisch, sondern den Produzent*innen auch deutlich, wie sie mit Bildern und Filmen Vorstellungen sichtbar werden lassen und Meinungen manipulieren können.

Wird das Lernen mit Medien in den Unterrichtsalltag regelmäßig integriert, entwickelt sich die Medienkompetenz der Kinder ebenso sukzessive und spiralförmig wie die Fachkompetenzen in den anderen Perspektiven des Sachunterrichts.

Werden darüber hinaus schulspezifische Standards zur Medienproduktion und zum Beispiel im Hinblick auf die Speicherung der Medienprodukte, Apps und Software verabredet, müssen Grundlagen nicht immer wieder zeitraubend besprochen werden. Ist dies bereits schulintern geleistet, gelingt auch die jahrgangsübergreifende Medienarbeit in den Teilgruppen reibungsloser, da die Kinder voneinander lernen können.

doi.org/10.35468/6025-09

Vorbereitung und Material

Im Kollegium sollte die grundsätzliche Entscheidung zur Schulhof(neu)gestaltung getroffen worden sein, zumindest sollte Einigkeit dazu bestehen, dass der Schulhof umgestaltet und die Kinder an der Gestaltung ernsthaft beteiligt werden sollten. Dazu sollten

Optionen zur realen Beteiligung der Kinder geklärt sein (Antragstellung, Präsentation der Ideen zum Beispiel im Kinderparlament der Stadt, beim Bürgermeister, im Rat, vor Sponsoren ...).

Inhaltliche Aspekte der Schulhof(neu)gestaltung werden in diesem Beitrag nicht umfassend dargestellt. Diese sollten jedoch bei den Schüler*innen bereits grundgelegt sein und könnten beispielsweise die ökologische Planung unterschiedlicher Nutzungsräume umfassen, z. B.

- Gestaltung eines Grünen Klassenzimmers,
- Planung von Sonnen- und Schattenplätzen sowie Entspannungs- und Ruhezonen unter Einbeziehung vorhandener Pflanzen,
- Anlage eines Schulgartens mit Hochbeeten, Kräuterspiralen, Gewächshaus ...
- Berücksichtigung und Planung von Lebensräumen für Insekten und ggf. Kleintieren,
- Aktivitätsräume (Ball- oder Laufspiele, Klettern, Geschicklichkeit),
- Zonen zum Lernen mit allen Sinnen,
- Aufbewahrungsorte für mobile (plastikfreie) Kleinspielzeuge, ...
- Orte für Regentonnen zur Bewässerung des Schulgartens,
- Bedeutung versiegelter bzw. unversiegelter Flächen.

Für etwa 3-4 Kinder sollte eine Kamera zur Verfügung stehen. Die benötigten Kameras sind entweder Teil ausgedienter und gespendeter Smartphones (ohne Sim-Karte) oder in Tablets integriert. Außerdem sollten Apps zur Bildbearbeitung und Fotobeschriftung, je eine App zur Nutzung der Greenscreentechnik sowie zur Gestaltung von E-Books oder Fotocollagen bzw. zum Auslesen von QR-Codes bereits installiert sein.

Ablauf

Organisation als schulweites, jahrgangsübergreifendes Projekt (als Klassenprojekt entsprechend anzupassen):

doi.org/10.35468/6025-09

Tab. 1: Phasen zur Durchführung des Projekts

Vorarbeiten	
1. Phase	Inhaltliche Erarbeitung grundlegender Aspekte ökologischer Schulhofgestaltung inkl. Internetrecherchen zur praktischen Realisierung
2. Phase	Exkursionen im näheren Schulraum zur Bestandsaufnahme und Dokumentation zur Verfügung stehender Spiel-, Bewegungs- und Erholungsräume
3. Phase	Auswertung gewonnener Informationen und schulinterne Erörterungen von Optionen
4. Phase	Organisation schulinterner Partizipationsprozesse und Abstimmungen darüber, wie der Schulhof gestaltet werden könnte und welche Gruppen die Medienproduktionen übernehmen.
Arbeit im beschriebenen Teilprojekt	
5. Phase	QR-Code-Rallye zur Sensibilisierung für bewusste Bildgestaltung
6. Phase	Aktive Medienarbeit in Kleingruppen mit dem Fokus adressatenspezifischer Medienproduktion – Nutzung der Tippkarten
Ausblick	
7. Phase	Schulinterne Präsentation (Lerngruppe, Schulgemeinschaft und Abstimmung über die weitere Verwendung)
8. Phase	Präsentation der Medienprodukte vor Sponsoren und Entscheidern

Differenzierung im inklusiven Klassenraum

Die dargestellten Methoden der Medienproduktion lassen sich im inklusiven Unterricht (fast) problemlos umsetzen. Die Tippkarten beinhalten technisch- bzw. materialaufwändige und weniger aufwändige Optionen sowie anspruchsvolle und weniger anspruchsvolle Tipps. Ist den Schüler*innen der Umgang mit Tippkarten bereits bekannt – z. B. in jahrgangsgemischten Gruppen, kann die Anzahl der Karten erhöht werden.

Da der neugestaltete Schulhof den Bedarfen aller Kinder gerecht werden soll, sind natürlich auch alle Schüler*innen an der Planung zu beteiligen. Wie oben angesprochen, gilt es Scheinbeteiligungen zu vermeiden. Unter anderem durch passend diagnostizierte Gruppenzusammensetzungen, Peer Feedback Methoden und einen passenden Betreuungsschlüssel sowie Unterstützungsmaterial sollen die Voraussetzungen für eine breitflächige Partizipation gegeben werden. Insbesondere die auch bei der Vorbereitung eingebundenen Sonderpädagog*innen können bei den entsprechenden Schritten unterstützen. Eine Möglichkeit wäre zudem durch digitale Medien (z. B. Padlets) die Ergebnisse von allen Schüler*innen zu dokumentieren, um so eine umfängliche Sicherung zu gewährleisten. Hier können

doi.org/10.35468/6025-09

zudem auch Medien zwischengespeichert werden. Dadurch ergibt sich auch ein weiterer Zugang der Dokumentation von den unterschiedlichen Schüler*innen, da sie zu jedem Zeitpunkt dort Änderungen vornehmen und auf Ergebnisse auch asynchron zugreifen können.
Möglicherweise wird auch explizit eine Teilgruppe eingerichtet, deren Mitglieder sich dafür verantwortlich fühlen, die erarbeiteten Ideen zu prüfen und Fragen wie beispielsweise die folgenden zu stellen:

- Können alle Nutzungsflächen von allen Kindern erreicht werden? Sind alle Wege für Rollstühle befahrbar? Sind Durchfahrten auch breit genug?
- Wie hoch dürfen die Hochbeete sein? Können auch die Rollifahrer*innen und Kinder mit motorischen Einschränkungen in den Hochbeeten gärtnern?
- Sind auf den Pflanzeninformationen im Schulgarten zum Beispiel mit QR-Codes versehen bzw. können diese mit einer App vorgelesen werden?
- Sind auch Spielgeräte und Räume für Kinder mit visuellen bzw. motorischen Einschränkungen geplant?
- Sind im Abstimmungsprozess alle eingegangenen Wünsche und Bedarfe berücksichtigt worden?

Raumkonzept

Im vorgestellten Unterrichtsprojekt kommt vor allem das Konzept „Raum als Element von Kommunikation und Handlung“ zum Tragen (Wardenga 2002). Die Schüler*innen erfahren in diesem Kontext, dass Räume sozial konstruiert werden und Produkte sozialen Handelns sind. Gleichzeitig erfahren die Kinder reale Teilhabeoptionen und werden Teil des Konstruktionsprozesses. An dieser Stelle sei erneut auf das Konzept der visuellen Kompetenz und der Verantwortung dieser in sozial konstruierten Räumen verwiesen. Bering (2002, 90) beschreibt diese Kompetenz als die Fähigkeit „sich in differenten Welten zu orientieren und diese zu gestalten“ mit dem Ziel, „die Konstruktion von Weltbildern und Lebensformen in eigenständiger Verantwortung durchführen zu können“ (Bering 2002, 91). Die Reflexion des Ichs – hier der Schüler*innen – sieht er hierfür als zentrale Gelingensbedingung (Bering 2002). Im Sinne Berings sei hier visuelle Kompetenz als die Fähigkeit verstanden, sich sehend in der Welt zu orientieren und dabei die machtvolle gegenseitige Bezogenheit materieller und immaterieller Bilder (Nöthen & Schlottmann 2013) zu erkennen und kritisch zu reflektieren. Genau das tun die Schüler*innen hier im Sinne der aktiven Medienarbeit. Das Interesse einer kritisch reflexiven visuellen Kompetenz liegt u. a. in der Überwindung gesellschaftlichen Unrechts und repressiver sozialer Strukturen durch eine Stärkung individueller und sozialer Emanzipation (Nöthen & Schlothmann 2015).

Weitere zentrale fachdidaktische Ansätze

Projektarbeit, aktive Medienarbeit, Handlungsorientierung, Ko-Konstruktion

doi.org/10.35468/6025-09

Transfer

Neben dem Schulhof sind weitere Räume für die Umsetzung eines teilhabeorientierten Projekts möglich, wie zum Beispiel Schulgebäude, Schulgarten, kommunale Spielplätze – letztendlich alle Räume, die Kindern reale Gestaltungsmöglichkeiten offerieren.
Die im Kontext des handelnden Lernens, der aktiven Medienarbeit und der Teilhabe an Entscheidungsprozessen erworbenen Kompetenzen sind Teil der Demokratieerziehung und können in vielfältigen schulischen Vorhaben angewandt und ausgebaut werden.

Kommentierte Leseempfehlung

Scharf, C., Gryl, I., Borukhovich-Weis, S. & Rott, B. (2019): Kreativität zur Partizipationsförderung: Der Ansatz einer Bildung zur Innovativität. In: K. Kannler, V. Klug, K. Petzold & F. Schaaf (Hrsg.): Kritische Kreativität. Bielefeld: Transcript Verlag, 203-218. → Im Sinne einer kritischen Reflexionsschrift zu neoliberalen Betrachtungsweisen von Partizipation, zeigt der Artikel von Scharf et al. Möglichkeiten auf, durch innovative und humanistisch kreative Methodenerweiterungen authentischere Partizipation zu schaffen. Der Beitrag schafft wichtige Denkimpulse im Diskurs um die Verbesserung der Partizipationsmöglichkeiten von Schüler*innen und greift dabei auch die sinnvolle Nähe zur ästhetischen Bildung und Gamification auf.

Referenzen

Bering, K. (2002): Bezugsfelder der Vermittlung visueller Kompetenz. In: H. D. Huber, B. Lockemann & M. Scheibel (Hrsg.), Bild|Medien|Wissen – Visuelle Kompetenz im Medienzeitalter. München: Kopaed Verlag, 89-101.

DGfG (Deutsche Gesellschaft für Geographie) (Hrsg.) (2020): Bildungsstandards im Fach Geographie für den Mittleren Schulabschluss. 10. aktualisierte und überarbeitete Auflage. Bonn. Online unter: geographiedidaktik.org/wp-content/uploads/2020/09/Bildungsstandards_Geographie_2020_Web.pdf (Abrufdatum: 26.06.2021).

Fuchs, G., Machule, D., Öztürk, T. & Wissel, S. (2018): Gestaltung von zukunftsweisenden Schulhöfen. Von der Beteiligung über die Planung bis zur Umsetzung. Hamburg. Online unter: https://lebendige-stadt.de/pdf/SLS_Zukunftsweisende_Schulhoefen.pdf (Abrufdatum: 26.07.2021).

GDSU (Gesellschaft für Didaktik des Sachunterrichts) (2021): Positionspapier Sachunterricht und Digitalisierung. Erarbeitet von der AG Medien & Digitalisierung der Gesellschaft für Didaktik des Sachunterrichts – GDSU (Markus Peschel, Friedrich Gervé, Inga Gryl, Thomas Irion, Daniela Schmeinck, Philipp Straube). Online unter: https://gdsu.de/sites/default/files/PDF/GDSU_2021_Positionspapier_Sachunterricht_und_Digitalisierung_deutsch_de.pdf (Abrufdatum: 22.07.2021).

GDSU (Gesellschaft für Didaktik des Sachunterrichts) (Hrsg.) (2013): Perspektivrahmen Sachunterricht. Vollständig überarbeitete und erweiterte Ausgabe. Bad Heilbrunn: Klinkhardt.

Gernert, W. (1993): Partizipation in der Jugendhilfeplanung. Münster: Landesjugendamt.

Goll, T. & Schmidt, I. (2021): Politische Bildung von Anfang an. Bad Heilbrunn: Klinkhardt.

Gryl, I. & Jekel, T. (2012): Re-centering GI in secondary education: Towards a spatial citizenship approach. In: Cartographica: The international journal for geographic information and geovisualization 47 (1), 18-28.

doi.org/10.35468/6025-09

Hart, R. (1997): Children's participation: the theory and practice of involving young citizens in community development and environmental care. New York, London: UNICEF.

Holzwarth, P. (2012): Fotografische Wirklichkeitskonstruktion im Spannungsfeld von Bildgestaltung und Bildmanipulation. In: Zeitschrift für Theorie und Praxis der Medienbildung 23, 1-22.

ISPA (Institut für Strukturforschung und Planung in agrarischen Intensivgebieten) (2022): Kompetenzzentrum. Regionales Lernen. Online unter: https://www.uni-vechta.de/kompetenzzentrum-regionales-lernen (Abrufdatum: 22.01.2022).

Jahnke, H. (2012): Geographische Bildkompetenz? Über den Umgang mit Bildern im Geographie-Unterricht. In: Geographie und Schule 34 (195), 27-35.

KMK (Kultusministerkonferenz) (2017): Bildung in der digitalen Welt. Strategie der Kultusministerkonferenz. Online unter: https://www.kmk.org/fileadmin/Dateien/veroeffentlichungen_beschluesse/2018/Strategie_Bildung_in_der_digitalen_Welt_idF._vom_07.12.2017.pdf (Abrufdatum: 26.06.2021).

Lefebvre, H. (1993): The production of space. Oxford: Blackwell.

Ministerium für Schule und Weiterbildung des Landes Nordrhein-Westfalen (2014): Geographie. Kernlehrplan für die Sekundarstufe II Gymnasium/Gesamtschule in Nordrhein-Westfalen. Online unter: https://www.schulentwicklung.nrw.de/lehrplaene/lehrplan/180/KLP_GOSt_Geographie.pdf (Abrufdatum: 26.12.2022).

Nöthen, E. & Schlottmann, A. (2013): Bild. In: D. Böhn & G. Obermaier (Hrsg.): Wörterbuch der Geographiedidaktik. Braunschweig: Westermann, S. 29 f.

Nöthen, E. & Schlottmann, A. (2015): „Stadt in den Blick genommen" – Ansätze zur Differenzierung beim Erwerb kritisch-reflexiver visueller Kompetenz. In: GW-Unterricht 139 (3), 32-41.

Ohl, U. (2009): Spielraumerweiterung: institutionelle Rahmenbedingungen und Akteursstrategien in der großstädtischen Stadtteilentwicklung unter Einbezug von Kindern und Jugendlichen. Heidelberg: Pädagogische Hochschule Heidelberg.

Pokraka, J. & Gryl, I. (2018): Kinder:Karten:Kommunikation - Spatial Citizenship zwischen Partizipation und Paternalismus. In: KN = Journal of Cartography and Geographic Information 68 (3), 140–146.

Rinschede, G. (2007): Geographiedidaktik. Paderborn u. a.: Schöningh.

Scharf, C., Gryl, I., Borukhovich-Weis, S. & Rott, B. (2019). Kreativität zur Partizipationsförderung: Der Ansatz einer Bildung zur Innovativität. In: K. Kannler, V. Klug, K. Petzold & F. Schaaf (Hrsg.): Kritische Kreativität. Bielefeld: transcript Verlag, 203-218.

Schröder, R. (1995): Kinder reden mit! Beteiligung an Politik, Stadtplanung und Stadtgestaltung. Weinheim, Basel: Beltz.

Steenkamp, D. (2017): „Für mehr Beteiligung von Kindern in der Schule – Wie Kinder online Demokratie lernen können". In: D. Steenkamp & M. Stein (Hrsg.): Kinderrechte sind Menschenrechte. Stand, Perspektiven und Herausforderungen, Berlin: LIT, 231-236.

Wardenga, U. (2002): Alte und neue Raumkonzepte für den Geographieunterricht. In: Geographie heute 23 (200), 8-11.

doi.org/10.35468/6025-09

Autor*innen

Claudia Henrichwark, Prof. Dr.
Fachhochschule Südwestfalen
Frühpädagogik. Medienpädagogik und MINT
Lübecker Ring 2, 59494 Soest
henrichwark.claudia@fh-swf.de
Website: www.fh-swf.de/cms/henrichwark
Forschungsschwerpunkte: Frühpädagogik – Schwerpunkt Medienpädagogik und MINT

Michael Morawski, Dr. Dipl.-Geogr.
Bergische Universität Wuppertal
Institut für Geographie und Sachunterricht
Gaußstraße 20, 42119 Wuppertal
morawski@uni-wuppertal.de
Forschungsschwerpunkte: (Fach-)sprachliche Förderung mit digitalen Medien, Digitalisierung, Bildungsgerechtigkeit, Bilingualer Sachunterricht, Sprachbewusster Geographieunterricht und Gamification

doi.org/10.35468/6025-09

Barbara Feulner und Melanie Haltenberger

Mit einem Geogame das Schulgelände erkunden. Spielbasierte Förderung der (räumlichen) Orientierungskompetenz

Teaser

In diesem Beitrag wird ein sogenanntes Geogame vorgestellt – eine spielbasierte Methode, mit der Schüler*innen zu einer selbstständigen Erkundung des Nahraums (hier des Schulgeländes) angeregt werden. Der inhaltliche Fokus ist dabei auf die Förderung der (räumlichen) Orientierungskompetenz gerichtet, u. a. durch das Lesen, Analysieren, Auswerten, Anfertigen und Reflektieren von Plänen/Karten (z. B. das Ergänzen von Kartenelementen) sowie das Einüben der Himmelsrichtungen und der Orientierung an Landmarken (z. B. Bäume, markante Gebäude).

Raum als exkursionsdidaktisches Setting

Den Raum des exkursionsdidaktischen Settings bildet der Nahraum „Schulgelände“ (Schulgebäude, Pausenhof, Sportplatz, ggf. direkte Schulumgebung). Das Schulgelände zu erkunden, bietet eine unkomplizierte Möglichkeit, vor Ort „in einen direkten Kontakt zum Lerngegenstand zu treten” (Frank 2013, 202). Der unmittelbare Nahraum ermöglicht es den Schüler*innen, selbstständig zu arbeiten und ihre Erfahrungen zu integrieren. Vor allem das Erlernen und Anwenden geographischer Arbeitsweisen nimmt dabei einen großen Stellenwert ein (Frank 2013, 202).

Fachdidaktischer Ansatz: (räumliche) Orientierungskompetenz

(Räumliche) Orientierung ist eine wichtige Grunddimension menschlichen Lebens und Handelns, weshalb dieser Kompetenz auch eine bedeutsame Rolle im Sachunterricht, v. a. in der geographischen Perspektive, zugeschrieben wird. Die räumliche Orientierungskompetenz setzt sich nach Hemmer (2016, 177) aus fünf zentralen Dimensionen zusammen: Aufbau topographischen (Orientierungs-)Wissens, systematische Einordnung geographischer Objekte und Sachverhalte in räumliche Bezugseinheiten, Umgang mit Karten, Orientierung in

doi.org/10.35468/6025-10

Realräumen sowie Reflexion von Raumwahrnehmung und -konstruktion (siehe Abbildung 1).
Die Unterteilung zeigt, dass unter der räumlichen Orientierungskompetenz weitaus mehr als basales Topographie- und Orientierungswissen (z. B. das Wissen von Ländern, Städten, Kontinenten, Ozeanen und deren Lage) verstanden wird. Auch die Kenntnis und Anwendung verschiedener räumlicher Orientierungsraster und Ordnungssysteme (z. B. Gliederung der Erde nach naturräumlichen, wirtschaftlichen, sozialen, politischen und weiteren geographischen Ordnungskategorien, Gradnetz der Erde, Bevölkerungsverteilung sowie Klima- und Vegetationszonen der Erde) wird darunter gefasst. Eine weitere zentrale Teildimension bezieht sich auf die systematische Einordnung geographischer Objekte und Sachverhalte in die bereits genannten Ordnungssysteme, z. B. können Schüler*innen hier die Lage eines Ortes in Beziehung zu weiteren geographischen Bezugseinheiten (z. B. Flüsse, Gebirge, Lage im Gradnetz) und zu weiteren Sachverhalten (z. B. Verkehrsanbindung) setzen sowie Zusammenhänge und Wechselwirkungen beschreiben (Hemmer 2012, 13). Neben topographischem (Orientierungs-) Wissen und räumlichen Ordnungsvorstellungen sind auch angemessene alltagsrelevante topographische Fähigkeiten für eine (räumliche) Orientierungskompetenz von besonderer Bedeutung. Darunter werden der Umgang mit Karten sowie die Orientierung in Realräumen verstanden: der Umgang mit Karten umfasst das Kartenzeichnen, -lesen, -interpretieren und -reflektieren (Hemmer et al. 2010, 166; Hemmer & Wrenger 2016, 181; siehe für weitere Erklärungen Abbildung 1), die Orientierung in Realräumen sowie das Orientieren mithilfe einer Karte, den Himmelsrichtungen oder anderen Hilfsmitteln wie Kompass oder GPS. Ein weiterer bedeutsamer Teilaspekt der räumlichen Orientierungskompetenz bezieht sich auf die Reflexion von Raumwahrnehmung und -konstruktion, die zu kritisch-reflexivem Handeln und einer Auseinandersetzung von Schüler*innen mit Karten/Mental Maps und den Intentionen eines Kartenherstellers/einer Kartenherstellerin führt (Hemmer 2012, 11).
Für den Unterricht gilt: Die Dimensionen der räumlichen Orientierungskompetenz sollten nicht isoliert voneinander betrachtet und bei Schüler*innen gefördert werden, sondern immer in ihrem Zusammenwirken gesehen, verstanden und angebahnt werden.

doi.org/10.35468/6025-10

Abb. 1: Dimensionen der räumlichen Orientierungskompetenz (eigene Darstellung, adaptiert nach Hemmer 2016, 177)

Exkursionsdidaktische Methode: Geogame

Allgemeine Beschreibung der Methode

Geogames ist ein Überbegriff für mobile standortbezogene Spiele, bei denen die Position und Fortbewegung der Spieler*innen im realen Raum zum Spielelement wird (Schlieder 2014, 567). Ein Charakteristikum von *Geogames* ist die sogenannte „ortsbezogene Affordanz" (Schlieder 2014, 571). Darunter ist der Angebots- oder Aufforderungscharakter zu verstehen, welcher beim Spielen durch die Verbindung zwischen Aufgabe und Ortsbezug ausgelöst wird – primär, indem bestimmte Spielhandlungen nur an den entsprechenden Standorten möglich sind. Die Motivation kann dadurch beim Spielen erhöht werden (Schlieder 2014, 571).

Elemente eines Geogames

Im schulischen Kontext werden die Lernenden durch das *Geogame* an bestimmte Orte geführt, an denen sie diverse Aufgaben bearbeiten (Schaal & Baisch 2017, 2). Ursprünglich für den Einsatz mobiler Endgeräte entwickelt, wird in diesem Beitrag eine analoge „Pen and Paper"-Variante eines Geogames als „Erkundungsspiel" (Rinschede 2007, 276ff.) (siehe Beitrag von Haltenberger und Feulner in diesem Band) vorgestellt. Dies geschieht aus Gründen einer zeitsparenderen Erstellung und einer vereinfachten Übertragbarkeit auf andere Standorte. Hinweise

doi.org/10.35468/6025-10

zur Integration digitaler Funktionen in ein *Geogame* werden an verschiedenen Stellen im Beitrag gegeben (u. a. beim Aspekt *Transfer*). Weitere Möglichkeiten zur Erstellung von – auch digitalgestützten – *Geogames* finden sich zudem bei den *kommentierten Leseempfehlungen*.

Geogames als spielbasierte Methode im Unterricht

Mit dem Bestreben, Bildungsinhalte auf spielerische Art zu unterrichten, ist die Hoffnung bzw. die Vermutung verbunden, dass Lerninhalte – die in einen solchen Kontext integriert werden – durch Freude am Spiel eher unbemerkt oder wie nebenbei gelernt werden (Baer 2008, 162). Aufgrund der intrinsisch-motivierenden Wirkung spielbasierter Methoden wird davon ausgegangen, dass diese den Lernprozess positiv beeinflussen können (Baer 2008, 162; Frölich & Lehmkuhl 2012, 39). Wenn es gelingt, „Spielspaß" zu erzeugen, dann werden im Idealfall die dadurch freigesetzten Aufmerksamkeitsressourcen zum Lernen genutzt. Um den Spielspaß aufrechtzuerhalten, ist es von Bedeutung, dass sich die Schüler*innen auf die Spielinstruktionen einlassen und z. B. Aufgaben erfüllen (Feulner & Kremer 2016, 130). Diese Aspekte können sich insbesondere bei lernschwächeren Schüler*innen oder bei geringem Interesse an einem Thema positiv auf die Leistungs- und Lernbereitschaft auswirken (Feulner 2021, 137).

Weiterhin können Spiele, die als Lernanlass und -möglichkeit eingesetzt werden, einen guten Kontext für kooperatives und entdeckendes Lernen bieten (Reinmann 2011, 114). Zudem lassen sich weitere Leitziele von Exkursionen, wie das „Lernen mit allen Sinnen", die „Selbsttätigkeit" oder die „Teilnehmer*innenzentrierung" gut umsetzen und mit Lernzielen wie der „räumlichen Orientierungsfähigkeit in Realräumen" verbinden (Hemmer & Uphues 2009, 49).

Der Wissenserwerb durch ein Spiel kann in intentionales und nicht intentionales Lernen (Gebel 2009, 77) oder in implizites und explizites Lernen (Kerres 2012, 369) unterschieden werden. Während sich die Phasen des expliziten Lernens vor allem auf das Bearbeiten der Aufgaben beziehen, findet während des gesamten Spielverlaufs implizites Lernen statt (Feulner & Kremer 2016, 130). Dazu zählen vor allem soziale Aspekte, wie die Förderung personaler Kompetenzen. Weiterhin können kreative Prozesse angeregt und Empathie erzeugt werden (Uhlenwinkel 2013, 67).

Geogames und (räumliche) Orientierungskompetenz

Der Einsatz von *Geogames* zur Förderung verschiedener Aspekte der räumlichen Orientierung ist naheliegend, zumal das zugrundeliegende Spielfeld auf einer Kartendarstellung basiert und die Bewegung im Realraum ein wichtiger Bestandteil des Spielgeschehens ist. Die Kartenarbeit kann dadurch um spannende Anwendungs- und Einsatzmöglichkeiten in Realräumen erweitert und in die physisch-materielle Lebenswelt der Teilnehmenden eingebunden werden.

doi.org/10.35468/6025-10

In der spielerischen Verknüpfung von Lern- und Umgebungskontext liegt eine der Stärken des ortsbezogenen Lernens mit *Geogames*. Die inhaltlichen Schwerpunkte bei der Methode *Geogame* können hingegen stark variieren und sind vom jeweiligen Einsatzort und Spielraum abhängig. Jedoch bieten sich u. a. Aspekte wie die Auseinandersetzung mit Prozessen der Raumwahrnehmung sowie das Training von geographischen Arbeitsweisen an (dabei können z. B. räumliche Daten erhoben werden). Das Potenzial von *Geogames* liegt vor allem in der eigenständigen Raumerkundung der Teilnehmenden, wobei die Bindung an das Spielkonzept und den -mechanismus vielfältige Lernanlässe schafft (Feulner & Kremer 2016, 129). Vor allem die im Spiel enthaltenen Aufgaben können als Auslöser für das Erkunden der Umgebung, der Ausführung der (geographischen) Arbeitsweisen und der Einnahme unterschiedlicher Perspektiven gesehen werden.

Exkursionsdidaktisches Setting

Bei der im Beitrag vorgestellten Methode erkunden die Schüler*innen in Kleingruppen das Schulgelände. Anhand eines Spielplans (siehe Abbildungen 2 und 3), der u. a. einen Kartenausschnitt und die Arbeitsaufträge zeigt, navigieren sie selbstständig zu vorgegebenen Standorten und bearbeiten dort Aufgaben (=standortgebundene Aufgaben). Die Aufträge geben den Teilnehmenden Impulse, um sich die jeweilige Umgebung zu erschließen und/oder diese zu erforschen. Weitere Aufgaben sind im gesamten Spielfeld auf dem Schulgelände zu erfüllen (=standortunabhängige Aufgaben). Damit werden zusätzliche Möglichkeiten für individuelle Lösungen gegeben. Zudem wird gewährleistet, dass die Aufmerksamkeit nicht primär auf die vorgegebenen Standorte gerichtet ist, sondern der (gesamte) Umgebungsraum intensiv unter bestimmten Aspekten wahrgenommen wird. Dadurch kann die Gefahr verringert werden, dass sich zu viele Gruppen gleichzeitig an einem bestimmten Standort aufhalten. Aufgaben, die das gesamte Spielfeld betreffen, führen zu einer größeren Anzahl an Punkten, die in die Gesamtwertung eingehen. Dies hält den Ausgang des *Geogames* länger offen.
Ziel des *Geogames* ist es, den eigenen (Spiel-)Plan innerhalb einer vorgegebenen Zeit zu vervollständigen, um dadurch möglichst viele Punkte zu sammeln. Der inhaltliche Fokus des *Geogames* liegt auf der Förderung der Orientierungskompetenz, u. a. durch das Lesen, Auswerten, Analysieren, Reflektieren, Anfertigen von Plänen/Karten (z. B. das Ergänzen von Kartenelementen) sowie das Einüben der Himmelsrichtungen und der Orientierung an Landmarken (GDSU 2013; DGfG 2020). Strategische Spielentscheidungen, wie etwa das zügige Navigieren auf Grundlage des (Spiel-)Plans, werden ebenfalls zu Spielelementen, indem sich kluge Laufwege durch Zeitersparnis und letztendlich durch den Erhalt zusätzlicher Punkte bezahlt machen. Diese können durch das digitale Aufzeichnen von

doi.org/10.35468/6025-10

Bewegungsspuren sichtbar gemacht werden und Bestandteil der Reflexion sein (dafür ist der Einsatz mobiler Endgeräte notwendig, siehe *Transfer*).

Problemorientierte Frage

Die Schüler*innen erhalten als Spielplan eine „unfertige" Karte des Schulgeländes. Damit Spiel- und Lernziel vereinbar sind, ist es ihre Aufgabe, den Plan zu vervollständigen. Das Spielziel wird erfolgreich erreicht, wenn „richtige" Kartierungen vorgenommen werden und die Gruppe dadurch Punkte erhält. Das Lernziel gilt u. a. durch das Anwenden bestimmter kartographischer Arbeitsweisen als erfüllt.

Eine mögliche Leitfrage kann daher lauten:

„Unser Schulgelände – wie ist es aufgebaut und welche Bedeutungen erfüllt es?"

Dabei kann es hilfreich sein, die Frage in eine Rahmenerzählung einzubetten. Beispielsweise kann erzählt werden, wie es dazu kam, dass der Plan nicht vervollständigt wurde oder warum Teile nicht mehr lesbar sind.

Angabe zur Klassenstufe

Die Durchführung eignet sich für die 3./4. Jahrgangsstufe.

Kompetenzorientierung

Perspektivenbezogene Denk-, Arbeits- und Handlungsweisen

DAH GEO 2: Räume erkunden, untersuchen und Ergebnisse dokumentieren

Schülerinnen und Schüler können

- Merkmale und Situationen in der eigenen Umgebung nach vorgegebenen Gesichtspunkten erfassen, benennen und festhalten (GDSU 2013, 49). Im Beitrag werden die zu betrachtenden Elemente durch den Spielplan vorgegeben.
- Formen für das Erfassen, Beschreiben und Festhalten von Menschen geschaffenen Objekten und Einrichtungen und von Natur-Mensch-Beziehungen im Gelände anwenden (GDSU 2013, 49), indem sie Eintragungen auf der „unfertigen" Karte vornehmen, Skizzen erstellen, Elemente fotografieren, zählen und messen sowie Mitschüler*innen befragen. Die Elemente werden ebenfalls im (Spiel-)Plan festgehalten.
- selbst und im Austausch mit anderen Gesichtspunkte für das Beobachten und Erheben von Eindrücken, Merkmalen und Situationen zusammenstellen (GDSU 2013, 49).

doi.org/10.35468/6025-10

DAH GEO 3: Sich in Räumen orientieren, mit Orientierungsmitteln umgehen

Schülerinnen und Schüler können

- in ihrer vertrauten Umgebung räumliche Referenzpunkte (z. B. Himmelsrichtungen, zentrale „Landmarken") zeichnerisch festhalten und für die Orientierung im Raum nutzen (GDSU 2013, 50). Diese werden ebenfalls in den Spielplan aufgenommen.
- vertraute räumliche Elemente in der eigenen Umgebung auf Ortsplänen, Karten, Luft- und Satellitenbildern auffinden (GDSU 2013, 50), z. B. Objekte auf dem Schulgelände.
- wichtige Darstellungsmittel (z. B. Signaturen, Richtungsangaben) auf Karten lesen und beschreiben (GDSU 2013, 50).
- sich mithilfe einer einfachen Kartenskizze oder einem Ortsplan im Realraum orientieren, ausgewählte Orte auffinden und ausgehend von der Darstellung in der Karte einfache räumliche Situationen beschreiben (GDSU 2013, 50).

DAH GEO 4: Ordnungsmuster zu räumlichen Situationen und zu Natur-Mensch-Beziehungen aufbauen und weiterentwickeln

Schülerinnen und Schüler können

- in einfachen modellartigen Darstellungen (z. B. Kartenskizzen) räumliche Merkmale und Situationen darstellen, dabei selbst Repräsentationsformen finden sowie Lagebezüge und räumliche Proportionen angemessen in den Darstellungen eintragen (GDSU 2013, 51).
- aufgrund von Erfahrungen und Einblicken persönliche Vorstellungen als eigene Orientierungsmuster von räumlichen Situationen und zu Beziehungen zur Umwelt zusammenstellen (z. B. „mein Schulgelände") bzw. darstellen (z. B. in Skizzen oder durch einfache Strukturbilder) und diese im Austausch mit anderen verbalisieren, kommentieren und persönlich beurteilen (GDSU 2013, 51).

Perspektivenbezogene Themenbereiche

TB GEO 2: Menschen nutzen, gestalten, belasten, gefährden und schützen Räume

Schülerinnen und Schüler können

- an einem Beispiel aus der eigenen Umgebung erschließen, darlegen und einschätzen, wie und warum verschiedene Einrichtungen und Anlagen im Raum angeordnet sind, und welche Bedeutung sie haben (z. B. Schulgelände mit Anlagen) (GDSU 2013, 53).

doi.org/10.35468/6025-10

Vorbereitung und Material

Einüben der erforderlichen Arbeitsweisen

Ein *Geogame* sollte, wie jede exkursionsdidaktische Methode, in den umgebenden Unterricht mit entsprechender Vor- und Nachbereitung eingebettet sein. Dazu zählt im konkreten Beispiel, dass die ersten Schritte der Einführung in das Kartenverständnis bereits stattgefunden haben und die Schüler*innen über einige grundlegende kartographische Kenntnisse und Fähigkeiten verfügen (z. B. sollten Begriffe wie Himmelsrichtungen und Legende bekannt sein; einfache Karten sollten gelesen werden können und erstes Zeichnen von Karten/-elementen eingeübt worden sein).

Erstellung des Spielplans

Der Spielplan muss von der Lehrkraft an den jeweiligen Schulstandort angepasst werden (sowohl in Bezug auf das Spielfeld als auch in Bezug auf die Aufgaben). Man benötigt für den Spielplan den Grundriss des Spielfelds (= Schulgelände). Dabei kann es hilfreich sein, sich ein Luftbild des gewählten Ausschnitts als Vorlage zu nehmen und basierend darauf die gewünschten Umrisse (digital) nachzuformen. Das geht u. a. mit Programmen wie PowerPoint aber auch mit Textverarbeitungsprogrammen.
Der Gestaltung von Aufgaben kommt dabei eine sehr entscheidende Funktion zu. Die Arbeitsaufträge stellen den direkten Ortsbezug her und geben die entscheidenden Impulse zur Erkundung. Gleichzeitig sollen sie motivierend wirken und die entsprechenden Kompetenzen fördern. Die Aufgaben sollten daher abwechslungsreich gestaltet sein und unterschiedliche Grade der Öffnung aufweisen. Denkbar sind u. a. Tätigkeiten wie das Vornehmen einfacher Kartierungen oder kreative und lösungsoffene Aufträge, wie das Entwerfen von neuen Spielgeräten für den Pausenhof. Letztere Aufgabentypen, welche die persönlichen Bedürfnisse der Schüler*innen berücksichtigen, wirken dabei besonders authentisch, weil sie an Orten mit unmittelbarem Bezug zur Lebenswelt angesiedelt sind (Feulner 2021, 426). Über die Gestaltung der Aufgaben wird zudem der inhaltliche Schwerpunkt des Spiels festgelegt.

Klären der Spielregeln

Bei spielbasierten Umsetzungsformen ist es ausschlaggebend, dass Regeln vorab klar kommuniziert und von allen verstanden worden sind. Bei Spielen mit Gewinner*innen und Verlierer*innen muss weiterhin gewährleistet sein, dass alle Teilnehmenden die gleichen (Gewinn-)Chancen haben. Zudem hat sich gezeigt, dass es zur Aufrechterhaltung einer intrinsischen Motivation hilfreich ist, wenn die Chancen möglichst lange für alle offen gehalten werden. Dies kann durch bestimmte Regeln und das Punktesystem gesteuert werden (Feulner 2021, 381, 390).

doi.org/10.35468/6025-10

Mögliche Regeln sind z.B., dass die Gruppe zusammenbleiben muss, während des Spiels nicht gerannt wird, das Spielfeld nicht verlassen werden darf, Lösungen gemeinsam besprochen werden u.v.m. Im Punktesystem kann beispielsweise festgelegt werden, dass die schnellsten drei Gruppen zusätzliche Punkte erhalten (siehe Abbildung 3).

Bereitstellen der Materialien

Die Lehrkraft muss für die Durchführung die erstellten Spielpläne in A4 ausgedruckt bereitstellen (empfohlen wird auf der Vorderseite Kartenausschnitt und standortbezogene Aufgaben und auf der Rückseite Spielregeln, Punkte und Zusatzaufgaben abzudrucken; siehe Abbildungen 2 und 3). Je Gruppe muss mindestens ein Spielplan vorhanden sein. Die Schüler*innen benötigen zudem (farbige) Stifte und ggf. zusätzliche Hilfsmittel wie Kompasse.
Sollten mobile Endgeräte zum Einsatz kommen, müssen weitere Aspekte bedacht werden: z.B. die Verfügbarkeit von jeweils einem Gerät (Smartphone oder bei Grundschüler*innen vorzugsweise Tablet aufgrund der Displaygröße) pro Gruppe, die Akkuleistung der Geräte, ggf. der Internetempfang und das Datenvolumen. Da sowohl bei den standortbezogenen als auch standortübergreifenden Aufgaben im gezeigten Spielplan (Abbildungen 2 und 3: Audio, Foto- und Videoaufnahme) mobile Endgeräte und ihre technischen Funktionen in die Aufgabenstellung integriert sind, sollte hierauf verwiesen und die Funktionalität der mobilen Endgeräte mit den Schüler*innen vorab geprüft und geübt werden.

Ablauf

Durchführung

Wie bereits erwähnt, ist die Durchführung des *Geogames* in eine Unterrichtssequenz mit entsprechender Vor- und Nachbereitung eingebettet (siehe Tabelle 1).

Anhand eines fiktiven Spielplans wird im Folgenden der Spielablauf näher erläutert (siehe Abbildungen 2 und 3). Die angeführten Aufgabenbeispiele lassen sich dabei mit Anpassungen (siehe *Vorbereitung und Material: Erstellung des Spielplans*) auf andere Schulstandorte übertragen.
Die Vorderseite des Spielplans besteht aus einem Grundriss des Schulgeländes und einer bestimmten Anzahl standortbezogener Aufgaben (siehe Abbildung 2). Um diese lösen zu können, müssen die Gruppen zum jeweiligen Standort navigieren und mithilfe der Informationen vor Ort den Auftrag bearbeiten. Für jede „richtige" Lösung erhalten sie eine bestimmte Anzahl an Punkten.

doi.org/10.35468/6025-10

Tab. 1: Übersicht Unterrichtssequenz (eigene Darstellung)

	Vorbereitung	Durchführung	Nachbereitung
Dauer	mind. 45 Minuten	45 bis 60 Minuten	mind. 90 Minuten
Ort	Klassenzimmer	Schulgelände	Klassenzimmer
Was	V. a. organisatorische Maßnahmen (Einteilung Gruppen, Austeilen der Materialien, Klärung von Ablauf und Spielregeln) Bei der Zeitplanung beachten: Die notwendigen Kompetenzen (in Bezug auf die Kartenarbeit) müssen vorab eingeübt worden sein.	Durchführung des *Geogames* in Kleingruppen (entspricht Dauer der Spielzeit)	Organisatorische Maßnahmen (ggf. Einsammeln von Materialien etc.), Berechnung der Punkte Vorstellung der Pläne (z. B. anhand eines „Museumsrundgangs"), Aufgreifen bestimmter Aspekte Inhaltliche Reflexion, v. a. der ergebnisoffenen Aufgaben Ggf. Auswertung und Reflexion der Bewegungsspuren Anschlussmöglichkeit/Transfer zu angrenzenden Themenbereichen wie Datensicherheit/digitaler Fußabdruck, subjektive Raumwahrnehmung

Auf der Rückseite des Spielplans (siehe Abbildung 3) sind die Spiel- und Punkteregeln abgedruckt. Zudem finden sich dort Zusatzaufgaben, welche im gesamten Spielfeld (=Schulgelände) zu erledigen sind und daher keine standortbezogene Verortung auf dem Plan benötigen.

doi.org/10.35468/6025-10

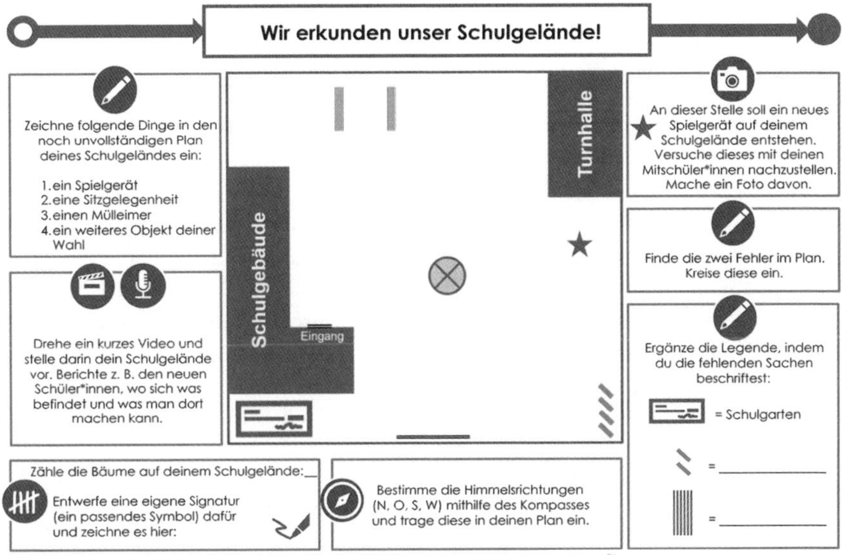

Abb. 2: Vorderseite Musterspielplan (eigene Darstellung)

Wir erkunden unser Schulgelände!

Spielregeln

- Du spielst in **4er-Gruppen**. Deine Gruppe bleibt während des gesamten Spiels zusammen.
- Du erhältst eine Rolle, die nach jeder Aufgabe wechselt: Zeitwächter*in, Zeichner*in, Beobachter*in, Leser*in.
- Das Spiel dauert **60 Minuten**.
- Ziel ist es, in dieser Zeit die **Aufgaben auf dem Spielplan (Rückseite)** und die **Zusatzaufgaben (rechte Tabelle)** zu erledigen. Die Zusatzaufgaben werden im gesamten Spielfeld während der Spielzeit erarbeitet.
- Noch während der Spielzeit sollst du den Endpunkt „Eingang Schulgebäude" erreichen. Daher behalte die Zeit gut im Blick. Denn: Gruppen, die später als die vorgegebene Zeit eintreffen, verlieren Punkte.

Viel Spaß beim Erkunden des Schulgeländes!

Punkte	Erklärung	Punktzahl (insg.)
10 Punkte	für jede gut, kreativ und ordentlich (leserlich) erledigte und dokumentierte Aufgabe aus dem Spielfeld	
5 Punkte	für jede erledigte Zusatzaufgabe	
15/10/5 Punkte	für die 1./2./3. Gruppe, die am Treffpunkt am Spielende (Eingang Schule) ankommt – ab dann dürfen keine Aufgaben mehr bearbeitet werden	
*Von **115** möglichen Punkten hat unsere Gruppe:*		

Zusatzaufgaben	Anzahl (max ✓)
Mache ein Foto von 1) deinem Lieblingsplatz. 2) einem beliebten Treffpunkt. 3) einem Ort, an dem es im Sommer schattig ist.	☐ ☐ ☐
Befrage eine Lehrkraft aus deiner Schule, welche Änderungswünsche diese für euer Schulgelände hat.	☐
Entwickle eine eigene kleine Aufgabe für dieses Spiel.	☐
Nimm ein typisches Geräusch aus deinem Schulhof auf. Die euch zugewiesene Partnergruppe muss dieses später erraten.	☐

Abb. 3: Rückseite Musterspielplan (eigene Darstellung)

doi.org/10.35468/6025-10

Nach einer vorab festgelegten Zeit endet das Spiel und es können keine Punkte mehr gesammelt werden.

Praktischer Hinweis: Gruppeneinteilung
Geogames profitieren stark von positiven gruppendynamischen Prozessen (wie z. B. der gemeinsamen Besprechung der Strategie oder der Planung der Laufwege), welche sich wiederum auf die Motivation – auch bereits bei Grundschüler*innen – auswirken können (Schaal & Baisch 2017, 8). Der Gruppeneinteilung kommt daher eine entscheidende Rolle zu (Feulner 2021, 264). Es wird empfohlen, die Gruppen nicht durch die Lehrkraft oder zufällig (z. B. durch Losen) zusammenzustellen, sondern Freiräume im Prozess des Gruppeneinteilens zu geben. Zum Beispiel können sich jeweils Zweierteams „freiwillig" organisieren/finden, die dann ggf. wiederum mit anderen Teams eine Gruppe bilden.

Infobox 1

Praktischer Hinweis: Rollen innerhalb der Gruppen
Innerhalb der Gruppen kann es sinnvoll sein, bestimmte Rollen zu vergeben (die ggf. nach jeder Aufgabe getauscht werden), um zu verhindern, dass sich einzelne Schüler*innen zu wenig beteiligen („Trittbrettfahrereffekt") oder zu dominant die Führung übernehmen: z. B. kann die Routenplanung übernommen, nach Lösungen für Zusatzaufgaben gesucht, die Zeitplanung im Blick behalten werden etc.

Infobox 2

Nachbereitung

Für die Nachbereitung und Reflexion ist ausreichend Zeit einzuplanen. Wichtig ist, zunächst die Erfahrungen der Gruppen aufzugreifen, da diese interessante Einblicke in das Erleben des Raums während der Durchführung bieten. Anschließend können die Punkte zusammengerechnet und eine Siegergruppe ermittelt werden. Die Schüler*innen können (davor oder danach) die Bearbeitungen der anderen Teams z. B. bei einem „Museumsrundgang" betrachten und analysieren. Auch ist es möglich, die Punktevergabe in Kleingruppen ablaufen zu lassen, indem immer zwei Gruppen sich gegenseitig die Lösung ihrer Aufgaben präsentieren und diese bewerten – also bepunkten.
Inhaltliche Aspekte sollten in der Nachbereitung aufgegriffen und reflektiert werden. Dazu gehören u. a. das Besprechen der vorgenommenen Arbeitsweisen und der Vergleich von offenen und unterschiedlich gelösten Aufgaben. Hieran können

doi.org/10.35468/6025-10

besonders subjektive Bedeutungszuschreibungen oder individuelle Bedürfnisse der Schüler*innen aufgezeigt, verglichen und reflektiert werden.
Falls während der Durchführung die Bewegungsdaten digital erfasst werden, ist es basierend darauf möglich, Navigationsentscheidungen mit den Schüler*innen zu besprechen und zu diskutieren. In einer Folgestunde könnte beispielsweise zu weiteren Themenschwerpunkten, wie Datensicherheit und -schutz oder dem Hinterlassen digitaler Spuren, hingeleitet werden.

Differenzierung im inklusiven Klassenraum

Im *Geogame* bringen lösungsoffene Aufgaben Möglichkeiten der Differenzierung mit sich. Vielfältige Bearbeitungsvarianten nehmen Rücksicht auf die Heterogenität der Schüler*innen und deren unterschiedliches Leistungsspektrum. Die Verortung des Themas in der Lebenswelt der Schüler*innen und der Realitätsbezug bieten zudem gute Anknüpfungspunkte, um die individuellen (Lern-)Voraussetzungen zu berücksichtigen (Kestler 2015, 341). Idealerweise findet auch innerhalb der Gruppen ein kooperativer Austausch zwischen leistungsschwächeren und -stärkeren Schüler*innen statt.

Raumkonzept

Mit Bezug auf die Raumkonzepte nach Wardenga (2002) kann ein Schwerpunkt auf den wahrgenommenen Raum (Wardenga 2002, 10) gelegt werden. Dieser Fokus liegt vor allem dann vor, wenn Aufgaben in das Geogame integriert werden, die Wahrnehmungsprozesse ansprechen (z. B. den Aspekt der Selektivität der Raumwahrnehmung), auf Wahrnehmungsveränderungen abzielen und/oder subjektive Wahrnehmungsunterschiede aufzeigen (z. B. durch individuelle Bedeutungszuschreibungen). Der Fokus der Erkundung liegt dabei stärker auf der Neuentdeckung bekannter Räume als auf dem Kennenlernen unbekannter Räume. Gerade im Nahraum ist es möglich, den Lernenden zu veranschaulichen, wie in der vermeintlich bekannten Umgebung unbekannte Aspekte, Perspektiven, Orte o. Ä. verborgen sein können, wenn man sich ihnen unter bestimmten Aufgabenstellungen nähert (Mittelstädt 2006, 39). Durch das Einnehmen verschiedener Perspektiven kann das Bewusstsein für Wahrnehmungsprozesse gestärkt werden. Dies kann zur Ausdifferenzierung der Wahrnehmungsprozesse bei Schüler*innen führen. Im vorliegenden Beispiel wird das vor allem über Wahrnehmungen zu Strukturen, Prozesse und Funktionen des Raums im Schulgelände realisiert (z. B. durch Befragungen von Lehrkräften zu Fragen wie: Was sind Ihre Lieblingsecken? Welche Veränderungswünsche haben Sie?).

Weitere zentrale fachdidaktische Ansätze

Lebensweltbezug, Orientierungskompetenz, digitale Medienkompetenz (optional)

doi.org/10.35468/6025-10

Transfer

Relokalisierung des Geogames

Was in jedem Fall für das eigene Schulgelände erstellt werden muss, ist ein Spielplan mit Kartenausschnitt und entsprechend formulierten standortbezogenen und -unabhängigen Aufgaben. Auch die Spielregeln sollten je nach Bedarf angepasst werden. Der Aufwand ist aber (mit etwas Übung) gering.

Inhaltliche Schwerpunktsetzung und weitere Themenfelder des Sachunterrichts

Durch eine entsprechende Auswahl, aber vor allem durch die Ergänzung weiterer, selbst entwickelter Arbeitsaufträge, ist es sehr gut möglich, verschiedene Schwerpunktsetzungen vorzunehmen. So ist es etwa möglich und denkbar, den Aspekt des Wahrnehmungsraums (Wardenga 2002, 10) stärker zu betonen, indem vermehrt subjektive Kartierungen angeregt werden (z. B. durch das Einzeichnen von Orten mit bestimmten Bedeutungszuschreibungen wie Lieblingsorte oder geheime Treffpunkte).

Es können aber auch verstärkt Aufgaben zur räumlichen Orientierung und zum Training geographischer Arbeitsweisen (z. B. mithilfe des Kompasses) integriert werden.

Für die Zielgruppe der Grundschüler*innen bieten sich für *Geogames*, die auf die Förderung der Orientierungskompetenz zielen, eher „abgeschlossene" Räume an – d. h. Räume, die möglichst wenig Verkehrsstraßen aufweisen oder Gefahren bergen.

Ein solcher „abgeschlossener" Raum kann das hier gewählte Raumbeispiel Schulgelände sowie der Botanische Garten oder Zoo sein. Dabei können historische, geographische, naturwissenschaftliche, sozialwissenschaftliche und technische Aspekte des Sachunterrichts in den Aufgabenstellungen des *Geogames* Berücksichtigung finden. Dies wird im Folgenden am exemplarischen Lernort „Botanischer Garten" skizziert:

- historisches Lernen: Färbepflanzen können uns überraschen. 1. Welche gelbblühenden Pflanzen färben blau, welche blau-blühenden Pflanzen gelb? Macht ein Foto davon. 2. Welchen Personen durften früher nicht färben? Notiert eure Ergebnisse.
- geographisches Lernen: Sucht folgende Pflanzen/Baumarten und verortet deren Ursprungsgebiet auf einer Karte: Farne, Olivenbaum und Kakteen.
- naturwissenschaftliches Lernen: Warum schwimmen Seerosen? Erklärt diesen Sachverhalt aus physikalischer und biologischer Perspektive. Haltet eure Erklärung in zwei beschrifteten Skizzen fest.
- sozialwissenschaftliches Lernen: Japanische Gärten weisen bestimmte Gestaltungselemente auf: 1. Künstliche Hügel (erinnern an die japanische Hügel- und Gebirgslandschaft). 2. Bäche, Teiche und Wasserelemente (stehen für das

doi.org/10.35468/6025-10

Japanische Meer). 3. Geschwungene Wege (zeigen neue Perspektiven und fordern die Aufmerksamkeit der Besucher*innen). Positioniert euch so, dass ihr möglichst viele der hier genannten Prinzipien auf ein Bild bekommt.

Möglichkeiten der digitalen Umsetzung

Eine stärkere Einbindung mobiler Endgeräte (v. a. Smartphones, Tablets) ist ebenfalls möglich. Hierbei kann beispielsweise auf verschiedene Funktionen von mobilen Endgeräten zurückgegriffen werden. So kann etwa die Lokalisierungstechnologie zum Bestimmen oder Auffinden von GPS-Koordinaten genutzt werden. Durch Lokalisierungstechnologien (GPS) werden die eigenen Bewegungsspuren im Raum erfasst, aufgezeichnet und visualisiert (Stichwort: „GPS-Tracking"). Diese können als Kartendarstellung zur Reflexion für die Analyse des Bewegungsverhaltens während des *Geogames* herangezogen werden, wobei die Visualisierung die Navigations- und Strategieentscheidungen sichtbar macht (Feulner & Kremer 2016, 129). Dieses „Tracking" ermöglicht es zudem, in der Nachbereitung neben der Reflexion der Laufwege auch an Themen wie dem eigenen „digitalen Fußabdruck" anzuknüpfen.
Zum Aufzeichnen von Bewegungsspuren eignen sich viele (kostenlose) Apps, die es bereits für den Freizeitbereich gibt (z. B. zum Wandern oder Joggen). Da diese zumeist umfangreiche Nutzungsrechte auf den mobilen Endgeräten fordern, sollten sie nach der Durchführung wieder deinstalliert werden.
Auch können Foto-Aufträge integriert und Audioaufnahmen im Rahmen des Geogames angefertigt werden. Beispiele hierfür sind das Führen von Interviews und/oder das Aufnehmen bestimmter Geräusche (z. B. Natur- vs. Innenstadtgeräusche). Des Weiteren können Zusatzinformationen in Form eines QR-Codes hinterlegt (siehe Beitrag von Haltenberger und Feulner in diesem Band) und Internetrecherchen in Auftrag gegeben werden.

Kommentierte Leseempfehlung

Feulner, B. & Kremer, D. (2016): Geogames – Räume neu erfahren am Beispiel CityPoker. In: I. Gryl (Hrsg.): Diercke – Reflexive Kartenarbeit: Methoden und Aufgaben. Braunschweig: Westermann, 129–141. → Im Beitrag wird die Erstellung und Durchführung des Geogames CityPoker vorgestellt.

Schaal, S. & Baisch, P. (2017): Natur und Kultur ‚erspielen' – Geogames gestalten mit Schülerinnen und Schülern im Sachunterricht (Projekt „Na KueG!"). In: Online-Magazin „Ludwigsburger Beiträge zur Medienpädagogik" 19, 1–12. → Im Beitrag wird gezeigt, wie Grundschüler*innen unter Anleitung von Studierenden des Grundschullehramts einzelne Stationen eines Geogames zur Erkundung eines Stadtparks erstellen. Chancen und Herausforderungen sowie erste Implikationen für die Praxis werden beleuchtet und diskutiert.

Schaal, S., Schaal, S. & Lude, A. (2015): Digital Geogames to foster local biodiversity. In: International Journal for Transformative Research 2 (2), 16–29. → Der Artikel beschreibt die projektbasierte Forschungsarbeit mit Geogames im Bereich der Biologiedidaktik. Dabei wird auf verschiedene unterrichtspraktische Beispiele verwiesen.

doi.org/10.35468/6025-10

Schlieder, C. (2014): Geogames – Gestaltungsaufgaben und geoinformatische Lösungsansätze. In: Informatik Spektrum 37 (6), 567–574. → Dieser Artikel gibt einen Einblick in (geoinformatisches) Hintergrundwissen zur Entstehung und Entwicklung von Geogames.

Referenzen

Baer, U. (2008): Spiel. In: T. Coelen & H.-U. Otto (Hrsg.): Grundbegriffe Ganztagsbildung. Das Handbuch. Wiesbaden: VS Verlag für Sozialwissenschaften, GWV Fachverlage GmbH, 155–163.

DGfG (Deutsche Gesellschaft für Geographie) (Hrsg.) (2020): Bildungsstandards im Fach Geographie für den Mittleren Schulabschluss. Online unter: https://geographie.de/wp-content/uploads/2020/09/Bildungsstandards_Geographie_2020_Web.pdf. (Abrufdatum: 19.07.2021).

Feulner, B. (2021): SpielRäume. Eine DBR-Studie zum mobilen ortsbezogenen Lernen mit Geogames. Dortmund: readbox publishing GmbH.

Feulner, B. & Kremer, D. (2016): Geogames – Räume neu erfahren am Beispiel CityPoker. In: I. Gryl (Hrsg.): Diercke – Reflexive Kartenarbeit. Methoden und Aufgaben. Braunschweig: Westermann, 129–141.

Frank, F. (2013): Nahraum. In: D. Böhn & G. Obermaier (Hrsg.): Wörterbuch der Geographiedidaktik. Begriffe von A-Z. Braunschweig: Westermann, 202–203.

Frölich, J. & Lehmkuhl, G. (2012): Computer und Internet erobern die Kindheit. Vom normalen Spielverhalten bis zur Sucht und deren Behandlung. Stuttgart: Schattauer.

Gebel, C. (2009): Lernen und Kompetenzerwerb mit Computerspielen. In: T. Bevc & H. Zapf (Hrsg.): Wie wir spielen, was wir werden. Computerspiele in unserer Gesellschaft. Konstanz: UVK-Verl.-Ges., 77–94.

GDSU (Gesellschaft für Didaktik des Sachunterrichts) (Hrsg.) (2013): Perspektivrahmen Sachunterricht. Vollständig überarbeitete und erweiterte Ausgabe. Bad Heilbrunn: Klinkhardt.

Hemmer, M. & Uphues, R. (2009): Zwischen passiver Rezeption und aktiver Konstruktion. Varianten der Standortarbeit aufgezeigt am Beispiel der Großwohnsiedlung Berlin-Marzahn. In: M. Dickel & G. Glasze (Hrsg.): Vielperspektivität und Teilnehmerzentrierung - Richtungsweiser der Exkursionsdidaktik. Münster u. a.: LIT Verlag, 39–50.

Hemmer, I., Hemmer M., Hüttermann A. & Ullrich, M. (2010): Kartenauswertekompetenz – Theoretische Grundlagen und Entwurf eines Kompetenzstrukturmodells. In: Geographie und ihre Didaktik 38 (3), 158–171.

Hemmer, M. (2012): Räumliche Orientierungskompetenz – Herausforderung für Forschung und Schulpraxis. In: A. Hüttermann, P. Kirchner, S. Schuler & K. Drieling (Hrsg.): Räumliche Orientierung. Räumliche Orientierung, Karten und Geoinformationen im Unterricht. Braunschweig: Westermann, 10–21.

Hemmer, M. (2016): Räumliche Orientierungskompetenz – mehr als Stadt, Land, Fluss. In: Adamina, M., Hemmer, M., Schubert, J. C. (Hrsg.): Die geographische Perspektive konkret – Begleitband 3 zum Perspektivrahmen Sachunterricht. Bad Heilbrunn: Klinkhardt, 175–178.

Hemmer, M. & Wrenger, K. (2016): Förderung der Kartenkompetenz im Sachunterricht. In: Adamina, M., Hemmer, M., Schubert, J. C. (Hrsg.): Die geographische Perspektive konkret – Begleitband 3 zum Perspektivrahmen Sachunterricht. Bad Heilbrunn: Klinkhardt, 179–186.

Kerres, M. (2012): Mediendidaktik. Konzeption und Entwicklung mediengestützter Lernangebote. München: Oldenbourg.

Kestler, F. (2015): Einführung in die Didaktik des Geographieunterrichts. Grundlagen der Geographiedidaktik einschließlich ihrer Bezugswissenschaften. Bad Heilbrunn: Klinkhardt.

Mittelstädt, F.-G. (2006): Bildung von Räumen – Räume und Bildung. In: Geographie und Schule 28 (160), 38–44.

Reinmann, G. (2011): Studientext. Didaktisches Design. Online unter: http://gabi-reinmann.de/wp-content/uploads/2011/04/Studientext_DD_April11.pdf. (Abrufdatum: 19.07.2021).

Rinschede, G. (2007): Geographiedidaktik. Paderborn: Schöningh.

Schaal, S. & Baisch, P. (2017): Natur und Kultur ‚erspielen' – Geogames gestalten mit Schülerinnen und Schülern im Sachunterricht (Projekt „Na KueG!"). In: Online-Magazin „Ludwigsburger Beiträge zur Medienpädagogik" 19, 1–12.

Schlieder, C. (2014): Geogames – Gestaltungsaufgaben und geoinformatische Lösungsansätze. In: Informatik Spektrum 37 (6), 567–574.

Uhlenwinkel, A. (2013): Spiele im Geographieunterricht. In: M. Rolfes & A. Uhlenwinkel (Hrsg.): Essays zur Didaktik der Geographie. Potsdam: Univ.-Verl. Potsdam. Online unter https://publishup.uni-potsdam.de/opus4-ubp/frontdoor/deliver/index/docId/6385/file/pgp06.pdf. (Abrufdatum: 19.07.2021).

Wardenga, U. (2002): Alte und neue Raumkonzepte für den Geographieunterricht. In: Geographie heute 23 (200), 8–11.

Autorinnen

Barbara Feulner, Dr.
Universität Augsburg
Institut für Geographie
Alter Postweg 118, 86159 Augsburg
barbara.feulner@geo.uni-augsburg.de
Forschungsschwerpunkte: Mobiles (ortsbezogenes) Lernen, Spielbasiertes Lernen und Design-Based Research (DBR) in der Geographiedidaktik

Melanie Haltenberger
Universität Augsburg
Institut für Geographie
Alter Postweg 118, 86159 Augsburg
melanie.haltenberger@geo.uni-augsburg.de
Forschungsschwerpunkte: Lehrer*innenprofessionalität, geographisches Lehren und Lernen (im Sachunterricht der Grundschule) und Basiskonzepte

doi.org/10.35468/6025-10

Melanie Haltenberger und Barbara Feulner

Eine digitalgestützte (Innenstadt-)Rallye zum Thema *Umweltverschmutzung durch Müll.* Mensch-Umwelt-Prozessen im Nahraum auf der Spur

Teaser

Der Nahraum / die (Innen-)Stadt ist als ‚Hot Spot[…]' für viele globale und lokale Nachhaltigkeitsthemen" (Hiller u. a. 2019, 8) ein geeigneter Lernraum – so auch für die spezifische Zielgruppe der Grundschüler*innen. Im Beitrag wird aufgezeigt, wie Schüler*innen mithilfe einer *digitalgestützten Rallye* zum Thema *Umweltverschmutzung durch Müll* Mensch-Umwelt-Prozesse und -Konflikte im Nahraum erforschen können.

Raum des exkursionsdidaktischen Settings

Den Raum des exkursionsdidaktischen Settings bildet der Nahraum bzw. die "Innenstadt" (z. B. Bahnhof, Fußgängerzone, Müllsammelstelle, Park, öffentlicher Parkplatz, Stadtwald, Supermarkt). Der unmittelbare Nahraum als Exkursionsort ermöglicht es den Grundschüler*innen, Erfahrungen in ihrer eigenen Lebenswelt zu sammeln. Zusammen mit der originalen Begegnung stellt dies als Primärerfahrung eine „ganzheitliche, selbsttätige und selbstständige Aneignung der Realität [dar]" (Kestler 2015, 336). Exkursionsformate wie *(digitalgestützte) Rallyes* bieten dabei für Schüler*innen eine reizvolle Möglichkeit, spielerisch den Nahraum zu erkunden und räumliche Orientierungskompetenz zu erwerben sowie Mensch-Umwelt-Prozesse wahrzunehmen.

Fachdidaktischer Ansatz: Mensch-Umwelt-System

In geographischen Lehr- und Lernkontexten werden häufig Mensch-Umwelt-Prozesse, -Beziehungen und -Konflikte in den Blick genommen – so auch in der geographischen Perspektive des Sachunterrichts. Geographisches Lernen in der Grundschule bedeutet, Prozesse, Beziehungen und Konflikte zwischen Mensch und Umwelt zu erkennen, zu erkunden und zu erschließen sowie deren Strukturen, Funktionen und Prozesse zu beschreiben, zu erklären, zu analysieren und zu beurteilen (Adamina 2016, 46).

doi.org/10.35468/6025-11

Wird das Mensch-Umwelt-System mit seinen Wechselwirkungen in Räumen näher untersucht, so kann sowohl eine naturgeographische Perspektive (natürliches (Teil-)System inklusive der naturräumlichen Grundlagen: z. B. Boden, Klima, Oberflächenformen, Vegetation, Wasser) als auch eine humangeographische Sichtweise (menschliches (Teil-)System: z. B. Interessen, Ziele und Einstellungen der Menschen zur Natur und zu Räumen; Erschließung, Gestaltung und Inwertsetzung von Räumen durch den Menschen) zu bestimmten geographischen Inhalten eingenommen werden (siehe Abbildung 1).

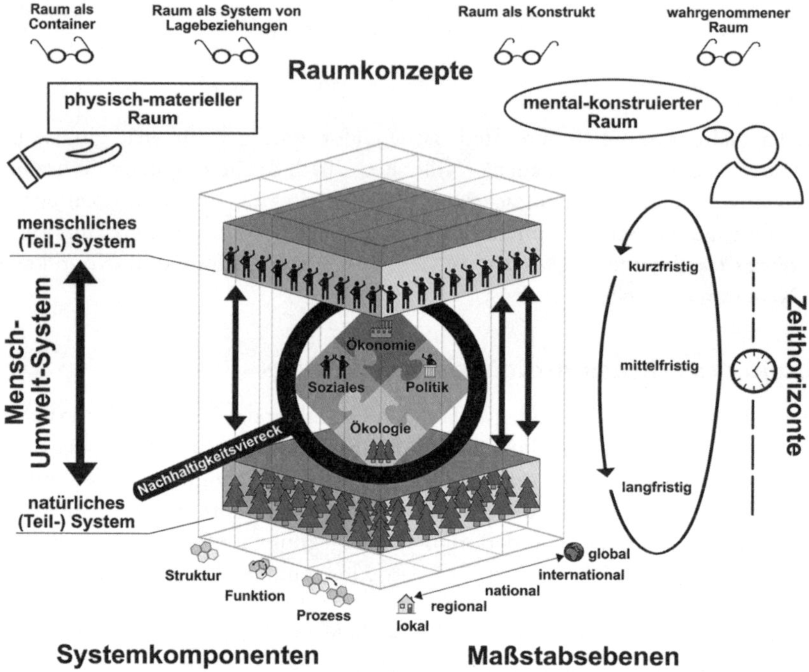

Abb. 1: Die zentralen Basiskonzepte des Unterrichtsfachs Geographie (eigene Darstellung nach Fögele & Mehren 2021, 52; Grafik: N. Gräfe)

Der integrative Ansatz des *Mensch-Umwelt-Systems* verfolgt das Ziel, die beiden Teilsysteme (natürliches und menschliches (Teil-)System) nicht einzeln, sondern in ihrem systemischen Zusammenwirken zu betrachten sowie in Beziehung zueinander zu setzen (Adamina 2016, 46; DGfG 2020, 12). Im Fokus des Mensch-Umwelt-Systems stehen daher sowohl natur- als auch humangeographische (= auf den Menschen bezogene) Fragestellungen und Betrachtungsweisen. Inhalte des Sachunterrichts wie z. B. *Wertstoffe, Recycling, Müllvermeidung, regionale und*

doi.org/10.35468/6025-11

überregionale Lebensmittel, Luftverschmutzung, Tourismus, natürliche und kulturelle Ausstattungen eines bedeutungsvollen Raums (z. B. Klassenzimmer, Schulgebäude, Schulgelände, Schulweg), Schutz von Natur und Kultur in Räumen, (Formen der) Mobilität, Veränderungen in Stadt und Regionen, Fertigung von Kleidung, Lebensweisen in anderen Räumen und Regionen der Welt (Bedrohung durch Armut, Erdbeben etc.), Beeinflussung des Kaufverhaltens, Wasserverschmutzung und -verschwendung (GDSU 2013) können mit Grundschüler*innen sowohl aus natur- als auch aus humangeographischer Sicht betrachtet, analysiert, erklärt und diskutiert werden. Erst die vernetzende Betrachtung von Mensch und Umwelt legt die naturräumlichen Grundlagen (z. B. Biogeographie, Boden, Hydrologie, Klima, Oberflächenformen, Vegetation etc.) einerseits und die menschlichen Interessen, Bedürfnisse und Handlungsweisen andererseits offen (Adamina 2016, 45). Die zwischen diesen beiden (Teil-)Systemen (natürliches und menschliches (Teil-) System) existierenden Interaktionen und Wechselbeziehungen (Fögele 2016, 74) sind Gegenstand geographischer Inhalte und Fragestellungen – auch im Sachunterricht der Grundschule – und können daher von Grundschüler*innen untersucht werden: z. B. Welche Auswirkungen hat der Mülleintrag des Menschen in das Natursystem Wald?, Welche landwirtschaftliche Betriebsform fördert die Artenvielfalt?, Wie sieht ein für unsere Umwelt nachhaltiges Konsumverhalten aus? Dies sind nur ein paar wenige von vielen möglichen Fragestellungen im Schnittfeld des Mensch-Umwelt-Systems im Sachunterricht.

Durch die Betrachtung des *Mensch-Umwelt-Systems* mit seinen Wechselwirkungen können *Systemkomponenten* wie Strukturen, Funktionen und Prozesse in Räumen ersichtlich werden, die es für Grundschüler*innen zu beobachten und zu erforschen gilt (siehe Abbildung 1). Während die Struktur meist die räumliche Anordnung des Systems wiedergibt (z. B. Struktur der Vegetation), so zeigt die Funktion die Beziehung zwischen diesen Strukturen auf (z. B. intakte Vegetation als bedeutsamer Faktor für Artenvielfalt). Veränderungen (z. B. Artensterben (durch Eintrag invasiver Arten)) werden als Prozesse gefasst. Unterschiedliche *Maßstabsebenen* (lokal bis global) und *Zeithorizonte* (kurz- bis langfristig) sind dabei ebenfalls von Bedeutung und können den Blick der Grundschüler*innen auf das Mensch-Umwelt-System schärfen (siehe Abbildung 1). Eine vertiefende Betrachtung der Wechselbeziehungen zwischen Mensch und Umwelt erfolgt durch das *Nachhaltigkeitsviereck* und seine vier verschiedenen Perspektiven (siehe Abbildung 1): ökologische, ökonomische, soziale und – je nach Autor*in – kulturelle oder politische Betrachtungsdimensionen können hier von Grundschüler*innen eingenommen werden (Fögele 2016, 74). Unterschiedliche Sichtweisen auf die für die Geographie zentrale Kategorie Raum liefern die vier Raumkonzepte (siehe Abbildung 1, *Raumkonzepte*) (DGfG 2020, 13; Wardenga 2002, 8ff). Während sich die ersten beiden Raumkonzepte (Raum als Container, Raum als System von Lagebeziehungen) auf den realen und erlebbaren Raum beziehen, der messbar

doi.org/10.35468/6025-11

und beobachtbar hinsichtlich geographischer Faktoren und Lagerelationen sowie Distanzen ist, berücksichtigen die anderen beiden Raumkonzepte (wahrgenommener Raum, sozial konstruierter Raum) gedankliche und mentale Raumwahrnehmungen und -konstruktionen von Individuen, Gruppen, der Gesellschaft und den Medien. Grundschüler*innen können sich diesen Raumkonzepten durch unterschiedliche Aufgaben- und Fragestellungen nähern und dadurch Räume differenzierter wahrnehmen, z. B. durch Fragestellungen wie „Welche geographischen Besonderheiten gibt es in deinem Wohnort?, Mit welchen weiteren Orten ist dein Wohnort durch Verkehrsstraßen gut verbunden?, Wie nimmst du deinen Wohnort wahr?, Wie wird dein Wohnort in der örtlichen Zeitung beschrieben und dargestellt?".

Exkursionsdidaktische Methode: Digitalgestützte Rallye

Allgemeine Beschreibung der Methode Rallye

Bei einer (Innenstadt-)Rallye handelt es sich um „ein Geländespiel, bei dem die [...] [Schüler*innen] durch das Lösen verschiedener Aufgaben zu einem Ziel gelangen" (Bauriegel 2013, 226). Rallyes werden als Erkundungsspiele zu den Interaktionsspielen gezählt (Rinschede 2007, 256) und verfolgen nach Knecht und Reim (2011, 187) vier zentrale Ziele: kooperatives Arbeiten und Lernen, (räumliche) Orientierungskompetenz (siehe Beitrag von Feulner und Haltenberger in diesem Band), (spielerische) Auseinandersetzung mit der Umwelt und Aufbau von Fachwissen.

Elemente einer Rallye

Im Rahmen einer Rallye erschließen und erarbeiten sich Schüler*innen selbstständig ihren (Lauf-)Weg, wobei ihnen z. B. Hinweise oder Karten helfen. Daher spielt der Aspekt der räumlichen Orientierung meist eine zentrale Rolle. An verschiedenen Standorten werden mithilfe geographischer Arbeitsweisen Aufgaben bearbeitet und gelöst, was bei Rallyes häufig mit der Vergabe von Punkten verknüpft ist. Dadurch und durch zeitliche Beschränkungen kann bewusst ein Wettbewerbscharakter erzeugt werden.

In Rallyes können diverse (geographische) Arbeitsmethoden und -techniken zur Anwendung kommen, wie z. B. Befragen, Bestimmen, Fotografieren, Kartieren, Zeichnen u.v.m. Zudem können digitale Medien integriert werden, wenn diese einen inhaltlichen Mehrwert mit sich bringen. Wie bei allen Methoden ist es auch bei Rallyes wichtig, nicht nur den spielerischen Aspekt zu betonen, sondern vor allem auch in einer sinnvollen Nachbereitung die gesammelten Informationen und Erlebnisse zu besprechen und zu reflektieren (Rinschede 2007, 276f).

doi.org/10.35468/6025-11

Digitalgestützte Rallyes

Digitalgestützte Rallyes (wie sie in diesem Beitrag heißen) unterscheiden sich vorwiegend im Grad der Digitalisierung: Vollständig digitale Varianten bieten zum Beispiel die Plattformen *„Actionbound"* (kostenloser Testzugang, jedoch ansonsten gebührenpflichtig) und *„Placity"* (kostenlos). Beide nutzen Online-Editoren, mit deren Hilfe eigene digitale Rallyes erstellt werden können. Diese können über Apps auf mobile Endgeräte heruntergeladen und gespielt werden (siehe Infoboxen 1 und 3).

Praktischer Hinweis: Actionbound

Actionbound (www.actionbound.de) ist eine Lern-App, mit welcher *digitalgestützte Rallyes* erstellt werden können (Zwick et al. 2016). Die Spielanleitung und der -ablauf werden dabei mithilfe der App realisiert.

Actionbound beruht auf den Grundprinzipien von *Geocaching* (s. Kästchen: Formen *digitalgestützter Rallyes*) und *City Bound* – einem erlebnispädagogischen Instrument, das in den 1980er Jahren für den urbanen Raum entwickelt wurde (Feige & Deubzer 2004, 13).

Die Schüler*innen bewegen sich selbstständig von Standort zu Standort, lösen dort Aufgaben und erhalten Informationen durch die App. Aufgaben können in *Actionbound* linear oder in freier Reihenfolge gespielt werden. Das Durchlaufen der Standorte kann dabei gemeinsam oder aber auch in Kleingruppen erfolgen (Zwick et al. 2016).

Mithilfe von *Actionbound* können vielfältige Anwendungsmöglichkeiten digital realisiert werden: Texte, Audiodateien, Bilder, Videos u.v.m. Ergebnisse (Fotos, Erklärvideos, Zeichnungen), die während der Rallye entstehen, können per *drag-and-drop* in der *Actionbound*-Medienbibliothek hochgeladen werden. Die Höhe der Punktzahlen für die einzelnen Aufgaben ist frei wählbar. Konzeptionen von Rallyes, welche auf Apps wie *Actionbound* beruhen, werten die Ergebnisse der Rallye (Berechnung der Gesamtpunktzahl) meist direkt und unmittelbar nach Abschluss aus. Andere Rallyeformen wie *QR-Code-Rallyes* oder *Geocaching* (siehe Infobox 2) fordern das Notieren der Lösungen meist auf einem separaten Dokument.

Die Herausforderung bei der Gestaltung eines *Bounds* (= ein Spiel in der App *Actionbound*) ist weniger technischer Art (es sind keine Programmierkenntnisse notwendig), sondern liegt vielmehr in der kreativen und auf den gewählten Lernort passenden, adressat*innenorientierten Aufgabengestaltung (Hiller et al. 2019, 9).

doi.org/10.35468/6025-11

Bounds können mit Schüler*innen auch gemeinsam erarbeitet und gestaltet werden (vgl. dazu Schaal & Schaal 2018). Letzteres sollte jedoch nur erfolgen, wenn das Format bereits bekannt und mehrmals praktiziert worden ist, so dass mögliche Anwendungsformate generiert werden können. Schaal und Baisch (2017, 8) konnten in ihrer Studie zeigen, dass sich dies bereits mit Grundschüler*innen realisieren lässt, jedoch sollte die Einbindung aller Schüler*innen (z. B. durch Verteilung von konkreten Rollen, z. B. Fotograf*in, Zeitwächter*in) angestrebt, die Relevanz der Konzeption und der Lebensweltbezug klar herausgestellt sowie genügend Zeit und Gelegenheit zur originalen Begegnung und Unterstützung (z. B. durch Hilfekärtchen oder eine kleinschrittige Anleitung) gegeben werden.
Hinweise zum Datenschutz und Urheberrecht: *Bounds* werden nach Erstellung meist „öffentlich" geschalten und sind somit für alle Nutzer*innen der App sichtbar. Es gibt aber auch die Möglichkeit, öffentlich nicht einsehbare – sogenannte geheime *Bounds* – zu generieren. Durch Scannen eines *QR-Codes* oder durch Eingabe eines Passworts gelangen die Schüler*innen dann zum Spiel. Auch die Ergebnisse der Kinder wie Bilder oder Audiodateien können versteckt und für die Öffentlichkeit nicht sichtbar hinterlegt werden. Beim Erstellen des *Bounds* muss hierfür unter „Optionen" der Punkt „Ergebnisse nicht anzeigen" ausgewählt werden.

Infobox 1

Eine weitere Möglichkeit besteht darin, Teilbereiche einer Rallye zu digitalisieren, während andere analog bleiben. Für die digitale Ausgestaltung bieten sich z. B. die Routenführung (Koordinaten werden in digitaler Karte geöffnet) und/oder die Integration digitaler Arbeitsweisen an (siehe Infobox 2).

doi.org/10.35468/6025-11

Exkurs: Formen digitalgestützter Rallyes

Große Ähnlichkeit weisen *digitalgestützte Rallyes* (wie sie in diesem Beitrag heißen) mit anderen konzeptionellen Umsetzungen auf. Dazu zählt z. B. das *Geocaching*, was ebenfalls eine Art digitale Schnitzeljagd darstellt, den Fokus aber ursprünglich verstärkt auf das Auffinden von Verstecken anhand von Koordinaten gelegt hat. Zum Aufsuchen der Geoposition werden häufig spezielle GPS-Empfänger oder Apps auf Smartphones (z. B. c:geo, geocaching) verwendet (Hiller et al. 2019, 18).

Das Auffinden sogenannter *Earthcaches*, bei denen geologisch interessante Orte im Fokus stehen, bietet u. a. weitere interessante Anknüpfungspunkte zum Sach- und Geographieunterricht (genauere Informationen finden sich z. B. bei Zecha & Hilger 2016).

Als eine Sonderform der *digitalgestützten Rallye* kann die *QR-Code-Rallye* gesehen werden. Dabei werden Informationen (z. B. Hinweise, Koordinaten) in Form von *QR-Codes* hinterlegt. Der *QR-Code* (Abkürzung *QR* von engl. *Quick Response*: „schnelle Antwort") ist ein zweidimensionaler Code, der verschlüsselte (Text-)Informationen enthält und mithilfe eines *QR-Code-Readers* auf dem Smartphone oder Tablet gelesen werden kann. Über einen *QR-Code* können z. B. Aufgaben, Materialien, Koordinaten, Links zu Textseiten, Audiosprachnachrichten sowie Videos geteilt werden. Häufig werden diese für ihren Einsatz im Rahmen einer Rallye ausgedruckt und im Gelände an entsprechender Stelle angebracht bzw. hinterlegt. Dabei sollten diese eine bestimmte Größe oder ein zusätzliches Symbol aufweisen, um am Rallye-Ort gefunden zu werden. *QR-Codes* können schnell und einfach über verschiedene Seiten generiert werden: z. B. unter www.qrcode-monkey.com oder unter www.qrcode-generator.de. Ziel von *QR-Code-Rallyes* ist es, den spielerischen Aspekt zu erhöhen (z. B. wenn Codes versteckt werden) und das Problem zu umgehen, dass an bestimmten Standorten keine ausreichenden Informationen vor Ort zu finden sind. Gleichzeitig kann damit auch das Verwenden zusätzlicher Materialien verringert werden (genauere Informationen siehe Feulner & Resenberger 2014). Große (begriffliche) Überschneidungen gibt es außerdem mit Konzepten wie den *GPS-Bildungsrouten* (Zecha 2015; Greif et al. o. J.) oder *digitalen Lehrpfaden* (Hermes & Kuckuck 2016).

Infobox 2

Im Hinblick auf *digitalgestützte Rallyes* existieren verschiedene Formen und Konzepte: vollständig digitale sowie teilweise digitale Rallyes. Dabei gilt jeweils zu reflektieren, ob durch das digitale Medium eher

- ein Ersatz (***S**ubstitution*: analoges Arbeitsmittel wird durch digitales ohne funktionale Änderung ersetzt),

doi.org/10.35468/6025-11

- eine Erweiterung (***A**ugmentation*: analoges Medium wird durch digitales mit einem ersichtlichen Mehrwert und einer funktionalen Verbesserung ersetzt),
- eine Änderung des analogen Mediums (***M**odificatio*n: Technologieeinsatz führt zu einer Neugestaltung der Aufgabe) oder sogar
- eine Neubelegung (***R**edefinition*: Technologieeinsatz ermöglicht neue Aufgabenformate, die ohne das technische Hilfsmittel analog nicht umsetzbar gewesen wären) erzeugt wird (Wilke 2016).

Bei den Formen des SAMR-Modells (=Substitution-Augmentation-Modification-Redefinition-Modells) zum Verhältnis von analogen und digitalen Medien kann im Rahmen einer Erweiterung von einer funktionalen Verbesserung, im Rahmen einer Änderung von einem erweiterten Lernzugang und im Rahmen der Neubelegung von neuen Lernzugängen durch digitale Medien gesprochen werden. Empfohlen wird bei der Integration von digitalen Medien z. B. in *digitalgestützten Rallyes* auf der zweiten Ebene – der Erweiterung – anzusetzen, da hier bereits durch diese eine funktionale Verbesserung erzielt werden kann (z. B. durch *QR-Codes*, die auf weiterführende Informationen wie Texte oder Koordinaten verweisen). Der Einsatz von digitalen Medien im Rahmen einer Rallye sollte daher bewusst und zielgerichtet erfolgen (Hiller et al. 2019, 16).
Der Mehrwert der Verwendung digitaler Medien wird dabei häufig im Lernprozess selbst gesehen: Digitale Medien können die Motivation und das Interesse an der Beschäftigung mit Themen/Inhalten (Crawford et al. 2016, 959) sowie die Spielfreude und Naturverbundenheit steigern bzw. positiv beeinflussen (Schaal 2017, 7). Zudem können mobile Endgeräte durch ihre Vielzahl an Funktionen als Werkzeuge für das Training geographischer Arbeitsweisen eingesetzt werden (Feulner & Ohl 2014, 6). Dazu zählen u. a. die (Video-)Kamera zur Dokumentation von Informationen sowie das Diktiergerät zur Aufnahme von Interviews und bestimmten Geräuschen. Der Kompass sowie diverse Kartendienste dienen im Rahmen einer Rallye zur Navigation (v. a. auch in Ergänzung mit dem GPS-Empfang). Als Lokalisierungstechnologie ermöglichen diese das Vornehmen von Kartierungen (bzw. generell das Bestimmen von Standorten). Teilweise verfügen mobile Endgeräte auch über Funktionen wie Barometer und/oder Neigungsmesser. Der orts- und zeitunabhängige Zugriff auf diverse digitale Dienste ermöglicht weiterhin die Informationsrecherche.
Mobile Endgeräte als digitale Werkzeuge (in *digitalgestützten Rallyes*) fördern die aktive, konstruktive und kommunikative Auseinandersetzung von Erlebnis- und Erfahrungsräumen und tragen gleichzeitig zur Erschließung von Realräumen sowie der Zuweisung individueller Bedeutsamkeiten dieser Räume bei (Lengen 2016, Song 2014).

doi.org/10.35468/6025-11

Exkursionsdidaktisches Setting:

Im Rahmen der *digitalgestützten Rallye* erkunden Grundschüler*innen ihren Nahraum/ihre (Innen-)Stadt, um dem Mensch-Umwelt-Konflikt *Umweltverschmutzung durch Müll* auf die Spur zu kommen. Die Schüler*innen durchlaufen die Stationen (ggf. in unterschiedlicher Reihenfolge), wobei sie die Aufgaben und Informationen digital mithilfe der App *Actionbound* erhalten. Die im Folgenden beschriebene *digitalgestützte Rallye* enthält sowohl Elemente einer Arbeitsexkursion (aufgrund der integrierten Arbeitsmethoden wie Kartieren, Beobachten und Befragen) als auch einer Spurensuche (aufgrund der lösungsoffenen Suchaufgaben) (Hemmer & Uphues 2009, 41).
Das zentrale Ziel der hier aufgezeigten *digitalgestützten (Innenstadt-)Rallye* ist eine interaktive und selbstgesteuerte Auseinandersetzung der Grundschüler*innen mit dem Thema *Umweltverschmutzung durch Müll* im Nahraum.

Problemorientierte Frage

Die Schüler*innen gehen im Rahmen der *digitalgestützten Rallye* folgender zentraler Fragestellung nach:
Der Umweltverschmutzung durch Müll in unserer Stadt auf der Spur – wo(durch) entsteht Müll und wie werden wir ihn wieder los?

Angabe zur Klassenstufe

Für die Durchführung eignet sich die 3./4. Jahrgangsstufe.

Kompetenzorientierung

Im Perspektivrahmen Sachunterricht lassen sich einige Bezüge zum Konzept *Mensch-Umwelt-System* finden. Auch das in der *digitalgestützten Rallye* in den Blick genommene Thema der *Umweltverschmutzung durch Müll* lässt sich dort verorten.

Perspektivenbezogene Denk-, Arbeits- und Handlungsweisen

DAH GEO 2: Räume erkunden, untersuchen und Ergebnisse dokumentieren

Schülerinnen und Schüler können

- Merkmale und Situationen in der eigenen Umgebung nach vorgegebenen Gesichtspunkten erfassen, benennen und festhalten.
- aufgrund von Fragen und Erkenntnissen aus Erkundungen (z. B. durch Befragen von Personen aus dem Supermarkt) nach zusätzlichen Informationen recherchieren und Ergebnisse daraus umsetzen und darstellen (GDSU 2013, 49).

doi.org/10.35468/6025-11

DAH GEO 4: Ordnungsmuster zu räumlichen Situationen und zu Natur-Mensch-Beziehungen aufbauen und weiterentwickeln

Schülerinnen und Schüler können

- an überschaubaren Beispielen Beziehungen von Menschen zu ihrer Umwelt beschreiben und einfache Beziehungsmuster darstellen.
- räumliche Bezugspunkte und Dimensionen miteinander in Beziehung setzen (z. B. Müllverschmutzung vor Ort und in der Welt) (GDSU 2013, 51).

Perspektivenbezogene Themenbereiche

TB GEO 2: Menschen nutzen, gestalten, belasten, gefährden und schützen Räume

Schülerinnen und Schüler können

- an Beispielen beschreiben, was in Räume „kommt" und was aus Räumen „geht" (z. B. Warentransporte, Entsorgung und Recycling von Müll).
- mögliche Umgangsformen mit Naturgrundlagen wahrnehmen, erkennen und die Bedeutung eines nachhaltigen Umgangs mit Naturgrundlagen verstehen (z. B. bei Konsumentscheidungen) (GDSU 2013, 53).

TB GEO 4: Entwicklungen und Veränderungen in Räumen

Schülerinnen und Schüler können

an kleinen Projekten zur Schonung und zum Schutz von Naturgrundlagen und unseres Lebensraums mitwirken (z. B. Upcycling) (GDSU 2013, 55).

Vorbereitung und Material

Erstellung einer digitalgestützten (Innenstadt-)Rallye

In Abhängigkeit davon, ob eine komplett oder in Teilen *digitalgestützte Rallye* erstellt wird, gilt es verschiedene Dinge zu beachten. Hinweise für die Konzeption einer (in Teilen) *digitalgestützten Rallye* per Online-Editor bieten zumeist die entsprechenden Plattformen selbst (siehe *Exkursionsdidaktische Methode*). Eine kurze Einführung in das Erstellen einer Rallye mit der App *Actionbound* wird in Infobox 3 gegeben. Hinweise auf mögliche digitale Arbeitsweisen finden sich im Abschnitt zur *Exkursionsdidaktischen Methode*.

doi.org/10.35468/6025-11

Praktischer Hinweis: Erstellung einer Actionbound-Rallye

Ein *Bound* (=Spiel) kann auf www.actionbound.com nach erfolgreicher Registrierung erstellt werden. Die zur Verfügung stehenden Elemente können beliebig kombiniert werden, die Reihenfolge ist dabei fakultativ. Im Rahmen einer Vorschau zeigt der *Bound-Creator* die Abfolge der generierten Elemente an. Sobald alle Bausteine des Spiels erstellt sind, kann dieses veröffentlicht werden. Im Schulkontext ist zu empfehlen, den *Bound* auf „geheim" zu stellen. Die Schüler*innen gelangen dann per Passwort oder Scan eines QR-Codes zum entsprechenden Spiel (Zwick 2016). Beim Start des *Bounds* können die Inhalte vorgeladen werden – dies reduziert die Nutzung mobiler Daten im Gelände (Hiller et al. 2019, 19). Am Ende des *Bounds* können die Ergebnisse übertragen, im Klassenzimmer aufgerufen sowie zur gemeinsamen Reflexion genutzt werden (Zwick 2016).

Um *Bounds* erstellen zu können, wird ein Computer mit Internetzugang sowie die aktuelle Version eines Browsers benötigt. Abgespielt werden können *Bounds* auf Smartphones und Tablets mit dem Betriebssystem *Android* oder *IOS* (Zwick 2016). Der Download der App zur Anwendung der *Bounds* ist kostenlos, während die Erstellung für Institutionen und Unternehmen kostenpflichtig, für private Zwecke kostenfrei ist. Wenn man ortsbasierte Aufgaben mit GPS-Koordinaten verwenden möchte, ist darauf zu achten, dass das Gerät eine entsprechende Funktionalität (nämlich die Funktion der Ortung, GPS) mitbringt.

Infobox 3

Falls die Routenführung nicht in der App realisiert wird, gibt es verschiedene Möglichkeiten. Grundsätzlich können lineare Routen (Start- und Endpunkt sowie die Reihenfolge der Standorte dazwischen ist vorgegeben) oder frei wählbare Verläufe (Standorte werden in beliebiger Reihenfolge angelaufen) unterschieden werden. Bei linearen Routenführungen ist darauf zu achten, dass nicht alle Schüler*innen zeitgleich starten. Hilfreich ist, den Teilnehmenden (im Vorfeld) den Streckenverlauf und die einzelnen Standorte auf einer Karte/einem Stadtplan zu zeigen. Falls die Schüler*innen mit dem Gebiet gut vertraut sind, reichen einfache Stadtpläne zur Orientierung während der Rallye aus. Ausführliche Wegbeschreibungen können (zusätzlich) angegeben sein. Das Hinterlegen von Koordinaten, die z. B. eingescannt und in einer digitalen Karte auf mobilen Endgeräten geöffnet werden, ist ebenfalls denkbar. Zudem können weitere Aufsichtspersonen (z. B. Erziehungsberechtigte) akquiriert werden, die bei Bedarf unterstützen. Als mobile Endgeräte können von Grundschüler*innen z. B. Tablets, die als Klassensatz verfügbar sind, für die Erkundung im Rahmen der *digitalgestützten Rallye* genutzt werden. Auch das Verwenden eigener Geräte (Stichwort: BYOD – Bring your own device) ist denkbar.

doi.org/10.35468/6025-11

Erstellung der Aufgaben

Da bei *digitalgestützten Rallyes* der Ortsbezug eine bedeutsame Rolle spielt (Fränkel et al. 2020, 43), können erstellte Aufgabenformate mit *Actionbound* nicht 1:1 auf andere Standorte übertragen werden. Daher werden in diesem Beitrag Aufgabenstellungen ausgewählt und dargestellt, die möglichst an vielen Orten sowohl standortbezogen als auch -unabhängig realisierbar sind. Falls eigene Aufgaben entwickelt werden, so muss nach geeigneten Lern- und Standorten gesucht werden. Bei der Auswahl des konkreten Standorts ist dabei jeweils der Bildungs- und Mehrwert der originalen Betrachtung zu berücksichtigen. Eine Herausforderung bei der Gestaltung von digitalen Aufgabenformaten liegt darin, die Aufmerksamkeit der Grundschüler*innen nicht auf das mobile Endgerät, sondern auf den Ort zu lenken. Konkrete Aufgabenbeispiele zur *digitalgestützten Rallye* mit der App *Actionbound* werden im Abschnitt *Ablauf* gegeben.

Material

Aspekte wie z. B. die Verfügbarkeit von jeweils einem Gerät pro Gruppe, die Akkuleistung der Geräte, ggf. der Internetempfang und das Datenvolumen gilt es, vorab zu prüfen. Zudem sollte bei Bedarf die App eines *QR-Code-Scanners* auf den entsprechenden Endgeräten installiert sein (siehe *Ablauf*). Zusätzliche Materialien (z. B. Stifte, DIN-A4-Blätter) müssen bereitgestellt werden sowie *QR-Codes* vor der Durchführung am betreffenden Standort angebracht sein.

Einüben der erforderlichen Arbeitsweisen und Klären der Spielregeln

Da im Rahmen der *digitalgestützten Rallye* geographische Arbeitsweisen wie Kartieren, Beobachten und Interviews führen zum Einsatz kommen, müssen diese vorab eingeführt werden. Aufgrund des Wettbewerbscharakters des Spiels ist es bedeutsam, gemeinsam mit Schüler*innen Verhaltensregeln zu erarbeiten, die während der Rallye gelten sollen. Diese werden schriftlich festgehalten und geben somit eine gewisse Verbindlichkeit.

Auch technische Details wie das Bedienen der App, das Hochladen der bearbeiteten Aufgaben sowie die verschiedenen Darbietungs- (Text, Bild, Audio, Video) und Produktionsfunktionen (Audio-, Foto- und Videoaufnahme sowie Texteingabe) der mobilen Endgeräte gilt es, im Vorfeld zu klären. Hierfür bietet es sich an, die Nutzung der App sowie die technischen Funktionen über ein Whiteboard oder eine Dokumentenkamera zu zeigen (alternativ kann die Bedienung auch ohne digitale Projektion demonstriert werden). Den Schüler*innen sollte dabei die Möglichkeit gegeben werden, die einzelnen Schritte selbst „nachklicken“ zu können.

doi.org/10.35468/6025-11

Ablauf

Durchführung

Die hier beschriebene *digitalgestützte Rallye* ist in eine Sequenz eingebettet und wird im Unterricht sowohl vor- als auch nachbereitet. Für die Nachbereitung sollte ausreichend Zeit eingeplant werden, um die auf der Rallye gesammelten Produkte, Informationen und Erkenntnisse anschließend ausführlich besprechen zu können. Die Dauer der Rallye ist auf 90 Minuten angelegt.
Im Folgenden werden mögliche Aufgabenformate beschrieben.

Beispiel: Standortunabhängige Aufgaben

Kartiert im Stadtplan folgende Aspekte:

a) Orte mit hoher Müllverschmutzung
b) Orte mit geringer Müllverschmutzung
c) Läden mit Hinweisen zur Reduktion von Verpackungsmüll

Auf eurem Weg befinden sich öffentliche Mülleimer, Glascontainer und ein Altkleidercontainer.

a) Zeichnet jeweils einen in euren Routenplan ein.
b) Begründet, warum dieser Standort von der Gemeinde/Stadt gewählt wurde.

Haltet Ausschau nach Müll, welcher nicht in Mülleimern gelandet ist.

a) Macht ein Foto davon.
b) Markiert den Fundort auf eurem Routenplan.

Screenshot einer exemplarischen Aufgabe in der *Actionbound-App*

Sucht ein Abfall- bzw. Müllprodukt und nehmt dieses mit. Überlegt euch, was ihr daraus basteln könnt. Ideen findet ihr unter dem QR-Code. Scannt hierfür den QR-Code mit eurem Tablet ein.

(Hinweis: Der QR-Code führt zur Homepage der Zeitschrift GEOlino: https://www.geo.de/geolino/14453-thma-muell
Dort wird erklärt, wie aus alten CDs eine Diskokugel, aus Plastikflaschen ein Pinguin oder ein Körnerspender, aus Joghurtbechern eine Lichterkette, aus Altpapier ein Untersetzer, aus Altglas eine Schneekugel, aus einer Dose eine Laterne und aus einem T-Shirt eine Tasche entstehen kann).

Screenshot einer exemplarischen Aufgabe in der *Actionbound-App* ➲

Infobox 4

doi.org/10.35468/6025-11

Beispiel: Standortabhängige Aufgaben – Standort Supermarkt

Befragung von Kund*innen, die im Supermarkt einkaufen

Befragt eine Kundin/einen Kunden im Supermarkt zum Thema Verpackung von Lebensmitteln. Die folgenden Fragen können euch dabei helfen. Bevor ihr das Interview durchführt, fragt die Person, ob ihr es mit dem Tablet aufnehmen dürft.

1. Achten Sie beim Einkaufen darauf, wie das Produkt verpackt ist? Hat das Einfluss auf die Auswahl der Produkte?
2. Verwenden Sie eigene Taschen beim Einkaufen? Falls ja: warum?
3. Bei welchen Produkten könnte Ihrer Meinung nach die Verpackung reduziert werden?
4. Viele Bioprodukte sind zusätzlich in Plastikfolie verpackt. Wie sehen Sie das?
5. Hier ist Platz für eure eigene Frage:

____

____

Befragung von Mitarbeiter*innen des Supermarkts

Befragt eine Mitarbeiterin/einen Mitarbeiter des Supermarkts zum Thema Verpackung von Lebensmitteln. Die folgenden Fragen können euch dabei helfen. Bevor ihr das Interview durchführt, fragt die Person, ob ihr es mit dem Tablet aufnehmen dürft.

1. Wie viel Müll fällt in Ihrem Supermarkt täglich an?
2. Hätten Sie eine Idee, wie die Menge des Mülls verringert werden könnte?
3. Was ist Ihrer Meinung nach diejenige Verpackung im Supermarkt, die am unnötigsten ist?
4. Hier ist Platz für eure eigene Frage:

____

____

Rechercheauftrag im Supermarkt

Haltet im Supermarkt Ausschau danach, welche Verpackungsmaterialien verwendet werden.

a) Sucht euch hierfür drei Produkte aus.
b) Notiert jeweils das verwendete Verpackungsmaterial.

Infobox 5

doi.org/10.35468/6025-11

Beispiel: Standortabhängige Aufgabe – Standort Container-Sammelplatz

Was passiert mit dem Glas, nachdem es im Container gelandet ist?

*Dreht ein kurzes Erklärvideo mit eurem Tablet. Jedes Gruppenmitglied sollte im Video zu sehen sein (entweder als Sprecher*in oder als Darsteller*in).*

Informationen findet ihr unter dem QR-Code. Scannt diesen mit eurem Tablet ein.

(Hinweis: Der QR-Code führt zu einem Erklärvideo: https://www.youtube.com/watch?v=XysojUXvl-I).

Screenshot einer exemplarischen Aufgabe in der *Actionbound-App* ➲

Infobox 6

Differenzierung im inklusiven Klassenraum

Die Aufgaben der Rallye sind hinsichtlich der Bearbeitungsintensität und des Anforderungsniveaus offen gestaltet und bieten somit Differenzierungsmöglichkeiten sowohl für leistungsstärkere als auch -schwächere Schüler*innen. Zudem sprechen diese verschiedene geographische Kompetenzbereiche (DGfG 2020, 9) an:

- Fachwissen (z. B. Erwerb beim Dreh des Erklärvideos),
- Handlungskompetenz (z. B. Erwerb durch Upcycling von Müll),
- Methodenkompetenz und Erkenntnisgewinn (z. B. Erwerb durch das Führen und Auswerten eines Interviews),
- Orientierungskompetenz (z. B. Erwerb durch Kartierungen im Nahraum) sowie
- Beurteilen und Bewerten (z. B. Erwerb durch die eigenständige und begründete Auswahl der Standorte in der Gemeinde/Stadt).

Raumkonzept

Unterschiedliche Perspektiven auf den Raum ermöglichen es, Räume vielperspektivisch und durch verschiedene „Brillen" oder „Filter" wahrzunehmen (Schubert 2016, 144). Mit Bezug auf die vier Raumkonzepte nach Wardenga (2002) wird ein Schwerpunkt im Rahmen der *digitalgestützten Rallye* auf den wahrgenommenen Raum gelegt (Wardenga 2002, 10). Die Schüler*innen halten ihre eigenen Wahrnehmungen zur Verbreitung und den Ursachen der *Umwelt-*

doi.org/10.35468/6025-11

verschmutzung durch Müll fest, lernen durch Befragungen aber auch Sichtweisen anderer Menschen kennen.

Weitere zentrale fachdidaktische Ansätze
Lebensweltbezug, Bildung für nachhaltige Entwicklung, digitale Medienkompetenz

Transfer

Weitere Inhaltsfelder, die sich zur Umsetzung einer *digitalgestützten Rallye* eignen, sind z. B. Nutztierhaltung, Naturkatastrophen (z. B. Hochwasser), regionale und überregionale Lebensmittel sowie die Grunddaseinsfunktionen (wohnen, arbeiten, sich bilden, sich versorgen, entsorgen, sich erholen, am Verkehr teilnehmen (Mobilität), in Gemeinschaft leben), die im Nahraum gut erforschbar und spielerisch erarbeitet werden können. Zudem weisen diese Mensch-Umwelt-Beziehungen, -Prozesse und -Konflikte auf, die es zu entdecken und nach unterschiedlichen Gesichtspunkten (gesellschaftliche, ökonomische, soziale und kulturelle sowie politische Aspekte) zu untersuchen gilt.

Kommentierte Leseempfehlung

Hiller, J., Lude, A. & Schuler, S. (2019): ExpeditioN Stadt. Didaktisches Handbuch zur Gestaltung von digitalen Rallyes und Lehrpfaden zur nachhaltigen Stadtentwicklung mit Umsetzungsbeispielen aus Ludwigsburg. Ludwigsburg: PH Ludwigsburg. → Im Beitrag werden Aufgabenformate einer *digitalgestützten Rallye* zum Thema nachhaltige Stadtentwicklung präsentiert sowie didaktische Hinweise zur Erstellung gegeben.

Feulner, B. & Resenberger, C. (2014): Geographieunterricht mit Herz, Hirn und Handy. Erstellung einer QR-Code-Rallye. In: Praxis Geographie 44 (7/8), 26–30. → Im Beitrag wird die Erstellung einer QR-Code Rallye erläutert.

Referenzen

Adamina, M. (2016): Mensch-Umwelt-Systeme aus geographischer Perspektive. In: M. Adamina, M. Hemmer & J.C. Schubert (Hrsg.): Die geographische Perspektive konkret - Begleitband 3 zum Perspektivrahmen Sachunterricht. Bad Heilbrunn: Verlag Julius Klinkhardt, 44-48.

Bauriegel, G. (2013): Rallye, Stadtrallye. In: D. Böhn & G. Obermaier (Hrsg.): Wörterbuch der Geographiedidaktik. Begriffe von A-Z. Braunschweig: Westermann, 226-227.

Crawford, M. R., Holder, M. D. & O'Connor, B. P. (2016): Using mobile technology to engage children with nature. In: Environment and Behavior 49 (9), 959-984.

DGfG (Deutsche Gesellschaft für Geographie) (Hrsg.) (2020): Bildungsstandards im Fach Geographie für den Mittleren Schulabschluss. Online unter: https://geographie.de/wp-content/uploads/2020/09/Bildungsstandards_Geographie_2020_Web.pdf. (Abrufdatum: 27.07.2021).

Feige, K. & Deubzer, B. (2004): Theoretische Grundlagen. In: B. Deubzer & K. Feige (Hrsg.): Praxishandbuch City Bound. Erlebnisorientiertes soziales Lernen in der Stadt. Augsburg: Ziel Verlag, 11-30.

doi.org/10.35468/6025-11

Feulner, B. & Ohl, U. (2014): Mobiles ortsbezogenes Lernen im Geographieunterricht. In: Praxis Geographie 44 (7/8), 4-8.
Feulner, B. & Resenberger, C. (2014): Geographieunterricht mit Herz, Hirn und Handy. Erstellung einer QR-Code-Rallye. In: Praxis Geographie 44 (7/8), 26-30.
Fränkel, S., Sellmann-Risse, D., & Grotjohann, N. (2020): Digitale Schnitzeljagd im Wald – Der Actionbound „Dem Wald auf der Spur" zur Förderung digitaler und fachlich-biologischer Kompetenzen. In: Herausforderung Lehrer_innenbildung 3 (1), 34-47.
Fögele, J. (2016): Entwicklung basiskonzeptionellen Verständnisses in geographischen Lehrerfortbildungen. Rekonstruktive Typenbildung/Relationale Prozessanalyse/Responsive Evaluation. Münster: Verlagshaus Monsenstein und Vannerdat OHG.
Fögele, J. & Mehren, R. (2021): Basiskonzepte. Schlüssel zur Förderung geographischen Denkens. In: Praxis Geographie 5 (1), 50–57.
Geolino (o. J.): Müll. Online unter: https://www.geo.de/geolino/14453-thma-muell (Abrufdatum: 07.02.2022).
GDSU (Gesellschaft für Didaktik des Sachunterrichts) (Hrsg.) (2013): Perspektivrahmen Sachunterricht. Vollständig überarbeitete und erweiterte Ausgabe. Bad Heilbrunn: Verlag Julius Klinkhardt.
Greif, M., Malkmus, M. & Smuszkiewicz, T. (o. J.): Natur als Schatzkarte! Nachhaltigkeit lernen mit GPS-Bildungsrouten zum Thema „Wasser". Ein Praxishandbuch. Online unter: https://dlrg-jugend.de/fileadmin/user_upload/DLRG-Jugend/user_upload/dlrg-jugend/service/Publikationen/2100_Natur-als-Schatzkarte.pdf (Abrufdatum: 27.07.2021).
Hemmer, M. & Uphues, R. (2009): Zwischen passiver Rezeption und aktiver Konstruktion. Varianten der Standortarbeit aufgezeigt am Beispiel der Großwohnsiedlung Berlin-Marzahn. In: M. Dickel & G. Glasze (Hrsg.): Vielperspektivität und Teilnehmerzentrierung - Richtungsweiser der Exkursionsdidaktik. Münster u. a.: LIT Verlag, 39-50.
Hermes, A. & Kuckuck, M. (2016): Digitale Lehrpfade selbstständig entwickeln – Die App Actionbound als Medium für den Geographieunterricht zur Erkundung außerschulische Lernorte. In: GW-Unterricht 1, 174-182.
Hiller, J., Lude, A. & Schuler, S. (2019): ExpeditioN Stadt. Didaktisches Handbuch zur Gestaltung von digitalen Rallyes und Lehrpfaden zur nachhaltigen Stadtentwicklung mit Umsetzungsbeispielen aus Ludwigsburg. Ludwigsburg: PH Ludwigsburg.
Kestler, F. (2015): Einführung in die Didaktik des Geographieunterrichts. Grundlagen der Geographiedidaktik einschließlich ihrer Bezugswissenschaften. Bad Heilbrunn: Klinkhardt.
Knecht, G. & Reim, U. (2011): Digitale Schnitzeljagd. In: G. Knecht & B. Lusch (Hrsg.): Spielen, Leben, Lernen. Bildungschancen durch Spielmobile. München: Kopaed Verlag, 187-188.
Lengen, C. (2016): Places: Orte mit Bedeutung. In: U. Gebhard & T. Kistemann (Hrsg.): Landschaft, Identität und Gesundheit. Wiesbaden: Springer Verlag, 19-29.
Rinschede, G. (2007): Geographiedidaktik. Paderborn: Schöningh.
Schaal, S. (2017): Die Wertschätzung lokaler Biodiversität mit Geogames fördern – die Bedeutung von spielbezogenem Enjoyment im Spiel „FindeVielfalt Simulation" (Dissertation). PH Ludwigsburg. Online unter: https://d-nb. info/1117585751/34 (Abrufdatum: 27.07.2021).
Schaal, S. & Baisch, P. (2017): Natur und Kultur ‚erspielen' - Geogames gestalten mit Schülerinnen und Schülern im Sachunterricht (Projekt „Na KueG!"). In: Online-Magazin „Ludwigsburger Beiträge zur Medienpädagogik" 19, S. 1-12.
Schaal, S., & Schaal, S. (2018). Entdecke die Natur. Ortsbezogene Geogames entwerfen und anwenden. In: Unterricht Biologie 42 (433), 44-47.
Schubert, J.C. (2016): Raumkonzepte im Kontext geographischen Lernens im Sachunterricht In: M. Adamina, M. Hemmer & J.C. Schubert (Hrsg.): Die geographische Perspektive konkret. Begleitband 3 zum Perspektivrahmen Sachunterricht. Bad Heilbrunn: Verlag Julius Klinkhardt, 143-146.
Song, Y. (2014): "Bring Your Own Device (BYOD)" for seamless science inquiry in a primary school. In: Computers and Education 74, 50-60.

doi.org/10.35468/6025-11

Wardenga, U. (2002): Alte und neue Raumkonzepte für den Geographieunterricht. In: Geographie heute 23 (200), 8-11.

Wilke, A. (2016): Das SAMR Modell von Puentedura. Übersetzung der wichtigsten Begriffe ins Deutsche. Online unter: http://homepages.uni-paderborn.de/wilke/blog/2016/01/06/SAMR-Puentedura-deutsch/(Abrufdatum: 27.07.2021).

Zecha, S. (2015): Natur als Erlebnis – didaktisch-methodische Anregungen für die Erstellung von GPS Bildungsrouten. In: SDGG, 86. Online unter: https://www.schweizerbart.de/content/papers/download/84872 (Abrufdatum: 27.07.2021).

Zecha, S. & Hilger, L. (2016): Wie Earthcaching im Unterricht sinnvoll genutzt werden kann. In: Praxis Geographie 2, 44-45.

Zwick, S., Lengler, C., Hamer, I., Güzelmeriç, A., Schatz, E., Wiethoff, D., Küpper, F. & Deeg, C. (2016): Die Bibliothek spielerisch entdecken mit der Lern-App Actionbound. Online unter: https://doi.org/10.1515/bfp-2016-0005 (Abrufdatum: 27.07.2021).

Autorinnen

Melanie Haltenberger
Universität Augsburg
Institut für Geographie
Alter Postweg 118, 86159 Augsburg
melanie.haltenberger@geo.uni-augsburg.de
Forschungsschwerpunkte: Lehrer*innenprofessionalität, geographisches Lehren und Lernen (im Sachunterricht der Grundschule) und Basiskonzepte

Barbara Feulner, Dr.
Universität Augsburg
Institut für Geographie
Alter Postweg 118, 86159 Augsburg
barbara.feulner@geo.uni-augsburg.de
Forschungsschwerpunkte: Mobiles (ortsbezogenes) Lernen, Spielbasiertes Lernen und Design-Based Research (DBR) in der Geographiedidaktik

doi.org/10.35468/6025-11

Isabelle Kollar und Jochen Laub

To historize the spatial perspective – digital gestützte AR-Exkursionen. Perspektivenwechsel im raumzeitlichen Lernen im Sachunterricht

Teaser

Der vorliegende Beitrag skizziert eine Exkursion mit Grundschüler*innen für den Sachunterricht, bei der historische Veränderungen der Mobilität innerhalb des bekannten Nahraums, z. B. der eigenen Stadt (hier Karlsruhe), erkundet werden. Nach dem fachdidaktischen Ansatz des Perspektivenwechsels werden historische Informationen (v. a. Bilder) über eine App mit Augmented Reality-Überlagerungen integriert.

Raum des exkursionsdidaktischen Settings

Innenstadt (bei thematischer Übertragung möglich für alle Umgebungen)

Fachdidaktischer Ansatz: Perspektivenwechsel

Perspektivenwechsel[1] (nach Rhode-Jüchtern 2001) gilt als u. a. geographiedidaktischer Ansatz, der auf erkenntnis-theoretischer Ebene, auf didaktischer Reflexionsebene und auf der Ebene konkreter Umsetzung relevant ist. Die Perspektive zu wechseln, bedeutet aus verschiedenen Blickwinkeln auf Gegenstände und deren Bedeutung zu schauen, sich einer Sache somit aus unterschiedlichen Richtungen zu nähern und sie neu, anders, weiter zu verstehen. Perspektivenwechsel bedeutet aber auch auf die Metaebene zu gelangen, auf der man sich über die verschiedenen Perspektiven Gedanken macht; er bedeutet „die Beobachtung der Beobachtung" (Rhode-Jüchtern 1996, 200). Der Perspektivenwechsel kann nach dem Perspektiven-Würfel für geographischen Weltzugang von Rhode-Jüchtern auf drei Dimensionen vollzogen werden: *Leitbilder* (I), *Maßstäbe* (II) und *Fenster/Masken der Weltbeobachtung* (III) (siehe Abb. 1) (Rhode-Jüchtern. 2001, 434).

1 Der Begriff des Perspektivenwechsels wird hier im umfassenden Sinne nach Rhode-Jüchtern (2001) betrachtet und bezieht sich nicht auf den Perspektivenbegriff des Sachunterrichts.

doi.org/10.35468/6025-12

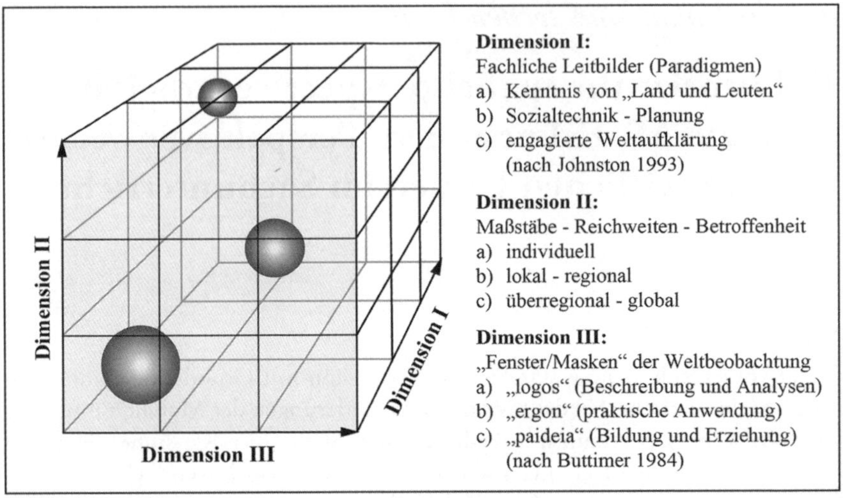

Abb. 1: Perspektivwürfel nach Rhode-Jüchtern 2001 (eigene Darstellung)

Im Zentrum des Sachunterrichts steht die Begegnung der Lernenden mit der Welt (GDSU 2013). Im Gegensatz zu traditionellen kognitivistischen Vorstellungen geht es dabei weniger darum, Lernenden Fakten bzw. bestimmte Wissensinhalte zu vermitteln, sondern bedeutungskonstituierende Zugänge und Erkenntnisse von Gegenständen und Zusammenhängen zu ermöglichen. Die Konstitution der Bedeutungen von Gegenständen der materiellen Welt bzw. die Verständigung über diese Bedeutungen (GDSU 2013) können als didaktisches Zentrum des Sachunterrichts betrachtet werden. Grundlegend für dieses Verständnis ist die Unterscheidung der Betrachtung der Gegenstände selbst (unter dem Aspekt der Evidenz) und der Bedeutung, die diesen zugeschrieben wird (unter dem Aspekt der Relevanz) (GDSU 2013). Die Wirklichkeit, welcher Lernende dabei begegnen, ist maßgeblich von den Lernenden selbst als bedeutungskonstituierende Subjekte abhängig. Wichtig ist es ein Bewusstsein für die Komplexität der Welt zu fördern und auf die Multiperspektivität, mit welcher Zusammenhänge, Gegenstände oder Räume wahrgenommen werden können, zu verweisen (Rhode-Jüchtern 2004). Welt-Erkennen vollzieht sich gerade durch den Wechsel zwischen verschiedenen Blickwinkeln, bzw. Perspektiven auf die Welt, denn dabei konstituiert sich gleichsam ein Verständnis der Bedeutung von Zusammenhängen und deren Bedeutung, andererseits ein Verständnis der eigenen Perspektive bzw. Deutungszusammenhänge. Ein solch „doppeltes" Weltbegegnen stellt einen zentralen Aspekt des kritisch-reflexiven Weltverstehens dar (Rhode-Jüchtern 2004).
Im Sachunterricht können eine Vielzahl von Perspektivenwechseln vollzogen werden, wie die zwischen Zugängen unterschiedlicher räumlicher Maßstäbe,

doi.org/10.35468/6025-12

persönlicher Standpunkte von Involvierten oder theoretischen Positionen. Sie erfordern eine rationale Distanzierung von betrachteten Gegenständen und Zusammenhängen und ermöglichen es so nochmals neu auf diese zu schauen. Allen Wechseln gemeinsam ist die dabei erzeugte Distanz zu den betrachteten Zusammenhängen. Damit entsteht ein Raum für eine reflexive Auseinandersetzung mit dem Betrachteten und dem eigenen Standpunkt, der häufig auch den Schritt auf die Metaebene vorbereitet. Didaktisch ist es dann die Aufgabe diese Perspektivenwechsel durch Unterrichtssettings oder methodisches Vorgehen zu inszenieren bzw. zu ermöglichen.

Besondere Bedeutung für die Methode des Perspektivenwechsels erlangt auch bei Exkursionen die Eigenständigkeit der Lernenden in der multiperspektivischen Auseinandersetzung mit ihrer räumlichen Umgebung. Ohl und Neeb sprechen in Bezug auf die Aktivität von Exkursionsteilnehmer*innen aus konstruktivistischer Perspektive ähnliche Aspekte an (Ohl & Neeb 2012, 268). Dies gilt auf drei Ebenen:

Auf der *Ebene didaktischer Reflexion* geht es darum einen multiperspektivischen Zugang zu schaffen, der über Perspektivenwechsel Irritationen erzeugen und somit Fragen an bestehende und entstehende Vorstellungen und Überzeugungen aufwerfen und neue Einsichten fördern kann (Rhode-Jüchtern & Schneider 2009) (siehe Beitrag von Maier, Morawski und Seidel in diesem Band).

Auf der *inhaltlichen Ebene* geht es darum die Fragen und Irritationen bei den Lernenden selbst ins Zentrum der lernenden Auseinandersetzung mit der Umgebung zu setzen. Im Bezug zur vorliegenden Thematik sind dies die Fragen nach der eigenen Mobilität und der Bedeutung der gesellschaftlichen Mobilität für die eigene Lebenswelt der Lernenden, welche in ihren zeitlichen Bezügen herausgestellt werden.

Auf der *Ebene der Umsetzung* kommt der Eigenständigkeit bei der Erarbeitung der Fragestellungen zentrale Bedeutung bei: Eine möglichst offene Aufgabenstellung ist maßgeblich für eine fragenermöglichende Umsetzung. Dies stellt bei digitalen Umsetzungen oft eine Herausforderung dar, da die Schritte/Lernarrangements bereits sehr eng vorgegeben sind. Wie der vorliegende Beitrag zeigt, bietet die Nutzung von Applikationen zu AR gerade hier enormes Potential Lernende selbst Fragen entwickeln zu lassen und an diesen weiter zu denken.

Im Fokus der hier vorgestellten moderat konstruktivistischen Exkursion (Dickel & Glasze 2009, Ohl & Neeb 2012) stehen historische Zusammenhänge aus der Lebenswelt der Schüler*innen, deren multiperspektivische Erschließung über Perspektivenwechsel unterstützt wird, die durch AR ermöglicht werden. Über die Möglichkeiten von AR-Apps werden (historische) Spuren im Raum zum Ausgangspunkt der Öffnung einer historischen Perspektive auf die eigene Lebenswelt, in welcher digitale Elemente nicht als Gegensatz verstanden werden (Dickel & Jahnke 2012), sondern als Bestandteile dieser. Der Zugang ermöglicht

doi.org/10.35468/6025-12

Schüler*innen Einblicke in die historische Dimension der Gemachtheit und des Gewordenseins von Artefakten, die sie umgeben und in die Geschichtlichkeit räumlicher Zusammenhänge, in die sie selbst eingebunden sind. Das exkursionsdidaktische Prinzip des Perspektivenwechsels wird dabei in mehrfacher Hinsicht möglich. Neben zeitlichen Perspektivenwechseln und dem Wechsel zwischen verschiedenen Maßstabsebenen wird auch ein Blick auf die Biographien verschiedener Menschen und damit deren Blick auf räumliche Umgebungen möglich. Gerade die digitalen „Erweiterungen" der Realität schaffen dabei wichtige Spannungen, die als Anregungen genutzt werden können. Diese spielen gerade auch vor Ort eine wichtige Rolle, um es Lernenden zu ermöglichen in eine reflektierende Distanz zur eigenen Umgebung zu treten.

Exkursionsdidaktische Methode: Perspektivenwechsel mit *Augmented Reality* (AR)

Augmented Reality (AR) beschreibt eine digitale Erweiterung der realen, physischen Umgebung durch computergenerierte Informationen (Milgram & Kishino 1994; Azuma 1997; Buchner & Freisleben-Teutscher 2020 u. a.). Auf einem Smartphone- oder Tablet-Bildschirm erscheinen zusätzlich zur realen Umgebung weitere digitale Inhalte (wie beispielsweise Bilder, Texte, 3D-Elemente), die damit die Realität digital erweitern/augmentieren, jedoch nicht ersetzen. Schranz spricht dabei von der Entstehung eines neuen hybriden Raums (Schranz 2020). In Abbildung 2 wird AR daher als Mixed Reality zu Beginn des Realitäts-Virtualitäts-Kontinuums eingestuft (Milgram & Kishino 1994; Buchner & Freisleben-Teutscher 2020).

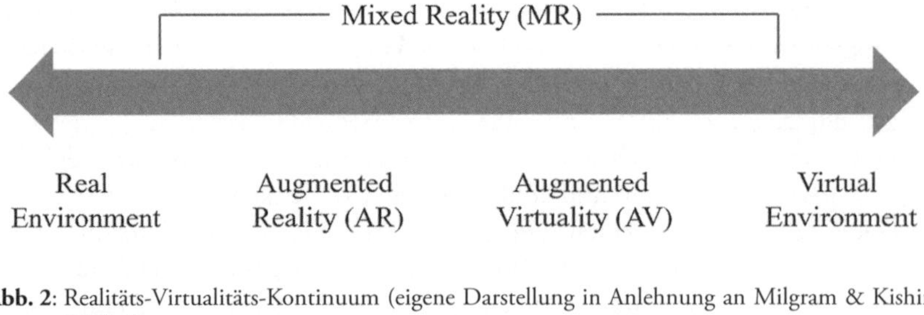

Abb. 2: Realitäts-Virtualitäts-Kontinuum (eigene Darstellung in Anlehnung an Milgram & Kishino 1994, 4)

AR wurde ab den 1960er Jahren beschrieben und seitdem für viele Einsatzzwecke als vielversprechende Technologie gepriesen (vgl. zur geschichtlichen Entwicklung von AR Yuen et al. 2011; Sen & Liew 2020). Einer größeren Öffentlichkeit

doi.org/10.35468/6025-12

bekannt wurde AR 2016 durch die Smartphone-Anwendung „Pokémon Go", in der virtuelle Monster u. a. an realen Schauplätzen aufgesucht und virtuell gefangen werden konnten. AR-Filter wie beispielsweise „Snapchat Lenses" bieten jedem die Möglichkeit, einfache AR-Überlagerungen in Fotos und Videos zu integrieren, die Kunstszene nutzt ebenfalls vielfältige AR-Anwendungen (z. B. NRW-Forum 2021; Lölkes 2021).

Bislang waren die hohen technischen Anforderungen bei der Gestaltung von AR-Inhalten hinderlich für eine größere Verbreitung von Angeboten, auch für den Bildungsbereich (Sen & Liew 2020). Jedoch werden AR-Anwendungen hohe lernförderliche Eigenschaften zugeschrieben und in Studien nachgewiesen. AR trage zu einem intuitiven Verstehen von unterschiedlichsten Sachverhalten bei, die anders kaum oder nur schwierig zu erreichen sind, es fördere Motivation, Aufmerksamkeit, Immersionserleben, positive Emotionen, Interaktion und Zusammenarbeit und damit den Lernprozess und Kompetenzerwerb (Johnson et al. 2010; Bates 2019; Cabero-Almenara et al. 2019; Elmqaddem 2019 et al.).

Im Sinne eines konstruktivistischen Lehr-Lernverständnisses bieten AR-Anwendungen Lernenden die Möglichkeit, aktiv, situiert und selbst-gesteuert die Anwendungen zu nutzen und erlauben soziale Interaktionen (Yuen et al. 2011; Buchner & Freisleben-Teutscher 2020; Sen & Liew 2020). Schwierigkeiten bei der Nutzung werden einerseits auf technischer Ebene gesehen (Stabilität der Einblendungen, Bilderkennung, begrenzte Display-Größe, Akkulaufzeit stark verkürzt etc.), andererseits auch auf didaktischer, wie eine zu starke Fixierung auf virtuelle AR-Inhalte, die „intrusive" Art der AR-Darstellung oder die Notwendigkeit einer einfachen Bedienbarkeit besonders für junge Schüler*innen (Bacca et. al 2014; Radu 2014; Knopf 2018). Faktisch werden digitale Elemente immer mehr zu Teilen unserer Lebenswelt, weshalb Schule im Allgemeinen und der Sachunterricht im Speziellen Möglichkeiten bereitstellen muss, einen kritisch reflexiven Umgang mit entsprechenden Medienträgern und damit auch Inhalten der AR zu erlernen.

Neben einer ortsunabhängigen Einbindung von AR-Elementen, beispielsweise über Zusatzinformationen in (Schul-)Büchern durch marker-basierte Aktivierung, sprechen sich viele Autoren*innen für eine *ortsbezogene, mobile Anwendung* von erweiterten Inhalten aus (location-based, mobile AR, vgl. Bartoschek et al. 2013; Paeschke et al. 2013; Chatel 2020). Die exkursionsdidaktische Nutzung von AR-Elementen wird in der geographiedidaktischen Literatur jedoch kaum theoretisch beschrieben oder praktisch umgesetzt (Feulner & Ohl 2014, Gryl & Pokraka 2018).

Gerade für die Bedeutung von *AR für historisches Lernen* besteht eine breitere Literatur- und Anwendungsgrundlage (Buchner 2017; Pallaske 2017; Challenor & Ma 2019 et al.). Hier werden weitere Vorteile von AR-Anwendungen speziell für das historische Lernen genannt, beispielsweise kann ein vielfältiger Perspektivenwechsel vereinfacht werden (Seitz et al. 2017; Buchner & Freisleben-Teutscher

doi.org/10.35468/6025-12

2020). Die ortsbezogene Darstellung von historischen Informationen (z. B. in Bildern oder Filmen) überlagert die reale, gegenwärtige Situation und fördert so „ein Verständnis für die Historizität des Alltagsraumes, das heißt für die Gleichzeitigkeit von Geschichte und Gegenwart" (Blaschitz & Buchner 2018, 37) aber auch Zukunft, indem historische, aktuelle und zukünftige Darstellungen der eigenen Lebenswelt im Raum sichtbar werden.
AR bietet „neue Möglichkeiten der Repräsentation historischer Narrative im (Alltags-)raum" (Blaschitz & Buchner 2018, 37), um ein „Lesen" der Zeit im Raum zu unterstützen (Schlögel 2011). Gerade Perspektivenwechsel, wie sie didaktisch gefordert sind, lassen sich durch die Nutzung von ortsgebundenen AR unterstützen, wie das im Folgenden vorgestellte Setting veranschaulichen soll. Dem geographiedidaktischen Ansatz entsprechend, geht es dabei nicht um ein Lernen historischer Fakten, sondern um die Möglichkeit durch einen zeitlichen Perspektivenwechsel Spannungen zu erzeugen und den Lernenden einen distanzierteren und differenzierteren Blick auf die Räumlichkeit der eigenen Lebenswelt zu ermöglichen.

Exkursionsdidaktisches Setting

Unter der Überschrift „*Mobilität in Karlsruhe – wie war es (früher) – wie ist es (heute) – wie wird es (in Zukunft) werden?*" begeben sich die Schüler*innen auf eine digital unterstützte Exkursion in die Karlsruher Innenstadt (Link zur Tour: https://www.future-history.eu/de/fh-entdecken-map#, Tour: „*Mobilität in Karlsruhe*"). Hier geht es an drei Stationen darum, mithilfe der App „Future History" historische Bilder und Fotos am Aufnahmeort zu betrachten und mit der aktuellen Umgebung, der Lebenswelt der Schüler*innen, zu vergleichen. Dazu bietet die App einen sog. Bilderslider an, bei dem die historischen Aufnahmen am jeweiligen Aufnahmeort angezeigt und mit einem Transparenzregler im Sinne einer AR-Anwendung unmittelbar über die aktuelle Umgebung gelegt werden können. Solch eine Möglichkeit der virtuellen Unterstützung von Geschichtslernen „vor Ort" und einer Überlagerung von Fotos aus verschiedenen Epochen beschreiben auch Harley et al. (2016), Pallaske (2017) und Schranz (2020).
So kann zum einem der Perspektivenwechsel auf unterschiedlichen Ebenen technisch, methodisch und inhaltlich unterstützt und angeregt werden. Zum anderen wird damit das Potential von AR-Anwendungen genutzt, um „eine Verbindung aus damals und heute, aus Realem und Virtuellem zu schaffen – und damit Orte in Bezug zur Geschichte zu stellen" (Seitz et al. 2017, 135). Wie Rhode-Jüchtern und Schneider (2009) herausstellen, sind Spannungen und Irritationen gewünschte Effekte einer methodisch auf einen Perspektivenwechsel ausgerichteten Exkursion. Diese können durch AR in besonderem Maße erzeugt werden, da zwischen virtueller und materieller Umgebung bereits eine gewisse Grundspannung besteht.

doi.org/10.35468/6025-12

Mithilfe der übergeordneten Fragestellung sollen die Schüler*innen Veränderungen der Mobilität in der Innenstadt Karlsruhe erkennen (benennen und beschreiben) können, um ein Verständnis für die Gemachtheit dieser Strukturen zu erlangen. Hierzu stehen den Kindern an drei Stationen, dem Marktplatz, dem Rondellplatz und dem Mühlburger Tor/Kaiserplatz insgesamt neun historische Bilder und zwei 3D-Illustrationen der entsprechenden Orte exemplarisch zur Verfügung. Die historischen Bilder reichen bis ins Jahr 1828 zurück. Die beiden 3D-Illustrationen weisen in die Zukunft und zeigen den geplanten Ausbau des kombinierten Straßen- und U-Bahnnetzes (https://www.diekombiloesung.de/), welches in der Innenstadt Karlsruhe seit 2010 gebaut wird (Ruf 2021).

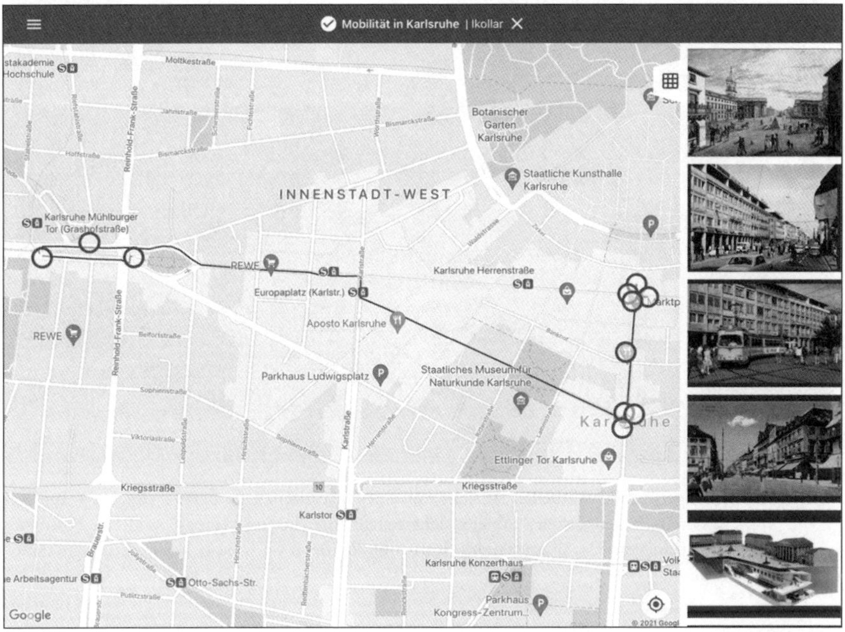

Abb. 3: Übersicht über die Exkursionsroute „*Mobilität in Karlsruhe*" in der Future History App auf einem iPad (Tabletansicht erstellt mit „Future History", Bilder von oben nach unten: Generallandesarchiv Karlsruhe, Stadtarchiv Karlsruhe 8/PBS oXIIIb 314, Martin Lauer, Generallandesarchiv Karlsruhe, KASIG, Verwendungsgenehmigungen liegen vor)

Eine Übersicht der Exkursion „*Mobilität in Karlsruhe*", wie diese auch von der App „Future History" dargestellt wird, zeigt Abbildung 3. Auf einer Google-Maps-Karte wird der genaue Verlauf der Tour (als Linie), die Standorte der historischen Bilder (als Kreise) und daneben eine Vorschaubildauswahl der ersten fünf Aufnahmen dargestellt.

doi.org/10.35468/6025-12

Befinden sich die Schüler*innen vor Ort, können sie bei Erreichen eines Bild-Standpunktes und in der korrekten Blickrichtung auf dem mobilen Display das jeweilige historische Bild auswählen und dieses mithilfe eines Schiebereglers transparent stellen, um dahinter die aktuelle reale Ansicht erkennen zu können (siehe Abbildungen 4 und 5).

Abb. 4: AR-Überlagerung der aktuellen Ansicht mit einer historischen Fotografie von 1965 am Beispiel Kaiserstraße gen Osten (Tabletansicht erstellt mit „Future History“ und eig. Foto vom 28.09.21, Bild von 1965: Stadtarchiv Karlsruhe 8/PBS oXIIIb 314, Verwendungsgenehmigung liegt vor)

Die Unmittelbarkeit der Überblendung von historischer Aufnahme und aktueller Situation durch AR erleichtert so den Vergleich und Perspektivenwechsel in vielfältiger Hinsicht: Die Schüler*innen können inhaltlich ihre eigene Mobilität mit der anderer Verkehrsteilnehmer vergleichen und sie können die historische Darstellung der Mobilität mit der aktuellen in Beziehung setzen. Durch die Nutzung einer digitalen Karte muss ebenfalls ein Wechsel zwischen dieser und der Realität vollzogen werden. Außerdem regen die unterschiedlichen historischen Aufnahmen dazu an, sich über die Gemachtheit der Medien und die Konstruktion dieser Bilder Gedanken zu machen und mit anderen ins Gespräch zu kommen. Innerhalb der Exkursion kommen Zeichnungen, kolorierte Postkarten (siehe Abbildung 5),

doi.org/10.35468/6025-12

(Schwarz-weiß- und Farb-)Fotografien sowie computergenerierte 3D-Ansichten zur Anwendung.

Abb. 5: Bildmontage einer historischen Aufnahme, AR-Überlagerung und aktuelle Ansicht am Beispiel der Kaiserstraße gen Westen (eigene Bildmontage der Tabletansicht der App „Future History" mit eigenem Foto vom 28.09.21 und Aufnahme von 1903: Generallandesarchiv Karlsruhe, Verwendungsgenehmigung liegt vor)

Exemplarisch wurde die vorgestellte Exkursion für die Karlsruher Innenstadt aufbereitet. Ihrer Anlage nach ist sie übertragbar auf alle Räume in Innenstädten, aber auch im Sinne eines Alltags- und Lebensweltbezugs in andere bekannte Nahräume/Lebensräume der Lernenden. Die didaktische Methode des Perspektivenwechsels gestützt auf AR-Anwendungen lässt sich hinsichtlich anderer Themenbereiche auf nahezu alle Kultur- oder Naturräume übertragen, die eine zeitliche Veränderung aufweisen.

Problemorientierte Frage

Mobilität in Karlsruhe – wie war es (früher) – wie ist es (heute) – wie wird es (in Zukunft) werden?

Zur gegebenen Thematik lassen sich ganz unterschiedliche Fragestellungen entwickeln. Für einen allgemeinen Zugang wären beispielsweise folgende Aufgabenstellungen denkbar:

Stell dir vor, du würdest zu der Zeit leben, die das Bild zeigt. Was wäre anders als heute? Beschreibe vor allem die Unterschiede, die mit dem Verkehr zusammenhängen. Nenne auch Unterschiede für die Menschen auf den Straßen.
Überlege, wie wir uns in Zukunft in der Karlsruher Innenstadt bewegen werden. Wie könnte die Mobilität in 100 Jahren hier aussehen?

Angabe zur Klassenstufe
Die dargestellte Exkursion ist für die Klassenstufen 3-4 ausgelegt, kann allerdings an die Anforderungen aller folgenden Klassenstufen angepasst werden.

Kompetenzorientierung
Innerhalb des Perspektivrahmens Sachunterricht sind die perspektivenbezogenen Denk-, Arbeits- und Handlungsweisen DAH Geo 2 („Räume erkunden, untersuchen und Ergebnisse dokumentieren") und 3 („Sich in Räumen orientieren, mit Orientierungsmitteln umgehen") sowie die Themenbereiche TB Geo 2 („Menschen nutzen, gestalten, belasten, gefährden und schützen Räume") und 4 („Entwicklungen und Veränderungen in Räumen") für die vorgestellte Exkursion relevant (GDSU 2013, 46ff). Da historische Bilder innerhalb der Exkursion genutzt werden, ist der Einbezug der historischen Perspektive, genauer die DAH Hist 2 („Mit Quellen und Darstellungen umgehen und ihnen historischen Sinn entnehmen (Historische Methoden- bzw. Medienkompetenz)") und der Themenbereich TB Hist 3 („Dauer und Wandel") (GDSU 2013, 56ff) ebenso bedeutsam. Außerdem betrifft das Thema der historischen Verkehrsentwicklung explizit den perspektivenvernetzenden Themenbereich Mobilität, vor allem die Kompetenzbeschreibung „vergleichen, wie Menschen, Waren und Nachrichten früher unterwegs waren, wie sie es heute sind und Ideen entwerfen, wie sie in der Zukunft unterwegs sein werden, und welche Veränderungen dies mit sich bringt" (GDSU 2013, 75). Der zentrale Bildungswert der vorliegenden Exkursion liegt damit in der Frage nach der Veränderung der gesellschaftlichen Mobilität und deren Bedeutung für die Lebenswelt der Schüler*innen. Dabei soll die historische Dimension der Veränderung besonders berücksichtigt werden, da Infrastrukturen als Artefakte eine hohe Persistenz aufweisen.
In Bezug auf die Bildungsstandards Geographie kann die dargestellte Exkursion im Kompetenzbereich Erkenntnisgewinnung/Methoden, genauer in M2 („Fähigkeit, Informationen zur Behandlung von geographischen/geowissenschaftlichen Fragestellungen zu gewinnen") und M3 („Fähigkeit, Informationen zur Behandlung geographischer/geowissenschaftlicher Fragestellungen auszuwerten") eingeordnet werden (DGfG 2020, 21).
In Bezug auf die „Kompetenzen in der digitalen Welt" innerhalb der KMK-Vorgaben kann die Nutzung der App „Future History" in diesem Exkursionssetting im Kompetenzbereich 5.4 „Digitale Werkzeuge und Medien zum Lernen, Arbeiten und Problemlösen nutzen" verortet werden (KMK 2017, 18).

doi.org/10.35468/6025-12

Vorbereitung und Material

Nach der Festlegung des Themas „Mobilität“ und des zu besuchenden Raumes (in unserem Beispiel die Innenstadt Karlsruhe) müssen passende historische Aufnahmen recherchiert werden. Fundorte sind beispielsweise digitale Archive (Generallandesarchiv Karlsruhe, Stadtarchiv Karlsruhe), das Internetportal der Stadt/ Gemeinde (Stadtlexikon Karlsruhe) und Wikipedia-Seiten (Stadtwiki Karlsruhe) etc. Anschließend erfolgt die Einbettung dieser Aufnahmen in die App „Future History“. Diese steht für Android und iOS zur Verfügung und kann nach kostenloser Anmeldung durch die Lehrkraft über eine Internetanwendung leicht selbst mit Inhalten gefüllt werden. Die Aufnahmen werden in der Funktion „Bilder einstellen“ neu hinzugefügt. Nach der manuellen Eingabe von Bildinformationen (Titel, Jahreszahl, Teaser, Lizenzinformationen etc.) können bei Bildpositionierung auf einer Satellitenbildansicht der exakte Aufnahmestandort und der gewählte Blickwinkel sowie Blickwinkelbereich festgelegt werden. Optional kann ein Vergleichsbild ergänzt oder weitere Texte, Audio- oder Videodateien einem Bild zugeordnet werden. Danach können diese Bilder in eine neu zu erstellende „Tour“ integriert werden, in der die Reihenfolge der Bilder durch einfaches Verschieben der Bilder verändert werden kann.

Für die Nutzung der Tour durch die Schüler*innen sollte die App „Future History“ auf die entsprechenden mobilen Endgeräte (Smartphones/Tablets) installiert und die Tour bereits im WLAN auf das Gerät geladen werden, damit unterwegs keine Internetverbindung notwendig ist.

Ablauf

Tab. 1: Möglicher Ablaufplan der Exkursion *„Mobilität in Karlsruhe“*

Schritte	Inhalt/Fragen	Material
Vorbereitung im Klassenraum	Fragen der Lernenden aufwerfen (siehe *Problemorientierte Frage*), Fragen der Lernenden als Ausgangspunkt der Betrachtung integrieren (Ausgangspunkt: themen- und medieninterne Spannungen)	
	Technische und inhaltliche Einführung der Exkursion *„Mobilität in Karlsruhe“*, Exkursionsroute zeigen, Organisatorisches klären	Umgang mit (Smartphones/)Tablets und App üben, Tour herunterladen
Durchführung der Exkursion vor Ort	möglichst selbständige Durchführung der Tour durch die Schüler*innen in 2-3er Teams mit übergeordneten Fragen (siehe *Problemorientierte Frage*)	Tablets/App

doi.org/10.35468/6025-12

Schritte	Inhalt/Fragen	Material
Durchführung der Exkursion vor Ort	mögliche weitere Arbeitsaufträge zu eigenen Fotos von der aktuellen Verkehrssituation an einzelnen Stationen, zur kritischen Auseinandersetzung mit Mobilität und den Darstellungen.	Tablet-Kamera
	Notiert die einzelnen Verkehrsmittel auf einem Zeitstrahl (Arbeitsblatt).	Zeitstrahl-Arbeitsblatt
Nachbereitung im Klassenzimmer	Besprechung der Exkursionseindrücke, der gestellten Fragen/Antworten und Vergleich der Ergebnisse	Tablets/App, Notizen der Schüler*innen
	weiterführend: Gestaltung von (analogen/digitalen) Postern/Zeichnungen/Collagen zur Mobilität der Zukunft, Berücksichtigung medienkritischer Fragen	Tablets, Poster, Fotos, Stifte etc.

Differenzierung im inklusiven Klassenraum

Eine Differenzierung im inklusiven Verständnis muss Angebote bereithalten, die individualisierte Zugänge ermöglichen. Die Applikation zur Einbindung von AR bietet verschiedene Möglichkeiten, ebendiese individualisierten Zugänge zu schaffen (Bacca et al. 2014). Innerhalb der App „Future History" können zur Differenzierung für unterschiedliche Schüler*innengruppen angepasste Touren/Bilder/Bilderanzahl gewählt bzw. erstellt werden. Dabei kann der Grad der Spezialisierung für die individuelle Förderung sehr hoch sein (MSW 2016) und damit auf individuelle Bedürfnisse in verschiedenen Förderschwerpunkten speziell eingegangen werden, eventuell auch angelehnt an UDL (CAST 2018). Es besteht hierbei ein besonderer Bedarf an Achtsamkeit auf die Fähigkeiten in visuellen und haptischen Bereichen, da diese grundlegende Voraussetzungen zur Nutzung der Smartphones/Tablets darstellen.

Raumkonzepte

Die Methode des Perspektivenwechsels, aber auch die Unterstützung von Exkursionen mit AR, ermöglichen es Schüler*innen zu den vier Raumkonzepten nach Wardenga (2002) kritisch fragend in Beziehung treten. Dabei kann Raum als Container etwa hinsichtlich der gezeigten Verkehrsmittel und deren Flächennutzung in der Stadt betrachtet werden. Durch Mobilitätsinfrastrukturen verbundene Orte können einen Blick auf das Verständnis von Raum als System von Lagebeziehungen eröffnen (Bahnnetz, Pendlerströme etc.). Auf die Ebene der subjektiven Wahrnehmung zurückgelegter Strecken kann die Exkursion mit unterschiedlichen Verkehrsmitteln durchgeführt werden, um einen perspektivischen

doi.org/10.35468/6025-12

Wechsel zwischen diesen erfahrbar zu machen. Die diskursive Ebene des vierten Raumkonzeptes kann über die Einbindung von diskursiven Elementen (Texten, Zeitungspassagen, Tweeds, Instagram-Abbildungen etc.) geöffnet werden, welche Standpunkte und Fragen thematischer Diskurse (hier Mobilität) zeigen.

Weitere zentrale fachdidaktische Ansätze

Spurensuche im Raum: über die Suche nach historischen Spuren vergangener Verkehrsnutzungen (Lampen, Signale, ehemalige Trassen, etc.).

Transfer

Sowohl der didaktische Ansatz des Perspektivenwechsels als auch dessen Unterstützung über die Einbindung von AR kann auf verschiedene Räume, Inhalte und Lernniveaus transferiert werden. Das räumliche Beispiel des Beitrages dient der Veranschaulichung wie Perspektivenwechsel auf Exkursionen aufgearbeitet werden sollen/können. Ein Transfer der Anwendung auch auf andere Kultur- & Naturräume ist denkbar.

Die technische Übertragbarkeit soll durch die Wahl der genutzten kostenfreien App „Future History" (sowohl für iOS & Android, als App und Webportal verfügbar) sichergestellt werden. Eigene bzw. gewünschte Inhalte für verschiedene Räume können so von Lehrkräften selbst gestaltet/erweitert werden.

Eine inhaltliche Übertragbarkeit über die Grenzen des Themas „Mobilität" ist für historische Entwicklungen in nahezu allen Themenbereichen möglich. Beispielsweise können die Grunddaseinsfunktionen oder die Inhalte des Perspektivrahmens für den Sachunterricht (GDSU 2013) Gegenstand einer digital-gestützten Exkursion mit AR sein.

Kommentierte Leseempfehlung

Rhode-Jüchtern, T. (1996): Den Raum lesen lernen. Perspektivenwechsel als geographisches Konzept. München: Oldenbourg Verlag. → Ein theoretisches Grundlagenwerk, das die Idee des Perspektivenwechsels einführt, theoretisch begründet und dabei auch hinsichtlich der didaktischen Folgen für die unterrichtliche Praxis reflektiert.

Buchner, J. & Freisleben-Teutscher, C. (2020): Die Erweiterung der Realität als Bildungschance: Fallbeispiele für immersives Lernen in Schule und Hochschule. In: A. Beinsteiner, L. Blasch, T. Hug, P. Missomelius & M. Rizzolli (Hrsg.): Augmentierte und virtuelle Wirklichkeiten. Innsbruck: innsbruck university press, 175-188. → In diesem Artikel werden die technologischen Begriffe AR und VR als Lernbegriffe im Sinne einer gestaltungsorientierten Mediendidaktik definiert, bisherige AR/VR-Anwendungen aufgezählt und in einer Ideensammlung mögliche weitere Einsatzfelder für diese aufgelistet.

doi.org/10.35468/6025-12

Referenzen

Azuma, R. (1997): A Survey of Augmented Reality. In: Presence: Teleoperators and Virtual Environment 6 (4), 355-385.

Bacca, J., Baldiris, S., Fabregat, R., Graf, S. & Kinshuk, J. (2014): Augmented Reality Trends in Education: A Systematic Review of Research and Applications. In: Educational Technology & Society 17 (4), 133-149.

Bartoschek, T., Pfeil, M. & von Laguna, C. (2013): Geo-Apps – Einsatz von Smartphones und Tablets im Geographieunterricht. In: T. Bartoschek & J-C. Schubert(Hrsg.): Geoinformation im Geographieunterricht. Grundlagen, Potenziale, Unterrichtsideen. Münster: Monsenstein und Vannerdat, 138-156.

Bates, T. (2019): Chapter 8.7.b Virtual and augmented reality, Blog-Beitrag. Online unter: https://www.tonybates.ca/2019/09/10/chapter-8-7-b-virtual-and-augmented-reality/(Abrufdatum: 30.09.2021).

Blaschitz, E. & Buchner J. (2018): Augmented Reality in der zeitgeschichtlichen Erinnerungs- und Vermittlungsarbeit. In: Erinnerungskulturen, historisch-politische Bildung, Themendossiers zur Didaktik von Geschichte, Sozialkunde und Politischer Bildung 9, 37-41.

Buchner, J. (2017): Offener Unterricht mit Augmented Reality. In: Erziehung und Unterricht 167 (7/8), 1-6.

Buchner, J. & Freisleben-Teutscher, C. (2020): Die Erweiterung der Realität als Bildungschance: Fallbeispiele für immersives Lernen in Schule und Hochschule. In: A. Beinsteiner, L. Blasch, T. Hug, P. Missomelius & M. Rizzolli (Hrsg.): Augmentierte und virtuelle Wirklichkeiten. Innsbruck: innsbruck university press, 175-188.

Cabero-Almenara, J., Barroso-Osuna, J., Llorente-Cejudo, C. & del Mar Fernandez Martinez, M. (2019): Educational Uses of Augmented Reality (AR): Experiences in Educational Sciences. In: Sustainability 11 (18), 49-90.

CAST (2018): Universal Design for Learning Guidelines version 2.2. Online unter: http://udlguidelines.cast.org. (Abrufdatum: 22.11.2021).

Challenor, J. & Ma, M. (2019): A Review of Augmented Reality Applications for History Education and Heritage Visualisation. In: Multimodal Technologies and Interaction 3 (39), 1-20.

Chatel, A. (2020): Exkursionsdidaktik mobil – Studierende entwickeln eigene App-Touren. Apps aus der Hochschule für die Öffentlichkeit. In: A. Seckelmann & A. Hof (Hrsg.): Exkursionen und Exkursionsdidaktik in der Hochschullehre. Erprobte und reproduzierbare Lehr- und Lernkonzepte. Berlin: Springer Spektrum, 213-228.

DGfG (Deutsche Gesellschaft für Geographie) (2020): Bildungsstandards im Fach Geographie für den Mittleren Schulabschluss – mit Aufgabenbeispielen. Berlin: Selbstverlag DGfG.

Dickel, M. & Glasze, G. (2009): Vielperspektivität und Teilnehmerzentrierung. Richtungsweiser der Exkursionsdidaktik (Praxis neue Kulturgeographie, Bd. 6). Zürich: LIT.

Dickel, M. & Jahnke, H. (2012): Medialität und Virtualität. In: J.-B. Haversath (Hrsg.): Geographiedidaktik. Theorie, Themen und Forschung. Braunschweig: Westermann, 236-248.

Elmqaddem, N. (2019): Augmented Reality and Virtual Reality in Education. Myth or Reality? In: International Journal of Emerging Technologies in Learning 14 (3), 234-242.

Feulner, B. & Ohl, U. (2014): Mobiles ortsbezogenes Lernen im Geographieunterricht. In: Praxis Geographie 44 (7/8), 4-8.

GDSU (Gesellschaft für Didaktik des Sachunterrichts) (2013): Perspektivrahmen Sachunterricht. Vollständig überarbeitete und erweiterte Ausgabe. Bad Heilbrunn: Klinkhardt.

Gryl, I. & Pokraka, J. (2018): Smart City Learning – Exkursionsdidaktik zwischen Materialität und digitalisierter Bedeutungszuweisung. In: S. Bauriedl & A. Strüver (Hrsg.): Smart City – Kritische Perspektiven auf die Digitalisierung in Städten. Bielefeld: transcript, 109-123.

doi.org/10.35468/6025-12

Harley, J.M., Poitras, E.G., Jarrell, A., Duffy, M.C. & Lajoie, S.P. (2016): Comparing virtual and location-based augmented reality mobile learning: emotions and learning outcomes. In: Education Tech Research Development 64 (3), 359-388.

Johnson, L., Levine, A., Smith, R., & Stone, S. (2010): 2010 Horizon Report: Deutsche Ausgabe (Übersetzung: Helga Bechmann). Austin, Texas: The New Media Consortium.

KMK (Hrsg.) (2017): Bildung in der digitalen Welt. Strategie der Kultusministerkonferenz. Online unter: https://www.kmk.org/fileadmin/Dateien/pdf/PresseUndAktuelles/2018/Digitalstrategie_2017_mit_Weiterbildung.pdf (Abrufdatum: 20.12.2021).

Knopf, J. (2018): Safari im Klassenzimmer. Apps für die Grundschule, In: didacta-magazin 2, 10-13.

Lölkes, C. (2021): UrbanExplorAR. Online unter: https://zkm.de/de/urbanexplorar. (Abrufdatum: 30.09.2021).

Milgram, P. & Kishino, F. (1994): A Taxonomy of mixed reality visual displays. In: IEICE Transactions on Information Systems 77 (12), 1-15.

MSW (Ministerium für Schule und Weiterbildung Nordrhein-Westfalen) (2016): Sonderpädagogische Förderschwerpunkte in NRW. Ein Blick aus der Wissenschaft in die Praxis, Düsseldorf. Online unter: https://xn--broschren-v9a.nrw/sonderpaedagogische-foerderschwerpunkte/home/#!/Home (Abrufdatum: 30.09.2021).

NRW-Forum (2021): AR Biennale, Düsseldorf. Online unter: https://www.nrw-forum.de/ausstellungen/ar-biennale. (Abrufdatum: 30.09.2021).

Ohl, U. & Neeb, K. (2012): Exkursionsdidaktik: Methodenvielfalt im Spektrum von Kognitivismus und Konstruktivismus. In: J.-B. Haversath (Hrsg.): Geographiedidaktik. Theorie, Themen und Forschung. Braunschweig: Westermann, 259-288.

Paeschke, M., Pardey, C. & Seitz, D. (2013): Location-based Learning. In: L. Ludwig, K. Narr, S. Frank & D. Staemmler (Hrsg.): Lernen in der digitalen Gesellschaft – offen, vernetzt, integrativ. Abschlussbericht der Expertengruppe der 7. Initiative. Berlin: Internet & Gesellschaft Collaboratory, 89-96.

Pallaske, C. (2017): Digital anders? Geschichtslernen mit digitalen Medien – ein Zwischenstand nach zwanzig Jahren. In: Geschichte für heute 10 (1), 10-24.

Radu, I. (2014): Augmented reality in education: a meta-review and cross-media analysis. In: Personal and Ubiquitous Computing 18 (6), 1533-1543.

Rhode-Jüchtern, T. (1996): Den Raum lesen lernen. Perspektivenwechsel als geographisches Konzept. München: Oldenbourg Verlag.

Rhode-Jüchtern, T. (2001): Perspektivenwechsel als Verstehenskultur – Über ein produktiv-konstruktives Konzept für die Geographie. In: Internationale Schulbuchforschung 23, 423-438.

Rhode-Jüchtern, T. (2004): Derselbe Himmel, verschiedene Horizonte. Zehn Werkstücke zu einer Geographiedidaktik der Unterscheidung. Wien: Institut für Geographie und Regionalforschung.

Rhode-Jüchtern, T. & Schneider, A. (2009): La Gomera und dem Aspekt von ... Fünf Dimensionen einer konstruktiven Exkursionsdidaktik. In: M. Dickel. & G. Glasze (Hrsg.): Vielperspektivität und Teilnehmerzentrierung. Richtungsweiser der Exkursionsdidaktik (Praxis neue Kulturgeographie, Bd. 6). Zürich: LIT, 141-163.

Ruf, I. (2021): Kombilösung Karlsruhe: Alle Infos zum Milliarden-Projekt. Online unter: https://bnn.de/karlsruhe/karlsruhe-stadt/kombiloesung-karlsruhe-alle-infos-u-bahn-strassenbahn-autotunnel-kosten-fertigstellung. (Abrufdatum: 06.02.2022).

Schlögel, K. (2006): Im Raume lesen wir die Zeit. Über Zivilisationsgeschiche und Geopolitik. Frankfurt: Fischer.

Schranz, C. (2020): Augmented Spaces and Maps. Das Design von kartenbasierten Interfaces. Basel: Birkhäuser.

Seitz, D., Kerber, U. & Bernsen, D. (2017): Augmented Historical Reality – Historisches Lernen wird „lebendig"? In: D. Bernsen & U. Kerber (Hrsg.): Praxishandbuch Historisches Lernen und Medienbildung im digitalen Zeitalter. Bonn: bpb, 127-138.

doi.org/10.35468/6025-12

Sen, A. & Liew, S.H. (2020): Augmented Reality and Its Use in Education. In: A. Tatnall (Hrsg.): Encyclopedia of Education and Information Technologies. Cham: Springer, 202-211.
Wardenga, U. (2002): Alte und neue Raumkonzepte für den Geographieunterricht. In: Geographie heute 23 (200), 8-11.
Yuen, S., Yaoyuneyong, G. & Johnson, E. (2011): Augmented reality: An overview and five directions for AR in education. In: Journal of Educational Technology Development and Exchange 4 (1), 119-140.

Autor*innen

Isabelle Kollar, Dr.
Rheinland-Pfälzische Technische Universität Kaiserslautern-Landau (RPTU)
Institut für naturwissenschaftliche Bildung
Geographiedidaktik
Fortstraße 7, 76829 Landau
i.kollar@rptu.de
Forschungsschwerpunkte: Kartographie & GIS, digitale Geomedien und Schülervorstellungsforschung

Jochen Laub, Dr.
Rheinland-Pfälzische Technische Universität Kaiserslautern-Landau (RPTU)
Institut für naturwissenschaftliche Bildung
Geographiedidaktik
Fortstraße 7, 76829 Landau
jochen.laub@rptu.de
Forschungsschwerpunkte: Bildungsphilosophie, ethisches Argumentieren sowie soziale und kulturelle Räumlichkeiten

doi.org/10.35468/6025-12

Carina Peter und Sandra Sprenger

Raumanalyse mit virtuellen Exkursionen. Mit digitalen Medien Exkursionskonzepte zum Hafen Hamburg und zum Wald gestalten

Teaser
In diesem Beitrag sollen die Raumbeispiele Hamburg Hafen und Wald multiperspektivisch mit Raumkonzepten erkundet werden. Als digitales Werkzeug wird ein Kartenprogramm (Padlet) mit verschiedenen Funktionen zur Gestaltung und Nutzung von Karten verwendet. Das Exkursionskonzept ist kollaborativ und virtuell angelegt. Zur Gestaltung der virtuellen Exkursion werden integrierte Bilder, Kurztexte und andere Medien genutzt, um der Frage nachzugehen, welche Bedeutung der Hafen in Hamburg bzw. der Wald für unser Leben hat.

Raum des exkursionsdidaktischen Settings

Hamburg Hafen und Mischwald in Hessen (als Beispiel für einen urbanen und einen naturnahen Raum). Beide Räume werden strukturell und funktional betrachtet und für Lehr-/Lernsettings in der Grundschule aufgearbeitet. Ein besonderes Augenmerk wird dabei auf den Menschen gelegt, wie er seine Umwelt gestaltet und nutzt. Ein Transfer ist auf andere Häfen/Industrieanlagen sowie Wälder problemlos möglich, da der fach- bzw. geographiedidaktische Ansatz auf jeden Raum anwendbar ist.

Fachdidaktischer Ansatz: Raumanalyse mit Geomedien und digitalen Karten

In der Sekundarstufe des Schulfachs Geographie werden laut den Bildungsstandards der Deutschen Gesellschaft für Geographie *Struktur, Prozess* und *Funktion* als Systemkomponenten der Basiskonzepte (DGfG, 2020) verstanden, der Raum wird maßstabsbasiert vom Lokalen zum Globalen betrachtet. Bereits im Sachunterricht können dahingehend Grundlagen und Voraussetzungen angelegt werden, die in der Sekundarstufe im Sinne der Förderung einer räumlichen Handlungskompetenz ausgeweitet werden (Schulze et al., 2020).

doi.org/10.35468/6025-13

Der regionale Schwerpunkt wird im Sachunterricht insbesondere im Nahraum gesehen (Rinschede 2011). Zur Analyse des Nahraums können bspw. Strukturen identifiziert und Zusammenhänge sowie Funktionen aufgezeigt werden. Dies kann im Realraum sowie bspw. im medialen oder digitalen Raum erfolgen.

Die Raumkonzepte von Wardenga (2002) bieten eine gute Grundlage, um bereits mit Schüler*innen der Grundschule raumanalytisch vorzugehen. So kann der „Raum als Container", als „Raum der Lagebeziehungen", als „Raum der Wahrnehmungsgeographie" und als „Raum als soziale, technische und gesellschaftliche Konstruiertheit" (Wardenga 2002) betrachtet werden. Um die Raumkonzepte im Unterricht zur Analyse von Räumen anzuwenden, können entsprechende Fragen genutzt werden.

Der Raum kann im Rahmen einer Exkursion im Realraum oder durch Medien, bspw. Karten, analysiert werden. Zugleich sollte berücksichtigt werden, dass die Lebenswelt der Schüler*innen von einer zunehmenden Digitalisierung und damit verbundenen technischen Möglichkeiten und Innovationen geprägt ist, die auch die Wahrnehmung und Analyse von Räumen sowie die Orientierung in Räumen verändert. So prägen die technischen Veränderungen längst unseren Alltag, wenn bspw. digitale Karten (z. B. Google Maps) als Apps auf Handys zur Navigation genutzt werden. Die Vorteile – ständige Verfügbarkeit, leichte Bedienung, Aktualität, Funktionen und Tools, u. a. – sind vielfältig. Auch kann auf Vorschläge für den Einsatz digitaler Geomedien (z. B. Engelhardt, Manz, 2015) oder interaktiver Karten wie Padlet (Chatel, 2021) für den Unterricht verwiesen werden. Wenngleich diese vor allem für den Einsatz in der Sekundarstufe ausgelegt sind, sollten bereits in der Grundschule im Sachunterricht grundlegende und anschlussfähige kognitive Strukturen geographischen Wissens sowie grundlegende Fähigkeiten im Umgang mit räumlichen Repräsentationen (Karten, Luftbilder etc.) angelegt werden (Schulze et al., 2020), die einen Beitrag zur Raumanalyse leisten können. Schulze et al. (2020) fordern zudem, dass digitale Lehr-/Lernsettings nicht *über* sondern *mit* bzw. *durch* digitale Medien gestaltet werden.

Digitale Medien sind als computerbasierte „...Träger oder Mittler von Informationen" (Siegmund, Michel 2013b, 54) zu verstehen. Merkmale digitaler Medien sind unter anderem (Herzig & Grafe, 2007, Rinschede, 2011; Vollbrecht, 2001; Siegmund, Michel 2013b):

- Multimedialität: Kombination von bspw. Karten, Audio, Texten, Bildern, Graphiken, Videos;
- Multimodalität: Aktivierung unterschiedlicher Sinneskanäle;
- Interaktivität: anwendergesteuerte Auswahl und Nutzung;
- Integration: Kombination verschiedener Inhalte und Anwendungen;
- Multicodalität: Verschiedene Symbolsysteme in einem Medium;
- Adaptivität: Vorkenntnisse der Adressaten berücksichtigen;

doi.org/10.35468/6025-13

- Informationsbereitstellung;
- Mobile Einsatzmöglichkeiten: ortsunabhängige Nutzung.

Exkursionsdidaktische Methode: Virtuelle Exkursion

Im Zentrum des exkursionsdidaktischen Settings steht die virtuelle Exkursion, international als virtual field trip bezeichnet. Eine virtuelle Exkursion zeichnet sich durch folgende Aspekte aus (Stainfield, 2000):

- virtuell bedeutet eine digitale Alternative zur Repräsentation der Realität (aus dem Engl., Stainfield 2000, 256),
- Erkundung eines Raumes, ohne sich direkt vor Ort zu befinden,
- interaktive digitale Lernumgebung.

Die virtuelle Exkursion basiert auf digitalen Geomedien. „Digitale Geomedien stellen digital codierte raumbezogene Daten über geographisch relevante Sachverhalte dar“ (Siegmund & Michel 2013a, 53). Virtuelle Exkursionen können bspw. auf Filmsequenzen, 360° Fotographien oder digitalen Karten basieren. Merkmale digitaler Karten und Kartendienste sind unter anderem:

- Skalierungsmöglichkeiten: z. B. Zoomen zur Maßstabs- und Detailgradänderung;
- Aktualität: z. B: Verkehrshinweise/-informationen in Echtzeit;
- Werkzeuge und Visualisierungen: z. B. Änderungsmöglichkeiten der Medien-Karte und Satellitenbild, Einblendung von Symbolen, Legende, Fotos und Informationstexten;
- Möglichkeiten des mobilen Einsatzes und Interaktionsmöglichkeiten: z. B. Standortermittlung durch GPS -Signal und Routenplanung.

Für die Erstellung einer virtuellen Exkursion auf Grundlage von digitalen Karten gibt es mehrere Werkzeuge, die sich vor allem durch die Komplexität und Bedienerfreundlichkeit der Kartensoftware unterscheiden. Mögliche Beispiele sind GoogleEarth, ArcGIS, uMap und die Kartenfunktion von Padlet oder dem vergleichbaren datenschutzkonformen Programm TaskCards. Die Kartenfunktion der Software Padlet ist sehr einfach (https://de.padlet.com/). Padlet ist nicht unbedingt ein Kartenprogramm bzw. ein geographisches Werkzeug, sondern eher eine Software zum Erstellen einer digitalen Pinnwand für kollaboratives Arbeiten. Neben Texten oder Bildern bietet diese Software auch eine Kartenfunktion. Daher erscheint dies im Rahmen des Sachunterrichts und der einfachen Zugänglichkeit ein geeignetes Werkzeug.

Die Regelung bezüglich der Nutzung von Padlet und weiteren digitalen Werkzeugen sind in den Bundesländern sehr unterschiedlich. Informieren Sie sich daher über die aktuellen Bestimmungen.

doi.org/10.35468/6025-13

Exkursionsdidaktisches Setting

Das Lernsetting wird als kollaboratives (z. B. Brendel 2013) und virtuelles Exkursionskonzept (Wiktorin 2018) angelegt. Zur Differenzierung können zwei Varianten je nach Zielsetzung sowie je nach den Voraussetzungen der Schüler*innen eingesetzt werden:

- Variante a: Die Lehrkraft bereitet eine digitale Karte mit Padlet für den Unterricht vor (Beispiel Hamburg Hafen).
- Variante b: Die Lernenden bearbeiten in Kleingruppen selbstständig eine digitale Karte mit Padlet (Beispiel Wald).

Die virtuelle Exkursion wird als entdeckende und problemorientierte Exkursion gestaltet. Ziel ist die Analyse des Raums mit einer digitalen Karte anhand von Strukturen (z. B. Monokultur oder naturnaher, strukturdiverser Wald) und den Funktionen für den Mensch (z. B. Wald als Wirtschaftsraum für den Menschen und als Lebensraum für Tiere und Pflanzen). Ausgehend von der problemorientierten Frage, welche Bedeutung der Hafen für unser Leben hat bzw. wie der Mensch den Wald nutzt, werden im Rahmen dieser virtuellen Exkursion jeweils drei mögliche Exkursionsorte an den Beispielen Hamburg Hafen und Wald vorgestellt.

Variante a: Lehrkraft bereitet die virtuelle Exkursion vor – Beispiel Hamburg Hafen

Als Basis dient eine Satellitenkarte, auf der durch die Lehrkraft Exkursionsstandorte markiert werden, die die Schüler*innen interaktiv erkunden können.
Dort können verschiedene interessante Punkte markiert werden, die eine Erkundung vorstrukturieren. Auf diese Weise können relevante, aber sehr unterschiedliche Aspekte des Hafens und deren Bedeutung für das Leben erkundet werden. Eine bestimmte Reihenfolge ist nicht notwendig, sodass die Schüler*innen die Orte in beliebiger Reihenfolge aufsuchen können. Drei mögliche, aus einer geographischen Perspektive interessante Orte im Hafen sind:

- Wohn- und Bürogebäude in der HafenCity (in der Funktion als Wohnort und Arbeitsplatz, vorwiegend im Dienstleistungssektor)
- Containerterminal (in der Funktion als Umschlageort zwischen Transportmitteln wie LKW « Schiff)
- Schüttguthafen (in der Funktion als Zwischenlagerung für Schüttgüter wie Kohle, Sand oder Steine)

*Variante b: Schüler*innen erstellen eine digitale Karte*

In der Variante (b) werden die Schüler*innen selbstständig eine virtuelle Exkursion mithilfe einer Padlet-Karte erstellen. Dies kann rein digital, z. B. durch eine Internetrecherche erfolgen, oder auch im Sinne eines Blended Learning-Ansatzes in der Verknüpfung mit einer realen Erkundung des Raums. In diesem Fall würden Fotos

doi.org/10.35468/6025-13

auf einer realen Exkursion, auf einem Unterrichtsgang oder als Hausaufgabe von den Schüler*innen selbst gemacht und anschließend in die digitale Padlet-Karte integriert. So entwickeln die Schüler*innen individuelle virtuelle Exkursionen mit digitalen Karten. Dies kann in Einzelarbeit, in Partner- oder Gruppenarbeit erfolgen. Anschließend können die virtuellen Exkursionen unter den Schüler*innen ausgetauscht und gemeinsam erkundet und reflektiert werden.

Dieses Setting (Variante b) zeichnet sich dadurch aus, dass technische Werkzeuge und Softwaretools selbstständig genutzt werden müssen, um räumliche Strukturen in einer digitalen Karte zu visualisieren. Dafür können Fotos eingefügt oder Informationen in Form von Infotexten hinterlegt werden (siehe Abbildung 1). Die Schüler*innen werden in den Fähigkeiten gefördert:

- Fotos erstellen, bearbeiten und in das Padlet integrieren zu können,
- Texte oder Kurzinfos verfassen und integrieren zu können,
- Den Raum skalieren und Perspektiven wechseln zu können, den Nahraum digital und aus der Luftperspektive erschließen zu können.

Beispiel Wald:

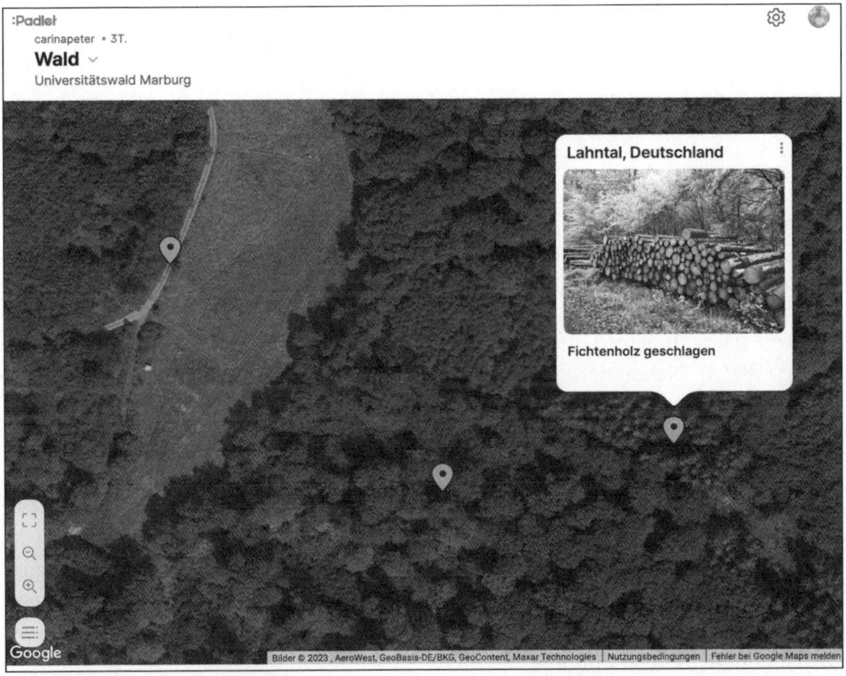

Abb. 1: Mischwald in Hessen – Universitätswald Marburg (Screenshot von Padlet, mit eigenem Foto Fichtenholz)

Der Wald wird durch den Menschen sowohl wirtschaftlich als auch für Freizeitaktivitäten genutzt. Zugleich ist er Lebensraum für eine Vielzahl von Tieren und Pflanzen. Die Bedeutung des Waldes umfasst also ökonomische, soziale und ökologische Dimensionen. Zur Analyse des Waldes im Spannungsfeld der Dimensionen sollen die Schüler*innen einen Lehrgang im Klassenverband oder einen Spaziergang mit einer Aufsichtsperson als Hausaufgabe machen und exemplarisch drei Raumausschnitte wählen, die den Wald in seiner Bedeutung für Mensch und Umwelt aufzeigen:

- Monokultur Fichtenwald (in der Funktion des Holzes als Wirtschaftsprodukt)
- Strukturdiverser naturnaher Mischwald mit Totholz (in der Funktion als Lebensraum für Tiere und Pflanzen)
- Wanderweg und Forstweg (in der Funktion der Erschließung des Waldes durch den Menschen und als Freizeitort)

Problemorientierte Frage

Das Konzept (sowohl Variante (a) als auch (b)) erfolgt problemorientiert ausgehend von einer Problemfrage. Mögliche Leitfragen für die beiden Gebiete sind:
1) Der Hafen in Hamburg – Welche Bedeutung hat er für unser Leben?
2) Wald – Welche Bedeutung hat der Wald für den Menschen?

Angabe zur Klassenstufe

Für die Durchführung eignet sich die Klassenstufen 3-4.

Kompetenzorientierung

Die Schüler*innen erwerben folgende Kompetenzen nach dem Perspektivrahmen Sachunterricht (GDSU 2013):

Geographische Perspektive (GDSU 2013, 46-55).

Menschen gestalten und nutzen Räume unterschiedlicher Gestaltung (TBGE02 in GDSU 2013). Neben der Erkenntnis, dass urbane Räume einem stetigem Wandel unterliegen (Transformation Hamburg Hafen), soll deutlich werden, dass auch naturnahe Räume vom Menschen gestaltet und genutzt werden (Waldwirtschaft). Die Schüler*innen sollen möglichst selbstständig räumliche Gegebenheiten erkunden, sich diese erschließen und die Ergebnisse dokumentieren (DAHGE02 in GDSU 2013). Dafür werden räumliche Strukturen (z. B. Werft Hamburg, Fichtenmonokultur, naturnaher und strukturdiverser Mischwald) identifiziert, ggf. fotografiert, beschrieben und mit ergänzenden Informationen bspw. als Kurztext in eine digitale Karte überführt, um Lagebeziehungen und räumliche Zusammenhänge beschreiben zu können.

doi.org/10.35468/6025-13

Menschen nutzen, gestalten, belasten, gefährden und schützen Räume (GDSU 2013, 52)

Sie können…

- an Beispielen beschreiben, was in Räume „kommt“ und was aus Räumen „geht“ (z. B. Waldwirtschaft, Hafenwirtschaft),
- Vergleiche zwischen verschiedenen Raummerkmalen und Raumsituationen anstellen und dabei Gemeinsamkeiten und Unterschiede zusammentragen und benennen (z. B. der Mensch gestaltet Räume in der Stadt und in der Natur).

Räume erkunden, untersuchen und Ergebnisse dokumentieren (GDSU 2013, 49)

Sie können…

- Formen für das Erfassen, Beschreiben und Festhalten von natürlichen und anthropogenen Raumstrukturen, von durch Menschen geschaffenen Objekten und Einrichtungen (z. B. Hamburg Hafen, Forstwege) und von Natur-Mensch-Beziehungen im Gelände (z. B. Menschen nutzen den Wald) anwenden, in dem auf einer digitalen Karte Eintragungen vorgenommen werden, Fotos erstellt und integriert sowie Kurztexte verfasst werden.

Sich in Räumen orientieren, mit Orientierungsmitteln umgehen (GDSU 2013, 50)

Sie können…

vertraute räumliche Elemente (z. B. Werft, Waldareal) in der eigenen Umgebung auf Karten, Luft- und Satellitenbildern auffinden.

Vielfalt und Verflechtungen von Räumen; Lebenssituationen nah und fern (GDSU 2013, 54)

Sie können…

mithilfe von Bildern, Karten, überschaubaren Zahlenangaben u. a. Vergleiche zwischen verschiedenen räumlichen Situationen anstellen. Sie können dabei Merkmale, Situationen, Gemeinsamkeiten und Unterschiede beschreiben und persönliche Bezugspunkte darlegen (z. B. die Vielfalt und Eigenart von Orten und Räumen bzgl. ihrer Lage, Ausstattung, Nutzung wie z. B. ländlich – städtisch geprägt Räume).

Die Schüler*innen erwerben folgende Kompetenzen nach den Bildungsstandards der Deutschen Gesellschaft für Geographie (DGfG, 2020):

Räumliche Orientierung

Sie können…

auf lokaler Ebene basales Orientierungswissen (Hamburg Hafen, Wald) anwenden (DGfG 2020).

doi.org/10.35468/6025-13

Fachwissen

Sie können…

Strukturen und funktionale Zusammenhänge von natürlichen und anthropogenen Faktoren bei der Nutzung und Gestaltung von Räumen (Waldwirtschaft, Hamburg Hafen) beschreiben (DGfG 2020).

Erkenntnisgewinnung

Sie können…
geographisch relevante Informationen problemorientiert aus einer Padlet-Karte sowie aus eigener Informationsgewinnung (z. B. Fotos) herausarbeiten (DGfG 2020).

Vorbereitung und Material

Im Navigationsmenü von Padlet werden verschiedene graphische, mediale und gestalterische Optionen angeboten. Unter der Auswahl Karte erhält der Nutzer die Möglichkeit zwischen unterschiedlichen Kartentypen und einem Satellitenbild zu wählen. Darin können Standorte gesetzt und mit Informationen (Fotos, Infotexten etc.) hinterlegt werden (siehe Abbildung 1).
Um eine Unterrichtssequenz anhand einer Padlet-Karte planen und durchführen zu können, sind folgende medialen und technischen Voraussetzungen zu beachten:
- digitales Endgerät (z.B. Laptop oder Tablet),
- Padlet Account,
- Bild-/Fotomaterial oder Kamera zum Erstellen passender Bilder,
- Informationstexte oder sonstige Kurztexte (siehe Abbildung 1).

Zur Vorbereitung muss sich die Lehrkraft – sofern nicht bereits entsprechende Kenntnisse vorhanden sind – in das Programm Padlet oder ein vergleichbares Kartenprogramm einarbeiten. Dabei ist das Programm leicht zugänglich. Es gibt einen kostenfreien Zugang, in dem drei Padlets entwickelt werden können. Neben Padlet bietet sich das frei verfügbare Kartenprogramm uMap an, für welches ebenfalls Unterrichtsvorschläge (Berger 2020) existieren. Professionelle Programme zur Realisierung virtueller Exkursionen sind darüber hinaus ArcGIS Story Maps und Survey123. Auch für diese Werkzeuge liegen Unterrichtsanregungen vor (Kerski 2021).
Hinweis zum Datenschutz: Der Einsatz von Padlet ist bundeslandspezifisch zu bewerten. Hier sollten die jeweils geltenden Regelungen berücksichtigt werden.

Ablauf

Der methodische Ablauf ist in fünf Phasen gegliedert (siehe Abbildung 2). Die Darstellung üblicher Ablaufschemata von Exkursionen im Realraum (u.a. Falk 2015) wird hier durch die digitale Komponente und hierbei das Kennenlernen digitaler Werkzeuge zur Durchführung oder auch Erstellung einer virtuellen Exkursion ergänzt.

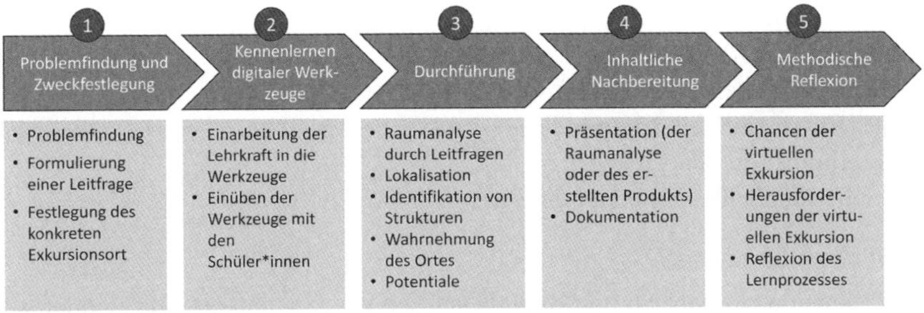

Abb. 2: Ablauf einer virtuellen Exkursion (eigene Darstellung)

Auf Zeitangaben ist hier verzichtet worden, da diese von der Lehrkraft eigenständig – je nach Zielsetzung – eingeplant werden können. So ist es beispielsweise möglich, die Problemfindung in 5 Minuten zu realisieren. Genauso gut kann dies ausführlicher gestaltet werden, wenn es aus thematischen oder lerngruppenspezifischen Gründen sinnvoll ist.

1. Vorbereitung: Problemfindung und Zweckfestlegung
Phase eins dient der Problemfindung und Eingrenzung des Themas und kann im Vorfeld im Klassenraum erfolgen. Bezogen auf den Exkursionsort und ausgehend von der Problematisierung (z. B. Hafen oder Wald als Wirtschaftsraum) wird der Fragestellung nachgegangen, welche Bedeutung der entsprechende Raum für den Menschen hat. Nach der gemeinsamen Problemfindung und Formulierung einer Leitfrage, wird der konkrete Exkursionsort festgelegt.

2. Technische Einweisung und Kennenlernen der digitalen Werkzeuge
Im nächsten Schritt erfolgen die technische Einweisung und das Kennenlernen der digitalen Werkzeuge. Die Lehrkraft sollte sich im Vorfeld mit entsprechenden Kartenprogrammen und Werkzeugen vertraut gemacht haben und dann die Werkzeuge den Schüler*innen vorstellen. Der Umgang mit den Kartenprogrammen schließt insbesondere die folgenden Techniken und Fähigkeiten ein, die im Rahmen dieser Unterrichtseinheit erworben bzw. vertiefend angewendet werden können:

- Kartentypen (Satellitenansicht, Kartenansicht) kennen und wechseln,
- zoomen und Detailgrad ändern,
- Standorte mit einem digitalen Pin festlegen,
- Fotos und Infos an dem entsprechenden Pin einfügen.

3. Durchführung
In der Variante der Raumanalyse einer vorgefertigten Exkursion erfolgt die Analyse der Räume (z. B. Hafen oder Wald) anhand von Leitfragen. Exemplarisch können diese sein:

doi.org/10.35468/6025-13

- Wo ist der Exkursionsort?
- Welche Merkmale zeichnen den Ort aus?
- Warum sind diese Merkmale dort?
- Wie sind sie dort hingekommen?
- Wie nimmst du den Ort wahr?
- Welche Möglichkeiten bietet der Ort?

Wo ist der Exkursionsort?

Der Exkursionsort wird an den Raumbeispielen des Hamburger Hafens oder des Mischwaldes in Hessen festgelegt.

Welche Merkmale zeichnen den Ort aus?

Die für die Fragestellung relevanten Strukturen werden lokalisiert und dokumentiert. Dies sind für den Hamburger Hafen die Struktur des Hafengebietes mit den verschiedenen Hafenbecken und Kaianlagen, mit den verschiedenen Industrieanlagen oder auch mit den Wohn- und Büroflächen. Im Falle des Waldes sind dies z. B. die Monokultur, die Waldwege oder das Totholz. Die Fichtenmonokultur zeichnet sich bspw. dadurch aus, dass Bäume und ganze Waldareale ganz oder teilweise abgestorben sind, kaum andere Baumarten vorzufinden sind und die bestehenden Bestände ähnliche Baumhöhen und damit vermutlich Baumaltersklassen aufweisen. Der strukturdiversere Mischwald zeichnet sich hingegen dadurch aus, dass viele verschiedene Pflanzenarten, mit unterschiedlicher Größe und unterschiedlichem Alter sowie Totholz vorzufinden sind.

Warum sind die Merkmale dort?

Im Falle des Waldes lassen sich verschiedene Bereiche anhand der Strukturen identifizieren. Die Strukturen im Wald können durch unterschiedliche Bewirtschaftungsformen erklärt werden. Bspw. verfolgt die konventionelle Waldwirtschaft das Ziel der planmäßigen Rohstofferzeugung.

Wie sind sie dort hingekommen?

Im Falle des Hamburger Hafens waren die Lage der Stadt an einem Fluss, verbunden mit der Nähe zur Mündung zur Nordsee sowie einer guten Erreichbarkeit des Hinterlandes die Grundlage für die Ansiedlung ab dem 9. Jahrhundert. Bis zur heutigen Struktur hat sich der Hafen stetig weiter entwickelt.

Wie nimmst du den Ort wahr?

Für diese Fragestellung bietet sich die Nutzung der beiden Raumkonzepte nach Wardenga (2002), „Raum der Wahrnehmungsgeographie“ und der „Raum als Element von Kommunikation und Handlung“ (als soziale, technische und gesellschaftliche Konstruiertheit) an. Hier müssen von der Lehrkraft ergänzende

doi.org/10.35468/6025-13

Materialien wie Zeitungsberichte oder Imagefilme zur Verfügung gestellt oder in die virtuelle Exkursion eingebaut werden. Denkbar ist auch, dass Schüler*innen eine Befragung von unterschiedlichen Akteuren in dem entsprechende Raum vornehmen.

Welche Möglichkeiten bietet der Ort?

Beide Raumbeispiele bieten wirtschaftliche Potentiale, der Hafen in Richtung Hafenwirtschaft, der Wald in Richtung Forstwirtschaft.
In der Variante, in der die Schüler*innen selbst die digitale Exkursion oder das digitale Kartenprodukt erstellen, können die Leitfragen eine Orientierung darstellen, eine sinnvolle Auswahl der Fotomotive, der Audiodateien oder der Videosequenzen vorzunehmen.

4. Inhaltliche Nachbereitung

Im Rahmen der inhaltlichen Nachbereitung erfolgt die Präsentation der Raumanalyse, z. B. im Klassenverband oder auch im Rahmen einer größeren schulischen Veranstaltung. Darüber hinaus sollen die Ergebnisse dokumentiert und – sofern gewünscht – einer größeren Öffentlichkeit zugänglich gemacht werden (z. B. auf der Schulhomepage veröffentlichen). Zudem besteht die Möglichkeit die virtuelle Exkursion im Nachhinein zu ergänzen, zu erweitern sowie die Kartenfunktionen auf neue raumbezogene Problemfragen anzuwenden. Zudem können für anschließende kollaborative Arbeitsphasen die Ergebnisse in ein Wiki überführt werden.

5. Methodische Reflexion (Technik/Werkzeuge)

Im Rahmen der methodischen Reflexion erfolgt die Betrachtung der Chancen (z. B. Möglichkeiten der Skalierung und eigenständigen Integration von Informationen in die Karte) und der Herausforderungen von virtuellen Exkursionen (z. B. Parallelisierung zwischen Realraum und digitalem Raum) sowie die Reflexion des Lernprozesses.

Differenzierung im inklusiven Klassenraum

Differenzierungsmöglichkeiten liegen im (1) Förderschwerpunkt Sprache (MSW 2016) und (2) im kartographischen Niveau. Ein differenziertes Angebot im Förderschwerpunkt Sprache kann bspw. in der Textoptimierung liegen. Die räumlich-strukturellen Kurzinformationen, die in der Padlet-Karte hinterlegt werden, sind in einfacher und wenig komplexer Sprache formuliert. Schwierige Wörter werden vermieden bzw. Fachtermini werden erklärt. Die Kurztexte werden zudem durch Fotos visualisiert. Hinsichtlich des kartographischen Niveaus bietet es sich bei der durch die Lehrkraft erstellten Exkursionen an, die Menge der virtuellen Standorte zu reduzieren. Beispielsweise kann statt der hier exemplarisch gezeigten drei Standorte nur einer in die virtuelle Exkursion eingebaut werden. Die Zahl der Standorte kann vor dem Hintergrund der Lerngruppe entsprechend angepasst werden.

doi.org/10.35468/6025-13

Raumkonzepte

Räumliche Orientierung und Raumanalysen sind geographische Zugänge, die in der geographischen Bildung verankert sind und bereits mit jungen Schüler*innen in der Grundschule entwickelt, erprobt und reflektiert werden sollten. Geomedien und digitale Karten spielen dahingehend längst eine zunehmende Bedeutung sowohl aus fachdidaktischer als auch aus gesellschaftlicher Perspektive. Zur Anwendung im Unterricht werden die fachdidaktisch „etablierten Raumkonzepte" nach Wardenga (2002), konkret der „Raum als Container" und der „Raum als Lagebeziehungen", zur räumlichen Analyse der Beispiele Hamburg Hafen und Wald durch den Einsatz von digitalen Karten genutzt. Ergänzend dazu können die beiden weiteren Raumkonzepte, der „Raum der Wahrnehmungsgeographie" und der „Raum als Element von Kommunikation und Handlung" (als soziale, technische und gesellschaftliche Konstruiertheit) integriert werden.

Der Raum unter der Betrachtung als Container setzt sich aus Sachverhalten der physisch-materiellen Welt sowie der menschlichen Gestaltungen zusammen (Wardenga 2002). Übertragen auf den Hamburger Hafen wären solche Gestaltungen der Containerterminal, die Hafencity und die Werft. Übertragen auf den Wald wären es bspw. Monokulturen und strukturdiverse Waldareale, Lichtungen, Wald-/Forstwege oder Totholz.

Im Konzept der Lagebeziehung werden besonders Standorte und ihre Distanzen und Lagerelationen betrachtet und analysiert. Der wirtschaftlich genutzte Wald hat oftmals jüngere und ältere Baumbestände. Spezifische Baumarten benötigen spezifische Bedingungen (Licht, Boden, Wasser) und werden entsprechend dieser an passenden Standorten gepflanzt (z. B. Hangneigung und -ausrichtung).

International und national sind als Schlüssel- oder Basiskonzepte u. a. *space*, *place* und *scale* (z. B. Taylor 2008; Uhlenwinkel 2013; Lambert & Morgan 2010;) in fachdidaktische Diskursen und als curriculare Vorgaben zu finden. So rückt u. a. der Raum und die wechselseitige und maßstäbliche Betrachtung von Raum und Ort zur Analyse in den Diskurs. Space wird als Raum verstanden, unter dem Objekte (z. B. Monokultur Fichtenwald, Forstweg) wahrgenommen werden. Place hingegen entsteht im Handeln des Menschen (Taylor 2005; Lambert & Morgan 2010; Uhlenwinkel 2013) (Wald bewirtschaften und als Freizeitgebiet wahrnehmen) und nimmt eine soziale Perspektive ein (Cresswell 2015; Massey 1997; Taylor 2005, 2008; Anthes et al. 2021).

Im vorliegenden Beitrag werden eben diese Ebenen zur Analyse herangezogen, in dem Strukturen und Lagebeziehungen des Hamburg Hafen sowie des Waldes in Beziehung zu dem den Raum gestaltenden und wahrnehmenden Menschen gesetzt werden.

doi.org/10.35468/6025-13

Weitere zentrale fachdidaktische Ansätze

Blended Learning, Kartenkompetenz (Karten zeichnen, interpretieren und bewerten), Raumkonzepte

Transfer

Transfer auf andere Räume:
Exemplarisch wurden der Hafen und der Wald als räumliche Orte ausgewählt. Ein Transfer ist auf weitere Orte, die in der Lebenswelt der Schüler*innen und im Sachunterricht eine Relevanz haben, problemlos möglich. Raumbeispiele sind Strukturen die direkte Schulumgebung bzw. der Schulweg, Innenstädte, einzelne Stadtteile, Industrie- und Gewerbegebiete oder Erholungsgebiete wie Parks.

Transfer auf andere Themen des Sachunterrichts:
Digitale Karten und (virtuelle) Exkursionen sind in nahezu allen Themenfeldern der Geographie relevant, sodass sie auf beliebige Themenfelder des Sachunterrichts transferiert werden können. Als Beispiele sind zu nennen: Arbeit, Biodiversität, Klima, kulturelle Vielfalt, Wohnen und Bauen, Energie und Wasser. Auch hier liegen Mensch-Umwelt Interaktionen vor, die unter struktureller, funktionaler und prozesshafter Perspektive betrachtet werden können.

Kommentierte Leseempfehlung

Friess, D. A., Oliver, G. J. H., Quak, M. S. Y. & Lau, A. Y. A. (2016): Incorporating "virtual" and "real world" field trips into introductory geography modules. Journal of Geography in Higher Education 40 (4), 546-564. https://doi.org/10.1080/03098265.2016.1174818 → Die Autoren werfen verschiedene Aspekte von virtuellen Exkursionen auf und vergleichen zudem reale und virtuelle Exkursionen. Dieser Text lohnt sich insbesondere auch dann, wenn man an einer internationalen Perspektive interessiert ist.

Krautter, Y. (2015): Fachtypische und überfachliche Medien im Geographieunterricht. In: Reinfried, S. & Haubrich, G. (Hrsg.): Geographie unterrichten lernen. Die Didaktik der Geographie. Cornelsen: Berlin, 228-272. → Grundlagen fachtypischer und überfachlicher Medien werden definiert und hinsichtlich der Schulpraxis erläutert. Karten und digitale Karten/Globen werden erklärt und in Hinblick auf den Geographieunterricht skizziert.

Ohl, U. & Neeb, K. (2012): Exkursionsdidaktik: Methodenvielfalt im Spektrum von Kognitivismus und Konstruktivismus. In: J. B. Haversath (Hrsg.): Geographiedidaktik: Theorie – Themen – Forschung. Braunschweig: Westermann, 259-288. → Idealer Überblickartikel in die Literatur zur Exkursionsdidaktik, da es sehr viele Aspekte – allerdings beschränkt auf reale Exkursionen – beinhaltet. Es sollte an den entsprechenden Stellen um aktuelle Literatur ergänzt werden.

doi.org/10.35468/6025-13

Referenzen

Anthes, K., Peter, C. & Nauss, T. (2021): Geographische Fachlichkeit – didaktische Erschließung durch Basiskonzepte. In: GW-Unterricht 161 (1), 5-18.

Berger, S.-K. (2020): Wie fahrradfreundlich ist unser Schulweg? Kollaboratives Kartieren mit uMap. In: geographie heute 350, 26-29.

Brendel, N. (2013): Kollaboratives Lernen. In: D. Böhn (Hrsg.): Wörterbuch der Geographiedidaktik. Braunschweig: Westermann, 143-144.

Chatel, T. (2021): Digitale Mysterys. Die Erstellung interaktiver Karten mit Padlet. In: Praxis Geographie 51 (4), 16-19.

Cresswell, T. (2015): Short introductions to geography. Place: A short introduction ([Repr.]). Blackwell, Malden, Mass.

DGfG (Deutsche Gesellschaft für Geographie) (2020): Bildungsstandards im Fach Geographie für den Mittleren Schulabschluss. Bonn: Selbstverlag DGfG.

Engelhardt, R. & Manz, E. (2015): Digitale Geomedien in der Schule. Geowerkzeuge und Unterrichtsmodule zur Behandlung verschiedener Themen des Geographieunterrichts: In: Computer + Unterricht: Lernen und Lehren mit digitalen Medien 25 (98), 19-21.

GDSU (Gesellschaft für Didaktik des Sachunterrichts) (2013): Perspektivrahmen Sachunterricht. Vollständig überarbeitete und erweiterte Ausgabe. Bad Heilbrunn: Klinkhardt.

Herzig, B. & Grafe, S. (2007): Digitale Medien in der Schule. Standortbestimmungen und Handlungsempfehlungen für die Zukunft. Studie zur Nutzung digitaler Medien in allgemeinbildenden Schulen in Deutschland. Bonn: Deutsche Telekom.

Kerski, J. (2021): Innovative instruction using field surveys, interactive maps, dashboards, and infographics. In: The Geography Teacher 18 (1), 45-54.

Lambert, D. & Morgan, J. (2010): Teaching Geography 11-18. A Conceptual Approach. London: Routledge.

Massey, D. (1997): A global sense of place. In: T. Barnes & D. Gregory (Hrsg.): Reading human geography: The poetics and politics of inquiry. London: Arnold, 315-323.

Ministerium für Schule und Weiterbildung (MSW) (2016): Sonderpädagogische Förderschwerpunkte in NRW. Ein Blick aus der Wissenschaft in die Praxis. Herausgeber Ministerium für Schule und Weiterbildung des Landes Nordrhein-Westfalen. Online unter: https://broschuerenservice.nrw.de/msb-duesseldorf/shop/Sonderp%C3%A4dagogische_F%C3%B6rderschwerpunkte_in_NRW#image-0 (Abrufdatum: 28.07.2021).

Rinschede, G. (2011): Geographiedidaktik. Paderborn: Schöningh.

Schulze, U., Kanwischer, D., Gryl, I. & Budke, A. (2020): Mündigkeit und digitale Geomedien – Implementation eines digitalen Fachkonzepts in der geographischen Lehrkräftebildung. In: Journal für Angewandte Geoinformatik 43 (2), 139-164.

Siegmund, A. & Michel, U. (2013a): Digitale Geomedien. In: D. Böhn (Hrsg.): Wörterbuch der Geographiedidaktik. Braunschweig: Westermann, 53-54.

Siegmund, A. & Michel, U. (2013b): Digitale Medien. In: D. Böhn (Hrsg.): Wörterbuch der Geographiedidaktik. Braunschweig: Westermann, 54-56.

Stainfield, J., Fisher, P., Ford, B. & Solem, M. (2000): International Virtual Field Trips: A new direction? In: Journal of Geography in Higher Education 24 (2), 255-262.

Taylor, L. (2005): Place: an exploration. In: Teaching Geography 30 (1), 14-17.

Taylor, L. (2008): Key concepts and medium term planning. In: Teaching Geography 33 (2), 50-54.

Uhlenwinkel, A. (2013): Geographical concept: Place; Geographical concept: Space; Geographical concept: Maßstab; Geographical concept: Wandel; Geographical concept: Vernetzung. In: M. Rolfes & A. Uhlenwinkel (Hrsg.): Metzler Handbuch 2.0. Geographieunterricht: Ein Leitfaden für Praxis und Ausbildung. Braunschweig: Westermann, 182-216.

Vollbrecht, R. (2001): Einführung in die Medienpädagogik. Weinheim: Beltz.

doi.org/10.35468/6025-13

Wardenga, U. (2002): Alte und neue Raumkonzepte für den Geographieunterricht. In: geographie heute 23 (200), 8-11.
Wiktorin, D. (2018): Virtuelle Exkursion. In: A. Brucker, J. B. Haversath & A. Schöps (Hrsg.): Geographie-Unterricht. 102 Stichworte. Baltmannsweiler: Schneider Verlag Hohengehren, S. 225-226.

Autorinnen

Carina Peter, Prof. Dr.
Philipps-Universität Marburg
Fachbereich Geographie
Deutschhausstraße 12, 35032 Marburg
carina.peter@geo.uni-marburg.de
Forschungsschwerpunkte: Lehrer*innenprofessionalisierung, Technologie und Umwelt in der geographischen Bildung, digitale Bildung und Bildung für nachhaltige Entwicklung, Diversität und Geographieunterricht

Sandra Sprenger, Prof. Dr.
Universität Hamburg
Fakultät für Erziehungswissenschaft
Von-Melle-Park 8, 20146 Hamburg
sandra.sprenger@uni-hamburg.de
Forschungsschwerpunkte: Bildung für Nachhaltige Entwicklung, Lehrer*innen professionsforschung, Digitales Lernen, Unsicherheit in Bildungsprozessen und Heterogenität - Fach und Sprache.

doi.org/10.35468/6025-13

Nina Brendel und Katharina Mohring

Virtual-Reality-Exkursionen. Achtsames Erleben von Kontroversität

Teaser
Das Kontroversitätsgebot fordert auf, Kontroversen in Politik und Gesellschaft auch im Unterricht in ihren verschiedenen Positionen abzubilden und zu diskutieren. Virtual-Reality-Exkursionen als sehr realitätsnahes Medium bieten die Gelegenheit, diese Kontroversen mit Körper, Gefühlen und Verstand zu „erleben" – und das idealerweise in einer sicheren Umgebung und unter dem Leitbild einer achtsamen Gestaltung von Lernumgebungen.

Raum des exkursionsdidaktischen Settings

Stadträume

Fachdidaktischer Ansatz: Kontroversität

Der Großteil der aktuellen Themen und Gegenstandsbereiche der Geographie (z. B. Globaler Wandel, Migration, Ressourcenkonflikte) hat gleichfalls eine bedeutende politische Dimension. Nachhaltigkeit bzw. das Bestreben einer nachhaltigen Entwicklung (heute ein Kernkonzept des Faches Geographie!) ist vor allem ein politisch initiiertes Ziel. Geographische Bildung sollte und kann hier auf Grundsätze der politischen Bildung aufbauen.
Was darf, kann, muss und sollte politische Bildung leisten? Und wo liegen ihre Pflichten und Grenzen? Eine lebendige Debatte unter Fachexpert*innen führte 1976 zur Einigung auf drei Leitlinien, die als Beutelsbacher Konsens bekannt wurden (bpb 2011): Erstens wurde festgelegt, dass politische Bildung Lernende nicht überwältigen oder indoktrinieren darf (Überwältigungsverbot). Zweitens einigte man sich darauf, dass all das, was in Wissenschaft und Politik kontrovers diskutiert wird, auch in der Schule und außerschulischen Bildung in seiner Kontroversität thematisiert werden sollte (Kontroversitätsgebot, im Wortlaut in Infobox 1). Drittens sollen Lernende befähigt werden, sowohl die politische Lage als auch ihre eigenen Interessen zu analysieren und „die vorgefundene politische Lage im Sinne [ihrer] Interessen zu beeinflussen" (bpb 2011.).

doi.org/10.35468/6025-14

Alle drei Prinzipien weisen offensichtlich große Überschneidungen auf und bedingen sich gegenseitig.
Was damals ein Meilenstein der politischen Bildung war, bedarf aus heutiger Sicht einiger Ergänzungen, Aktualisierungen und Verschiebungen:

Der Wert der Authentizität

Eine häufige Kritik betrifft die Frage nach der politischen Positionierung der Lehrperson: Inwieweit darf oder sollte eine Lehrkraft ihre politische Meinung offen kundtun (siehe Infobox 1)?
Dass das Kontroversitätsgebot Lehrkräften ein „Neutralitätsgebot" auferlegt und sie keine politische Meinung äußern sollten, ist laut Oberle (2017) ein Missverständnis. Sie plädiert vielmehr dafür, die eigene politische Meinung bewusst explizit darzulegen, um den Lernenden eine Einordnung der Unterrichtsgestaltung durch die Lehrkraft zu ermöglichen und somit einer verdeckten, subtilen Beeinflussung vorzubeugen.
Pohl (2015) verweist auf das Argument, dass sich gerade Kinder durch die Abhängigkeit von der Lehrperson oder durch deren Vorbildrolle verstärkt an der Position der Lehrkraft orientieren (Anm.: Dies gilt sicherlich in besonderem Maße für Kinder der Primarstufe).
Die Lehrkraft sollte als Vorbild für eine politisch aktive Person dennoch sehr wohl eine fundierte politische Meinung vertreten, so Pohl, dies aber transparent offenlegen und diese Position selbstkritisch reflektieren und in die Debatte einordnen. Dieser Umgang mit politischen Positionen fördere dann eine Politisierung der Lernenden (Pohl 2015). Wenn von Lernenden verlangt wird, dass sie sich positionieren und sich zu politisch engagierten Bürger*innen entwickeln, sollten Lehrkräfte dies auch vorleben und ebenfalls authentisch eine eigene politische Meinung vertreten dürfen, so Frech und Richter (2017; ähnlich argumentiert Schiele 2017).
Gerade im Rahmen des Sachunterrichts ist dazu sicherlich eine intensive und sinnvoll angeleitete (Meta-)Reflexion mit den Schüler*innen vonnöten. Grammes (2003) fragt zu Recht: „Wie viel Reflexivität, d. h. wie viel Ambiguität und Kontroversität (Deutungsspielraum) vertragen Kinder in einem bestimmten Moment ihrer kognitiven Entwicklung?" Dies einzuschätzen, liegt wohl im professionellen Ermessen jeder einzelnen Lehrkraft.

Auswahl der kontroversen Debatten

Frech und Richter (2017) fordern, dass Lehrkräfte im Zuge des Kontroversitätsgebots „gezielt „unterschlagene" oder (noch) nicht thematisierte Perspektiven in den Unterricht einbringen". Doch wie weit kann oder darf diese Auswahl gehen in Zeiten von Fake News und alternativen Realitäten? Wer entscheidet, welche Standpunkte der Debatte in den Unterricht Einzug nehmen, welche nicht? Wie vermeidet man ein unkommentiertes Nebeneinander kontroverser Theorien im

doi.org/10.35468/6025-14

Sinne eines *anything goes* und wie bestimmt eine Lehrkraft die Grenze zwischen mündiger Positionierung und Meinungsfreiheit von Lernenden auf der einen und Äußerungen, hinter denen Überzeugungen stecken, die nicht mehr mit dem Grundgesetz vereinbar sind (z. B. extremistischer Art) auf der anderen Seite (Frech & Richter 2017)? Dies stellt in der Praxis oft eine Gratwanderung dar (Schäffer 2020).

Eine Referenz bietet in erster Linie das Grundgesetz. Schiele (2017, 32) fordert zudem, die „wichtigsten Kontroversen müssen im Unterricht präsent sein" und nennt als Orientierungspunkt Debatten, die in den Parlamenten geführt werden. Dabei plädiert er auch dafür, Sichtweisen von Pegida und AfD zu berücksichtigen, sofern sie das „demokratische Terrain" (noch) nicht verlassen haben" (Schiele 2017, 32). Lehrkräfte benötigen allerdings viel Fachkompetenz, um die Standpunkte eines Diskurses zu identifizieren, die im Rahmen einer kontroversen Sichtweise im Unterricht thematisiert werden sollten. Dies erfordert zum einen „Fingerspitzengefühl [so]wie professionelle Reflexion" (Schäffer 2020, o. S.). Zum anderen stellt dies bei der Breite der zu behandelnden Themen gerade für Sachunterrichtslehrkräfte eine enorme Herausforderung dar.

Kontroversitätserleben als Türöffner für kontroverse Meinungsäußerung

Auch wenn das Kontroversitätsgebot in der konkreten Umsetzung herausfordernd ist – betrachtet man es als Leitlinie, so stellt es sicher, dass Themen im Unterricht nicht einseitig behandelt und der Gegenseite genauso Raum gegeben wird (Schäffer 2020). Dazu gehört auch, auszuhalten, dass Schüler*innen andere Positionen vertreten, solange diese mit dem Grundgesetz vereinbar und nicht sachlich falsch (Fake News) sind (Schäffer 2020). Wenn Lernende der Meinung der Lehrkraft entgegentreten und Andersartigkeit als Bereicherung der politischen Debatte erleben, kann dies die politische Mündigkeit und Urteilsbildung der Schüler*innen fördern (Frech & Richter 2017): Lernende erleben so, Konflikte auszuhalten und entsprechend auszutragen. Solche Kontroversen bestärken Lernende darin, konträre Sichtweisen zu äußern statt zu schweigen, wenn sie eine andere Meinung vertreten (Kroll 2003). So führt die Wahrung des Kontroversitätsgebots dazu, dass kontroverse Meinungen unter Schüler*innen angeregt und als gewinnbringender Teil einer Diskussion verstanden werden. Dieses Erleben einer grundsätzlich demokratischen Diskussionskultur erscheint gerade für die Primarstufe wesentlich und gut umsetzbar.

Die Lernenden als pädagogische Leitlinie

Wie die Umsetzung des Kontroversitätsgebots konkret im Unterricht erfolgen kann und soll, wird ebenfalls kontrovers diskutiert. Wie schwierig es ist, die Axiome des Beutelsbacher Konsens in die konkrete Unterrichtspraxis zu übertragen, zeigt die Tatsache, dass es selbst deren Urheber*innen in einer Folgetagung nicht einvernehmlich gelang (Schiele 2017).

doi.org/10.35468/6025-14

Es liegt daher in der Verantwortung jeder einzelnen Lehrkraft einzuschätzen, wie die Grundlagen des Kontroversitätsgebot umgesetzt werden können, ohne mit Komplexität zu überwältigen und welchen Grad der Meinungsorientierung Schüler*innen benötigen. Dazu kann neben dem Kontroversitätsgebot als zweite Leitplanke eine pädagogisch fundierte Analyse der (heterogenen) Bedingungen der Lernenden dienen.

Exkurs: Das Kontroversitätsgebot des Beutelsbacher Konsens im Wortlaut
„Was in Wissenschaft und Politik kontrovers ist, muss auch im Unterricht kontrovers erscheinen.
Diese Forderung ist mit der vorgenannten [Anm. d. Autorinnen: gemeint ist das Überwältigungsgebot] aufs engste verknüpft, denn wenn unterschiedliche Standpunkte unter den Tisch fallen, Optionen unterschlagen werden, Alternativen unerörtert bleiben, ist der Weg zur Indoktrination beschritten. Zu fragen ist, ob der Lehrer nicht sogar eine Korrekturfunktion haben sollte, d. h. ob er nicht solche Standpunkte und Alternativen besonders herausarbeiten muss, die den Schülern (und anderen Teilnehmern politischer Bildungsveranstaltungen) von ihrer jeweiligen politischen und sozialen Herkunft her fremd sind.
Bei der Konstatierung dieses zweiten Grundprinzips wird deutlich, warum der persönliche Standpunkt des Lehrers, seine wissenschaftstheoretische Herkunft und seine politische Meinung verhältnismäßig uninteressant werden. Um ein bereits genanntes Beispiel erneut aufzugreifen: Sein Demokratieverständnis stellt kein Problem dar, denn auch dem entgegenstehende andere Ansichten kommen ja zum Zuge." Wehling 1977, zitiert nach bpb 2011, Hervorhebung im Original

Infobox 1

Exkursionsdidaktische Methode: Virtual-Reality-Exkursion

Mit der zunehmenden Beliebtheit und technischen Zugänglichkeit der Virtual-Reality-Technologie steigt auch deren Einsatz in der Bildung (zu Grundlagen von Virtual Reality (VR) siehe Abbildung 1). 360-Grad-Umgebungen oder simulierte VR-Umgebungen können über Websites, Download-Portale oder YouTube (https://www.youtube.com/vr) genutzt und mittels Smartphone und VR-Brille „erlebt" werden.

doi.org/10.35468/6025-14

Grundlage: Virtual Reality

VR-Technologie ermöglicht es, in eine andere, virtuelle Welt einzutauchen, die entweder am Computer modelliert wurde (siehe Abbildung 1, Bild rechts) oder mittels 360-Grad-Fotographie oder -Videographie gefilmt und ggf. mit Zusatzinformationen angereichert wurde (siehe Abbildung 1, Bild links). Dazu benötigt man entweder eine professionelle, eigenständig funktionierende VR-Brille (Head-mounted-display) oder ein Smartphone im VR-Modus und eine kostengünstige VR-Smartphone-Brille. Das ermöglicht ein Eintauchen in die Szenerie mit mehreren Sinnen: Bild und Ton ändern sich entsprechend der eigenen Kopfbewegungen, in simulierter VR bewegt man sich durch Schritte im realen Raum fort. Nutzer*innen können so Präsenz erleben – sie fühlen sich anwesend im virtuellen Raum. Das kann so weit führen, dass der virtuelle Raum nun als „real" angenommen wird (u.a. Slater 2009).

Infobox 2

Abb. 1: VR-Lernumgebungen, entwickelt an der Universität Potsdam: links VR-Exkursionen als 360-Grad-Umgebung (eigene Abbildung, Brendel & Mohring 2020), rechts CubelingVR als Beispiel computergenerierter VR (Florian & Etzold 2021, Bildrechte: Lena Florian, Verwendungsgenehmigung liegt vor)

Der Einsatz von VR-Lernumgebungen kann unterschiedlich erfolgen: Reine 360-Grad-Umgebungen (z. B. auf YouTube, oft von Nutzer*innen erstellt) sind häufig mit Musik oder Erzählerstimme untermalt und haben unterhaltenden Charakter (z. B. Sightseeing-Touren durch Metropolen in VR). Dagegen werden vor allem von professionellen Akteur*innen (z. B. dem WDR) Mischformen aus 360-Grad-Aufnahmen und simulierter VR angeboten. Personen in VR führen hier als Begleiter*innen z. B. durch Bergwerke oder Tagebaugebiete. Durch Anklicken können die Nutzer*innen mit der Umgebung in Interaktion treten.

doi.org/10.35468/6025-14

Während andere immersive[1] Technologien wie immersive Videoumgebungen oder CAVE-Umgebungen in der Gruppe erlebt werden können, sind die Nutzer*innen einer VR-Brille mit der virtuellen Welt (und seinen Personen) allein[2].
Für den formalen Bildungskontext beschreiben Tillmann und Kersting (2021), wie Schüler*innen der 10. Klasse im Geographieunterricht eigenständig virtuelle Exkursionen erstellen, indem sie 360-Grad-Aufnahmen thematisch passend auswählen und mit Informationen anreichern. Technisch ähnlich gestaltet sind die Virtual-Reality-Exkursionen (VREX) nach Mohring und Brendel (2020): Ihre 360-Grad-Aufnahmen wurden selbst von Lehramtsstudierenden nach fachlichen und fachdidaktischen Kriterien erstellt und mit zusätzlichen Informationen (z. B. Diagrammen, Interviewausschnitten, Karten) angereichert (Mohring & Brendel 2020, Abbildung 1). Lernende finden sich in diesen virtuellen Räumen in Situationen wieder, in denen sie oft komplexe Entscheidungen fällen müssen (z. B. Wahl eines nachhaltigen Verkehrsmittels). Dafür stehen ihnen verschiedene Informationen zur Verfügung, die oft auch kontroverse Bedarfe, Meinungen und unterschiedliche Perspektiven aufzeigen. Hat sich der oder die Nutzer*in für eine Option entschieden (z. B. für emmissionsfreie eCar-sharing Angebote), kann über die VR-Brille mit Blicksteuerung ein Icon aktiviert werden, das den oder die Lernende*n in die nächste 360-Grad-Umgebung versetzt und hier mit den Folgen der eigenen Entscheidung konfrontiert (z. B. Parkplatzproblematik). Jede dieser Entscheidungen ist (wie in der Realität) durch Komplexität und Kontroversität gekennzeichnet und keine Option ist eindeutig zu favorisieren. Je nach gewählter Option nimmt die Story einen anderen Verlauf und zeigt verschiedene Konsequenzen des eigenen (Entscheidungs)handelns auf.
Auch wenn 360-Grad-Umgebungen weniger immersiv sind als simulierte VR: Sie wirken auf ähnliche Weise wie simulierte VR (siehe Abbildung 2).

1 Unter Immersion versteht man die technische Möglichkeiten, eine überzeugende virtuelle Umgebung zu schaffen, die die Nutzer*innen umgibt und mit der sie interagieren können (Sanchez-Vives & Slater 2016)

2 Eine Ausnahme bildet Social VR, bei dem sich Personen über ihre Avatare im virtuellen Raum treffen und austauschen. Dies wird v. a. genutzt, wenn diese Personen sich an unterschiedlichen Orten befinden.

doi.org/10.35468/6025-14

Abb. 2: Neurowissenschaftliche Erkenntnisse zur Wirkweise von Virtual Reality (eigene Darstellung)

VR-Technologie ist relativ einfach in den Unterricht zu implementieren, verfügt allerdings über eine starke, emotionale Wirkmacht. Daraus ergeben sich große Potentiale: So können Nutzer*innen Orte besuchen, die weit entfernt, unzugänglich, gefährlich oder unmöglich sind (z. B. Zeitreisen in die Vergangenheit oder Zukunft, z. B. die Versauerung der Ozeane unter Wasser im Zeitraffer „erleben", Markowitz et al. 2018) und mit dem Lerngegenstand in Interaktion treten. Das heißt auch, dass Aktionen in VR ausgeführt werden können, die im realen Raum nicht, nicht mehr oder noch nicht funktionieren, was immense Potentiale für therapeutische Zwecke beinhaltet (eine Übersicht zum therapeutischen Einsatz von VR bei Kindern siehe u. a. Bailey & Bailenson 2017). Abstrahiert vom medizinischen und psychologischen Bereich bedeutet das für Bildungsprozesse: VR bietet die Möglichkeit, dass sich Kinder und Jugendliche über VR als wirksame Akteur*innen erleben können, deren Handlungen Einfluss und Folgen haben. So kann zu Selbstwirksamkeitserwartung und einer Handlungsbefähigung (Empowerment) beigetragen werden (z. B. indem man aktiv in VR Handlungen ausführt, die z. B. einer Versauerung der Meere entgegenwirkt). Oder anders ausgedrückt: VR lässt staunen, entdecken, macht Unmögliches möglich und kann Kinderträume wahr werden lassen (z. B. durch einen virtuellen Besuch von Hogwarts oder durch das Gefühl, selbst ein Flugzeug zu steuern).
Gerade beim Einsatz von VR mit Kindern ergeben sich aber auch einige Herausforderungen.
Denn das größte Potential von Virtual Reality in Lernprozessen ist gleichzeitig die größte Gefahr: Erlebnisse in VR werden von Nutzer*innen wie Wirklichkeit erfahren und erinnert. Bailey & Bailenson (2017) zeigen mit Bezug auf verschiedene Studien auf, dass gerade Grundschulkinder das in VR Erlebte mit der Realität

verwechseln. Während die meisten Kinder diesen Alters normalerweise bereits gut zwischen Realität und Fiktion unterscheiden können, erschwere das Medium VR diese Unterscheidung auch bei älteren Kindern (Bailey & Bailenson 2017).
Wenn man über den Einsatz von VR bei Grundschulkindern nachdenkt, muss dieser Aspekt unbedingt zu Ende gedacht werden: VR ermöglicht es, Erfahrungen zu kreieren, die Kinder für real halten. Auf diese Weise können Kinder und Jugendliche stark manipuliert und sehr subtil beeinflusst werden (auch hierzu Bailey & Bailenson 2017). Wie wähle ich als Pädagog*in also eine entsprechende Umgebung aus? Wie stelle ich sicher, dass die Kinder keine bedrückenden, überfordernden oder sogar traumatischen Erfahrungen machen? Wie stelle ich sicher, dass Unterricht durch die Öffnung in virtuelle Räume immer noch ein „safe space" (Boost Rom 1998) bleibt? Darunter ist zum einen emotionale Sicherheit durch die Auswahl geeigneter in VR erlebter Räume zu verstehen als auch physisch-soziale Sicherheit: Southgate et al. (2019) fanden heraus, dass sich insbesondere Mädchen unwohl fühlen, wenn sie beim Tragen einer VR-Brille nicht mehr mitbekommen, was im Klassenraum um sie herum geschieht.
Gerade bei Grundschulkindern ist aus unserer Sicht daher ein fundiertes didaktisches Konzept und ein „achtsamer"[3] Einsatz von VR-Technologie nötig. In Abbildung 3 sind Kriterien für solch einen Einsatz von VR-Technologie mit Kindern zusammengefasst. Diese konkretisieren eine einfache Faustregel: Es sollten nur diese Erlebnisse in VR ausgewählt und mit (Grund-)Schüler*innen erlebt werden, die man unter pädagogischen, psychologischen und didaktischen Leitlinien genauso in der Realität erfahren lassen würde.
Im nachfolgenden exkursionsdidaktischen Setting soll eine Virtual-Reality-Exkursion vorstellt werden, die nach diesen Kriterien und auf Basis des Konzepts nach Mohring & Brendel (2020) speziell für den Einsatz im Sachunterricht gestaltet wurde.

3 Das Konzept schließt einerseits an die Debatte um Achtsamkeit mit Bezug auf u. a. Schmidt (2020) und auf die Anthropozän-Debatte im Rahmen einer Neuen Humanökologie nach Manemann (2014) an und möchte (an anderer Stelle) Impulse für die Diskussion um Handlungsbefähigung und Empowerment im Sinne einer nachhaltigen Entwicklung setzen.

doi.org/10.35468/6025-14

Abb. 3: Kriterien für einen achtsamen Einsatz von VR-Technologie mit Kindern im Bildungskontext (eigene Darstellung)

Schließlich muss betont werden, dass VR-Exkursionen kein Ersatz für reale Exkursionen sein können und wollen – sie sind ein eigenständiges Format! Denn nichts kann das zufällige Entdecken eines Schmetterlings am Wegrand, das gemeinsame Erleben eines Wolkenbruchs oder den Geruch von Waldboden ersetzen. Dies sind wesentliche Elemente eines Geländegangs mit allen Sinnen, der gerade bei Grundschulkindern wesentlich ist für ein ganzheitliches Lernen. VREX können (und sollten) deswegen aber bewusst körperliche und emotionale Erfahrungen der Lernenden mitdenken.

Exkursionsdidaktisches Setting

Sowohl die Umsetzung des Kontroversitätsgebots im Unterricht als auch der Einsatz von VR stellen also Spannungsfelder dar, die eines der Lerngruppe angepassten, aus unserer Sicht „achtsamen" Konzeptes bedürfen. Wieviel Kontroversität brauchen oder vertragen die Lernenden? Wie können die großen Potentiale von VR genutzt werden, ohne Gefahr zu laufen, die Schüler*innen zu übermächtigen? Kontroversität als ein allen Unterrichtsprozessen übergeordnetes Leitprinzip ist keinesfalls nur auf VR-Exkursionen beschränkt. Es sollte in jedem Unterricht Berücksichtigung finden. Gerade über VR können kontroverse Sichtweisen jedoch sehr realitätsnah vermittelt werden, da die Lernenden unterschiedliche Perspektiven quasi am eigenen Leib erleben und so die verschiedenen Positionen mit Herz, Kopf und Körper nachempfinden können. Umso wesentlicher ist es, dass

doi.org/10.35468/6025-14

die Kontroversen und die Lernumgebung in VR pädagogisch, fachlich-inhaltlich und didaktisch sensibel (oder „achtsam") gestaltet ist. Da es unseres Erachtens bisher noch wenige solcher Angebote gibt, wurde für diesen Beitrag speziell eine VR-Exkursion (VREX) nach den in Abbildung 3 zusammengestellten Kriterien entwickelt (auf Basis des Konzepts nach Mohring & Brendel (2020) für die Sekundarstufe II und Hochschulbildung). Die VREX ist so konzipiert, dass die Lehrkraft sie je nach Lerngruppe unterschiedlich einsetzen und auswerten kann. Wir stellen hier exemplarisch *eine mögliche* Implementierung in ein Lernsetting vor. Als Inhaltsfeld haben wir nachhaltige Stadtentwicklung gewählt, da sich an dieser Thematik gut Bezüge zur Lebenswelt der Schüler*innen herstellen lassen, alltagnahe Kontroversen erlebbar werden und Partizipationsmöglichkeiten aufgezeigt werden können. Am Beispiel Berlin wird an 4 Standorten (Tiergarten, Potsdamer Platz, Gleisdreick und Charlottenburg) aufgezeigt, wie unterschiedlich Stadträume wirken und von wem sie gestaltet werden, welche Flächennutzungskonflikte aus konkurrierenden Bedürfnissen entstehen und welche unterschiedlichen Vorstellungen es von einer nachhaltigen Stadtentwicklung gibt. Dazu werden Kontroversen aufgezeigt wie städtische Atmosphären (Naturerleben versus urbane Geschäftigkeit), Flächennutzungskonflikte (grüne Erholungsräume versus Bürogebäude und Verkehrsinfrastruktur), Interessenskonflikte (Konfliktfeld Urbane Mitte: attraktive Arbeitsorte schaffen versus Beeinträchtigung der Stadtökologie und des Stadtklimas) oder unterschiedliche Prozesse der Stadtgestaltung (stadtplanerisch top-down versus partizipativ-inklusive bottom-up-Inititativen der Bewohner*innen). Eine Darstellung von Kontroversität ist jedoch genauso über andere Lernumgebungen und zu vielen anderen Themenbereichen möglich. Wie alle VREX ist auch diese unter dem Leitprinzip des *safe space* konstruiert. Dazu gehört auch bewusst kindgerechte Kontroversen auszuwählen, das Sprachniveau anzupassen und Komplexität anzulegen, aber den Grad der Ausarbeitung von Komplexität und Kontroversität der Lehrkraft zu überlassen. Die VREX ist darüber hinaus so konzipiert, dass sie wertneutral verschiedene Urteile über eine nachhaltige Stadtentwicklung in Berlin zulässt.

Problemorientierte Frage

Wie gestaltet man eine Stadt so, dass alle Bewohner*innen auch in Zukunft gerne und gut in ihr leben?

Angabe zur Klassenstufe

Virtual Reality ist ein sehr realitätsnahes Medium. Daher sollte es erst dann im Unterricht eingebunden werden, wenn die Lernenden geübt sind im Nachdenken über Räume und Medien (z. B. grundlegende allgemeine Medienkompetenzen, Reflexions- und Abstraktionsvermögen vorhanden). Das liegt unseres Erachtens in der pädagogischen, auf entsprechender Diagnostik beruhenden Entscheidung der Lehrkraft.

doi.org/10.35468/6025-14

Kompetenzorientierung

DAH GEO 1: Räume und Lebenssituationen in Räumen wahrnehmen; Vorstellungen und Konzepte dazu bewusst machen und reflektieren (GDSU 2013, 31)

DAH GEO 2: Räume erkunden, untersuchen und Ergebnisse dokumentieren (ebd.)

TB GEO 2: *Menschen nutzen, gestalten, belasten, gefährden und schützen Räume (ebd.)*

TB GEO 4: *Entwicklungen und Veränderungen in Räumen (ebd.)*

6.1 Medien analysieren und bewerten (KMK 2017, 18)

Mit dem vorgestellten Unterrichtssetting soll einerseits ein Grundstein im Sinne der KMK-Kompetenz gelegt werden, um über das Erleben von Räumen in VR die Wirkweise der Gestaltung von VR-Räumen und das eigene Handeln in VR zu reflektieren. In verwandter Weise soll andererseits eine raumbezogene Handlungskompetenz aufgebaut werden, indem auf einer altersgerechten Stufe für Raumwahrnehmungs- und -konstruktionsprozesse sensibilisiert und eigene Urteilsbildung und Partizipationsmöglichkeiten in der Gestaltung von Räumen reflektiert werden.

Vorbereitung und Material

Zugang zur VR-Exkursion nachhaltige Stadtentwicklung Berlin: https://www.uni-potsdam.de/de/umwelt/forschung/ag-didaktik-der-geographie/vrex

Technische Vorbereitung: Zur Durchführung benötigt man einen Klassensatz VR-Smartphone-Brillen (ca. 10 € / Stück), Smartphones (z. B. der Schüler*innen) sowie WLAN-Zugang. Es sollte vorher getestet werden, ob die Bandbreite ausreicht, damit alle Schüler*innen gleichzeitig die VREX erleben. Andernfalls könnten zwei Gruppen gebildet werden.

Räumliche Vorbereitung: Es empfiehlt sich den Raum so vorzubereiten, dass die Schüler*innen sich in VR gut um ihre eigene Achse drehen können, dabei aber nicht gegen Hindernisse stoßen oder sich gegenseitig ungewollt (z. B. durch Gesten) verletzen.

Pädagogische Vorbereitung: Um einen Eindruck zu bekommen, wie unterschiedliche Darstellungsweisen in VR wirken können, empfiehlt sich dieses YouTube VR-Tutorial: https://www.youtube.com/watch?v=RWYKrePZwkM

Nachbereitung: Abbildung 3 gibt Hinweise zur Nachbereitung des Erlebens in VR, Abbildung 4 bietet dazu mögliche konkretisierende Impulsfragen an, die themenneutral formuliert sind.[4]

4 Die Impulse sind bewusst in einer alltagssprachlichen Frageform und nicht mit Operatoren formuliert, um eine vertrautere, partnerschaftlichere Kommunikationsform anzuregen.

doi.org/10.35468/6025-14

Optional ist ein Stadtplan von Berlin nötig oder je nach Gestaltung der Erarbeitungsphase Material zum Erstellen einer Stadtskizze (Buntstifte, Papier, Bausteine, Lego-Bäume, etc.).

Emotional

- Wie hast du dich im virtuellen Raum gefühlt?
- Was macht es mit dir im virtuellen Raum zu sein?
- Welche Gefühle hast du in VR gespürt?
- Was könnte diese Gefühle ausgelöst haben?
- Wie sicher hast du dich im virtuellen Raum gefühlt?
- In welcher Szene in VR hättest du dich gerne länger aufgehalten? Welche wolltest du schneller verlassen? Warum?

Körperlich

- Hättest du dich gerne im virtuellen Raum bewegt? Falls ja, wie?
- Hast du gemerkt, dass deine Arme und Beine reagieren wollten? Hat sich deine Atmung verändert?
- Hättest du gerne deine Position verändert – zum Beispiel näher an etwas herantreten oder weggehen?
- Hast du dich dort anwesend gefühlt?

Fachlich

- Wie passt das, was du in VR erlebt hast, mit dem Unterrichtsthema zusammen?
- War etwas überraschend oder anders als erwartet?
- Wie denkst du nach dem Erleben in VR über das Thema nach?
- Inwieweit denkst du, entspricht die Darstellung in VR der Realität?
- Was sollte in VR zu diesem Thema anders dargestellt werden und warum?
- Was würdest du gerne zu diesem Thema in VR noch erleben?

Sozial und medial

- Welche Erfahrung in VR möchtest du mit jemandem teilen, was möchtest du erzählen?
- Wie wirkte die VR-Umgebung auf dich und wie auf deine Mitschüler*innen?
- Was könnten Gründe dafür sein, dass Personen dieselbe VR-Umgebung so unterschiedlich erleben?
- Was unterscheidet ein Erleben in VR für dich von einem Film oder einer Exkursion dorthin?
- Diese VR-Umgebung wurde von jemandem erstellt, der bewusst Themen und Orte ausgewählt hat. Was wurde **nicht** gezeigt?

Abb. 4: Reflexionsimpulse zur Nachbereitung eines VR-Erlebens mit Kindern (eigene Darstellung)

Ablauf

Da davon ausgegangen wird, dass VR zum ersten Mal mit der Klasse eingesetzt wird, sollte eine Doppelstunde eingeplant werden, um genug Raum für Diskussion zu schaffen.

Als Einstieg (10 Minuten) bietet sich an (bildliche oder textliche) Darstellungen von Städten der Zukunft aus Kinder- und Jugendliteratur, Film oder Fernsehen zu vergleichen und so über diese urbanen Zukunftsvisionen ins Gespräch zu kommen. Wie unterscheiden sich die Städte und das Leben darin von unserer heutigen Lebenswelt? In welcher dieser Städte würden die Kinder gerne leben und weshalb?

Als Überleitung (5 Minuten) kann der Nachhaltigkeitsbegriff eingeführt oder wiederholt und auf den Aspekt der Generationengerechtigkeit fokussiert werden (Stadtentwicklung sollte so gestaltet werden, dass Generationen nach uns die gleichen Bedingungen vorfinden, um ihre Bedürfnisse zu befrieden wie wir). Daran

doi.org/10.35468/6025-14

anschließend sammeln die Schüler*innen in einer ersten Erarbeitungsphase (7-10 Min) Aspekte „guten Lebens“ in der Stadt der Zukunft (Impuls: Visualisiere deine ideale Stadt der Zukunft, in der alle Menschen gut leben können. Denke daran, dass Menschen unterschiedliche Bedürfnisse haben.). Die Form kann eine kollaborativ erstellte Mind-Map oder Tafel-Skizze sein. Je nach Vorwissen kann mit den Lernenden diskutiert werden, welche Zielkonflikte dabei auftreten können (i. B. a. die vier Dimensionen der Nachhaltigkeit) und so eine erste Betrachtung kontroverser Stadtpunkte angeregt werden. Anschließend wird übergeleitet zu aktuellen Stadtplanungsprozessen in der Hauptstadt. Optional können sich die Kinder austauschen, welche Bilder von Berlin sie persönlich haben, seien es Erinnerungen an einen Besuch und/oder durch mediale Präsentation. Gerade die Raumwahrnehmung durch Medien kann hier bereits reflektiert werden (5 Minuten).

Zur Einführung der Schüler*innen in das Medium VR (siehe Abbildungen 3 und 4) und zum gemeinsamen Starten der VREX auf den Smartphones sollten (inklusive ggf. technischer Hilfestellungen) 10 Minuten eingeplant werden. Die Schüler*innen erleben dann die VREX ca. 5 Minuten lang (ggf. zwischendurch Brille absetzen lassen, um festzustellen, ob es allen SuS körperlich und emotional gut geht, manche entwickeln Schwindelgefühl oder Übelkeit).

Für die Nachbereitung sollten 15 Minuten eingeplant werden – wie diese konkret gestaltet werden, sollte von der Lerngruppe abhängig gemacht werden. Dazu können die Impulse in Abbildung 4 genutzt werden[5].

Darüber hinaus können folgende Impulse die fachliche Aufarbeitung genau dieser VREX leiten:

1. Die Menschen in Berlin haben unterschiedliche Bedürfnisse an ihre Stadt, die häufig im Widerspruch zueinander stehen. Notiere drei solcher Bedürfnisse und erörtere mit einer/einem Partner*in, wie diese Bedürfnisse miteinander vereint werden können.
2. Es gibt verschiedene Meinungen, wie Städte in Zukunft geplant werden sollen: Eine Position besagt, Städte sollten sich möglichst dicht konzentrieren, um Platz möglichst gut zu nutzen (z. B. indem man in die Höhe baut). So müssen Menschen keine langen Wege zurücklegen. Andere vertreten die Position, Städte sollten sich ins Umland ausdehnen, damit in den Städten Flächen für Natur, Tiere und Erholung bleiben – aber auch, damit Bäume bei Hitze die Stadt abkühlen oder Regenwasser in der Erde versickern kann. Welche Position überzeugt dich mehr? Findest du weitere Argumente für die Positionen? Diskutiere mit einer/einem Partner*in und notiert eure Argumente.

5 Die Impulsfragen sind bewusst themenunspezifisch formuliert, damit sie für verschiedene VR-Umgebungen anwendbar sind.

doi.org/10.35468/6025-14

3. Eine Stadt wird nicht nur von Stadtplaner*innen gestaltet. Alle Bürger*innen können mitgestalten, z. B. indem sie Baumbeete bepflanzen und pflegen. Gibt es auch in deiner Stadt Initiativen, gemeinsam zu gärtnern oder kleine Flächen selbst zu bepflanzen? Sammle Beispiele oder überlege dir weitere Möglichkeiten, an der Gestaltung deiner Stadt mitzuwirken.

Die verbleibenden 15-20 Minuten sind einer Anwendungs- und Transferphase gewidmet, in denen die Schüler*innen ihre Erkenntnisse auf ihre zuvor kreierte Stadtvision anwenden. Dazu können sie in Partner- oder Gruppenarbeit erarbeiten, welche Konflikte oder Kontroversen bei ihrer Stadtplanung entstehen könnten und Kompromissmöglichkeiten erörtern. Auch kann diskutiert werden, welche Rolle politische Entscheidungen (top-down) und Bürger*inneninitiativen (bottom-up) dabei spielen. Nach einer Präsentation und Diskussion der Ergebnisse soll abschließend die Frage beantwortet werden, wie eine Stadt gestaltet werden sollte, damit alle Bewohner*innen auch in Zukunft gerne und gut in ihr leben. Dabei sollte noch einmal bewusst auf Zielkonflikte und kontroverse Perspektiven fokussiert werden.
Es bleiben 5-10 Minuten zeitlicher Puffer, die z. B. bei technischen Schwierigkeiten hilfreich sein können.

Differenzierung im inklusiven Klassenraum
An dieser Stelle pauschale Empfehlungen zu geben, erscheint uns nicht sinnvoll – vielmehr sollte auf Grundlage des individuellen Falls reflektiert werden, ob und wie das Erleben in VR für jedes Kind gewinnbringend gelingen kann. Eine Option kann sein, die VREX über ein Tablet gemeinsam mit der Lehrkraft zu erleben und so die Kinder mit Förderbedarf individuell dabei zu betreuen – je nach ihren Bedürfnissen und Reaktionen.

Raumkonzepte
Wahrnehmungsraum: Raumerleben in VR ist individuell sehr unterschiedlich und ist eng an die persönliche Wahrnehmung, das Körpergefühl und individuelle Assoziationen geknüpft. Dies gilt es mit den Schüler*innen (wertneutral) zu reflektieren.
Raum als Konstrukt: Da VR sehr realitätsnah wirkt und auch Erwachsene Erleben in VR mit der Realität verwechseln, kann über dieses Medium eine Reflexion über räumliche Konstruktionsprozesse angestoßen werden.

Weitere zentrale fachdidaktische Ansätze
Bildung für nachhaltige Entwicklung, Schüler*innenorientierung

doi.org/10.35468/6025-14

Transfer

Zum aktuellen Zeitpunkt (2021) ist ein Transfer beschränkt durch das noch limitierte Angebot an VR-Exkursionen bzw. (geeigneten) VR-Umgebungen. Wir erwarten, dass das Angebot an VR-Exkursionen und VR-Lernumgebungen für die Schule in Zukunft schnell zunehmen wird und zu vielen Themenbereichen VREX entwickelt werden. Hierbei können jegliche fachdidaktische Ansätze aufgenommen werden.

Zudem können auch Lehrkräfte oder Schüler*innen selbst VR-Umgebungen produzieren oder bestehende VR-Angebote genutzt und adaptiert werden (siehe hierzu auch die Leseempfehlung). In diesem Fall wird die Orientierung an den obigen Kriterien empfohlen.

Das Kontroversitätsgebot selbst sollte in allen Bereichen Anwendung finden, die sich mit verschiedenen Standpunkten in Gesellschaft und Politik befassen und ist so auf den Großteil geographischer Themenkomplexe anwendbar.

Kommentierte Leseempfehlung

Brendel, N. & Mohring, K. (2020): Virtual-Reality-Exkursionen im Geographiestudium – neue Blicke auf Virtualität und Raum. In L. Blasch, T. Hug, P. Missomelius & M. Rizzolli (Hrsg.): Medien – Wissen – Bildung: Augmentierte und virtuelle Wirklichkeiten. Innsbruck: University press, 189-204. Online unter: https://www.uibk.ac.at/iup/buch_pdfs/9783903187894.pdf (Abrufdatum: 15.12.2022).

Mohring, K. & Brendel, N. (2020): Vom Ort zur virtuellen Welt – Studierende designen in Wien eine VR-Exkursion zu nachhaltiger Stadtentwicklung. In A. Hof & A. Seckelmann (Hrsg.): Exkursionen und Exkursionsdidaktik in der Hochschullehre. Erprobte und reproduzierbare Lehr- und Lernkonzepte. Berlin: Springer, 129-148. → In diesen Artikeln wird das Konzept der VR-Exkursionen grundlegend vorgestellt, fachwissenschaftlich und fachdidaktisch eingeordnet, theoretisch-konzeptionell gerahmt und anhand einer Studie vorgestellt, wie VREX gemeinsam mit Lernenden (in diesem Fall Lehramtsstudierenden) produziert werden können (und welche Kompetenzförderung dadurch erzielt werden kann).

Referenzen

Bailey, J. O. & Bailenson, J. N. (2017): Considering virtual reality in children's lives. In: Journal of Children and Media 11 (1), 107-113.

Boost Rom, R. (1998): 'Safe spaces': Reflections on an educational metaphor. In: Journal of Curriculum Studies 30 (4), 397-408.

bpb (Bundeszentrale für politische Bildung) (2011): Der Beutelsbacher Konsens. Online unter: https://www.bpb.de/die-bpb/51310/beutelsbacher-konsens (Abrufdatum: 27.07.2021).

Brendel, N. & Mohring, K. (2020): Virtual-Reality-Exkursionen im Geographiestudium – neue Blikke auf Virtualität und Raum. In: L. Blasch, T. Hug, P. Missomelius & M. Rizzolli (Hrsg.): Medien - Wissen - Bildung: Augmentierte und virtuelle Wirklichkeiten. Innsbruck: University press. 189-204.

Florian, L., & Etzold, H. (2021): Würfel stapeln – Real und virtuell. In: mathematik lehren, 228.

doi.org/10.35468/6025-14

Frech, S. & Richter, D. (2017): Einführung: Wie ist der Beutelsbacher Konsens heute zu verstehen? In: S. Frech & D. Richter (Hrsg.): Der Beutelsbacher Konsens. Bedeutung, Wirkung, Kontroversen. Schwalbach/Ts.: Wochenschau Verlag, 9-20.

GDSU (Gesellschaft für Didaktik des Sachunterrichts) (2013): Perspektivrahmen Sachunterricht. Vollständig überarbeitete und erweiterte Ausgabe. Bad Heilbrunn: Klinkhardt.

Grammes, T. (2003): Traditionslinien des Sachunterrichts. In: H. W. Kuhn (Hrsg.): Sozialwissenschaftlicher Sachunterricht. Konzepte, Forschungsfelder, Methoden. Ein Reader. Herbolzheim: Centaurus, 77-89.

KMK (2017): Bildung in der digitalen Welt. Strategie der Kultusministerkonferenz. Online unter: https://www.kmk.org/fileadmin/Dateien/veroeffentlichungen_beschluesse/2018/Strategie_Bildung_in_der_digitalen_Welt_idF._vom_07.12.2017.pdf (Abrufdatum: 01.11.2021).

Kroll, K. (2003): Frauenbilder – Männerbilder. In: H. W. Kuhn (Hrsg.): Sozialwissenschaftlicher Sachunterricht. Konzepte, Forschungsfelder, Methoden. Ein Reader. Herbolzheim: Centaurus 2003, 99-115.

Manemann, J. (2014): Kritik des Anthropozäns. Bielefeld: transcript-Verlag.

Markowitz, D. M., Laha, R., Perone, B. P., Pea, R. D.& Bailenson, J. N. (2018): Immersive virtual reality field trips facilitate learning about climate change. In: Frontiers in psychology 9, 23-64.

Mohring, K. & Brendel, N. (2020): Vom Ort zur virtuellen Welt – Studierende designen in Wien eine VR-Exkursion zu nachhaltiger Stadtentwicklung. In: A. Hof & A. Seckelmann (Hrsg.): Exkursionen und Exkursionsdidaktik in der Hochschullehre. Erprobte und reproduzierbare Lehr- und Lernkonzepte. Berlin: Springer, 129-148.

Oberle, M. (2017): Wie politisch dürfen, wie politisch sollen Politiklehrer/-innen sein? Politische Orientierungen von Lehrkräften als Element ihrer professionellen Kompetenz. In: S. Frech & D. Richter (Hrsg.): Der Beutelsbacher Konsens. Bedeutung, Wirkung, Kontroversen. Schwalbach/Ts.: Wochenschau Verlag, 114-127.

Pohl, K. (2015): Kontroversität: Wie weit geht das Kontroversitätsgebot für die politische Bildung? Online unter: https://www.bpb.de/gesellschaft/bildung/zukunft-bildung/208270/kontroversitaet (Abrufdatum: 26.07.2021).

Sanchez-Vives, M. V. & Slater, M. (2005): From presence to consciousness through virtual reality. In: Nature Reviews Neuroscience 6 (4), 332-339.

Schäffer, F. (2020): Corona und Demokratie. BLLV Online unter: https://www.bllv.de/vollstaendiger-artikel/news/corona-und-demokratie/(Abrufdatum: 27.07.2021).

Schiele, S. (2017): „Die Geister, die ich rief ...!“ – Der Beutelsbacher Konsens aus heutiger Sicht. In: S. Frech & D. Richter (Hrsg.): Der Beutelsbacher Konsens. Bedeutung, Wirkung, Kontroversen. Schwalbach/Ts.: Wochenschau Verlag, 21-34.

Schmidt, J. (2020): Achtsamkeit als kulturelle Praxis. Zu den Selbst-Welt-Modellen eines populären Phänomens. Bielefeld: Transcript Verlag.

Slater, M. (2009): Place illusion and plausibility can lead to realistic behaviour in immersive virtual environments. In: Philosophical Transactions of the Royal Society of London. Series B, Biological Sciences 364 (1535), 3549–3557.

Southgate, E., Smith, S. P., Cividino, C., Saxby, S., Kilham, J., Eather, G., Scevak, J., Summerville, D., Buchanan, R. & Bergin, C. (2019): Embedding immersive virtual reality in classrooms: Ethical, organisational and educational lessons in bridging research and practice. In: International Journal of Child-Computer Interaction 19, 19–29.

Tillmann, A. & Kersting, P. (2021): Mit Virtual Reality für Nachhaltigkeit sensibilisieren. Virtuelle Exkursionen als emotionalisierende und produktive Methode. In: Praxis Geographie 4, 32-35.

doi.org/10.35468/6025-14

Autorinnen

Nina Brendel, Prof. Dr.
Universität Potsdam
Institut für Umweltwissenschaften und Geographie
Karl-Liebknecht-Str. 24-25, 14476 Potsdam
ninabrendel@uni-potsdam.de
Forschungsschwerpunkte: Lernen und Lehren in der digitalen Welt, Bildung für nachhaltige Entwicklung, Neue Lern- und Prüfungskulturen und partizipative Forschung

Katharina Mohring, Dr.
Universität Potsdam
Institut für Umweltwissenschaften und Geographie
Karl-Liebknecht-Str. 24-25, 14476 Potsdam
kmohring@uni-potsdam.de
Forschungsschwerpunkte: (Urbane) Gesellschaft-Umwelt-Transformationen und medieninduzierter Wandel in Kommunikationsprozessen

doi.org/10.35468/6025-14

Swantje Borukhovich-Weis

Exkursionen im Rahmen der Simulation. Wie die Bildung für Innovativität Partizipation und Innovation fördern kann

Teaser

Die Innovativität fördernde Simulation (IfS) ist eine Methode, um die Bildung für Innovativität (BfI) im Sachunterricht zu verankern. Ziel der BfI ist es, Schüler*innen darin zu fördern, reflektiert Innovationen zur Gestaltung ihrer Lebenswelt zu entwickeln. Die IfS eröffnet Schüler*innen einen kreativen, inklusiven und kollaborativen Zugang zum Thema Stadtteilgestaltung und ermöglicht unterschiedliche Formen von Exkursionen – von Fantasiereisen bis hin zu ortsgebundenen Erkundungen in der Kommune.

Raum des exkursionsdidaktischen Settings

Fantasie, Stadt, Stadtteil, Dorf, Schulgebäude, Schulhof

Fachdidaktischer Ansatz: Bildung für Innovativität (BfI)

Dieser Beitrag stellt die im Zuge der Bildung für Innovativität (BfI) (u. a. Scharf et al. 2018) entwickelt Methode Innovativität fördernde Simulation (IfS) (Gryl et al., 2023) vor. Die BfI soll Schüler*innen befähigen, reflektiert Innovationen zur Gestaltung ihrer Lebenswelt zu entwickeln (Gryl 2013). Die IfS ist eine Möglichkeit, die Ziele der BfI im Sachunterricht zu verankern. Die an Planspiele angelehnte Methode soll Schüler*innen fördern, kritisch und bewusst ihre Lebenswelt mitzugestalten. „Methoden [im Sachunterricht können] nicht einfache Techniken sein, sondern müssen immer auch komplex[…] sein, wenn sie die sich entwikkelnde Wirklichkeit erfassen sollen" (Kaiser & Pech 2021, 9). Die IfS ist eine komplexe Methode. Der Beitrag zeigt, wie Lehrkräfte die Methode durch unterschiedliche Formen von Exkursionen, die sich von einem eher klassischen Exkursionsverständnis abheben, im Sachunterricht umsetzen und anreichern können und stellt entsprechende Unterrichtsmaterialien zu Verfügung. Fester Bestandteil der IfS ist eine Fantasieexkursion. Andere Exkursionsformen, wie Ortsbegehungen, lassen sich optional in der IfS realisieren.

doi.org/10.35468/6025-15

In diesem Abschnitt bespreche ich zunächst die fachdidaktischen Hintergründe der BfI und der IfS und gehen auf die Rolle der Lehrkraft bei diesem Bildungsansatz ein. Im Abschnitt zur exkursionsdidaktischen Methode zeige ich, welche unterschiedlichen Exkursionen sich für die unterschiedlichen Phasen der IfS eignen. Im letzten Abschnitt zum exkursionsdidaktischen Setting wird die IfS zum Thema Wohn- und Stadtraumgestaltung vorgestellt.
Die Aufgabe des Faches Sachunterricht ist es, einen Beitrag zur grundlegenden Bildung zu leisten (u. a. GDSU 2013, Köhnlein 2015). Dies umfasst, Schüler*innen darin zu fördern, sich ausgehend von ihren Erfahrungen und Fähigkeiten zunehmend kompetent, selbstständig und reflektiert mit Phänomenen und Zusammenhängen ihrer Lebenswelt auseinanderzusetzen (GDSU 2013; Köhnlein 2015). Dies bedeutet auch, Schüler*innen zu ermöglichen, ihre Persönlichkeit weiterzuentwickeln, so dass sie heute und in Zukunft verantwortungsbewusst und solidarisch an der Gesellschaft partizipieren (GDSU 2013; Köhnlein 2015). Auch in der Kinderrechtskonvention der Vereinten Nationen (UNICEF 1989), die Deutschland 1990 unterzeichnet hat, ist das Recht von Kindern und Jugendlichen auf Partizipation an ihrer Lebenswelt verankert. Im Hinblick auf eine „Bildung für nachhaltige Entwicklung" (UNESCO 2017) wird in den letzten Jahrzehnten verstärkt nach Bildung verlangt, die Transformation ermöglicht und vorantreibt (z. B. WBGU 2011; Hasselkuß 2018; Lehner & Gryl 2022). Innovationen werden in dieser Debatte als wichtiger Treiber der gesellschaftlichen Transformation verstanden (WBGU 2011; Hasselkuß 2018). Hasselkuß (2018; basierend auf u. a. Howaldt 2002) geht davon aus, dass bereichsübergreifende Netzwerke (etwa von Schulen und Unternehmen) zentral dafür sind, dass Innovationen hervorgebracht werden, die es ermöglichen, globale Nachhaltigkeitsziele (UNESCO 2017) zu erreichen.
Innovationsforschung im Bildungsbereich konzentrierte sich lange nur auf Innovationen zur Veränderung von Lehr-Lernprozessen für Lernende (s. u. a. Goldenbaum 2013). Der in der Geographiedidaktik entstandene Bildungsansatz der Bildung für Innovativität (BfI) (Gryl 2013; Jekel et al. 2015) hat dagegen zum Ziel, eine reflektierte Innovationskompetenz – Gryl (2013) nennt sie *Innovativität* – der Lernenden *selbst* zu fördern. Innovativität ist die Kompetenz, Innovationen und deren Entstehungsprozessen kritisch zu begegnen sowie (darauf basierend) aktiv und reaktiv an Innovationsprozessen teilzunehmen (Borukhovich-Weis, 2023; u. a. basierend auf Scharf et al. 2016). Aktives Innovieren umfasst Handlungen, die direkt darauf abzielen, eine Innovation hervorzubringen (etwa ein gesellschaftliches Problem zu identifizieren oder Inventionen zur Problemlösung zu entwickeln), wohingegen reaktives Innovieren – wie der Begriff andeutet – Handlungen meint, die in Reaktion darauf vollzogen werden – etwa wenn Menschen andere dabei unterstützen, eine Innovation zu etablieren oder sich dagegen wehren, dass eine unerwünschte Invention sich durchsetzt (Scharf et

doi.org/10.35468/6025-15

al. 2016). Der Geographieunterricht bietet unterschiedliche Anknüpfungspunkte inhaltlicher und methodischer Art, Innovativität zu fördern, beispielsweise indem Schüler*innen Geomedien nutzen, um raumbezogene Innovationen zu entwickeln (Jekel et al. 2015).

Um Konzepte zur Förderung von Innovativität im Unterricht entwickeln zu können, werden im Modell der BfI (Borukhovich-Weis, 2023) der Begriff „Innovation" definiert und skizziert, wie Innovationsprozesse verlaufen.

Als „Label" (Moldaschl 2010) versprechen *Innovationen* Neuheit und positive Veränderung. Innovationen gelten tatsächlich als ein Treiber gesellschaftlicher Veränderung (u. a. Schüll et al. 2022, 1). Allerdings treiben sie Wandel eher inkrementell, also schrittweise, voran und der Ausgang von Innovationsprozessen ist stets ungewiss (Borukhovich-Weis, 2023). Innovationen sind gesellschaftlich implementierte Lösungsideen, die mehrere Menschen interaktiv und kollaborativ hervorbringen (Borukhovich-Weis, 2023). Diese Lösungen sind nie gänzlich neu, im Sinne von etwas noch nie Existentem oder Gedachtem, sondern kombinieren Bestehendes aus unterschiedlichen Bereichen und werden dann (von einer bestimmten Gruppe von Menschen in einem bestimmten Kontext) als neu empfunden (Borukhovich-Weis, 2023). Innovationen sind relativ neu (Borukhovich-Weis, 2023). Ob Innovationen nun gewünschte oder ungewollte Veränderung – oder beides – bedeuten, ist stets eine ambivalente (Rürup & Bormann 2013) und normative (Schüll 2022) Frage, die der Aushandlung bedarf (Scharf & Gryl 2019). Im Sinne einer kritischen Bildung gilt es diese Bedingtheit, Ambivalenz und Normativität zu berücksichtigen, wenn wir das „Phänomen Innovation" (Aderhold 2010, 113) im Unterricht verankern wollen.

Idealtypisch betrachtet identifizieren Akteur*innen im Zuge von *Innovationsprozessen* ein gesellschaftliches Problem, entwickeln dafür eine Lösung – eine Invention –, und implementieren diese schließlich als Innovation (Weis et al. 2017). Tatsächlich verläuft dieser Prozess vielfach iterativ, enthält Unterbrechungen oder scheitert (Weis et al. 2017). So werden beispielsweise Inventionen entwickelt, aber nicht umgesetzt, weil etwa unerwünschte Nebenfolgen befürchtet werden oder die Umsetzung nicht möglich ist, da notwendige Ressourcen nicht verfügbar sind oder Menschen sich nicht von der Invention überzeugen lassen. Teilweise würden Menschen eine Invention gerne umsetzen, die Implementierung als Innovation scheitert aber dennoch, da die Rahmenbedingungen es erschweren, die Invention anzuwenden. Beispielsweise reichte die Bereitschaft der Menschen, vom Auto auf den ÖPNV umzusteigen, nicht aus, um die Idee einer autofreien Stadt umzusetzen. In den meistens Städten ist die Infrastruktur auf den motorisierten Individualverkehr ausgelegt, das öffentliche Verkehrsnetz hingegen vermutlich nicht ausreichend ausgebaut. Insgesamt beeinflussen also unterschiedliche Faktoren, ob eine Innovation gelingt oder nicht.

doi.org/10.35468/6025-15

Die Vorstellung, dass einzelne Menschen – etwa besonders kreative Genies – Innovationen quasi im Alleingang hervorbringen können, gilt mittlerweile als überholt (Meier & Hülsheger 2012). An Innovationsprozessen sind immer unterschiedliche Akteur*innen beteiligt, d. h. Innovationen werden immer kollaborativ und niemals individuell hervorgebracht (Borukhovich-Weis, 2023). Um erfolgreich an Innovationsprozessen teilzunehmen, sollten Menschen sich also darauf einlassen, mit anderen Menschen zu interagieren und zu kollaborieren.

Dass immer mehrere Menschen an Innovationsprozessen beteiligt sind, heißt nicht, dass alle Menschen vergleichbare Möglichkeiten haben, dies zu tun. Menschen verfügen in unserer Gesellschaft nicht über die gleichen Ressourcen, sich Gehör zu verschaffen und Ideen durchzusetzen. Damit entscheidet nicht allein die Qualität einer Invention darüber, ob sie sich als Innovation durchsetzt, sondern die Macht von (mitunter) einigen wenigen Menschen. Dies sehen wir beispielsweise an dem innovativen Kampf gegen zu hohe Mieten der Initiative zur Enteignung von Immobilienfirmen in Berlin, die per Volksentscheid eine Mehrheit erzielte und seither vom Senat blockiert wird (Deutsche Wohnen & Co enteignen 2022). Sprechen wir über Innovativität von Schüler*innen, sollten wir berücksichtigen, dass ihre Möglichkeiten, die Welt (mit-) zugestalten zwar (bildungs-) politisch gefordert und rechtlich verankert ist, dennoch vielfach eingeschränkt bleibt: Kinder haben keine finanziellen Ressourcen (über die sie selbstbestimmt verfügen dürfen), kein Wahlrecht, Schule ermöglicht vielfach nur oberflächliche Beteiligung (Maywald 2012), Kinder und Jugendliche werden infantilisiert (Ekkermann 2021). Die Forderung, Schüler*innen in ihrer Partizipations*fähigkeit* zu fördern, mag lobenswert sein, doch wo soll diese Fähigkeit hinführen, wenn Partizipations*möglichkeiten* ins Leere laufen?

Innovativität von Schüler*innen fördern zu wollen, heißt also auch, nach denjenigen Nischen im System zu suchen, in denen Kindern und Jugendlichen tatsächliche Partizipation ermöglicht wird. Zum einen ist dies für die theoretische Forschung relevant: Anhand empirischer Beispiele lässt sich untersuchen und aufzeigen, wie Innovationsprozesse unter der Beteiligung von Kindern und Jugendlichen gelingen können, wo Herausforderungen und wo Grenzen liegen. Im Hinblick auf die Unterrichtsgestaltung könnten konkrete Beispiele (angehenden) Lehrkräften einen Anknüpfungspunkt dafür bieten, wie unterrichtliches Lehren und Lernen mit außerschulischen Partizipationsprojekten verbunden werden kann. Zudem könnte damit der (eher unscharfen) bildungspolitischen Forderung begegnet werden, Schulkooperation zu etablieren und außerschulisches Lernen zu ermöglichen, wie sie etwa für den Sachunterricht formuliert wird (MSB NRW 2021). Das → **digitale Zusatzmaterial**, Anlage 4_02 „(Außer-) schulische Partizipationsmöglichkeiten für Kinder und Jugendliche“ gibt Anregungen für (außer-) schulische Initiativen, mit denen im Zuge der BfI eine Kooperation als sinnvoll erscheint. Das Material umfasst allgemeine Initiativen und konkrete Projekte, die nach Art der Beteiligung kategorisiert sind.

doi.org/10.35468/6025-15

Digitaler Anteil

Anlage 1_01: Arbeitsblatt „Beobachtungsaufgaben“
Anlage 1_02: Arbeitsblätter „Besprechung der Ergebnisse“ und „Plakate erstellen“
Anlage 2_01: Präsentation „Gestaltung der Fantasiereise bzw. der Simulation“ (Plakate in DIN A2)
Anlage 2_02: Skript „Gestaltung der Fantasiereise bzw. der Simulation“
Anlage 2_03: Arbeitsblatt „Individuelle Reflexion“
Anlage 2_04: Liste mit Bastel- und Baumaterial
Anlage 2_05: Vorlage „Tischnummern“
Anlage 3_01: Impulsfragen für die Lehrkraft zur Reflexion der Fantasieexkursion/Simulation
Anlage 3_02: Arbeitsblatt „Ideentransfer“
Anlage 4_01: Arbeitsblatt „Umsetzungsmöglichkeiten“
Anlage 4_02: „(Außer-) schulische Partizipationsmöglichkeiten für Kinder und Jugendliche“

https://elibrary.utb.de/doi/suppl/10.35468/9783781560253

Neben möglichen Beteiligungsräumen von Kindern und Jugendlichen befasst sich die BfI mit der Frage, welche Art der Beteiligung an Innovationsprozessen im Unterricht gefördert werden sollte. Diese normative Ausrichtung spiegelt sich im Modell der BfI (Borukhovich-Weis, 2023) in zweierlei Hinsicht wider: Erstens zielt die BfI übergeordnet darauf ab, mündige Partizipation und Solidarität der Schüler*innen zu fördern (Borukhovich-Weis, 2023). Zweitens sollen Schüler*innen im Unterricht lernen, reflexiv an Innovationsprozessen teilzunehmen (Gryl 2013). *Reflexivität* ist die Kompetenz, bestehende Verhältnisse sowie Denk- und Handlungsweisen bei sich selbst und anderen zu hinterfragen und (darauf basierend) gesellschaftliche Probleme zu identifizieren. Reflexivität bedeutet auch, Lösungsideen und Lösungswege kritisch im Hinblick auf ambivalente Folgen hin zu betrachten. Die BfI zielt somit auf die Reflexion gegenwärtiger Strukturen und fördert zugleich ein kritisches Denken in Visionen. Sie ist damit sowohl gegenwarts- als auch zukunftsorientiert. Reflexivität bildet zusammen mit Kreativität und Implementivität die drei Teilkompetenzen von Innovativität (siehe Abbildung 1). *Kreativität* meint die Kompetenz, Inventionen und Ideen zur Implementierung einer Invention zu entwickeln oder kreative Möglichkeiten zu erarbeiten, um sich gegen ungewollte Innovationen zu wehren. *Implementivität* beschreibt die Kompetenz, Strategien zur Umsetzung oder zur Verhinderung von Innovationen zu entwickeln und ggf. flexibel anzupassen. (Borukhovich-Weis, 2023; basierend auf Gryl 2013, Gryl et al., im Druck)

Alle drei Teilkompetenzen umfassen unterschiedliche Fähigkeiten und (Sub-) Kompetenzen. So beschreiben beispielsweise Scharf et al. (2019; basierend auf Popitz

doi.org/10.35468/6025-15

2000) und Scharf und Gryl (2021; basierend auf Joas 1996 und Popitz 2000) die Fähigkeit, sich Abwesendes oder noch nicht Bekanntes vorstellen zu können, um etwa Probleme zu lösen, als Teile von Kreativität. Scharf und Gryl (2021) betonten, dass Implementivität die Fähigkeit umfasst, andere mit rationalen Argumenten zu überzeugen. Borukhovich-Weis (2023) argumentiert, dass implementives Handeln eine gewisse Flexibilität und Resilienz benötigt, da Innovationsprozesse iterativ verlaufen und mitunter nicht (direkt) zum gewünschten Ziel führen. Abbildung 1 listet basierend auf bisherigen Untersuchungen zur BfI (Sub-) Kompetenzen von Reflexivität, Kreativität und Implementivität auf.

	Reflexivität	**Kreativität**	**Implementivität**
Definition der Teilkompetenz	Die Kompetenz, Probleme zu identifizieren, den Status Quo (also auch bestehende Innovationen), (eigene) Denk- und Handlungsweisen, potentielle Innovationen (Inventionen) oder Implementierungsstrategien zu hinterfragen.	Die Kompetenz, Inventionen, Ideen zur Implementierung oder Ideen zur Verhinderung einer Invention zu entwickeln.	Die Kompetenz, eine Umsetzungsstrategie zu entwickeln, zu verfolgen und anzupassen, um eine Invention zu implementieren oder eine Verhinderungsstrategie zu entwickeln, zu verfolgen und anzupassen, um zu verhindern, dass eine Invention implementiert wird.
Fähigkeiten und (Sub-)Kompetenzen	• Sich der Veränderbarkeit der Welt bewusst sein • Die Rechte auf Mitbestimmung (als Kind) kennen • Bestehende gesellschaftliche Strukturen (z.B. Konventionen, Routinen, Machtverhältnisse) hinterfragen • Denk- und Handlungsweisen (von sich selbst und von anderen Menschen) hinterfragen • Andere Perspektiven und Denkweisen wahrnehmen • Die Ambiguität und Normativität von Innovationen, Inventionen und Implementierungsstrategien verstehen • Chancen und Grenzen von Partizipation (als Kind) kennen • Kollektive gesellschaftliche Erfahrungen und Ziele erkennen • …	• Sich Abwesendes vorstellen • Sich Noch-nicht-Existentes vorstellen • Abwesenden und/oder Noch-nicht-existentes als Lösung von Problemen (neu) denken • Abwesendes und/oder Noch-nicht-Existentes als Lösung zur Implementierung einer Idee (neu) denken • Gedanken und Ideen aus der (immateriellen, gedanklichen) Imagination in eine kommunikative Form umwandeln (d.h. z.B. Ideen versprachlichen, bildlich oder digital darstellen) • Ideen anderer wahrnehmen und wertschätzen • In Austausch und Interaktion mit anderen Menschen Ideen gemeinsam (weiter-) entwickeln • …	• Umsetzungsmöglichkeiten zur Implementierung einer Invention und mögliche Kooperationspartner*innen recherchieren • Adressat*innen- und situationsgerecht kommunizieren und argumentieren • Adressat*innen- und situationsgerecht (gesellschaftliche Probleme, Lösungsideen und/oder Umsetzungsstrategien) präsentieren • Eine Umsetzungsstrategie zur Implementierung einer Invention entwickeln und ggf. anpassen • Resilient und flexibel an Innovationsprozessen teilnehmen • …

Abb. 1: Die drei Teilkompetenzen von Innovativität und entsprechende (Sub-) Kompetenzen (eigene Darstellung basierend auf Gryl 2013; Scharf et al. 2019; Scharf und Gryl 2021, Borukhovich-Weis et al. 2023, Borukhovich-Weis, 2023; in Anlehnung an Joas 1996 und Popitz 2000)

doi.org/10.35468/6025-15

Die Auflistung ist vorläufiger Natur. Es gilt, in weiteren Forschungsprojekten zur BfI die (theoretisch) identifizierten (Sub-) Kompetenzen zu verifizieren und zu untersuchen, inwiefern weitere zentralen Fähigkeiten, die Schüler*innen innovativ handeln lassen, ausgemacht werden können.
Für die Unterrichtsgestaltung stellt sich nun die Frage, wie sich eine BfI, die diese Fähigkeiten und Kompetenzen fördert, konkret umsetzen lässt. Ein Bestandteil, um die BfI schulisch zu verankern, stellt die Entwicklung und Erprobung „geeigneter didaktischer Settings, Unterrichtshandreichungen und -materialien" (Borukhovich-Weis, im 2023) dar. Um dem nachzukommen, wurde die IfS entwickelt. Hierzu werden im folgenden Abschnitt die theoretischen Grundlagen der Methode vorgestellt, um dann in den Abschnitten zur *Exkursionsdidaktischen Methode* und zum *Exkursionsdidaktischen Setting* die Anschlussmöglichkeiten an unterschiedliche Exkursionsformen und eine konkrete, exemplarische Umsetzung darzustellen.

Zur Grundlage und Gestaltung der Innovativität fördernden Simulation

Schüler*innen sollten „[n]ur dann explizit lernen, wenn es erforderlich ist und so viel wie möglich im Spiel lernen" (Giest 2009, 22). Kinder sind kreativ (Popitz 2000; Borukhovich-Weis et al., 2023). Es wurde gezeigt, dass Kreativität im Innovationsprozess benötigt wird, wenn Inventionen und Umsetzungsstrategien entwickelt werden. Wollen wir Schüler*innen also im Unterricht darin fördern, Innovationen zu entwickeln, gilt es, ihr kreatives Potenzial für Innovationsprozesse nutzbar zu machen. Schüll (2022, 44) schreibt, dass Rahmenbedingungen geschaffen werden sollten, die der „Entstehung des Neuen […] intendiert ‚auf die Sprünge'" helfen. Um einen solchen Rahmen zu schaffen, wurde zur Umsetzung der BfI die IfS entwickelt. Die IfS ist eine handlungs- und lebensweltorientierte Unterrichtsmethode, um die Ziele der BfI im Sachunterricht umzusetzen. Im Zuge der IfS reflektieren Schüler*innen ihre Lebenswelt, entwickeln in einem fiktiven, spielerischen Szenario kooperativ Ideen zur Gestaltung dieser und versuchen ihre Ideen (in Teilen) umzusetzen. Die IfS ist an der Methode Planspiel (Rebmann 2001) angelehnt[1]. Daher erläutere ich im Folgenden zunächst, was unter Spiel bzw. Planspiel zu verstehen ist und zeige auf, inwiefern die IfS damit übereinstimmt bzw. sich davon unterscheidet.
Menschen spielen (Huizinga 2022 [1938]). Das Spielen beeinflusst, wie Menschen ihre kognitiven, sozialen, sprachlichen und kreativen Fähigkeiten entwickeln

1 Planspiele sind eine etablierte Methode in der Lehre, Fortbildung und Forschung (Herz & Blätte 2000). Obwohl in der einschlägigen Literatur zur Methode ein verbreiteter Konsens zum Nutzen und zur Effizienz der Methode vorherrscht, bestätigten relativ lange nur wenige empirische Untersuchungen diese Vorteile (Kriz 2009). Mittlerweile liegen jedoch einige Studien vor, die zeigen, dass der Einsatz der Methode Lernprozesse und Motivation positiv beeinflussen (z. B. Leib & Ruppel 2019; Eckardt et al. 2017). Zu den Ursprüngen, der Entwicklung und Ausdifferenzierung unterschiedlicher Formen des „Planspiels", s. Geuting (1992) und Herz und Blätte (2000).

doi.org/10.35468/6025-15

(Giest 2009; Einsiedler 1999). Kinder spielen, um unterschiedliche Erfahrungen zu verarbeiten und um selbstwirksam Handlungen auszuüben, die ihnen (aufgrund ihres Kind-seins noch) in ihrer Lebenswelt verwehrt bleiben (Einsiedler 1999). Dabei eröffnet die Tätigkeit des Spielens Kindern die Möglichkeit, die Welt im Spiel neu zu denken und flexibel (um) zu gestalten (Giest 2009). Dem Spielen kommen somit „mindestes zwei Funktionen [zu], nämlich eine adaptiv-konservierende und eine kreativ-innovative“ (Einsiedler 1999, 18; basierend auf Sutton-Smith 1978). Einsiedler (1999, 15) definiert das Kinderspiel als

> „eine Handlung[,] eine Geschehniskette oder eine Empfindung, die intrinsisch motiviert ist/durch freie Wahl zustande kommt, die stärker auf den Spielprozess als auf ein Spielergebnis gerichtet ist (Mittel-vor-Zweck), die von positiven Emotionen begleitet ist und die im Sinne eines So-tun-als-ob von realen Lebensvollzügen abgesetzt ist“.

Planspiele verbinden Lernen und Spielen. Kaiser & Pech (2021) plädieren dafür, dass im Sachunterricht Methoden eingesetzt werden sollten, die die eigenaktive Auseinandersetzung der Kinder mit der Welt fördern und sinnvolle sowie angenehme Erfahrungen ermöglichen, auch damit die Schüler*innen „den Blick von der Selektionsanstalt Schule fortwenden“ können. Damit stellen sie sich gegen eine verbreitete Sachunterrichtsdidaktik des „Konsumismus und Bürokratielernen[s]“ (Kaiser & Pech 2021, 7), die sich etwa im formalisierten Bearbeiten von Arbeitsblättern und der Zertifizierung der Lernhandlungen äußert. Planspiele gelten als Methode, die im Lernprozess Raum für innovatives und kreatives Handeln eröffnet (Geuting 2000; Klippert 2008) und Schüler*innen „Spaß und Unterhaltung durch Abwechslung und Freiheit von der Schulroutine“ bietet (Rebmann 2001, 15). Dabei meint Spiel im Planspiel

> „eine freiwillige Handlung oder Beschäftigung, die innerhalb gewisser festgesetzter Grenzen von Zeit und Raum nach freiwillig angenommenen, aber unbedingt bindenden Regel verrichtet wird, ihr Ziel in sich selber hat und begleitet wird von einem Gefühl der Spannung und Freude und einem Bewußtsein [sic!] des ‚Andersseins‘ als das ‚gewöhnliche Leben‘“ (Huizinga 2022 [1938], 37).

Im Gegensatz zum kindlichen Spiel (s. o.) sind also für die Spielteilnehmer*innen im Planspiel bindende Regeln ein wesentliches Merkmal des Spiels. Werden Planspiele im Unterricht eingesetzt, können wir zudem nur bedingt – wenn überhaupt – von Freiwilligkeit sprechen. Schließlich wird das Planspiel von der Lehrkraft initiiert und als Unterrichtshandlung vorgegeben. Werden für das Spielen der Schüler*innen im Planspiel Noten oder eine Beurteilung erteilt, kann kaum noch von einer freiwilligen Handlung der Schüler*innen ausgegangen werden. Das Ziel des Spielens liegt dann nicht mehr (nur) im Spiel selbst, sondern außerhalb dessen. Um also eine größtmögliche „Zweckfreiheit“ (Heckhausen 1964, 227) des Spiels im schulisch eingesetzten Planspiel zu bewahren, empfehle ich, von einer Benotung abzusehen.

doi.org/10.35468/6025-15

Nach dem konstruktivistischen Verständnis ist Lernen ein „aktive[r] Prozess der Sinn- und Wissenskonstruktion [und hängt] wesentlich von der *sinnstiftenden Aktivität* de[r] Lernenden [...] und vom *Kontext*" ab (Giest 2009, 26, Hervorhebung i. O.; basierend auf Köster & Gonzales 2007). Demnach ist die Bedeutung, die Schüler*innen Lerngegenständen zuschreiben, davon abhängig, wie sie diese wahrnehmen, interpretieren und handelnd erfahren (Giest 2009; Klippert 2008). Die pädagogische Konsequenz daraus sollte nach Klippert (2008, 17) lauten, dass Schüler*innen „verstärkt angehalten und befähigt werden, fach- und themenzentrierte Konstruktionsarbeit zu leisten". Dies wiederum verlange nach einer „Lernkultur, die Lernen über Lehren, Konstruktion über Instruktion, Produktion über Reproduktion, Kooperation über Isolation, Diskussion über Rezeption, Expression über Impression stellt", so Klippert (2008) weiter. Für den Sachunterricht fordert von Reeken (2003, 4) aufgrund der veränderten Lebenswelt von Kindern und Jugendlichen in den letzten Jahrzehnten, das methodische Verständnis zu ändern: Statt um Lehrmethoden solle es um „Lernmethode[n] in den Händen und Köpfen der [Schüler*innen]" gehen.

Mit dem schulischen Einsatz von Planspielen wird das Ziel verfolgt, ein handlungsorientiertes und entdeckendes Lernen zu ermöglichen (Klippert 2008; Geuting 2000). In einschlägiger Fachliteratur wird betont, dass Planspiele Schüler*innen aktivieren, da Selbständigkeit und freies Handeln gefördert und ermöglicht werden (u. a. Rebmann 2001, 15; Klippert 2008, 17; Ebert 1992). Da Schüler*innen im Planspiel kognitiv und affektiv angesprochen werden und der Lernprozess freier und selbstbestimmter verläuft, fördern Planspiele sowohl leistungsstarke als auch schwache Schüler*innen (Rebmann 2001). Planspiele sind allerdings „kein pädagogisches Allheilmittel" (Rebmann 2001). Damit die Methode erfolgreich ist, muss sie sorgsam durchgeführt sowie gründlich vor- und nachbereitet werden (Rebmann 2001). Die Rolle der Lehrkraft beeinflusst den Erfolg daher maßgeblich (Rebmann 2001) (siehe unten *Die Rolle der Lehrkraft*).

Planspiele sind hochkomplexe Mischformen, die drei Komponenten vereinen: *Rollenspiel*, *Regelspiel* und *Simulation* (Kriz 2009; Geuting 2000). In Planspielen übernehmen die Teilnehmenden *Rollen*, die „gewisse Freiräume in der tatsächlichen Ausgestaltung und in der individuellen Interpretation der Regeln" implizieren (Kriz 2009, 562). Teilnehmer*innen an Planspielen sind somit „handelnde Subjekte [, die] aktiv und direkt am Spielgeschehen teilnehmen" (Geuting 2000, 17). Dabei kommunizieren, interagieren und kooperieren die Teilnehmer*innen miteinander (Rebmann 2001). Ihre Handlungsspielräume werden durch die *Regeln* und das *Simulationsmodell* beschränkt. Letzteres bedeutet, dass in einem Planspiel ein Ausschnitt der „gesellschaftlichen Handlungswelt" in einem Modell rekonstruiert wird (Geuting 2000, 18; s. a. Kriz 2009). Dies umfasst etwa, dass skizziert wird, welches Problem gelöst werden soll, welche Ressourcen dafür zur Verfügung stehen, wie sich die Rahmenbedingungen gestalten und welche – über

doi.org/10.35468/6025-15

die Rollen definierten – Akteur*innen an dem Lösungsprozess beteiligt sind (Kriz 2009; Geuting 2000). In einem Planspiel agieren die Schüler*innen also in einer „Quasi-Realität" (Rebmann 2001, 16). Sie spielen, tun dies allerdings mit Ernsthaftigkeit (Rebmann 2001).

Schüler*innen innerhalb eines modellierten Rahmens (dem Modell des Planspiels) agieren zu lassen, hat den Vorteil, dass Handlungen ermöglicht werden, „die man in der Wirklichkeit aus Zeit-, Kosten- oder Gefahrgründen nicht real durchführen [lassen] kann oder will" (Kriz 2009, 560-561; s. a. Rebmann 2009, 14). Im Planspiel lassen sich also Welten abbilden, die Lernenden (im Unterricht) nicht zugänglich sind. Schüler*innen können sich im Planspiel in einer „‚geschützten' Umgebung, in der Fehler erlaubt und erwünscht sind", neue Handlungskompetenzen aneignen (Kriz 2009, 563). In Planspielen können Lernende aber nicht nur die bestehende Welt verhandeln, sondern auch eine *mögliche* Welt erschaffen (Geuting 2000). Planspiele eröffnen also Räume, in denen Schüler*innen Utopien und Zukunftsvisionen entwickeln können (Geuting 2000). Auch kann das Modell im Planspiel selbst auf eine Möglichkeit der Welt verweisen, die (noch) nicht existiert. Im Zuge der IfS etwa werden Innovationsszenarien entworfen, die Schüler*innen einen sehr großen Handlungs- und Entscheidungsfreiraum eröffnen – eine eher fiktive Welt also. Das *Regelwerk* eines Planspiels gibt schließlich vor, welche Handlungsoptionen die Akteur*innen haben und wie das Planspiel sequenziert ist. Somit schaffen Planspiele Freiraum für kreatives Handeln in einem definierten Rahmen.

Einige der beschriebenen Merkmale von Planspielen kennzeichnen auch die IfS. Zugleich interpretiert die IfS den Ansatz des Planspiels neu und erweitert ihn. Im Folgenden erläutere ich die Gemeinsamkeiten und Unterschiede zwischen der Planspiel-Methode und der IfS.

Die IfS beinhaltet eine Adaption der klassischen Planspielmethode, setzt sich darüber hinaus aber aus drei weiteren Phasen zusammen. So besteht die IfS insgesamt aus den vier Phasen

- *Reflexion und Problemidentifikation* (Phase 1),
- *Ideenentwicklung* (Phase 2),
- *Ideentransfer* (Phase 3) und
- *Implementierung der Idee* (Phase 4) (Gryl et al., im Druck).

Phase 2 – die Ideenentwicklung – stellt die eigentliche Simulation dar, also die Adaption der Planspiel-Methode.

Im Zuge der *Simulation* nehmen Schüler*innen an einer Fantasieexkursion teil. Sie reisen in der Zukunft zu einem fernen, neu entdeckten Planeten, um dort in der Rolle von Entscheidungsträger*innen diesen Planeten nach ihren Vorstellungen zu gestalten. In Kleingruppen entwickeln die Schüler*innen anhand vielfältiger haptischer Zugänge kreative Ideen zur Gestaltung des Planeten. Zum Abschluss

doi.org/10.35468/6025-15

stellen sich die Gruppen ihre Ergebnisse gegenseitig vor. Die Simulation kann zu unterschiedlichen Themen durchgeführt werden. Wichtig ist, dass das Thema einen Bezug zur Lebenswelt der Teilnehmenden hat. So sind die Schüler*innen zwar in dem fiktiven Szenario auf einem fernen Planeten, entwickeln aber Ideen zu Themen, die hier auf der Erde ihr Leben betreffen. Als geeignet hat sich beispielsweise die Gestaltung eines Schulhofs (Hoyer 2018) oder eines Stadtteils (Borukhovich-Weis, in Vorbereitung) für den Planeten erwiesen.[2]
Infobox 1 fasst zusammen, wie sich die Simulation im Zuge der IfS vom klassischen Planspiel unterscheidet.

Begriffserklärung: Merkmale der Simulation im Zuge der IfS (im Gegensatz zum klassischen Planspiel)

1. Die IfS basiert nicht auf einem Simulationsmodell mit maximalem Bezug zur realen Welt, wie es für Planspiele typisch ist (Kriz 2009). Vielmehr wird ein *Möglichkeitsraum* simuliert, also ein bewusst *fiktives Szenario* gewählt, dass den Schüler*innen Handlungs- und Gestaltungsfreiheiten einräumt, die ihnen vielfach verwehrt bleiben.
2. Im Zuge der IfS agieren die Teilnehmer*innen in *gleichen Rollen*. In Planspielen übernehmen die Teilnehmenden Rollen, die nicht nur unterschiedliche Personen, sondern auch unterschiedliche Akteur*innen, wie Institutionen, Länder oder Personengruppen darstellen (Kriz 2009). In der IfS *spielen sich die Schüler*innen selbst*, aber in einem fiktiven Handlungskontext und in einem Rahmen, der ihnen Gleichberechtigung, Gestaltungs- und Entscheidungsmacht zuschreibt. Die Rollen sind somit nicht nur gleich, sondern auch *gleichberechtigt*. Ziel ist es, dass die Kinder sich ihrer individuellen Gedanken, Bedürfnisse und Ideen bewusstwerden und sie diese in einem friedlichen Austausch mit anderen Kindern entfalten und weiterentwickeln können. Ziel der IfS ist also nicht, dass die Schüler*innen lernen, wie andere Akteur*innen – beispielsweise Politiker*innen oder Manager*innen – zu handeln.

2 Die Themen sollten nicht beliebig gewählt werden. Neben dem Lebensweltbezug gilt es auch zu berücksichtigen, dass Schüler*innen vor einer (zu großen) Exponiertheit im Hinblick auf private oder intime Fragen zu schützen sind. Im Zuge der IfS tauschen sich die Schüler*innen in Kleingruppen und im Klassenplenum basierend auf ihren individuellen Erfahrungen, Gedanken und Ideen aus. Sensible Themen, wie die familiäre oder häusliche Situation oder die sexuelle Orientierung, sollten daher – wenn überhaupt – nur mit großer Vorsicht mit der Methode behandelt werden.

doi.org/10.35468/6025-15

3. Die IfS forciert *keine Wettbewerbssituation* (unter den oder innerhalb der Gruppen), wie es für Planspiele typisch ist (Rebmann 2001; Geuting 2000). Es geht nicht darum, welche Gruppe am Ende die vermeintlich beste Lösung entwickelt hat. Es geht zunächst einmal darum, alle Ergebnisse wertzuschätzen und die Schüler*innen darin zu stärken, *kollaborativ* Ideen (weiter) zu entwickeln.[3]
4. Planspiele sind inklusiv (Rebmann 2001; s. o.). Der *inklusive Charakter* wird im Zuge der IfS weiter ausgebaut. Entsprechend des „Universal Design for Learning" (UDL) (CAST 2019) sowie der BfI (Borukhovich-Weis et al., 2023) wird inklusive, kreative Bildung dadurch gefördert, dass unterschiedliche Sinneszugänge angesprochen werden. Daher wird den Schüler*innen in der IfS ermöglicht, anhand haptischen Arbeitens mit vielfältigen Natur-, Bau- und Bastelmaterialien (z. B. Blätter, Stöcke, Knete, Bausteine, Pappe) (siehe *Vorbereitung und Material*), Ideen zu entwickeln und zu präsentieren. Diese Anschaulichkeit und visuelle, sinnlich-leibliche Unterstützung abstrakter Gedanken führt dazu, dass sich die IfS gut für den Einsatz in der Grundschule eignet. Die eingesetzten Materialien selbst haben dabei einen Aufforderungscharakter (Gebhard & Lück 2002). Zudem ist empirisch belegt, dass vielfältige Handlungsmaterialien – nicht nur, aber auch – für Schüler*innen mit Förderbedarf motivierend und anregend wirken sowie eine länger andauernde Auseinandersetzung mit dem Lerngegenstand fördern (Kaiser & Teiwes 2003). Entsprechend des UDL (CAST 2019), bedeutet inklusive Bildung auch, unterschiedliche Handlungs- und Sozialformen zu kombinieren: Zu Beginn der Simulation führt die Lehrkraft die Schüler*innen in das fiktive Szenario ein, die Entwicklung der Lösungsideen erfolgt zunächst in Einzel- bzw. Partner*innen- und anschließend in Kleingruppenarbeit. Die Vorstellung der Ergebnisse erfolgt im Klassenplenum.

Infobox 1

Insgesamt wird mit der Gestaltung der Simulation den „Handlungsempfehlungen für die Umsetzung der Bildung für Innovativität (BfI)" im Bereich der Unterrichtsplanung und Durchführung (Borukhovich-Weis et al., 2023) nachgekommen. So stehen die Stärkung der Subjektivität und die Perspektiven der Schüler*innen, die in einem ergebnisoffenen Raum kollaborativ erarbeitet und demokratisch verhan-

3 Wettbewerb und Konkurrenz unter den Schüler*innen kann im Zuge der Methode auch dann entstehen, ohne dass die Lehrkraft als Ziel vorgibt, am Ende der Simulation die besten Ideen auszuwählen, wie Studien zeigen (Borukhovich-Weis, in Vorbereitung). Allerdings hat die Lehrperson durchaus Spielraum, um den Fokus vom Wettbewerb eher auf die Kooperation zu lenken (ebd., s. a. Die Rolle der Lehrkraft).

doi.org/10.35468/6025-15

delt werden, im Zentrum der Methode (Borukhovich-Weis et al., 2023). Die IfS ermöglicht einen pragmatischen und ästhetischen Zugang (Borukhovich-Weis et al., 2023), da die Schüler*innen konzeptionell und zielgerichtet eine Aufgabe bearbeiten, dies aber mit haptisch-künstlerischem Gestaltungsfreiraum kombiniert wird. Die zeitliche Flexibilität (Borukhovich-Weis et al., 2023) soll dadurch erzielt werden, dass die Schüler*innen ihre Ideen in einem zeitlich möglichst umfangreichen Rahmen entwickeln können (siehe *Ablauf*).
Die Simulation fördert Innovativität, da die Schüler*innen Freiraum für kreatives Arbeiten erhalten (Förderung von Kreativität), über ihre Wünsche und Ideen zur Gestaltung einer (möglichen) Lebenswelt reflektieren und die Sichtweisen ihrer Mitschüler*innen kennenlernen (Förderung von Reflexivität) sowie ihre Ideen innerhalb der Gruppe und schließlich im Klassenplenum vorstellen (Förderung von Implementivität). Der Schwerpunkt der Simulation liegt auf dem kreativen und haptischen Arbeiten. Das Ziel der Phasen 1, 3 und 4 der IfS ist es, verstärkt Implementivität zu fördern und *tatsächliche Partizipation* zu ermöglichen, die auf Ideen der Schüler*innen basiert.
In Phase 1 *Reflexion und Problemidentifikation* wird die kritische Auseinandersetzung mit dem Thema der IfS angeregt. In dieser Phase lenkt die Lehrkraft die Aufmerksamkeit der Schüler*innen anhand offener und problemorientierter Fragestellungen bzw. Reflexionsaufgaben auf den gewählten Themenbereich der IfS. Die Ergebnisse der Schüler*innen werden in der Klasse ausgetauscht und zusammengetragen. Im Zentrum dieser Phase steht somit ein Bewusstwerden der Schüler*innen über ihre eigene Verortung und ihre Bedürfnisse sowie eine Sensibilisierung für das Thema und andere Perspektiven der Mitschüler*innen zu dem Themenbereich.

Beschäftigen sich die Schüler*innen im Zuge der IfS beispielsweise mit der Gestaltung der Schule, können Frage- bzw. Aufgabestellungen lauten:

- Beschreibe, wie dein Schulalttag gestaltet ist.
- Nenne Dinge, die dir in der Schule gut gefallen. Begründe deine Antwort.
- Nenne Dinge, die dir in der Schule nicht gut gefallen. Begründe deine Antwort.

Behandelt die IfS das Thema – wie es in diesem Beitrag näher vorgestellt wird (s. u.) – Gestaltung des öffentlichen Wohn- und Lebensraums – lauten mögliche Aufgaben:

- Nenne Orte, an denen du dich in deiner Freizeit gerne aufhältst.
- Beschreibe, was du dort machst und warum dir die Orte gefallen.
- Nenne Orte, an denen du dich nicht gerne aufhältst. Begründe deine Antwort.

Ziel ist, dass sich die Schüler*innen durch die Reflexion individueller und kollektiver Erfahrungen und Einstellungen bewusst(er) werden und somit reflektiert(er) an der anschließenden Phase 2 – der Simulation – teilnehmen.

doi.org/10.35468/6025-15

Phase 3 *Ideentransfer* und Phase 4 *Implementierung der Ideen* zielen schließlich darauf ab, zunächst die Simulation zu reflektieren und dann gemeinsam zu untersuchen, welche Ideen aus dem fiktiven Szenario die Schüler*innen tatsächlich umsetzen wollen (Phase 3). Dabei sind Fragen danach zu behandeln, welche Ideen die Mehrheit der Schüler*innen umsetzen möchte ebenso wie Fragen nach den Möglichkeiten der Umsetzung. Die Lehrkraft moderiert diese Phase und unterstützt die Schüler*innen schließlich in der abschließenden Phase 4 bei der Umsetzung der Idee. Anhand der beiden Themenbeispiele für eine IfS lässt sich gut zeigen, wie unterschiedlich sich dies konkret gestaltet: Änderungen im Bereich des Bildungswesens können Schüler*innen – zumindest in einem absehbaren Zeitahmen – wenn überhaupt, auf der Ebene der Klassen- oder Schulgestaltung vornehmen. Umfangreichere strukturelle Neuerungen müssten politisch und juristisch ausgehandelt und umgesetzt werden. Schüler*innen könnten Ideen öffentlich (über Social Media) verbreiten und in die (lokal-) politische Diskussion einbringen, etwa über Kinder- oder Jugendparlamente. Dass allein das Engagement von Schüler*innen zur Umsetzung führen könnte, bleibt aber unwahrscheinlich. Eine radikale Neuerung des Stadtraums würde auch umfassende Veränderungen voraussetzen, etwa politischer, infrastruktureller oder baulicher Art. Allerdings gibt es Initiativen auf lokaler oder kommunaler Ebene, die von Verbänden, engagierten Bürger*innen oder Lokalpolitker*innen getragen werden, und Veränderung in einem bestimmten Umfang ermöglichen. Hierzu zählen dauerhafte Initiativen, wie Urban-Gardening-Projekte (z. B. die „Essbare Stadt Andernach" (Menn & Kirk-Mechtel 2020) oder Stadtteilbüros (z. B. das „Fachgeschäft für Stadtwandel" in Essen (Knurr & Schmitt 2022), ebenso wie temporäre Aktionen wie der jährlich stattfindende „Park(ing) Day" (Gröger o. D.). Weitere Initiativen, die sich explizit an Kinder und Jugendliche richten, sind im → **digitalen Zusatzmaterial**, Anlage 4_02 aufgeführt. Kaiser und Pech (2021, 8) betonen, dass die Orientierung an anspruchsvollen, lokalen Bildungsinitiativen einen „Ernstcharakter des Lernens [fördert], bei dem Kinder Sinn entdecken".

Treten also Schüler*innen in tatsächliche Implementierungsprozesse ein, erfahren sie Chancen von Partizipation, lernen aber potentiell auch deren Grenzen (insbesondere für Kinder und Jugendliche) kennen. Dies entspricht durchaus einem Bildungsziel der BfI (Borukhovich-Weis, in Vorbereitung) sowie dem Anspruch eines lebensweltorientierten Sachunterrichts (GDSU 2013). Allerdings sollten Kinder und Jugendliche im Sinne der BfI nicht entmutigt werden, sich zu beteiligen, sondern darin gestärkt werden (Borukhovich-Weis, in Vorbereitung). Den Lehrkräften kommt hierbei die wichtige Aufgabe zu, im Unterricht die begrenzten Möglichkeiten und die Herausforderungen für Schüler*innenpartizipation zu thematisieren und ein ggf. eintretendes Scheitern von Partizipationsvorhaben nicht als (individuelles) Scheitern der Schüler*innen im Raum stehen zu lassen.

doi.org/10.35468/6025-15

Die Rolle der Lehrkraft

Dieser Beitrag möchte (angehende) Lehrkräfte in zweierlei Hinsicht unterstützen: Es werden erstens die theoretischen und normativen Hintergründe der BfI – und damit der IfS – dargelegt und zweitens konkrete Handlungsempfehlungen und Unterrichtsmaterialien bereitgestellt, um die komplexe Methode umsetzen zu können. Schließlich ist keine Methode – so gut sie potentiell sein mag – ein Selbstläufer (Kaiser & Pech 2021). Es kommt auch darauf an, wie Lehrkräfte eine Methode vor- und nachbereiten und in der konkreten Unterrichtssituation gestalten und in Szene setzen (Kaiser & Pech 2021).

Rebmann (2001) geht von vier Kompetenzen aus, die benötigt werden, um Planspielmethoden erfolgreich im Unterricht zu verankern. Diese lassen sich auf die IfS übertragen:

- *Fachliche und didaktische Kenntnisse*: Dies umfasst, dass Lehrkräfte Kenntnisse über die im Planspiel behandelten Themen und deren Zusammenhänge verfügen sowie über Spielerfahrung (in Bezug auf die eingesetzten Materialien, Abläufe, Herausforderungen etc.).
- *Organisatorische Kompetenz*: Dies betrifft die Organisation eines Planspiels (Anschaffung von Materialien, Raum- und Sitzplanung, Verankerung im Lehrplan etc.).
- *Pädagogische Kompetenz*: Im Planspiel wird von einem traditionellen Rollenverständnis von Lernenden und Lehrenden abgewichen. Lehrkräfte sind nicht mehr Wissensvermittler*innen, sondern eher Begleiter*innen der Schüler*innen. Diese gestalten ihr Lernen wiederum selbstständig(er) und kooperativ(er) mit anderen. Rebmann (2001) empfiehlt, dass die Gruppen im Planspiel aus drei bis acht Schüler*innen mit einem „ausgewogenen Gruppenleistungspotential" bestehen. Die Gruppeneinteilung sollte daher von Lehrpersonen vorgenommen werden. Auch dies verlangt pädagogisches Können. In Bezug auf die IfS lässt sich ergänzen, dass die Lehrkraft nicht Konkurrenz befeuern, sondern Zusammenarbeit und Kooperationsbereitschaft der Schüler*innen stärken sollte (s. o.).
- *Rollenkompetenz*: In einem Planspiel übernimmt eine Lehrkraft zugleich mehrere Rollen, wie Einführer*in, Berater*in, Beobachter*in, Impulsgeber*in. In der IfS entführt die Lehrkraft die Schüler*innen auf eine Fantasiereise und wird in diesem Moment eher zu einer*einem Erzähler*in als einer Lehrperson im klassischen Sinne. Darauf müssen sich Lehrkräfte einlassen können.[4]

Die IfS mag Lehrkräften, die an einer Umsetzung interessiert sind, aufwendig erscheinen (etwa im Vergleich zu einer auf Schulbuch- oder Arbeitsblätter gestützten Unterrichtsgestaltung). Tatsächlich ist die Methode mit Aufwand verbunden, der

4 Die Autorin arbeitet an einer digitalen Einführung in die Simulation, welche Lehrkräfte bei Bedarf nutzen könnten, um in die Simulation einzuführen, sofern ihnen die Rolle der*des Erzählerin*Erzählers unangenehm ist.

doi.org/10.35468/6025-15

– so zeigen es empirische Untersuchungen (Borukhovich-Weis, in Vorbereitung) – Lehrkräften an anderen Stellen allerdings Freiräume und Entlastung schafft.[5]

Exkursionsdidaktische Methode: Exkursionen im Rahmen der Innovativität fördernden Simulation

Mitzlaff (2021) versteht unter Exkursionen im Sachunterricht, dass Schüler*innen von der Lehrkraft begleitet die Schule für eine begrenzte Zeit verlassen, um nicht im Klassenraum, sondern an außerschulischen Lernorten Erfahrungen zu sammeln, die mit dem Unterricht (in der Schule) vor- und nach der Exkursion verknüpft werden. Außerschulische Lernorte sind „authentische Erfahrungsräume außerhalb des Schulgeländes, die Lernprozesse anregen, erweitern und ergänzen können" (Hellberg-Rode 2021, 145). Es gibt unterschiedliche Formen von Exkursionen, wie die „ganzheitlich-sinnliche Anschauung [etwa] eines Biotops" oder die „gründliche Sachinformation vor Ort [z. B. durch] Beobachtung von Handlungs- und Produktionsabläufen" (Mitzlaff 2021, 137). Außerschulische Lernorte lassen sich in „pädagogisch nicht vorstrukturierte bzw. gestaltete Lernort[e]" (z. B. Wälder in der natürlichen Umwelt, Geschäfte, Institutionen und Versorgungseinrichtungen in der sozialen, technischen und gebauten Umwelt) und in „pädagogisch mehr oder weniger gestaltete Lernorte" (z. B. Museum, Umweltzentrum oder Schulbauernhof) unterteilen (Hellberg-Rode 2021, 147).

Ziel von Exkursionen zu außerschulischen Lernorten ist es, lebensweltliche Phänomen stärker in den Unterricht zu integrieren und Schüler*innen durch „das Lernen vor Ort in der unmittelbaren Auseinandersetzung mit realen Gegenständen, konkreten Situationen und Problemen oder authentischen Phänomenen" den Unterricht ergänzende „Lern- und Erfahrungsmöglichkeiten" zu eröffnen (Hellberg-Rode 2021, 145; s. a. Mitzlaff 2021, 136).

Der zeitliche Umfang von Exkursionen kann stark variieren und reicht von einigen Stunden bis hin zu mehreren Tagen (Mitzlaff 2021). Exkursionen zu planen und durchzuführen ist aufwendig (Mitzlaff 2021). Um zu entscheiden, ob eine Exkursion in den Unterricht eingebunden wird, sollten sich Lehrkräfte die Fragen

5 Im Vergleich dazu, den Unterricht vorzubereiten, indem ich ein Arbeitsblatt für alle Schüler*innen kopiere, ist es aufwendiger, Bastel- und Baumaterialien bereitzustellen. Dies ließe sich allerdings auch mit Schüler*innen zusammen erledigen. Schüler*innen könnten Naturprodukte (z. B. Stöcke, Blätter oder Moos) in die Schule mitbringen. Eine Kiste im Klassenraum könnte dafür genutzt werden, um Reste von Bastelmaterial etwa aus dem Kunstunterricht zu sammeln. Siehe hierzu „Vorbereitung und Material". Zudem sei darauf hingewiesen, dass die Schüler*innen im Zuge der Konstruktionsphase in der Simulation eine relativ lange Zeit in Gruppen arbeiten. Wie empirische Ergebnisse zeigen, bietet dies Lehrkräften Zeit und eine willkommene Gelegenheit, um sich einzelnen Gruppen bzw. Schüler*innen zuzuwenden und individuelle Fragen zu besprechen (Borukhovich-Weis, in Vorbereitung).

doi.org/10.35468/6025-15

stellen, ob sich Schüler*innen einen Lerngegenstand nur oder besser an einem außerschulischen Lernort als in der Schule aneignen können und ob der Aufwand einer Exkursion im Verhältnis zum (erhofften) Lernzuwachs steht (Mitzlaff 2021). Die IfS lässt sich mit unterschiedlichen Formen von Exkursionen anreichern. Die Simulation (Phase 2: Ideenentwicklung) – und damit auch die Fantasieexkursion – ist ein *fester* Bestandteil der IfS. Die anderen Phasen – und somit auch die in ihnen realisierbaren Exkursionsformen – sind variabel in ihrer Gestaltung und ihrem Umfang. Werden alle Phasen umgesetzt, ergibt die IfS eine Unterrichtsreihe und kann als methodische Großform eingestuft werden. Im Folgenden zeige ich auf, mit welchen Exkursionsformen die Phasen der IfS jeweils gekoppelt werden können und welche Teilkompetenzen von Innovativität jeweils gefördert werden sollen.

Exkursionen in Phase 1 (Reflexion und Problemidentifikation): Stadtteil- und Ortsbegehungen zur Förderung von Reflexivität

Die IfS kann unterschiedliche Themen behandeln. Ziel von Phase 1 ist es, dass sich Schüler*innen zunächst ihrer individuellen Wahrnehmungen, Erfahrungen und Bedürfnisse zum gewählten Thema bewusst werden. Eine Exkursion kann nun bei diesem Reflexionsprozess unterstützen, indem ein Ort oder mehrere Orte aufgesucht wird/werden, der/die für das Thema relevant ist/sind. Ist das Thema der IfS beispielsweise die Gestaltung des Stadtteils, kann dieser erkundet werden. Bezieht sich die IfS spezifischer auf Freizeitangebote für Kinder in dem Stadtteil, können gezielt entsprechende Angebote (beispielsweise Schwimmbäder, Sport- oder Spielplätze, Bibliotheken, Gemeindezentren) aufgesucht werden. Ist das Thema die räumliche Gestaltung der Schule oder des Schulhofs, kann das Schulgelände von Schüler*innen untersucht werden. Ich weiche also von einem strengen Exkursionsverständnis ab, dass Exkursionen als Besuch von Orten außerhalb der Schule definiert. Tatsächlich besuchen die Schüler*innen in diesem Fall keinen für sie neuen oder unbekannten Ort (was auch bei jedem anderen außerschulischen Lernort der Fall sein könnte). Es besteht allerdings die Möglichkeit, dass die Schüler*innen dem für sie bekannten und vertrauten Ort Schule im Zuge der IfS auf eine neue Art begegnen, da entsprechende Ortsbegehungen – unabhängig ob innerhalb oder außerhalb des Schulgebäudes – durch Fragen und Beobachtungsaufgaben angereichert werden. Ich definiere Exkursionen als eine Erkundung eines Lernortes, der hinsichtlich seiner physisch-materiellen sowie sozialen Gegebenheiten und den damit verbundenen Bedeutungszuweisungen von Schüler*innen eigenständig oder mit einer Lehrperson gemeinsam in Bezug auf unterschiedliche Ziel-, Frage- bzw. Aufgabenstellungen hin untersucht wird.
Stadt- und Ortsbegehungen in Phase 1 der IfS verfolgen auch methodische Ziele. So sollen Schüler*innen im „differenzierte[n] Sehen und genaue[n] Beobachten" gefördert werden, wie es für Exkursionen üblich ist (Mitzlaff 2021, 138). Dieses

doi.org/10.35468/6025-15

genaue Ansehen der Orte wird im Sinne der BfI und der Förderung von Reflexivität allerdings mit dem Sehen in das eigene Innere verknüpft. Es geht um die Frage, wie sich die Räume für die Schüler*innen darstellen, wie sie diese wahrnehmen.
In den meisten Fällen werden in Phase 1 Exkursionen zu pädagogisch nicht aufbereiteten Lernorten stattfinden. Gänzlich ausgeschlossen ist allerdings nicht, dass pädagogisch gestaltete Orte besucht werden. Bleiben wir bei dem Beispiel einer IfS zur Gestaltung von Freizeitangeboten für Kinder, kann eine Exkursion z. B. zu einer Zooschule stattfinden. Im Vordergrund stehen dann nicht die Inhalte eines Vortrags über einen Igel, sondern wie diese Inhalte in der Zooschule aufbereitet werden.
Die Stadtteil- bzw. Ortsbegehungen zur Förderung von Reflexivität lassen sich in unterschiedlicher Form ausgestalten: Eine Exkursion kann mit der gesamten Klasse gemeinsam durchgeführt werden. Hierbei lassen sich Schüler*innen in die Planung einbeziehen, um sie zu aktivieren und den Aufwand der Methode zu reduzieren (Hellberg-Rode 2021). Zum Thema „Gestaltung des Stadtteils" kann beispielsweise mit den Schüler*innen vorab eine Route mit besonders beliebten oder unbeliebten Orten ausgearbeitet werden, die die Klasse dann zusammen erkunden. Denkbar wäre aber auch, dass Schüler*innen individuell (als Hausaufgabe) Orte dokumentieren, an denen sie sich ohnehin in ihrer Freizeit aufhalten. In beiden Varianten lassen sich Eindrücke vor Ort schriftlich, zeichnerisch oder digital festhalten (Mitzlaff 2021). Der Einsatz digitaler Medien kann umfassen, dass die Schüler*innen einfache digitale Karten (Pokraka 2021) erstellen oder ihre Gedanken in Ton- oder Videoaufnahmen fixieren. In jedem Fall werden im Anschluss an die Ortsbegehung(en) die Eindrücke der Schüler*innen gesammelt und ausgetauscht. Dic Schüler*innen können sich in Kleingruppen ihre Ergebnisse vorstellen. Die Ergebnisse können auch anhand von (digitalen) Karten oder Plakaten festgehalten werden. Die IfS kann somit mit digitalisierungsbezogenem Lehren und Lernen verbunden werden, da die Schüler*innen digitale Technologien entsprechend der Vorgaben der KMK (2017) zielgerichtet nutzen, um zusammenzuarbeiten und Inhalte zu produzieren und zu präsentieren.
Reflexivität zielt nie nur auf individuelle, sondern immer auch auf kollektive Bedürfnisse bzw. Perspektiven anderer Menschen (s. o.). Die Phase der (eher) individuellen Wahrnehmung ist daher ebenso wichtig, wie der Austausch über die Eindrücke. Sollen über die Perspektiven der Schüler*innen noch weitere Sichtweisen berücksichtigt werden, kann die Lehrkraft entsprechende Impulse einbringen. Bisher liegen mir keine empirischen Daten dazu vor, welche der vorgestellten Varianten sich wie auf den Lernprozess der Schüler*innen auswirkt. Ich empfehle die Exkursionsausgestaltung von der verfügbaren Unterrichtszeit, der Lerngruppe und dem thematischen Schwerpunkt der IfS abhängig zu machen. In diesem Beitrag stelle ich eine Variante der individuellen Ortsbegehung durch die Schüler*innen und entsprechendes Unterrichtsmaterial vor.

doi.org/10.35468/6025-15

Exkursion in Phase 2 (Ideenentwicklung):
Die Fantasieexkursion im Zuge der Simulation

Nach der üblichen Definition verlassen Schüler*innen bei einer Exkursion den Klassenraum (s. o.). Das machen sie im Zuge dieser Phase der IfS nicht. Streng genommen handelt es sich hier also nicht um eine Exkursion. Da die Schüler*innen sich allerdings in der Simulation auf eine fiktive Reise begeben, spreche ich von einer Fantasieexkursion. Die Simulation mischt also die Methode der „Fantasiereise" (Ragaller 2011) mit Aspekten des Planspiels (s. o.).

In einer Fantasiereise werden „durch Anleitung unterschiedlicher Vorstellungen, Bilder oder Gefühle – je nach Inhalt des Anleitungstextes, der Art der Anleitung, den äußeren Gegebenheiten und der persönlichen Vorerfahrung – angeregt" (Ragaller 2011, 84). Die Anleitung kann durch Lehrkräfte selbst oder durch eine Tonaufnahme (Ragaller 2011) erfolgen. Die Schüler*innen können sich dabei im Sitzkreis zusammenfinden, liegen, stehen oder mit dem Kopf auf dem Tisch gelehnt sitzen (Ragaller 2011).

Die didaktischen Funktionen der Methode umfassen u. a., die Emotionalität und Motivation der Schüler*innen zu fördern (Ragaller 2011). Eine Fantasiereise kann eingesetzt werden, um das Selbstwertgefühl, die Vorstellungskraft und die kindliche Fantasie zu fördern (Ragaller 2011). Zudem ermöglicht sie den Schüler*innen, sich zu entspannen (Ragaller 2011). Ragaller (2011) argumentiert, dass der sinnliche, fantastische Zugang der Fantasiereise kein eindeutiger Gegensatz zu anderen Unterrichtsformen ist, da auch vermeintlich eher kognitiv ausgerichteter Unterricht auf der Vorstellungskraft der Schüler*innen basiert. Die Methode kann genutzt werden, um in eine Unterrichtsstunde oder -einheit einzuführen, um Vorwissen zu aktivieren oder um sich auf bereits Gelerntes zu beziehen (Ragaller 2011). Es gibt eher offene, gelenkte oder geschlossene Formen der Fantasiereise. Je offener, desto freier entwickeln die Schüler*innen ihre Vorstellungen (Ragaller 2011).

Im Zuge der Simulation wird die Fantasiereise genutzt, um in das fiktive Szenario einzuführen. Da die Fantasiereise Vorstellungskraft und eine angenehme Atmosphäre fördert, wie auch empirische Untersuchungen bestätigen (Borukhovich-Weis, in Vorbereitung), erscheint sie als geeignete Basis, um in das kreative Arbeiten einzusteigen.

Konkret bedeutet dies, dass die Lehrkräfte den Schüler*innen erzählt, dass sie sich auf eine Reise zu dem fernen Planeten Innovasien begeben und dass Kinder dort genau so viel bestimmen dürfen wie Erwachsene. Dann wird in das Thema eingeführt, beispielsweise Städte oder Schulen auf Innovasien. Die Schüler*innen können dabei im Sitzkreis oder an ihren Tischen sitzen (siehe Abbildung 2). Visuell unterstützt wird die Einführung durch eine analoge oder digitale Präsentation (siehe Abbildung 2). Während des kurzen Fluges von der Erde nach Innovasien im Raumschiff können die Schüler*innen ihre Augen schließen, die Szene kann

doi.org/10.35468/6025-15

durch Geräusche eines Raketenstarts oder leise Entspannungsmusik für den Flug auditiv begleitet werden. Die Fantasiereise kann eher beruhigend, humorvoll oder abenteuerlich gestaltet werden, denn – so zeigen empirische Untersuchungen (Borukhovich-Weis, eingereicht) – Schüler*innen lassen sich flexibel auf durchaus unterschiedliche Ausgestaltungen der Lehrkräfte ein.

Abb. 2: Unterschiedliche Formen der Einführung in die Simulation durch eine Fantasiereise im Zuge der IfS: Digitale Präsentation (oben), analoge Präsentation im Sitzkreis (unten). Eindrücke aus unterschiedlichen Grundschulen in NRW im Frühjahr 2022 (eigene Bilder)

Im Anschluss an die Fantasiereise im Raumschiff landen die Schüler*innen auf Innovasien und beginnen mit der Einzel- bzw. Partner*innenarbeit. Sie erhalten hierzu ein Arbeitsblatt, welches Impulsfragen dazu enthält, wie die Schüler*innen die Lebenswelt auf Innovasien gestalten möchten. Im Anschluss an diese kurze Phase der Stillarbeit beginnt der Austausch in den Kleingruppen und das haptisch-kreative Arbeiten mit Bastel- und Baumaterialien (siehe Abbildung 3).

doi.org/10.35468/6025-15

Abb. 3: Konstruktions- und Aushandlungsphase in der Simulation im Zuge der IfS: Eindrücke aus unterschiedlichen Grundschulen in NRW im Frühjahr 2022 (eigene Bilder)

Im Zuge der Simulation findet keine Begegnung mit außerschulischen Phänomenen im engen Sinne statt. Vielmehr agieren die Schüler*innen in der angesprochenen Quasi-Realität (siehe Abschnitt *Zur Grundlage und Gestaltung der Innovativität fördernden Simulation*) auf dem Planeten Innovasien. Die Methode

doi.org/10.35468/6025-15

ist demnach keine übliche Exkursion, geht aber zugleich über eine Fantasiereise hinaus. Es handelt sich um eine Exkursion, die eine Begegnung mit einer möglichen Welt erlaubt, eine Reise zu einem Ort, der eigene Vorstellungen hervorbringt und diese in Aushandlung mit anderen entwickelt – eine Exkursion zu einem utopischen Raum, wenn man so möchte.
Im Anschluss an die Aushandlungs- und Konstruktionsphase stellen die Schüler*innen sich ihre Ergebnisse gegenseitig vor (siehe Abbildung 4), bevor die Klasse dann erneut eine Fantasiereise – den Rückflug zur Erde – antritt.

Abb. 4: Präsentation der Ergebnisse in der Simulation im Zuge der IfS: Eindrücke aus unterschiedlichen Grundschulen in NRW im Frühjahr 2022 (eigene Bilder)

In dieser Phase der IfS sollen Reflexivität und Implementivität, vornehmlich aber Kreativität gefördert werden (s. o.). Im Abschnitt *Exkursionsdidaktisches Setting* stelle ich die benötigten Unterrichtsmaterialien (Skript für die Fantasiereise, Liste der Bastel- und Baumaterialien etc.) zur Verfügung.

Exkursionen in Phase 3 (Ideentransfer) und Phase 4 (Implementierung der Idee): Stadtteil- und Ortsbegehung und Exkursion zu außerschulischen Partizipationsräumen

In der Transferphase tauschen sich die Schüler*innen darüber aus, welche Ideen aus der Simulation sie tatsächlich gerne umsetzen wollen, welche Ideen aus dem fiktiven Szenario also zu Inventionen in ihrer und für ihre Lebenswelt werden. Nach Bedarf können hier (erneut) Ortsbegehungen vorgenommen werden. In der abschließenden Implementierungsphase, die – wie der Name andeutet – vor allem Implementivität fördern soll, steht schließlich der Versuch im Vordergrund, die Inventionen als Innovationen umzusetzen. Hierfür können je nach Thema der IfS und den konkreten Inventionen unterschiedliche außerschulische Orte besucht werden. Ziel ist es, Unterstützungsmöglichkeiten für die Umsetzung auszumachen. Dies können beispielsweise lokalpolitische Anlaufstellen, Stadtteilbüros, temporäre Initiativen (beispielsweise zur Quartiersgestaltung) oder Förderlinien sein (siehe → **digitales Zusatzmaterial**, Anlage 4_02). Auch können Schüler*innen in Expert*innengesprächen Erfahrungen beispielsweise von Aktivist*innen oder Vertreter*innen anderer Schulen, die erfolgreich Schüler*innenprojekte umgesetzt haben, einholen. Es handelt sich also um Exkursionen zu unterschiedlichen außerschulischen Lernorten.

Um Inventionen zu implementieren, gilt es, geeignete Kooperationspartner*innen zu identifizieren und Menschen von den entwickelten Inventionen durch Argumentation und Präsentation der Ideen zu überzeugen (Borukhovich-Weis, 2023). Hierbei können digitalisierungsbezogene Kompetenzen in den Bereichen „Suchen, Verarbeiten und Aufbewahren", „An der Gesellschaft aktiv teilnehmen" und „Produzieren und Präsentieren" (KMK 2017, 16) gefördert werden, wenn etwa das Finden potentieller Unterstützer*innen, Expert*innen oder Initiativen eine internetbasierte Recherche voraussetzt oder die Ergebnisse und Ideen digital aufbereitet und verbreitet werden (z. B. über die Website oder Social-Media-Kanäle der Schule).

Insgesamt lässt sich festhalten, dass die hier vorgestellte IfS in jedem Fall eine Fantasieexkursion beinhaltet und daneben mit weiteren, unterschiedlichen Exkursionsformen angereichert werden kann und sollte. Dass Exkursionen in das schulische Lehren und Lernen eingebunden sind, ist ein wichtiges Qualitätskriterium gelungener Exkursionen (Mitzlaff 2021). Die unterschiedlichen Exkursionen im Zuge der IfS ergänzen die im schulischen Unterricht behandelten Inhalte nicht nur, sondern sind eng mit diesen verwoben. Außerschulisches und schulisches Lernen bedingen sich in der IfS gegenseitig.

doi.org/10.35468/6025-15

Darüber hinaus gelangt die klassische Definition von Exkursionen hier an ihre Grenzen. Durch die miteinander verknüpften Arbeitsphasen in einer fiktiv-fantastischen Welt und der Lebenswelt der Schüler*innen innerhalb und außerhalb der Schule verlangt die IfS ein weites Verständnis von Exkursion und Lernort. Sollen Schüler*innen ihre Lebenswelt aktiv mitgestalten, macht eine Grenzziehung am Schultor keinen Sinn. Die Lebenswelt der Schüler*innen endet weder beim Betreten der Schule noch beginnt sie erst beim Verlassen dieser. Lernorte sind hier also bekannte ebenso wie unbekannte Orte innerhalb und außerhalb der Schule, die betrachtet, kritisiert und im Hinblick auf ihre Veränderbarkeit untersucht werden. Um dies zu ermöglichen, werden sowohl reale Konsultationsangebote erkundet, als auch Orte der Imagination und Utopie.

Exkursionsdidaktisches Setting

Das hier vorgestellte exkursionsdidaktische Setting bezieht sich auf die Gestaltung des öffentlichen Raums der Stadt, in der die Schüler*innen leben. Die Auseinandersetzung mit dem Stadtraum bietet unterschiedliche thematische Anknüpfungspunkte für den sozialwissenschaftlichen (Richter 2018) und geographischen (Adamina et al. 2016) Sachunterricht, die sich in großen Teilen auch auf dörflichen Raum übertragen lassen. Dabei lassen sich im Wesentlichen sämtliche Denk-, Arbeits- und Handlungsweisen des „Perspektivrahmens Sachunterricht“ (GDSU 2013) fördern (Richter 2018) (siehe *Kompetenzorientierung*). Spitta (2021) argumentiert, dass die Begegnung und Auseinandersetzung der Schüler*innen mit den sie umgebenden räumlichen Bedingungen als „Baustein grundlegender Bildung“ verstanden werden sollten (siehe Infobox 2).

Problemorientierte Frage

Die zentrale problemorientierte Frage im Zuge der IfS lautet: *Wie können wir Ideen zur Veränderung und Gestaltung unseres Wohnorts entwickeln und umsetzen?* Die Gestaltungsideen entwickeln sich in der Fantasieexkursion (Phase 2 der IfS), basieren potentiell auf zuvor getätigten Ortserkundungen (Phase 1 der IfS) und werden potentiell auch durch Exkursionen in Phase 4 der IfS umgesetzt. Diese Exkursionen zielen darauf ab, Initiativen aufzusuchen, die Partizipation für Kindern und Jugendliche fördern.

doi.org/10.35468/6025-15

Exkurs: Kinder und Jugendliche im öffentlichen Raum

Der Begriff „öffentlicher Raum“ suggeriert, dass dieser Raum für alle Menschen zugänglich ist. Tatsächlich ist öffentlicher Raum „immer auch exklusiver Raum“ (Richter 2018, 6). Exklusive Praktiken können monetär oder sozial umgesetzt werden, wenn beispielsweise Eintrittsgelder oder ein Mindestalter eine Bedingung für den Zugang sind (Richter 2018). Öffentliche Räume werden von Stadtpolitiker*innen, aber auch durch Einwohner*innen gestaltet, wenn diese sich öffentliche Stadträume beispielsweise im Zuge von Guerilla- oder Urban Gardening aneignen (Richter 2018). Öffentlicher Raum ist vielfach dadurch gekennzeichnet, dass er nicht den Bedürfnissen von Kindern und Jugendlichen entspricht (Herlyn et al. 2003; Braches-Chyrek & Röhner 2016). Dabei wäre es wichtig, die Perspektiven von Kindern und Jugendlichen einzubeziehen, da Begegnung und Interaktion (unter Gleichaltrigen) im öffentlichen Raum einen wichtigen Beitrag zur Sozialisation und Identitätsbildung leisten (Herlyn et al. 2003; Blinkert 2017; Spitta 2021). So kann der öffentliche Raum Begegnungsort unterschiedlicher Menschen sein, die Kinder und Jugendliche kennenlernen oder beobachten (Behnken & Zinnecker 2019). Er kann Möglichkeiten bieten, die Mobilität zu erweitern (Behnken & Zinnecker 2019) und vielfältige Gelegenheiten der Raumumdeutung bieten, wenn etwa freie oder bebaute Flächen, Baustellen oder Gegenstände von Kindern und Jugendlichen anders als vorgesehen genutzt und damit umgedeutet werden (Behnken & Zinnecker 2019; s. a. Muchow & Muchow 2012 [1935]). Muchow und Muchow (2012 [1935]) sprechen davon, dass Kinder und Jugendliche Räume „umleben“. In den letzten Jahrzehnten sind aufgrund der Überbauung zahlreicher Freiflächen und des gesteigerten Autoverkehrs öffentliche Räume deutlich zurückgegangen, in denen sich Kinder und Jugendliche geschützt begegnen, miteinander spielen und interagieren können (Blinkert 2017). Heute halten sich Kinder vielfach in geschlossenen Räumen oder im direkten Umfeld ihres Zuhauses auf, oder sie werden von Erwachsenen zu verabredeten Zeiten an bestimmte Orte begleitet (Spitta 2021; Fölling-Albers 2001). So fehlen einigen Kindern wichtige räumliche Erfahrungen in ihrem Wohnumfeld (Spitta 2021). Die Raumerfahrungen variieren allerdings je nach „Wohnort, sozialer Herkunft, Geschlecht und Ethnie“ der Kinder und Jugendlichen (Spitta 2021.; s. a. Fölling-Albers 2001). Besonders marginalisierten und benachteiligten Kindern und Jugendlichen fehlen Erfahrungen im Nahraum und Identifikationsmöglichkeiten mit ihrem Wohnumfeld (Spitta 2021)

Infobox 2

doi.org/10.35468/6025-15

Wenn die IfS Schüler*innen räumliche Erfahrungen an öffentlichen Orten ermöglicht, verfolgt sie mehrere Ziele: Möglichst alle Kinder und Jugendliche – auch marginalisierte – sollen ihre Umgebung wahrnehmen, erkunden und (besser) kennenlernen. Sie sollen die Veränderbarkeit von Raum erfahren und angeregt werden, diesen zu verändern, damit wiederum eine stärkere Identifikation mit ihrem Nahraum (Spitta 2002) und Partizipation ermöglicht wird. Damit verfolgt die IfS Ziele einer inklusiven politischen Bildung im Sachunterricht, die umfasst, dass „die gleichberechtige gesellschaftliche Teilhabe aller Menschen – unabhängig von sozialen Kategorien wie z. B. Geschlecht, Alter, Gesundheit oder Ethnizität" angestrebt wird (Kallweit & Woloschuk, 2022).
Die IfS ist anschlussfähig an Initiativen für ein „Recht auf Stadt" (Lefebvre 2016) für alle Menschen (Gryl et al., 2023) bzw. an Initiativen zur Eroberung und Aneignung des öffentlichen Raums (Rauterberg 2013). Einige Initiativen unterschiedlicher Akteur*innen (Kindheitsforscher*innen und Stadtplaner*innen) verfolgen das Ziel, vorhandenen öffentlichen Raum *insbesondere* für Kinder und Jugendliche zu schützen und neuen öffentlichen Raum für sie zu erschließen (Behnken & Zinnecker 2019; s. a. Blinkert et al. 2015; Richard-Elsner 2017). Richter (2018, 8; basierend auf Hirschman 1988, 106) argumentiert, dass klassische politische Partizipation (etwa durch die Teilnahme an Wahlen oder die Mitarbeit an politischen Initiativen) „eher Raum für Misserfolgserlebnisse lässt […] und nicht uneingeschränkt zu befürworten" sei. Zudem sind Kinder von politischen Wahlen ausgeschlossen und „ihre Perspektive in partizipativen Planungsprozessen unterrepräsentiert" (Pokraka 2021, 41). Andere Formen der Beteiligung – beispielsweise an den genannten Initiativen zur (Rück-) Eroberung des städtischen Raumes – könnten hingegen „das Selbstwertgefühl [und die] soziale[n] Kompetenzen" fördern und Grundschüler*innen „viele kreative Möglichkeiten für Beteiligung [bieten] […], bei denen der Gemeinsinn und die Verantwortung für das eigene Umfeld gefördert werden" (Richter 2018, 7).
Im Folgenden erläutere ich, wie die Reflexion und Gestaltung des öffentlichen Wohnraums durch Schüler*innen im Zuge der IfS angeregt werden soll.
In *Phase 1* der IfS führt die Lehrkraft in die Unterrichtsreihe ein und erläutert, dass sich die Klassen in den kommenden Unterrichtseinheiten mit dem Thema „Stadt" beschäftigt. Dabei dürfen die Schüler*innen als Stadtplaner*innen, Forscher*innen und Gestalter*innen agieren. Um direkt als Forscher*innen einzusteigen, erhalten die Schüler*innen eine *Erkundungsaufgabe*: Die Schüler*innen sollen Orte in ihrem Schul- bzw. Wohnumfeld aufsuchen und beschreiben, an denen sie sich gerne aufhalten und solche Orte, die ihnen nicht gefallen. Den Schüler*innen steht frei, ihre Eindrücke schriftlich oder als Skizze, analog oder digital festzuhalten. Es ist sinnvoll, den Schüler*innen für diese Aufgabe einige Tage Zeit zu geben, so dass sie die Erkundungen in ihren Alltag einbinden können. Zur Konkretisierung erhalten die Schüler*innen eine Beobachtungskarte für einen Lieblingsort und eine für einen unbeliebten Ort (siehe → **digitales Zusatzmaterial**, Anlage 1_01). Die

doi.org/10.35468/6025-15

Ergebnisse der Beobachtungen werden in Kleingruppenarbeit besprochen und dann in der Klasse gesammelt (siehe → **digitales Zusatzmaterial**, Anlage 1_02).
In *Phase 2* findet die Simulation statt, in der die Schüler*innen an einem (fiktiven) Innovationsprozess teilnehmen: Dafür präpariert die Lehrkraft vorab das Klassenzimmer, indem Gruppentische gebildet, mit Bastel- und Baumaterialien ausgestattet, die einführende (analoge oder digitale) Präsentation sowie ggf. begleitende Musik vorbereitet werden (siehe *Vorbereitung und Material*; → **digitales Zusatzmaterial**, Anlage 2_01, → **digitales Zusatzmaterial**, Anlage 2_02). Die Schüler*innen betreten den Klassenraum und finden sich selbstständig oder durch die Lehrkraft vorgegeben an einen der Gruppentische ein. Die Lehrkraft führt mit der *Fantasiereise* in das fiktive Szenario ein: Wir leben in einer fernen Zukunft, in der die Menschen neue Planeten entdecken, die der Erde ähnlich sind. Auf einem dieser Planeten – auf Innovasien – möchten sich Menschen niederlassen. Dort fehlen allerdings noch Städte. Auf der Erde sind die Menschen in vielerlei Hinsicht mit der Beschaffenheit der Städte unzufrieden. Die Lehrkraft kann hier auf konkrete Problemfelder eingehen, die in Phase 1 von den Schüler*innen identifiziert wurden und diese nach Bedarf durch Nennung allgemeiner Probleme ergänzen, wie Leerstand, ein hohes Verkehrsaufkommen mit hoher Feinstaubbelastung, fehlende Grünflächen und fehlende soziale Aktivitäten in den Innenstädten für vielfältige Bevölkerungsgruppen (Krautter 2018). Auf Innovasien sollen also neue Städte errichtet werden, die für alle Menschen schön sind. Auf Innovasien dürfen aber nicht nur Erwachsene bestimmen, sondern auch Kinder. Daher nehmen die Schüler*innen an einer Stadtratssitzung teil, die zum Ziel hat, Ideen für neue Städte auf Innovasien zu entwickeln. Wichtig ist, dass die Lehrkraft an dieser Stelle betont, dass es keine richtigen oder falschen Lösungen für die Städte gibt, sondern diese nach den Vorstellungen der Schüler*innen gestaltet werden dürfen. Aus diesem Grund entfällt auch eine Benotung für die erbauten Städte. Nach der Einführung durch die Lehrkraft überlegen die Schüler*innen kurz in *Einzel- oder in Partner*innenarbeit*, wie die neuen Städte gestaltet werden sollen (siehe → **digitales Zusatzmaterial**, Anlage 2_03) und starten dann in ihrer Gruppe in die zeitlich intensivste Arbeitsphase: Die *Konstruktionsphase*. Ein kurzer Impuls (siehe → **digitales Zusatzmaterial**, Anlage 2_04) leitet diese ein. Mit Hilfe des motivierenden haptischen Materials gestalten die Schüler*innen aktiv ihre Städte. Die Rolle der Lehrkraft (siehe Abschnitt *Die Rolle der Lehrkraft*) ist insbesondere in dieser freien Arbeitsphase zentral. Die Lehrkraft steht den Schüler*innen bei Fragen und Problemen zur Seite, so dass diese nach Möglichkeit nicht zu Frustration führen. Wie eine empirische Studie (Borukhovich-Weis, in Vorbereitung) zum Einsatz der IfS im Frühjahr 2022 an elf Grundschulen mit N=240 Schüler*innen zeigt, können unterschiedliche Probleme, wie Zeitdruck oder soziale Konflikte, die aktive Beteiligung der Schüler*innen am Innovationsprozess hemmen (siehe auch Infobox 3).

doi.org/10.35468/6025-15

Praktischer Hinweis: Aktivitätshemmende Faktoren im Zuge der IfS

Konstruktions- und Materialprobleme: Die Schüler*innen gelingt es nicht, etwas zu bauen (beispielsweise einen hohen Turm, eine Schaukel oder einen Baum). Die Lehrkraft sollte zu (alternativen) Lösungswegen anregen, indem beispielsweise Mitschüler*innen der Gruppe miteinbezogen werden, oder – sollten auch die anderen Schüler*innen keine Lösungsideen haben – indem sie beim Bauen hilft. Probleme dieser Art sind in der genannten empirischen Studie in allen teilnehmenden Grundschulklassen aufgetreten.

Konkurrenzdenken und Zeitdruck: Dies kann umfassen, dass die Schüler*innen den Eindruck haben, dass andere Gruppen weiter in der Gestaltung der Städte vorangeschritten sind oder bessere Ergebnisse erzielen. Dem sollte die Lehrkraft möglichst wertschätzend und ermutigend entgegentreten, indem sie beispielsweise darauf hinweist, dass Städte sehr unterschiedlich gestaltet sind und auch Teilkonstruktionen wertvolle Ideen zur Stadtgestaltung beinhalten können und die Gruppe bei der Vorstellungsrunde erzählen kann, welche Ideen sie hat, die noch nicht baulich umgesetzt wurden. Konkurrenzdenken kann auch umfassen, dass Schüler*innen der Meinung sind, andere Schüler*innen (aus anderen Gruppen) imitieren ihre Baukonstruktionen. Hier sollte die Lehrkraft Verständnis zeigen – schließlich sind Schüler*innen in der Schule geradezu dazu angehalten, ihre Leistungen im direkten Vergleich zu ihren Mitschüler*innen zu positionieren – und dennoch darauf eingehen, dass die Imitation einer Idee eher ein Kompliment darstellt und ein typisches Moment von Entwicklungsprozessen darstellt. Konkurrenzdenken ist in der Studie vereinzelt, Zeitdruck relativ häufig aufgetreten. Im Zuge der genannten Studie wurde der Zeitdruck verringert, indem die Konstruktionszeit verlängert wurde (für genaue Zeitangaben hierzu siehe *Ablauf*).

Ideenlosigkeit oder Unsicherheit: Wenn Schüler*innen weder zu zeichnen noch zu bauen beginnen bzw. sich nicht mit ihren Mitschüler*innen austauschen, kann das daran liegen, dass ihnen Ideen fehlen, um sich an der Gestaltung zu beteiligen, oder dass sie unsicher sind, wie sie ihre Ideen umsetzen können. In der Studie ist ein derartiges Problem nur bei zwei der 240 Schüler*innen erkannt worden. Es ließ sich dadurch lösen, dass die betreffenden Schüler*innen nach ihren Interessen oder Ideen gefragt wurden und ihnen Hilfestellung beim Bauen angeboten wurde. In weiteren Fällen hinderten allerdings nicht Zweifel an der eigenen Idee, sondern Konflikte in der Arbeitsgruppe (s. u.) einzelne Schüler*innen daran, sich zu beteiligen.

doi.org/10.35468/6025-15

Soziale Konflikte: Wenn sich Schüler*innen in der Gruppenarbeitsphase gegenseitig ausgrenzen und mobben, indem sie beispielsweise das Bastelmaterial nicht aufteilen oder die Ideen der Mitschüler*innen zur Stadtgestaltung abwerten, kann die Arbeitsphase scheitern und Schüler*innen verweigern sich (temporär) der Arbeitsphase. In der genannten Studie waren derartige Probleme in drei Gruppen erkennbar. Davon erwies sich bei zwei Gruppen die Gruppenzusammensetzung als problematisch. Es sollte vermieden werden, dass Schüler*innen, zwischen denen sich derartige Verhaltensmuster zeigen, in einer Gruppe zusammenarbeiten (für Hinweise zur Gruppenzusammensetzung siehe Abschnitt *Die Rolle der Lehrkraft*).

Infobox 3

Insgesamt, das zeigt die bisherige Erfahrung, zeichnet sich die Simulation dadurch aus, dass sie Schüler*innen in hohem Maße motiviert und aktiviert (Borukhovich-Weis, in Vorbereitung). Die genannten Probleme sind im Zuge der Studie (und weiteren Vorstudien) entweder in wenigen Fällen aufgetreten oder ließen sich im Rahmen der Durchführung lösen (Borukhovich-Weis, in Vorbereitung). Während die Schüler*innen also meist relativ lange und konzentriert an ihren Projekten arbeiten, eröffnet sich für die Lehrkraft die Gelegenheit, Gespräche im kleineren Kreis mit Schüler*innen zu führen, indem sie etwa nach ihren Vorstellungen einer schönen Stadt oder ihren Konstruktionsideen gefragt werden. Die Schüler*innen nehmen hier die Rolle derjenigen ein, die der Lehrkraft etwas erklären und (anhand ihrer Modelle) zeigen.
Zudem stellen Konstruktionsschwierigkeiten der Schüler*innen sowie Konkurrenzdenken nicht nur Probleme dar, die es auszuräumen gilt, sondern nach meiner Auffassung auch mögliche *Anknüpfungspunkte für weiterführende Lernprozesse*: Ausgehend von den Problemen der Schüler*innen beim Bauen bestimmter Objekte lassen sich Inhalte der technischen (Möller et al. 2021) und der naturwissenschaftlichen (Giest 2017) Perspektive erarbeiten. Ersteres könnte umfassen, anhand des „Entwicklungskreises technischer Entwicklungen" (Mammes & Schäffer 2019, 129) zu untersuchen, wie sich etwa eine stabile Schaukel konstruieren lässt. Der Vorteil hierbei ist, dass die erste Phase des Kreislaufes, das „Wahrnehmen eines technischen Problems" (Mammes & Schäffer 2019, 129)[6], bereits in der Simulation durch das haptische Arbeiten der Schüler*innen erfolgt ist. Das technische Problem entspringt somit den Handlungen der Kinder und wird nicht vorgegeben. Aus der Konstruktionsphase lassen sich zudem unter-

6 Die weiteren Phasen lauten „Technisches Problem formulieren", „Vorhandene oder neue technische Lösungsideen suchen", „Technische Lösung umsetzen (Konstruktion/Rekonstruktion), testen und optimieren", „Technische Lösung reflektieren" (Mammes & Schäffer 2019, 129).

doi.org/10.35468/6025-15

schiedliche naturwissenschaftliche Fragen ableiten, wie beispielsweise: „Warum haftet Klebstoff nicht auf allen Materialien (gleich gut)?“, oder: „Warum kippt ein Baum um, wenn er zu schwer wird?“. Die Problematik von Konkurrenzdruck, Urheber*innenrecht und Imitation ist wiederum anschlussfähig, um Merkmale von Innovationen und Innovationsprozessen, wie Aspekte der relativen Neuheit und Kollaboration (s. o.), im Unterricht zu behandeln.[7] Es lässt sich zudem besprechen, inwiefern die Simulation den Schüler*innen ermöglicht hat, kreativ zu arbeiten.[8]

Am Ende der Konstruktionsphase räumen die Schüler*innen den Klassenraum auf und es werden als Dokumentation Fotos der Stadtmodelle gemacht. An die Konstruktionsphase schließt dann die *Präsentation der Ergebnisse* an. Die Schüler*innen versammeln sich jeweils um das Modell einer Gruppe. Die Gruppenmitglieder stellen die Modelle vor und beantworten Fragen. Diese Phase ist wichtig, um den Schüler*innen Wertschätzung für ihre Konstruktionen entgegenzubringen. Sie sollte keinesfalls zu kurz ausfallen. Nach Möglichkeit werden die Modelle dann weiterhin im Klassenraum (etwa auf Regalen oder Tischen an der Seite) ausgestellt. Im Anschluss an die Vorstellung der Ergebnisse erfolgt der „Rückflug“ von der Fantasiereise (siehe → **digitales Zusatzmaterial**, Anlage 2_01, → **digitales Zusatzmaterial**, Anlage 2_02).

Anknüpfungspunkte für weiterführende Lernprozesse kann die Lehrkraft während der Konstruktionsphase sammeln, außerdem kann sie im Zuge der Ergebnispräsentation gezielt Fragen zu bestimmten Aspekten stellen (z. B.: „Gibt es etwas, das ihr bauen wolltet, aber es hat nicht geklappt?“, „Was war das?“, „Warum hat es nicht geklappt?“ oder „Was hat dir (nicht) geholfen, Ideen zu entwickeln?“, „Was hat dir (nicht) geholfen, deine Ideen umzusetzen?“). Diese können dann zu einem späteren Zeitpunkt im Unterricht wieder aufgegriffen werden.

In *Phase 3* erfolgt zunächst die *Reflexion der Simulation.* Beispielsweise im Sitzkreis tauschen sich die Schüler*innen über ihre Erfahrungen mit der Methode aus. Ziel ist es zum einen, dass die Schüler*innen selbst die Simulation sowie ihre Ideenentwicklung und ihr Handeln darin reflektieren und zum anderen, dass die Lehrkraft mehr über etwaige hemmende und förderliche Einflussfaktoren auf die Ideengenerierung erfährt, um ggf. weitere Simulationen z. B. im Hinblick auf das verwendete Material anzupassen (für Impulse und Fragen hierzu siehe → **digitales Zusatzmaterial**, Anlage 3_01). Im zweiten Teil von Phase 3 erfolgt der *Ideentransfer*. Hierbei findet ein Abgleich zwischen den in Phase 1 gesammelten Problemen und den entwickelten Ideen statt. Zunächst reflektieren die Schüler*innen anhand eines Arbeitsblatts, welche Ideen sie gerne auf den Weg

7 Als Grundlage, um Innovation und Innovationsprozesse im Unterricht zu analysieren, finden sich Vorschläge und Systematisierungen bei Borukhovich-Weis (2023).

8 Zu Bedingungen für kreatives Denken und Handeln (in Schule und Unterricht) siehe Borukhovich-Weis et al. (im Druck).

doi.org/10.35468/6025-15

bringen würden (siehe → **digitales Zusatzmaterial**, Anlage 3_02). Anhand von (analogem oder digitalem) Kartenmaterial können die Schüler*innen dann in Gruppen- oder Partner*innenarbeit gezielt überlegen, welche Ideen sie gerne an welchen Orten in der Stadt umsetzen möchten. Erlaubt es die Zeit, ist auch eine erneute Ortsbegehung möglich, in der die Schüler*innen – nun mit den Eindrücken der Simulation ausgestattet – ihre Stadt dahingehend erkunden, was sich neu bzw. besser gestalten ließe. Die Ergebnisse dieser Phase lassen sich im Klassenverband sammeln und sortieren.

In *Phase 4* wird die Umsetzung angestrebt. Die Ergebnisse aus Phase 3 geben hier die Stoßrichtung vor. Diese können umfassen, dass die Schüler*innen sich dafür einsetzen wollen, dass mehr Grünflächen angelegt werden, die Müllbeseitigung an öffentlichen Orten verbessert wird, die Verkehrssicherheit für Fußgänger*innen erhöht wird oder ein bestimmter Ort, wie ein öffentlicher Platz oder Spielplatz, umgestaltet werden soll. Es gilt also anhand von zwei Fragen eine Strategie zur Implementierung zu entwickeln:

- Erstens: *Wer ist für den jeweiligen Bereich politisch zuständig?* Wird diese Frage im Unterricht erörtert, setzen sich Schüler*innen mit dem bestehenden politischen System und den darin wirkenden Organen auf kommunaler Ebene auseinander. Ein Lerngegenstand, der „für Kinder zunächst wenig anschaulich" ist (Richter 2018, 5), soll damit problemorientiert in den Unterricht einfließen.
- Um neben formaler Stadtpolitik auch das (informelle) Bürger*innenengagement als Form der politischen Beteiligung kennenzulernen und zugleich zur Umsetzung nutzbar zu machen, lautet die zweite Frage: *Welche Kooperationspartner*innen könnten dabei unterstützen, die Ideen zu implementieren? Gibt es Initiativen, die ähnliche Ziele verfolgen und denen sich die Schüler*innen anschließen könnten?*

Die Schüler*innen erarbeiten zunächst kooperativ anhand eines „Placemat" (Brüning & Saum 2017, 25), wer sie bei der Umsetzung unterstützen kann. Die Ergebnisse der empirischen Studie (Borukhovich-Weis, in Vorbereitung) zeigen hier ein insgesamt rudimentäres Verständnis. So hatten Schüler*innen vielfach keine Vorstellung, wer ihnen dabei helfen kann, Ideen umzusetzen oder gaben an, dass Gott, die Eltern oder die*der Bundeskanzler*in dies tun könnten (Borukhovich-Weis, in Vorbereitung). Dies war auch an Schulen der Fall, die über aktive Schüler*innenparlamente verfügen (Borukhovich-Weis, in Vorbereitung). Ich empfehle daher, durch gezielte Recherche das Verständnis der Schüler*innen zu erweitern. Da Bürger*inneninitiativen ebenso wie Aktivitäten der Lokal- bzw. Kommunalpolitik vermutlich sehr heterogen ausfallen, kann hier keine Musterlösung vorgegeben werden – Lehrkräfte sind in der Pflicht, sich vor Ort über Beteiligungsmöglichkeiten und Initiativen zu informieren. Die hier vorgestellte Übersicht kann exemplarisch herangezogen werden (siehe → **digitales Zusatzmaterial**, Anlage 4_02 „(Außer-) schulische Partizipationsmöglichkeiten für Kinder und Jugendliche").

doi.org/10.35468/6025-15

Werden lokale Kooperationspartner*innen schließlich identifiziert, „können sich langfristige Projekte ergeben, in denen Partizipation der Kinder an den Ereignissen in ihrem Stadtteil gefördert wird“ (Richter 2018, 8). Ein Beispiel wäre das bundesweite Kinderverkehrsgutachten, das in Zusammenarbeit mit dem Verkehrsclub Deutschland e.V. (VCD) entstanden ist (Spitta 1997). Die Intensität und Dauer von Phase 4 ist daher von unterschiedlichen Faktoren (entwickelte Inventionen, politische Initiativen und Kooperationspartner*innen vor Ort, Möglichkeiten der Verankerung im Unterricht) abhängig und kann stark variieren.
Nachdem nun die theoretischen Grundlagen der BfI und IfS sowie die Umsetzungsmöglichkeiten unterschiedlicher Exkursionsformen im Zuge der IfS dargestellt wurden, folgen weitere Hinweise zur konkreten Umsetzung (Material, Ablauf etc.) und der fachdidaktischen Einordnung (Angaben zu Klassenstufen, Kompetenzorientierung etc.).

Angabe zur Klassenstufe

Die hier vorgestellte IfS kann (jahrgangsübergreifend) in den Jahrgangsstufen 1 bis 4 der Grundschule durchgeführt werden. Für die Jahrgangsstufe 1 und ggf. 2 sind aufgrund der sich noch entwickelnden Lesekompetenz der Schüler*innen die Arbeitsblätter wegzulassen bzw. anders in den Unterricht einzubauen. Die Methode eignet sich ebenfalls für den Einsatz in der Sekundarstufe I und II sowie in der Erwachsenenbildung.
Dieser breite Einsatz des Settings ist dadurch begründet, dass die IfS zahlreiche Varianten der Differenzierung bietet: Größe des Exkursionsgebiets, Grad der Selbstständigkeit auf den Exkursionen, Art und Tiefe der (digitalen oder analogen) Problemdokumentation, Komplexität und Anzahl der identifizierten Probleme, Komplexität der innovativen Ideen und deren Aushandlung, Elaboriertheit der Präsentation, Grad der Professionalität im Zuge der Implementation der Ideen. Ich empfehle, in allen Klassenstufen die haptische Komponente zu nutzen, da sie gegenüber einer vorrangig abstrakten Ideenfindung, wie Erprobungen zeigen, Vorteile bzgl. des gemeinsamen kreativen Arbeitens hat.

Kompetenzorientierung

Kompetenzorientierung nach dem „Perspektivrahmen Sachunterricht“ der GDSU (2013)

- Im Bereich der sozialwissenschaftliche Perspektive (GDSU 2013, 29-30) werden folgende Denk-, Arbeits- und Handlungsweisen (DAH) sowie Themenbereiche (TB) gefördert:
  - DAH SOWI 1: „An ausgewählten gesellschaftlichen Gruppen partizipieren“,
  - DAH SOWI 2: „Argumentieren sowie zwischen Einzelnen oder zwischen Gruppen mit unterschiedlichen Interessen und Bedürfnissen verhandeln“,
  - DAH SOWI 6: „Gesellschaftsbezogene Handlungen planen und umsetzen“,

  - TB 2: „Politische Entscheidungen“ und
  - TB 3: „Das Gemeinwohl“.
- Im Bereich der geographische Perspektive (GDSU 2013, 47) werden folgende DAHs und TBs gefördert:
  - DAH Geo 1: „Räume und Lebenssituationen in Räumen wahrnehmen, Vorstellungen und Konzepte dazu bewusst machen“,
  - DAH Geo 2: „Räume erkunden, untersuchen und Ergebnisse dokumentieren“,
  - TB Geo 2: „Menschen nutzen, gestalten, belasten, gefährden und schützen Räume“ und
  - TB Geo 4: „Entwicklungen und Veränderungen in Räumen“.

Kompetenzorientierung nach den KMK-Vorgaben zur „Bildung in der Digitalen Welt“ (KMK 2017):

- Aus Kompetenzbereich 1 „Suchen, Verarbeiten und Aufbewahren“ werden folgende Kompetenzen gefördert: „Arbeits- und Suchinteressen klären und festlegen“, „Suchstrategien nutzen und weiterentwickeln“, „In verschiedenen digitalen Umgebungen suchen“, „Relevante Quellen identifizieren und zusammenführen“, sowie „Informationen und Daten analysieren, interpretieren und kritisch bewerten“ (KMK 2017, 16).
- Aus Kompetenzbereich 2 „Kommunizieren und Kooperieren“ wird insbesondere die Kompetenz „An der Gesellschaft aktiv teilhaben“ gefördert (KMK 2017, 17).
- Aus dem Kompetenzbereich 3 „Produzieren und Präsentieren“ werden insbesondere die Kompetenzen „Entwickeln und Produzieren“ sowie „Weiterverarbeiten und Integrieren“ (KMK 2017) gefördert.

Vorbereitung und Material

Phase 1

- Arbeitsblatt mit Beobachtungsaufgaben (siehe → **digitales Zusatzmaterial**, Anlage 1_01)
- Material für die Erkundung
  - Klemmbrett, Stifte
  - Digitale Endgeräte (Diktiergerät, Tablet, Fotokamera, ggf. kann hier auf „Bring your own device” (BYOD) zurückgegriffen werden.[9]
  - Digitale Mapping-Tools/Analoges Kartenmaterial
- Arbeitsblatt, um die Ergebnisse in Kleingruppen zu besprechen und in der Klasse zu sammeln (siehe → **digitales Zusatzmaterial**, Anlage 1_02)

9 Zu Nutzungsmöglichkeiten, Vor- und Nachteilen von BYOD s. Kammerl (2016).

doi.org/10.35468/6025-15

- (digitales/analoges) Kartenmaterial und Plakate für die Ergebnisse mit den entsprechenden Überschriften (siehe → **digitales Zusatzmaterial**, Anlage 1_02)
- Klebezettel/Post-its

Phase 2

- Gruppentische für bestenfalls 3 bis 4 Schüler*innen mit Material vorbereiten
- Präsentation zur Gestaltung der Fantasiereise/Einführung in die Simulation (siehe → **digitales Zusatzmaterial**, Anlage 2_01)
- Skript zur Gestaltung der Fantasiereise/Einführung in die Simulation und zur Gestaltung des Rückflugs (siehe → **digitales Zusatzmaterial**, Anlage 2_02)
- Musikrekorder bzw. Abspielmöglichkeit für Musik/Raketenstartgeräusche
- Arbeitsblatt zur individuellen Reflexion (siehe → **digitales Zusatzmaterial**, Anlage 2_03)
- Bastel- und Baumaterial (siehe → **digitales Zusatzmaterial**, Anlage 2_04)
- Vorlage zum Basteln von Tischnummern (siehe → **digitales Zusatzmaterial**, Anlage 2_05)
- Fotokamera
- Stadtmodelle

Phase 3

- Impulsfragen zur Reflexion der Simulation (siehe → **digitales Zusatzmaterial**, Anlage 3_01)
- Arbeitsblatt zum Ideentransfer (siehe → **digitales Zusatzmaterial**, Anlage 3_02)
- Stadtmodelle der Schüler*innen oder Fotodokumentation der Modelle
- Digitales/analoges Kartenmaterial der (erkundeten) Umgebung

Phase 4

- Arbeitsblatt zu Umsetzungsmöglichkeiten der Ideen (siehe → **digitales Zusatzmaterial**, Anlage 4_01) und die dazugehörigen Placemats
- Individuelle Rechercheergebnisse zu kommunalen Initiativen zur Gestaltung des öffentlichen Raums (zur Orientierung bzw. Inspiration siehe → **digitales Zusatzmaterial**, Anlage 4_02)

doi.org/10.35468/6025-15

Ablauf

Tab. 1: Verlaufsplan zur Durchführung der Innovativität fördernden Simulation in Verbindung mit unterschiedlichen Exkursionen

Phase	Einheit	Erläuterung	Material	Dauer
(1) Reflexion und Problem-identifikation	Einführung in die Unterrichtseinheit durch die Lehrkraft	Lehrkraft erläutert, dass Schüler*innen in der kommenden Unterrichtseinheit ihren Stadtteil entdecken und mitgestalten. Dafür dürfen sie ihren Stadtteil erkunden, Ideen entwickeln und gemeinsam versuchen, diese umzusetzen. Lehrkraft erläutert erste Aufgabe für die Schüler*innen, händigt Arbeitsblatt und Erkundungsmaterial aus.	digitales Zusatzmaterial , Anlage 1_01, Material für die Erkundung	ca.15 Min.
	Ortserkundung durch die Schüler*innen		s. o.	individuell
	Ergebnis-austausch in Kleingruppen	Die Schüler*innen tauschen sich zu zweit oder zu dritt mithilfe von Leitfragen zu ihren Ergebnissen aus.	digitales Zusatzmaterial, Anlage 1_02	15 Min.
	Sammlung der Ergebnisse im Plenum	Die Lehrkraft stellt vier Plakate mit vier Themen vor. Die Schüler*innen versammeln sich im Sitzkreis um die Plakate. Zu jedem Thema schreiben die Schüler*innen ihre Gedanken auf Klebezettel. Die Klebezettel werden gesammelt und sortiert. Alternativ zu Plakat 1 können die besuchten Orte auch in einer Karte eingezeichnet/markiert werden.	digitales Zusatzmaterial, Anlage 1_02 (Als Vorlage für die Plakate), (digitales/analoges) Kartenmaterial	25 Min.
	Ausblick	Die Lehrkraft gibt einen Ausblick auf die nächsten Unterrichtsstunden: Im Zuge einer Reise zu einem fernen Planeten werden die Schüler*innen Ideen zur Gestaltung von Städten entwickeln.		5 Min.
	Gesamtdauer Phase 1 = eine Unterrichtsstunde (exkl. der individuellen Ortsbegehung und Einführung)			

doi.org/10.35468/6025-15

Phase	Einheit	Erläuterung	Material	Dauer
(2) Ideenentwicklung	Einführung	Die Lehrkraft führt anhand einer Fantasiereise in das fiktive Szenario ein. Eine (analoge oder digitale) Präsentation sowie Musik unterstützen dabei.	digitales Zusatzmaterial, Anlage 2_01, digitales Zusatzmaterial, Anlage 2_02, Musik	5-10 Min.
	Kurze Reflexion	In Einzel- oder Partner*innenarbeit überlegen die Schüler*innen, wie ihre Stadt gestaltet werden soll.	digitales Zusatzmaterial, Anlage 2_03	5 Min.
	Aushandlungs- und Konstruktionsphase	Die Schüler*innen tauschen sich zunächst zu ihren Notizen aus der Reflexionsphase aus und starten dann die Aushandlung, das Konstruieren und Bauen.	digitales Zusatzmaterial, Anlage 2_04, Bastel- und Baumaterial	Mindestens 60 Min.
	Aufräumphase	Die Materialien werden aufgeräumt. Die Stadtmodelle werden im Klassenraum ausgestellt (auf den Gruppentischen oder – nach Verfügbarkeit – auf anderen geeigneten Freiflächen. Von den Modellen werden Fotos gemacht.	Fotokamera	ca. 5-10 Min.
	Präsentation der Ergebnisse	Die Schüler*innen stellen sich ihre Stadtmodelle vor.	Stadtmodelle	35 Min.
	Rückreise zur Erde	Die Lehrkraft führt mit einer erneuten Fantasiereise vom Planeten Innovasien zurück auf die Erde. Dies kann erneut anhand der (analogen/digitalen) Präsentation und Musik erfolgen.	digitales Zusatzmaterial, Anlage 2_01, digitales Zusatzmaterial, Anlage 2_02, ggf. Musik	ca. 5-10 Min.
	Gesamtdauer Phase 2 = drei Unterrichtsstunden			
(3) Ideentransfer	Reflexion der Simulation	Im Sitzkreis werden die Erfahrungen der Schüler*innen anhand von Impulsfragen der Lehrkraft besprochen.	digitales Zusatzmaterial, Anlage 3_01	10 Min.
	Ideentransfer in Partner*innenarbeit	Die Schüler*innen beraten zunächst anhand eines Arbeitsblatts, welche Ideen sie gerne umsetzen würden und tauschen sich dazu in Partner*innenarbeit aus.	digitales Zusatzmaterial, Anlage 3_02, Stadtmodelle oder Foto-dokumentation der Stadtmodelle	20 Min.
	Ideentransfer im Klassenverband	Die Schüler*innen sammeln mit der Lehrkraft Ideen, die umgesetzt werden sollen, und priorisieren beispielsweise indem sie abstimmen.		15 Min.
	Gesamtdauer Phase 3 = eine Unterrichtsstunde (ggf. zzgl. weiterer Ortsbegehungen, siehe *Exkursionsdidaktisches Setting*)			

doi.org/10.35468/6025-15

Phase	Einheit	Erläuterung	Material	Dauer
(4) Implementierung der Idee	Möglichkeiten der Umsetzung erarbeiten	In Kleingruppen erarbeiten die Schüler*innen anhand eines Placemat Möglichkeiten der Umsetzung ihrer Ideen.	digitales Zusatzmaterial, Anlage 4_01, ein Placemat für jede Gruppe	20 Min.
	Sammlung der Ideen zur Umsetzung in der Klasse	Die Kleingruppen stellen ihre Ergebnisse vor. Die Lehrkraft hält die Ideen an der Tafel, dem Smartboard etc. stichpunktartig fest.		15 Min.
	Weitere Möglichkeiten der Umsetzung kennenlernen	Die Lehrkraft stellt (weitere) Möglichkeiten der Umsetzung vor und diskutiert mit den Schüler*innen, welche Initiativen bzw. potentielle Kooperationspartner*innen kontaktiert werden sollen.	individuell recherchierte (lokale) Möglichkeiten der Umsetzung	10 Min.
	Individuelle Planungsphase	Je nachdem, welche Ideen wie umgesetzt werden sollten, wird eine Umsetzungsstrategie entwickelt. Im Zuge von einer/mehreren Exkursion/en werden mögliche Kooperationspartner*innen aufgesucht. Hierfür werden von den Wünschen Präsentationen, Videos oder Handreichungen erstellt. Hier empfiehlt sich fächerverbindender Unterricht beispielsweise mit Deutsch- und Kunstunterricht.	digitales Zusatzmaterial, Anlage 4_02, individuell	individuell
	Gesamtdauer Phase 4 = Mind. eine Unterrichtsstunde, zahlreiche Anknüpfungspunkte für weitere Einheiten.			

Differenzierung im inklusiven Klassenraum

Der Einsatz von haptischem Material im Zuge der Simulation schafft eine gemeinsame Kommunikationsgrundlage, die nicht nur die Kreativität aller anregt, sondern auch Inklusionsschüler*innen in die Gestaltung einbezieht (siehe Abschnitt *Zur Grundlage und Gestaltung der Innovativität fördernden Simulation*).

Die IfS kann über viele Altersstufen hinweg durchgeführt werden. In der Methode angelegt sind dabei zahlreiche Differenzierungsoptionen. Für den Förderschwerpunkt geistige Entwicklung und unterschiedlich stark ausgeprägte kognitive Kompetenzen kann das Abstraktionsniveau angepasst werden:

- Sachverhalte und Probleme können sowohl auf einfachem Niveau beschrieben werden als auch komplex unter Hinzuziehen immer weiterer Faktoren und Akteur*innen.
- Die Erkundung der Orte durch Schüler*innen (siehe Hinweise zu Phase 1 der IfS im Abschnitt *Exkursionsdidaktisches Setting*) muss nicht obligatorisch in die

doi.org/10.35468/6025-15

Unterrichtsreihe als Hausaufgabe integriert werden, sondern kann auch als gemeinsame Exkursion stattfinden. Umgekehrt lässt sich die Beobachtungsaufgabe im Sinne einer natürlichen Differenzierung individuell anpassen: So können Schüler*innen mehrere Orte erkunden bzw. diese unterschiedlich umfangreich beschreiben.

Raumkonzepte

Räume als soziale Konstruktion: Die IfS ermuntert die Schüler*innen, über alternative Raumkonstruktionen in einem möglichst offenen Setting nachzudenken, ohne dass dominante Raumproduktionen (z. B. Gestaltungsentscheidungen auf Basis finanzieller Grenzen) diese zugleich überdecken.
Räume als Kategorie der Sinneswahrnehmung: Auch die Kategorie des Wahrnehmungsraums spielt eine Rolle, etwa, wenn es um die Benennung von subjektiv wahrgenommenen Problemen im Zuge der Phase 1 der IfS geht. Durch den Austausch in der Klasse findet ggf. auch eine soziale Konstruktion von Problemräumen statt.

Weitere zentrale fachdidaktische Ansätze

Räumliche Orientierung, Politische Bildung und Demokratiebildung, Digitalisierungsbezogene Bildung

Transfer

Die Methode ist beliebig auf räumliche Gestaltungsfragen transferierbar, wenn menschliches Wirken auf Naturräume zu verzeichnen ist oder verschiedene gesellschaftliche Interessen in Konflikt stehen. In für den Sachunterricht geeigneter Komplexität sind Fragen des „Rechts auf Stadt“ (Gryl et al., im Druck; basierend auf Lefebvre 2016) und der Lebensqualität in Städten und Gemeinden (z. B. Mobilitäts-, Grün- oder Spielflächen, Gestaltung von Wohnraum) und der Nachhaltigkeit in der Stadt (z. B. Luftqualität, Lärm) zu bearbeiten. Dabei können Siedlungen unterschiedlichen Maßstabs, gerne mit Ähnlichkeiten zum Ort der Schule, genutzt werden. Auch sind anspruchsvollere Fragen mit größerer systemischer und fachlicher Komplexität, etwa globale Konsumketten oder Energiegewinnung, an die Methode anschlussfähig. Darüber hinaus ist die Methode durch den ästhetischen Zugang über von den Schüler*innen gestaltete, konstruierte und erbaute Modelle anschlussfähig an ästhetisches (Richter 2003), technisches (Möller et al. 2021) und naturwissenschaftliches (Giest 2017) Lernen.

doi.org/10.35468/6025-15

Kommentierte Leseempfehlung

Gryl, I. (2013): Alles neu – innovativ durch Geographie- und GW-Unterricht? In: GW-Unterricht 131, 16-27. → Eine gute Grundlage zur Auseinandersetzung mit den Begriffen Innovativität" „Reflexivität", „Kreativität" und „Implementivität".

Kaiser, A. & Pech, D. (2021): Basiswissen Sachunterricht. Unterrichtsplanung und Methoden (7. Aufl.). Baltmannsweiler: Schneider-Verlag Hohengehren. → Der Sammelband präsentiert unterschiedliche methodische Ansätze und praktische Beispiele zur Umsetzung eines lebensweltorientierten und emanzipatorischen Sachunterrichts.

Geuting, M. (1992): Planspiel und soziale Simulation im Bildungsbereich. Frankfurt am Main: Peter Lang Verlag. → Eine umfassende Arbeit zu den theoretischen Hintergründen und dem Bildungspotenzial beim Einsatz von Planspielen.

Referenzen

Adamina, M., Hemmer, M. & Schubert, J. C. (2016): Einleitung – Die geographische Perspektive im Sachunterricht. In: M. Adamina, M. Hemmer & J. C. Schubert (Hrsg.): Die geographische Perspektive konkret: Begleitband 3 zum Perspektivrahmen Sachunterricht. Bad Heilbrunn: Verlag Julius Klinkhardt, 9-15.

Aderhold, J. (2010): Probleme mit der Unscheinbarkeit sozialer Innovationen in Wissenschaft und Gesellschaft. In: J. Howaldt & H. Jacobsen (Hrsg.): Soziale Innovation. Auf dem Weg zu einem postindustriellen Innovationsparadigma. Wiesbaden: Springer VS, 109-126.

Behnken, I. & Zinnecker, J. (2019): Straße. In: J. Hasse und V. Schreiber (Hrsg.): Räume der Kindheit. Bielefeld: transcript, 327-335.

Blinkert, B. (2017): Kind sein in der Stadt. In: S. Fischer & P. Rahn (Hrsg.): Kind sein in der Stadt. Bildung und ein gutes Leben. Opladen: Verlag Barbara Budrich, 27-47.

Blinkert, B., Höfflin, P., Schmider, A. & Spiegel, J. (2015): Raum für Kinderspiele! Berlin: Lit Verlag.

Borukhovich-Weis, S., Gryl, I., Lehner, M. & Scharf, C. (2023): Zwischen Anspruch und Wirklichkeit – Partizipation und Kreativität in der Schule. Implikationen für eine Bildung für Innovativität (BfI) im Sachunterricht. In: F. Jaeger & S. Voßkamp (Hrsg.): Wie kommt das Neue in die Welt? Kreativität und Innovation interdisziplinär. Stuttgart: Metzler-Verlag, 265-289.

Borukhovich-Weis, S. (2023): Innovation im Unterricht – Was heißt das? Fachdidaktische Diskussion und methodische Überlegungen zur „Bildung für Innovativität", In: GW-Unterricht 170, 5-22.

Borukhovich-Weis, S. (in Vorbereitung): Die Innovativität fördernde Simulation (IfS). Ergebnisse einer qualitativen Studie im Sachunterricht der Grundschule (Arbeitstitel).

Braches-Chyrek, R. & Röhner, C. (2016): Kindheit und Raum. In: R. Braches-Chyrek & C. Röhner (Hrsg.): Kindheit und Raum. Opladen: Verlag Barbara Budrich, 7-33.

Brüning, L. & Saum, T. (2017): Erfolgreich unterrichten durch Kooperatives Lernen. Strategien zur Schüleraktivierung. Essen: Neue Deutsche Schule Verlagsgesellschaft mbH.

CAST (2019): The UDL Guidelines. Online unter: http://udlguidelines.cast.org/(Abrufdatum: 19.10.2022).

Deutsche Wohnen & Co enteignen (Hrsg.) (2022): Wie Vergesellschaftung gelingt – Zum Stand der Debatte. Berlin: Parthas Verlag.

Ebert, G. (1992): Planspiele – eine aktive und attraktive Lernmethode. In: H. Keim (Hrsg.): Planspiel, Rollenspiel, Fallstudie: zur Praxis und Theorie lernaktiver Methoden. Köln: Bachem, 285-304.

Eckermann, T. (2021): Schüler*innenprotest – subversive Praxis oder Einlösung schulischer Partizipationsversprechen? In: Zeitschrift für Grundschulforschung 14 (2), 273-287.

Eckardt, L., Körber, S. Becht, E. J., Plath, A., Al Falah, S. & Robra-Bissantz, S. (2017): Führen Serious Games zu Lernerfolg? – Ein Vergleich zum Frontalunterricht. In: S. Strahringer & C. Leyh (Hrsg.): Gamification und Serious Games. Wiesbaden: Springer Fachmedien, 139-151.

doi.org/10.35468/6025-15

Einsiedler, W. (1999): Das Spiel der Kinder: zur Pädagogik und Psychologie des Kinderspiels (3. Aufl.). Bad Heilbrunn: Klinkhardt.
Fölling-Albers, M. (2001): Veränderte Kindheit – revisited. In: M. Fölling-Albers, S. Richter, H. Brügelmann & A. Speck-Hamdan (Hrsg.): Kindheitsforschung – Forschung zum Sachunterricht (Jahrbuch Grundschule, 3, Beiträge zur Reform der Grundschule, Bd. 62). Seelze: Kallmeyer: Grundschulverband - Arbeitskreis Grundschule, 10-51.
GDSU (Gesellschaft für Didaktik des Sachunterrichts) (Hrsg.) (2013): Perspektivrahmen Sachunterricht. Vollständig überarbeitete und erweiterte Ausgabe. Bad Heilbrunn: Verlag Julius Klinkhardt.
Gebhard, U. & Lück, G. (2002): Die Vertrautheit der Dinge. Symbolische Deutung der belebten und unbelebten Natur als Element des Heimatgefühls. In: W. Engelhardt & U. Stoltenberg (Hrsg.): Die Welt zur Heimat machen? Bad Heilbrunn: Klinkhardt, 97-109.
Geuting, M. (1992): Planspiel und soziale Simulation im Bildungsbereich. Frankfurt/M.: Peter Lang Verlag.
Geuting, M. (2000): Soziale Simulation und Planspiel in pädagogischer Perspektive. In: D. Herz und A. Blätte (Hrsg): Simulation und Planspiel in den Sozialwissenschaften. Eine Bestandsaufnahme der internationalen Diskussion. Münster: Lit Verlag, 15-62.
Giest, H. (2009): Zur Didaktik des Sachunterrichts. Aktuelle Probleme, Fragen und Antworten. Potsdam: Universitätsverlag Potsdam.
Giest, H. (Hrsg.) (2017): Die naturwissenschaftliche Perspektive konkret. Bad Heilbrunn: Klinkhardt.
Goldenbaum, A. (2013): Implementation von Schulinnovationen. In: M. Rürup & I. Bormann (Hrsg.): Innovationen im Bildungswesen. Analytische Zugänge und empirische Befunde. Wiesbaden: Springer VS, 149-172.
Gröger, L. (o. D.): Park(ing) Day. Wem gehört die Straße? Verkehrsclub Deutschland e. V. Online unter: https://www.strasse-zurueckerobern.de/anleitungen/parking-day/(Abrufdatum: 19.10.2022).
Gryl, I. (2013): Alles neu – innovativ durch Geographie- und GW-Unterricht? In: GW-Unterricht 131, 16-27.
Gryl, I., Borukhovich-Weis, S. & Lehner, M. (2023): Schüler*innen zu Neuem befähigen mit „Bildung für Innovativität". Gestaltung des öffentlichen Raumes und Recht auf Stadt. In: I. Gryl, M. Lehner, K. Hoffmann, & T. Fleischhauer (Hrsg.): Geographiedidaktik – Fachwissenschaftliche Grundlagen, fachdidaktische Bezüge, unterrichtspraktische Anwendung (Bd. 2). Heidelberg: Springer, 95-113.
Hasselkuß, M. (2018): Transformative soziale Innovation durch Netzwerke. Das Beispiel »Bildung für nachhaltige Entwicklung«. München: oekom.
Heckhausen, H. (1964): Entwurf einer Psychologie des Spielens. In: Psychologische Forschung 27 (3), 225-243.
Hellberg-Rode, G. (2021): Außerschulische Lernorte. In: A. Kaiser & D. Pech (Hrsg.): Basiswissen Sachunterricht. Unterrichtsplanung und Methoden (7. Aufl.). Baltmannsweiler: Schneider Verlag Hohengehren, 145-150.
Herlyn, U., von Seggern, H., Heinzelmann, C. & Karow, D. (2003): Jugendliche in öffentlichen Räumen der Stadt. Chancen und Restriktionen der Raumaneignung. Opladen: Leske + Budrich.
Herz, D. & Blätte, A. (2000): Einleitung. In: D. Herz & A. Blätte (Hrsg.): Simulation und Planspiel in den Sozialwissenschaften. Münster: Lit Verlag, 1-11.
Hirschman, A. (1988): Engagement und Enttäuschung: Über das Schwanken der Bürger zwischen Privatwohl und Gemeinwohl. Frankfurt/M.: Suhrkamp.
Howaldt, J. (2002): Lernen in Netzwerken – Koevolutionäre Kooperationsverbünde als regionale Lernnetzwerke. In: J. Hentrich, & D. Hoß (Hrsg.): Arbeiten und Lernen in Netzwerken: eine Zwischenbilanz zu neuen Formen sozialer und wirtschaftlicher Kooperationen. Eschborn: RKW-Verlag, 283-295.
Hoyer, J. (2018): Förderung von Partizipation und Innovativität mittels der Methode der Simulation im sprachsensiblen Sachunterricht der Grundschule – eine empirische Interventionsstudie. Unveröffentlichte Masterarbeit. Universität Duisburg-Essen.

doi.org/10.35468/6025-15

Huizinga, J. (2022 [1938]): Homo ludens: vom Ursprung der Kultur im Spiel. In: Rowohlts Enzyklopädie (27. Aufl.). Hamburg: Rowohlt.

Jekel, T., Ferber, N. & Stuppacher, K. (2015): Innovation vs. Innovativeness. Do We Support Our Students in (Re-)Inventing the World? In: GI_Forum 3 (1), 373-382.

Joas, H. (1996): Die Kreativität des Handelns. Frankfurt/M.: Suhrkamp.

Kaiser, A. & Pech, D. (2021): Vom Konzept zum Unterricht. In: A. Kaiser & D. Pech (Hrsg.): Basiswissen Sachunterricht. Unterrichtsplanung und Methoden (7. Aufl.). Baltmannsweiler: Schneider-Verlag Hohengehren, 3-44.

Kaiser, A. & Teiwes, K. (2003): Handelndes Lernen im Sachunterricht – auch für Kinder mit besonderem Förderbedarf? In: D. Cech & H.-J. Schwier (Hrsg.): Lernwege und Aneignungsformen im Sachunterricht. Bad Heilbrunn: Klinkhardt, 173-186.

Kallweit, N. & Woloschuk, N. (2022): Exklusion(serfahrungen) als Ausgangspunkt inklusiver politischer Bildung im Sachunterricht – eine theoretische und empirische Annäherung. In: widerstreit sachunterricht 27.

Kammerl, R. (2016): Bildungstechnologische Innovation, mediendidaktische Integration und/oder neue persönliche Lernumgebung? Tablets und BYOD in der Schule. In: R. Hainen (Hrsg.): Tablets in Schule und Unterricht. Wiesbaden: Springer Fachmedien, 175-189.

Klippert, H. (2008): Planspiele. 10 Spielvorlagen zum sozialen, politischen und methodischen Lernen in Gruppen (5. Aufl.).Weinheim, Basel: Beltz Verlag.

KMK (Ständige Konferenz der Kultusminister der Länder in der Bundesrepublik Deutschland) (2017): Strategie der Kultusministerkonferenz „Bildung in der digitalen Welt". Online unter: https://bit.ly/2Q3xUb0 (Abrufdatum: 19.10.2022).

Knurr, S. & Schmitt, R. (2022): Willkommen im Fachgeschäft für Stadtwandel. Online unter: https://fachgeschaeft-fuer-stadtwandel.de/(Abrufdatum: 19.10.2022).

Köhnlein, W. (2015): Aufgaben und Ziele des Sachunterrichts. In: J. Kahlert, M. Fölling-Albers, M. Götz, A. Hartinger, S. Miller & S. Wittkowske (Hrsg.): Handbuch Didaktik des Sachunterrichts. Bad Heilbrunn: UTB, 88-96.

Köster, H. & Gonzales, C. (2007): Was tun Kinder, wenn man sie lässt? Freies Explodieren und Experimentieren (FEE) im Sachunterricht. In: Grundschulunterricht 54 (12), 12-17.

Krautter, Y. (2018): Aktueller Forschungsstand zum Thema „Stadt" aus humangeographischer Perspektive. In: H. Köster (Hrsg.): Stadtbilder. Perspektiven auf urbanes Leben. Baltmannsweisler: Schneider Verlag Hohengehren, 11-25.

Kriz, W. (2009): Planspiel. In: S. Kühl, P. Strodtholz & A. Taffertshofer (Hrsg.): Handbuch Methoden der Organisationsforschung. Quantitative und Qualitative Methoden. Wiesbaden: Springer VS, 558-578.

Lefebvre, H. (2016): Das Recht auf Stadt. Deutsche Erstausgabe. Hamburg: Edition Nautilus.

Lehner, M. & Gryl, I. (2022): Didaktische Analyse revisited. Ansätze einer Unterrichtsvorbereitung für einen kritisch-emanzipatorischen GW-Unterricht durch immanente Kritik. In: GW-Unterricht 166 (2), 24-41.

Leib, J. & Ruppel, S. (2019): Studentische Lerneffekte in Simulationen der Vereinten Nationen. In: Zeitschrift für Friedens- und Konfliktforschung 8 (1), 99-111.

Mammes, I. & Schäffer, K. (2019): Technische Phänomene in der Stadt. In: H. Köster (Hrsg.): Stadtbilder. Perspektiven auf urbanes Leben. Baltmannsweiler: Schneider Verlag Hohengehren, 123-134.

Maywald, J. (2012): Kinder haben Rechte! Kinderrechte kennen – umsetzen – wahren. Für Kindergarten, Schule und Jugendhilfe (0-18 Jahre). Weinheim, Basel: Beltz.

Meier, G. W. & Hülsheger, U. R. (2012): Innovation und Kreativität in Projekten. In: M. Wastian, I. Braumandl & L. von Rosenstiel (Hrsg.): Angewandte Psychologie für das Projektmanagement. Ein Praxisbuch für die erfolgreiche Projektleitung. Heidelberg: Springer Medizin, 247-262.

Menn, C. & Kirk-Mechtel, M. (2020): „Essbare Stadt" Andernach: Urbaner Gartenbau als städtisches Projekt. Online unter: https://bit.ly/3DnGOGx (Abrufdatum: 19.10.2022).

doi.org/10.35468/6025-15

Mitzlaff, H. (2021): Exkursionen im Sachunterricht – Der Königsweg zu den „Sachen"? In: A. Kaiser & D. Pech (Hrsg.): Basiswissen Sachunterricht. Unterrichtsplanung und Methoden. (7. Aufl.). Baltmannsweiler: Schneider Verlag Hohengehren, 136-144.

Moldaschl, M. (2010): Innovation in sozialwissenschaftlichen Theorien – oder: Gibt es überhaupt Innovationstheorien? Papers and Preprints of the Department of Innovation Research and Sustainable Resource Management (BWL IX), Chemnitz University of Technology, Nr. 8/2010. Online unter: https://www.econstor.eu/bitstream/10419/55377/1/684996510.pdf (Abrufdatum: 23.09.2022).

Möller, K., Tenberge, C. & Bohrmann M. (2021): Die technische Perspektive konkret. Bad Heilbrunn: Klinkhardt.

MSB NRW (Ministerium für Schule und Bildung des Landes Nordrhein-Westfalen) (Hrsg.) (2021): Lehrpläne für die Primarstufe in Nordrhein-Westfalen. Heft 2012, Düsseldorf. Online unter: https://bit.ly/3sC2RmJ (Abrufdatum: 19.10.2022).

Muchow, M. & Muchow, H. H. (2012 [1935]): Der Lebensraum des Großstadtkindes. Herausgegeben von Imbke Behnken und Michael-Sebastian Honig (Neuausgabe). Weinheim, Basel: Beltz Juventa.

Pokraka, J. (2021): Researching the Margins – Theoretische und empirische Betrachtungen differenz- und machtkritischer Perspektiven auf Bildung zu Spatial Citizenship. Dissertation, Universität Duisburg-Essen. Online unter: https://bit.ly/3D01hjj (Abrufdatum: 19.10.2022).

Popitz, H. (2000): Wege der Kreativität (2. Aufl.). Tübingen: J.C.B. Mohr.

Ragaller, S. (2011): Fantasiereisen. In: D. von Reeken (Hrsg): Handbuch Methoden im Sachunterricht (3. Aufl.). Baltmannsweiler: Schneider Verlag Hohengehren, 84-106.

Rauterberg, H. (2013): Wir sind die Stadt: Urbanes Leben in der Digitalmoderne. Berlin: Suhrkamp.

Rebmann, K. (2001): Planspiel und Planspieleinsatz. Theoretische und empirische Exploration zu einer konstruktivistischen Planspieldidaktik. Hamburg: Verlag Dr. Kovač.

Richard-Elsner, C. (2017): Draußen spielen. Weinheim, Basel: Beltz Juventa.

Richter, D. (2003): Ästhetisches Lernen. In: D. von Reeken (Hrsg.): Dimensionen des Sachunterrichts (3. Aufl.). Baltmannsweiler: Schneider Verlag Hohengehren, 12-21.

Richter, D. (2018): Städte in sozialwissenschaftlicher Perspektive. In: H. Köster (Hrsg.): Stadtbilder. Perspektiven auf urbanes Leben. Baltmannsweiler: Schneider Verlag Hohengehren, 3-10.

Rürup, M. & Bormann, I. (2013): Innovation als Thema und Theoriebaustein der Educational Governance Forschung – Zur Einführung in den Herausgeberband. In: M. Rürup & I. Bormann (Hrsg.): Innovationen im Bildungswesen. Analytische Zugänge und empirische Befunde. Wiesbaden: Springer VS, 11-41.

Scharf, C. & Gryl, I. (2019): Fostering Valuable Participation in Shaping Spaces and Societies: Towards Creating an Ethical Meta Level in the Model Design for Innovativeness. In: GI_Forum 7 (2), 180-193.

Scharf, C. & Gryl, I. (2021): Handlungstheoretische Implikationen für Innovativität: Ein Konzept für schulische Bildung? In: Momentum Quaterly 10 (3), 130-187.

Scharf, C., Gryl, I., Borukhovich-Weis, S. & Rott, B. (2019): Kreativität zur Partizipationsförderung: Der Ansatz einer Bildung zur Innovativität. In: K. Kannler, V. Klug & K. Petzold (Hrsg.): Kritische Kreativität: Perspektiven auf Arbeit, Bildung, Lifestyle und Kunst. Bielefeld: transcript, 203-218.

Scharf, C., Gryl, I., Gamper, M. & Weis, S. (2018): Collaborative Innovating – The Potential of Street Art to Shape Spaces. In: GI_Forum 1 (2), 156-167.

Scharf, C., Schmitz, S. & Gryl, I. (2016): Innovativeness as Fresh Ground: From an Old Buzzword to New Praxis. In: GI_Forum 4 (1), 250-261.

Schüll, E. (2022): Zur Normativität sozialer Innovationen. In: E. Schüll, H. Berner, M. Lu Kolbinger & M. Pausch (Hrsg.): Soziale Innovation im Kontext. Beiträge zur Konturierung eines unscharfen Konzepts. Wiesbaden: Springer VS, 31-60.

Schüll, E., Lu Kolbinger, M. & Pausch, M. (2022): Konzeptionelle Aspekte sozialer Innovation. In: E. Schüll, H. Berner, M. Lu Kolbinger & M. Pausch (Hrsg.): Soziale Innovation im Kontext. Beiträge zur Konturierung eines unscharfen Konzepts. Wiesbaden: Springer VS, 1-5.

doi.org/10.35468/6025-15

Spitta, P. (1997): Vorfahrt für Kinder! Mobilitätserziehung in Grundschule und Hort. Ideen, Anregungen und Arbeitsblätter für Projekte und Unterrichtseinheiten. Für Grundschule, außerschulische Betreuungseinrichtungen und Eltern. Bonn: Verkehrsclub Deutschland (VCD).

Spitta, P. (2002): Die Welt vor der Haustür entdecken und gestalten – Erkundung, Planungsbeteiligung und Agenda 21. In: W. Engelhardt & U. Stoltenberg (Hrsg.): Die Welt zur Heimat machen? Bad Heilbrunn: Klinkhardt, 185-197.

Spitta, P. (2021): Orientierung im Wohnumfeld – Erfahrung im Raum. In: A. Kaiser & D. Pech (Hrsg.): Basiswissen Sachunterricht. Unterrichtsplanung und Methoden (7. Aufl.). Baltmannsweiler: Schneider Verlag Hohengehren, 151-155.

Sutton-Smith, B. (1978): Die Dialektik des Spiels. Schorndorf: Hofmann Verlag.

UNESCO (2017): Education for Sustainable Development Goals. Learning Objectives. Paris: United Nations Educational, Scientific and Cultural Organization. Online unter: https://bit.ly/3MTCjq2 (Abrufdatum: 19.10.2022).

UNICEF (1989): Konvention über Rechte des Kindes. Köln: Deutsches Komitee für UNICEF e.V. Online unter: https://bit.ly/3eXWrL9 (Abrufdatum: 19.10.2022).

von Reeken, D. (2003): Methoden im Sachunterricht. In: D. von Reeken (Hrsg.): Dimensionen des Sachunterrichts (3. Aufl.). Baltmannsweiler: Schneider Verlag Hohengehren, 3-11.

WBGU (2011): Hauptgutachten. Welt im Wandel – Gesellschaftsvertrag für eine Große Transformation (2. Aufl.). Berlin: WBGU. Online unter: https://bit.ly/3z7MYb5 (Abrufdatum: 19.10.2022).

Weis, S., Scharf, C., Greifzu, L. & Gryl, I. (2017): Stimulating by Simulating: Fostering Innovativeness in Education. In: IACB, ICE & ICTE: Conference Proceedings/International Academic Conference on Business (IACB), 386/1-386/9. Online unter: https://bit.ly/3VObFDg (Abrufdatum: 19.10.2022).

Autorin

Swantje Borukhovich-Weis
Universität Duisburg-Essen, Institut für Sachunterricht
Schützenbahn 70, 45143 Essen
swantje.borukhovich-weis@uni-due.de
Website: https://www.uni-due.de/geographie/sachunterricht/weis.php
Forschungsschwerpunkte: Innovativität und Partizipation
im Sachunterricht, Digitalisierung im Sachunterricht und der universitären Lehramtsausbildung

doi.org/10.35468/6025-15

Detlef Kanwischer und Christina Reithmeier

Spurensuche in den sozialen Medien. Raumkonstruktionen im Kontext räumlicher Sozialisation

Teaser
Die fortschreitende Digitalisierung aller Lebensbereiche wirkt sich auch auf die räumlichen Sozialisationprozesse von Kindern und Jugendlichen aus. Im Kontext der Lebensweltorientierung wird dieses Phänomen im Folgenden aufgegriffen. Hierbei wird im Rahmen einer digitalen Spurensuche thematisiert, wie und wo welche Raumkonstruktionen in den sozialen Medien generiert werden, welche Wechselwirkungen zu physisch-materiellen Räumen und Orten entstehen und welchen Einfluss dies auf räumliche Sozialisationsprozesse von Kindern hat.

Raum des exkursionsdidaktischen Settings

Je nach Frage- und Themenstellung physisch-materielle und/oder digitale Räume und Orte auf unterschiedlichen Maßstabsebenen.

Fachdidaktischer Ansatz: Raumkonstruktionen und räumliche Sozialisation im Zusammenhang mit sozialen Medien

Aus relationaler raumtheoretischer Perspektive wird Raum nicht als gegeben betrachtet, sondern wird durch alltägliche Handlungen geschaffen. Mit anderen Worten: Raum ist nicht von Natur aus vorhanden, sondern wird fortlaufend durch Menschen hergestellt (Werlen 2008; Löw 2015). Die räumliche Wirklichkeit erschließt sich demnach durch Handlungen, welche der physisch-materiellen und auch absolut-räumlichen Welt Sinn und Bedeutung verleihen (Werlen & Reutlinger 2005). Dies bedeutet, dass die Welt nur im räumlichen Kontext erfahrbar wird und Objekte sowie Sachverhalte zusammen durch entsprechende Handlungen zu Räumen synthetisiert werden. Unser Blick auf die Welt wird somit vom räumlichen Arrangement geprägt, während dieser Raum kontextabhängig zugleich auf die eigene Wahrnehmung und Erfahrungen wirkt (Löw 2015). Von dieser Perspektive ausgehend sind Sozialräume nicht als quantifizierbare

doi.org/10.35468/6025-16

Einheiten mit festgelegten Grenzen zu verstehen (Reutlinger 2009), sondern konstituieren sich in diesem Sinne über die durch Interaktion und Kommunikation entstehenden Handlungen von Subjekten in einer bestimmten räumlichen Umgebung (Werlen 2008). Die aktive Aneignung der auf diese Weise vom Menschen gestalteten, bearbeiteten und veränderten Umwelt kann als räumliche Sozialisation bezeichnet werden. Da die „konkreten Verhältnisse unserer Gesellschaft, so wie sie Kinder und Jugendliche erleben, vor allem räumlich vermittelt" werden (Deinet 2005, 35), ist der Aneignungsprozess von gesellschaftlichen Verhältnissen ebenfalls in sozialräumliche Strukturen eingebettet. Kinder und Jugendliche eignen sich diesen durch Handlungen hergestellten Sozialraum und die damit verbundenen individuellen Bedeutungen ebenso an wie Gegenstände oder Werkzeuge (Deinet 2005). Durch die fortlaufende Herstellung von Raum ist die Bedeutung des sozialen bzw. gelebten Raums nicht festgeschrieben, sondern jederzeit durch alternative Handlungspraktiken der Subjekte veränderlich (Werlen 2008). Räume können dementsprechend von verschiedenen Akteur*innen bewusst oder unbewusst konstruiert, mit Bedeutung aufgeladen und wahrgenommen werden.

Die fortschreitende Digitalisierung aller Lebensbereiche wirkt sich auch auf den in gesellschaftliche Verhältnisse eingebetteten Sozialraum und die räumliche Sozialisation von Kindern und Jugendlichen aus. Smartphones und mobiles Internet ermöglichen die ortsunabhängige Nutzung von mediengestützten Informations- und Kommunikationsangeboten und tragen zur Veränderung von medienbezogenen Praktiken bei (Brüggen und Schemmerling 2014). In diesem Prozess nehmen soziale Medien eine besondere Rolle ein, da sie durch neue Kommunikations- und Ausdrucksformen die gesellschaftliche Teilhabe verändern. In sozialen Medien können alle Nutzer*innen einen entsprechenden Beitrag erstellen oder Fotos von Speisen, Selfies sowie konkreten Orten teilen. Diese ständige Verfügbarkeit und Nutzung von Technologien und Software löst die Grenze zwischen Online- und Offline-Räumen immer weiter auf. Durch die Interaktion und Kommunikation in sozialen Medien konstituieren sich somit einerseits die auf der jeweiligen Plattform hergestellten Sozialräume der Nutzer*innen; andererseits erfährt die sozialräumliche Lebenswelt eine mediale Erweiterung (Brüggen & Schemmerling 2014). Kitchin und Dodge (2011) bieten mit „Code/Space" einen Erklärungsansatz, um sich mit Software als Akteur bei der Produktion von Raum auseinanderzusetzen. Durch die Nutzung von Software für unsere alltäglichen Interaktionen werden neue Kommunikationspraktiken hervorgebracht, die sich bei der Produktion von Raum in sozialen Medien konstituieren. Die auf diese Weise hervorgebrachten neuen räumlichen Konfigurationen verstehen Kitchin & Dodge (2011) als „Code/Space", sprich Räume, deren Funktionalität erst durch die materielle Infrastruktur und die entsprechende Software in Kombination miteinander produziert werden können.

doi.org/10.35468/6025-16

Die sozialen Medien sind demzufolge nicht nur eine Erweiterung des sozialen Lebens im digitalen Raum, sondern stellen selbst informelle Räume des Alltags dar, die zu einer Veränderung des Selbst- und Weltbezugs beitragen, wie wir dies anhand des folgenden Posts erläutern werden (siehe Abbildung 1).

Abb. 1: eigener Instagram-Post, der den Campus Westend in Frankfurt darstellt (https://www.instagram.com/p/CVNu1JgojoG/)

Abbildung 1 zeigt einen eigenen Beispiel-Post auf der Plattform Instagram, der den Campus Westend bei tiefstehender Sonne zeigt. Der Raum wird nicht nur in einer ästhetisch ansprechenden Art und Weise dagestellt, sondern schreibt diesem die Bedeutung eines „schönen" Ortes zu. Dabei kommen neben einer kleinen Beschreibung in Textform auch Hashtags und ein Geotag (hier „Campus Westend") zum Einsatz. Das Beispiel zeigt, wie Nutzer*innen von sozialen Medien lokale Informationen aus ihrer eigenen Sichtweise heraus generieren, synthetisieren, interpretieren und diese mit der Welt teilen. Auf diese Weise werden digitale Raumkonstruktionen geschaffen, die sich mit hoher Geschwindigkeit und großer Reichweite mitunter über mehrere Plattformen hinweg in sozialen Medien verbreiten und Räumen neue Bedeutungen zuweisen, welche durch die Interaktion von Nutzer*innen und Software geschaffen wird. Die auf diese Weise in sozialen Medien entstehenden Raumkonstruktionen können daher auch als „virale" Raumkonstruktionen verstanden werden. Beiträge in sozialen Medien werden zudem oft mit einer Reihe von Hashtags versehen, die sich entweder auf den Inhalt des Beitrages oder auch den Ort beziehen. Durch diese Praktik der Referenzierung

doi.org/10.35468/6025-16

streben Nutzer*innen eine erhöhte Reichweite und Sichtbarkeit an, zugleich werden die Beiträge mit Bedeutung aufgeladen. Software als Akteur bei der Herstellung von Raum führt daher zu einer Veränderung von sozialräumlichen Beziehungen, die analysiert werden müssen, um die Neukonfiguration von alltäglichen räumlichen Prozessen und räumlicher Sozialisation zu verstehen. Unter diesen geänderten Rahmenbedingungen eignen sich Kinder und Jugendliche ihren Sozialraum auch durch soziale Medien an und setzen sich mit ihrer eigenen Identität, den eigenen sozialen Beziehungen sowie verschiedenen Themen im Kontext der Digitalität auseinander.

Exkursionsdidaktische Methode: Digitale Spurensuche

Der Ansatz der Spurensuche gehört zu den ‚Klassikern' der Exkursionsdidaktik. In unserem Beitrag möchten wir das Spurenparadigma als erkenntistheoretische Grundfigur für die unterrichtliche Auseinandersetzung mit Raumkonstruktionen und räumlicher Sozialisation im Kontext sozialer Medien fruchtbar machen.
Der Ansatz der Spurensuche wird seit über 30 Jahren in unterschiedlichen fachlichen und pädagogischen Zusammenhängen diskutiert. Diese Diskussionen sowie die ideengeschichtliche Einordnung können wir an dieser Stelle nur fragmentarisch aufgreifen, möchten aber zugleich auf den Beitrag von Blaseio in diesem Band verweisen, die eine „analoge" Variante der Spurensuche vorstellt. Generell werden Spuren, wie z. B. zerbrochene Fensterscheiben, Graffiti, Plakate oder eine bestimmte Pflanzengesellschaft in einer Kulturlandschaft, als ein Handlungsergebnis von Menschen betrachtet, die eine soziale Bedeutung haben; „sei es für diejenigen, die sie absichtlich oder unabsichtlich hergestellt haben, sei es für die, die sie späterhin nutzten oder umnutzten, überarbeiteten oder wegarbeiteten" (Hard 1989, 4). Hiermit wird auch das Kernanliegen des Spurenparadigmas deutlich: Lernende sollen sich mittels der Interpretation von Spuren die Welt erschließen. Isenberg (1989) hat hierfür hilfreiche Fragen zusammengestellt, die an Spuren gestellt werden können:

- „Was ist zu sehen?
- Wie ist die Spur entstanden?
- Woraus besteht sie?
- Ihre Lage, ihr Zustand?
- Tritt die Spur noch einmal auf?
- Wer hat Interesse an der Spur?
- Wer ist dafür ‚zuständig'?
- Auf welche Konflikte und konkurrierenden Ansprüche verweist die Spur?
- Was sagt sie an übertragbaren Erkenntnissen?
- Sind Spuren gleicher Art vorhanden?
- Bestehen kausale Beziehungen zwischen Spuren?

doi.org/10.35468/6025-16

- Wie sind die Spuren verteilt?
- Zeigen sich räumliche Differenzierungen einer Spur?
- Was sagt die Spur über den Finder?
- Warum fällt mir die Spur auf?
- Woran erinnert sie mich?
- Wer hat die Spur wo gefunden?
- Zeigt sich ein bestimmtes Territorialverhalten der Spurensucher?
- Werden offensichtliche Problemstereotypen deutlich?
- Wie hoch ist die Zahl der gewonnenen Daten?
- In welcher Art und Weise erfolgt die Aufnahme?“ (Isenberg 1989, 41).

Mit diesem Fragenkatalog wird der unterrichtspraktischen Umsetzung der Spurensuche in der Schule der Weg geebnet. Gleichzeitig werden mögliche Erkenntnisperspektiven aufgezeigt, die verdeutlichen, dass eine Spur auf zweifacher Weise zum Unterrichtsthema gemacht werden kann. Hard (1989) spricht in diesem Zusammenhang von der Subjekt- und Objektseite einer Spur bzw. einer Beobachtung 1. Ordnung und einer Beobachtung 2. Ordnung. Auf der Objektseite (Beobachtung 1. Ordnung) wird geklärt, was die Spur an sich ist und worauf sie Bezug nimmt. Es wird der Frage nachgegangen „Was ist das?“. Auf der Subjektseite (Beobachtung 2. Ordnung) kann der Spurensucher selbst zum Thema gemacht werden. Er stellt sich die Frage „Wer ist es, der eine Spur erkennt und interpretiert?“. Insbesondere die Beobachtung 2. Ordnung kann fruchtbar im Lernprozess angewendet werden, um vorgefundene Spuren im Raum als Bestandteile eines Kommunikationsprozesses sichtbar zu machen und auf diese Weise ein Verstehen von Raumkonstruktionen zu ermöglichen. Dies leitet über zu einer digitalen Spurensuche im Kontext von Raumkonstruktionen und räumlicher Sozialisation. In Bezug auf den Einsatz digitaler Medien in der Grundschule ist es mittlerweile Konsens, dass die Grundschulkinder auf „die Potenziale digitaler Medien als Werkzeuge zur aktiven Durchdringung ihrer Lebenswelt“ (Irion 2018, 7) nicht verzichten sollten. Dementsprechend verknüpft sich das Thema „digitale Medien in der Grundschule“ mit einer Reihe von Themen, die nicht neu sind, aber gegenwärtig in einer Kultur der Digitalität anders gerahmt werden. Dies führt auch dazu, dass neue Wahrnehmungsmuster und Rezeptionsprozesse in Bezug auf den Selbst- und Weltbezug der Schüler*innen entstanden sind. Diesbezüglich stehen insbesondere Handlungen im Kontext der sozialen Medien im Mittelpunkt des Erkenntnisinteresses, da deren Nutzung für Kinder selbstverständlich geworden ist. Kinder werden immer früher mit den Inhalten aus sozialen Netzwerken konfrontiert. Obwohl viele der Plattformen eine Altersbeschränkung aufweisen und mit Zustimmung der Eltern erst ab 13 Jahre genutzt werden können, sind öffentlich gepostete Inhalte von Instagram oder YouTube auch über Suchmaschinen frei zugänglich. Dies gilt es mittels einer digitalen Spurensuche anhand von Posts in sozialen Netzwerken zu reflektieren. Laut KIM-Studie ist Instagram die viert

doi.org/10.35468/6025-16

beliebteste Plattform bei Kindern im Alter von 6 bis 13 Jahren, nach WhatsApp, YouTube und Tiktok (Medienpädagogischer Forschungsverbund Südwest 2021). Das hier vorgestellte Konzept einer digitalen Spurensuche, bezieht sich nicht auf die „Spuren" bzw. den digitalen Fingerabdruck der im Internet durch das Surf- und Einkaufsverhalten hinterlassen wird. Es geht vielmehr im Sinne des klassischen Spurenparadigmas um Spuren als ein Handlungsergebnis von Menschen und als ein Bedeutungsträger für Menschen. Damit ist die digitale Spurensuche im Kontext von Raumkonstruktionen und räumlicher Sozialisation komplementär zur analogen Spurensuche. Im Kern geht es darum, dass die digitalen Bedingungen, Ursachen, Kontexte, Handlungspraktiken und Interaktionen bei den sozialräumlichen Aneignungspraktiken von Kindern berücksichtigt werden. Hierbei können die Verschneidungen von analogen und digitalen Raumkonstruktionen erfahren und reflektiert werden, damit Kinder mehr über sich und ihre unmittelbare Lebenswelt erfahren. Hinsichtlich der Analyse von Sozialräumen mit Kindern und Jugendlichen wurden in den letzten Jahren eine Reihe von Methoden entwickelt, die der Digitalität Rechnung tragen:
Die Nadelmethode 2.0 ermöglicht es, auf einer digitalen Karte z. B. Meidungs- und Aufenhaltsorte von Kindern zu markieren, zu kommentieren, zu diskutieren und zu reflektieren (Dummer et al. 2015).

- Sozialraumanalysen via sozialer Medien gehen einen ähnlichen Weg, indem die Kartenfunktionen in Kombination mit Posts genutzt werden, um mit den Kindern „in einen offenen und vertrauensvollen Dialog über das individuelle Raumerleben, bestehende oder ungenutzte Ressourcen im Sozialraum sowie ggf. offenkundig werdende Entwicklungsbedarfe zu treten" (Hüttinger et al. 2016, o.S.).
- Die Erkundung von Online-Orten als digitale Variante der Stadtteilbegehung begreift das Internet nicht als Medium, sondern als ein Netz „mit einer Vielzahl digitaler sozialer Räume, in denen unterschiedliche (mediale) Angebote genutzt werden (können)" (Scheibe 2020, o.S.), die ähnlich wie physische Sozialräume diskutiert und reflektiert werden müssen.

Wie schon aufgezeigt, verdeutlichen Brüggen & Schemmerling (2014), dass es zu einer Verschneidung zwischen digitalen und physisch-materiellen Sozialräumen kommt. Dies bedeutet, dass bei der Sozialraumanalyse auch der digitale Sozialraum mitgedacht werden muss, der von den Internetnutzern*innen und Plattformanbieter*innen im Netz konstruiert wird. Im Rahmen einer Spurensuche können Schüler*innen diese Raumkonstruktionen von ihnen bereits bekannten Orten dekonstruieren und gleichzeitig hinterfragen, welchen Einfluss diese auf den eigenen Rezeptionsprozess von bestimmten Räumen und Orten haben. Hierbei kann eine digitale Spurensuche konkrete Räume auf unterschiedlichen Maßstabsebenen berücksichtigen. Die Schüler*innen können einen ortsbezo-

doi.org/10.35468/6025-16

genen Hashtag (Geburts-, Lieblings- oder Wohnort), wie z. B. #frankfurt oder #zoofrankfurt, auswählen und in einem oder verschiedenen sozialen Netzwerken nach entsprechenden Posts suchen. Die in den Posts auftretenden Raumkonstruktionen, d. h. die Beschreibung und Bewertung der Räume in Verbindung mit der Gestaltung des Posts, können gegenübergestellt und analysiert werden. Die Kunst der Lehrkraft besteht nun darin, neben der Gewährleistung des Sachfortschritts, die spontanen Ansichten der Schüler*innen reflexiv zu betreuen. Hierfür eignet sich der aufgezeigte Fragenkatalog von Isenberg (1989), der um den Ansatz der strukturalen Medienbildung erweitert werden kann. Der lenkt hierbei „die Aufmerksamkeit auf die Formelemente der Medien und fragt danach, wie durch sie Reflexion ermöglicht werden kann" (Jörissen & Marotzki 2009, 41). Räumliche Erfahrungen lassen sich hierbei anhand der vier Reflexionsdimensionen des „Wissensbezuges" (Frage nach Herstellungs- und Deutungsmöglichkeiten), des „Handlungsbezuges" (Frage nach Handlungsoptionen), des „Grenzbezuges" (Verhältnis von Subjekt und Medium) und des „Biographiebezuges" (Frage nach der eigenen Identität) für geographische und sachunterrichtliche Bildungsprozesse im Kontext sozialer Medien fruchtbar machen (Kanwischer und Schlottmann 2017; Reithmeier und Dorsch 2021). Mögliche Analysefragen, die sich hieraus im Rahmen des Unterrichtsbeispiels daraus ableiten und diskutieren lassen, sind u. a.:

Wissensbezug (Fragen nach Herstellungs- und Deutungsmöglichkeiten – Beispiel: Wer hat den Post erstellt?)

- Welche räumlichen Inhalte werden in dem Post auf welche Art und Weise dargestellt?
- Welche weiteren Gestaltungsmerkmale, wie z. B. Text, Hashtags, Bilder oder Emojis, werden in dem Post verwendet und was sagt dies über den Raum bzw. den Ort aus?
- Wer hat den Post gesendet und wie viele Follower hat der Account?
- Wie oft wurde der Post geteilt und gelikt?

Handlungsbezug (Fragen nach Handlungsoptionen – Beispiel: Wie empfindest du den Ort?)

- Welche Emotionen löst der Post bei Dir in Bezug auf das Raum- bzw. Ortsbeispiel aus?
- Welche Handlungen könnte der Post in Bezug auf den Raum oder Ort bei mir und bei anderen Menschen auslösen?

doi.org/10.35468/6025-16

Grenzbezug (Fragen nach dem Verhältnis von Subjekt und Medium – Beispiel: Verändert sich die Wahrnehmung von Orten durch die Darstellung im Netz?)

- Welche Rolle spielen die Anzahl der Likes und Follower in dem Post für dich?
- Verändert sich durch den Post deine Wahrnehmung von dem Raum bzw. Ort?

Biographiebezug (Fragen nach der eigenen Identität – Beispiel: Was verbindest du mit dem Ort?)

- Woran erinnert Dich der Post?
- Warum wird Dir dieser Post angezeigt und welche Rolle spielen hierbei Algorithmen und Dein Nutzungsverhalten in den sozialen Medien im Allgemeinen und im Internet im Generellen?
- Welche Beiträge werden Dir nicht angezeigt und warum werden sie Dir nicht angezeigt?
- Welchen Einfluss hat der Post auf Deine Beziehung zu dem dargestellten Ort?

Der hier vorgeschlagene Analyserahmen gibt eine grobe Orientierung, der jedoch in der Unterrichtspraxis flexibel angewendet und erweitert werden muss, da Posts in sozialen Medien ständig neu generiert oder gelöscht werden und Plattformen ständig neue Funktionen für die Nutzer*innen bereitstellen oder neue Plattformen entwickelt werden. Gleichwohl eröffnet er die Möglichkeit, dass sich die Schüler*innen mit ihren eigenen und fremden Raumkonstruktionen in Beziehung setzen und hierbei ihre unmittelbare sozialräumliche Lebenswelt erfahren und hinterfragen. Beides zusammen ist ausschlaggebend für einen erfolgreichen und sinnstiftenden Lernprozess.

Exkursionsdidaktisches Setting

Das exkursionsdidaktische Setting besteht in einer Sozialraumerkundung mittels Spurensuche in den sozialen Medien und vor Ort.

Problemorientierte Frage

Wie werden Dir bekannte Orte auf Instagram dargestellt und welche Gemeinsamkeiten und Unterschiede kannst Du zwischen dem konkreten Ort, der Darstellung auf Instagram und Deiner Wahrnehmung feststellen?

Angabe zur Klassenstufe

Die Unterrichtseinheit eignet sich für die Klassenstufen vier bis sechs. Auch für höhere Jahrgangsstufen ist die Auseinandersetzung mit digitalen Raumkonstruktionen sinnvoll, allerdings sollte die Unterrichtseinheit für höhere Altersklassen inhaltlich erweitert und kognitiv angepasst werden.

doi.org/10.35468/6025-16

Kompetenzorientierung

Im nachfolgenden Unterrichtsbaustein werden eine Reihe von Fähigkeiten aus unterschiedlichen Denk-, Arbeits- und Handlungsweisen (DAHs) aus den Themenbereichen Sozialisation (TB SOWI 6) und Raum (TB GEO 1 und EB GEO 4) des Perpektivrahmens Sachunterricht angesprochen (siehe nachfolgende Liste). Schwerpunktmäßig wird jedoch der Fähigkeitsbereich DAH GEO 1 thematisiert. Durch die kritische Auseinandersetzung mit der eigenen und fremden Konstruktion von Räumen in den sozialen Medien werden insbesondere die Fähigkeiten geschult, sich bewusst zu werden, dass Räume stets konstruiert sind und dass auch eigene Erfahrungen die Vorstellungen über Räume prägen.

DAH SOWI 6: Soziale Handlungen planen und umsetzen

DAH GEO 1: Räume und Lebenssituationen in Räumen wahrnehmen; Vorstellungen und Konzepte dazu bewusst machen und reflektieren

DAH GEO 2: Räume erkunden, untersuchen und Ergebnisse dokumentieren

DAH GEO 4: Ordnungsmuster zu räumlichen Situationen und zu Natur-Mensch-Beziehungen aufbauen und weiterentwickeln

Vorbereitung und Material

Die digitale Spurensuche in sozialen Medien und vor Ort erfordert eine entsprechende technologische Infrastruktur, die zur Durchführung der Unterrichtseinheit notwendig ist:

- Zugang zu Internet (Wlan, Lan, mobiles Internet)
- internetfähige Endgeräte (PC, Laptop, Tablet, Smartphone)
- (Farb-)Drucker
- Digitale Kamera (Smartphone, Handy)

Für die Erarbeitungsphase werden außerdem folgende Materialien benötigt:

- Papierbögen (farbig oder weiß) (DIN A 3 oder größer)
- Klebstoff/Klebestreifen
- Buntstifte
- ausgedruckte Fotos

Zusätzlich müssen folgende Vorbereitungen getroffen werden:
Erstellung der Arbeitsblätter für die Arbeitsphasen 1-3

Ablauf

Das exkursionsdidaktische Setting „Sozialraumerkundung mittels digitaler Spurensuche in den sozialen Medien und vor Ort“ wurde mehrfach in Form zweier Projekttage à sechs Unterrichtsstunden mit Schüler*innen der fünften Jahrgangsstufe einer Gesamtschule durchgeführt, lässt sich aber auch auf ca. zwölf Unterrichtsstunden verteilen. Der Ablauf gliedert sich in eine Vorbereitungs- bzw.

doi.org/10.35468/6025-16

Einführungsphase, Durchführungs- bzw. Erarbeitungsphase und einer Nachbereitungs- bzw. Sicherungsphase (siehe Abbildung 2):

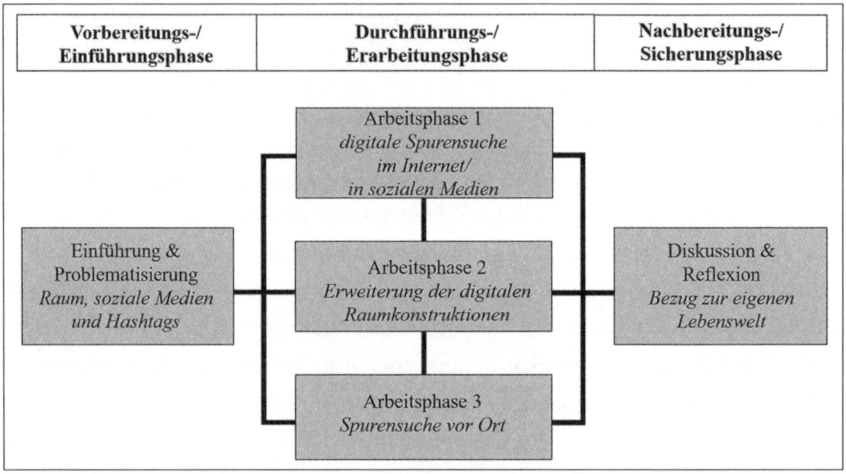

Abb. 2: Ablauf der Sozialraumerkundung mittels digitaler Spurensuche in den sozialen Medien und vor Ort (eigene Darstellung)

Vorbereitungsphase: Einführung und Problematisierung

(einzuplanende Zeit: 45 min)

Der Einstieg in die Unterrichtseinheit erfolgt durch eine Einführung in das Konzept von Raum unter folgenden Fragestellungen:

1: In welchen Medien (Zeitungen, Reiseprospekte, Webseiten, sozialen Medien, Auskunft von Freunden*innen usw.) werden Räume und Orte beschrieben?

2. Ist Dir schon mal aufgefallen, dass Orte abweichend oder gegensätzlich beschrieben werden?

Ausgehend von der Erkenntnis, dass Räume nicht nur in der physisch-materiellen, sondern auch in sozialen Medien existieren und teilweise unterschiedlich konstruiert werden, erfolgt die Hinleitung zum Thema Soziale Medien. Die Fragen, welche Plattformen die Schüler*innen kennen und welche sie selber nutzen, dienen als Überleitung zur Vorstellung der Plattform Instagram. An dieser Stelle sollen die Besonderheiten von sozialen Medien aufgegriffen werden. Diese bieten verschiedene Funktionen und Features zur Interaktion der Nutzer*innen mit den Beiträgen, aber auch untereinander und unterscheiden sich je nach Plattform. Zum Abschluss wird die Funktionsweise von Hashtags zur Bündelung von Themen aber auch als Praktik der räumlichen Verortung in sozialen Medien aufgegriffen. Hierbei ist es sinnvoll, einen bzw. mehrere miteinander kombinierte ortsbezogene Hashtags beispielhaft vorzustellen (z. B. #Frankfurt; #Frankfurt #Hafenpark).

Durchführungsphase: Erarbeitung

Die Erarbeitungsphase erfolgt im Wechsel von Gruppenarbeit und Ergebnissicherung und beinhaltet mehrere Arbeitsphasen. Für jede Arbeitsphase kann ein Arbeitsblatt mit Auftrag und den jeweiligen Analysekriterien erstellt werden. Als Analysekriterien bieten sich die in der exkursionsdidaktischen Methode aufgeführten Analysefragen zur Spurensuche und zu den vier Reflexionsdimensionen an.

Arbeitsphase 1 – digitale Spurensuche im Internet (einzuplanende Zeit: 90 min)

Die Schüler*innen werden in Kleingruppen à 3-5 Personen eingeteilt und erhalten den Arbeitsauftrag, per ortsbezogenem Hashtag nach ihren persönlichen Lieblings- und Meidungsorten via Suchmaschine im Internet zu suchen. Jede*r Schüler*in soll das Bild/den Post eines Lieblings- und eines Meidungsortes abspeichern. Die Schüler*innen analysieren ihre ausgewählten Bilder/Posts und halten ihre Ergebnisse schriftlich fest. Die Bilder/Posts können anhand der folgenden Fragen auf unterschiedliche (sozialräumliche) Kriterien hin untersucht werden (siehe auch Analysefragen der vier Reflexionsdimensionen):

- Welcher Hashtag wurde gesucht?
- Welcher Ort wird auf dem Bild dargestellt?
- Wie wird der Ort dargestellt?
- Wieso ist der Ort ein Lieblings- bzw. Meidungsort der Schüler*innen?
- Wie viele Likes und Kommentare hat der Post?
- Welche Hashtags werden zusammen mit dem Bild gepostet?

Arbeitsphase 2 – Erweiterung der digitalen Raumkonstruktionen (einzuplanende Zeit: 90 min)

Die Schüler*innen wählen in ihren Kleingruppen zwei Bilder aus – einen Lieblings- sowie einen Meidungsort. Die Bilder können im Vorfeld der Unterrichtseinheit von der Lehrkraft oder in der Arbeitsphase 2 von den Schüler*innen selbst ausgedruckt werden. Jede*r Schüler*in erhält einen Ausdruck der beiden Bilder, welche jeweils mittig auf die Papierbögen geklebt werden. Angeleitet durch die Frage, wie sich die Schüler*innen den Ort über den Bildausschnitt hinaus vorstellen, wird der Ausdruck entsprechend von jede*r Schüler*in durch eigene Zeichnungen „erweitert" und mit drei selbstgewählten Hashtags versehen (siehe Abbildung 3).

doi.org/10.35468/6025-16

Abb. 3: Beispiel für einen mit eigener Zeichnung und Hashtags „erweiterten" Bildausschnitt (anonymisiertes Bild einer Schülerin)

Sicherung der Zwischenergebnisse der Arbeitsphase 2

Die „erweiterten" Bilder werden innerhalb der jeweiligen Kleingruppe vorgestellt und auf Unterschiede und Gemeinsamkeiten hin untersucht. Daran anschließend stellen die Kleingruppen untereinander ihre Ergebnisse vor und bewerten diese. Dabei soll vor allem der Frage nachgegangen werden, wie die verschiedenen oder gemeinsamen räumlichen Vorstellungen zustande kommen.

Arbeitsphase 3 – Spurensuche vor Ort (einzuplanende Zeit: 180 min/360 min)

Je nachdem, wo sich die Orte befinden, können diese entweder angelehnt an die Methode der Stadtteilbegehung gemeinsam als Klasse oder im Vorfeld von der Lehrkraft alleine aufgesucht und fotographiert werden. Das Foto sollte so geschossen werden, dass der Ort über den online zu sehenden Bildausschnitt hinaus abgebildet wird. Die Fotos werden im Anschluss für die entsprechenden Kleingruppen ausgedruckt und wieder auf zwei Papierbögen geklebt. Die Schüler*innen vergleichen das durch ihre eigenen Vorstellungen erweiterte Bild mit den vor Ort gemachten Fotos und diskutieren Unterschiede und Gemeinsamkeiten.

Nachbereitungsphase: Diskussion der Ergebnisse & Reflexion
(einzuplanende Zeit: 45 min)

Vor dem Hintergrund der Diskussionsergebnisse der einzelnen Arbeitsphasen wird abschließend diskutiert, wie und warum Orte im Internet/in den sozialen Medien unterschiedlich konstruiert werden und in welchem Zusammenhang diese Erkenntnis mit den eigenen räumlichen Vorstellungen und Wahrnehmungen steht.

Differenzierung im inklusiven Klassenraum

Je nach Lernausgangslage der Klasse oder einzelner Schüler*innen können die Elemente des Lernsettings auch inhaltlich, methodisch und organisatorisch reduziert und differenziert werden, um Lernen in einfachen Entwicklungsschritten und in individueller Zeit zu ermöglichen. Hierbei obliegt es der Lehrkraft, das Material im Baukastenprinzip je nach Zielstellung des Unterrichts zu sortieren, um – ähnlich wie bei der Wochenplanarbeit – Pflicht- und Zusatzbereiche zu formulieren. So könnte z. B. die Recherche zu unterschiedlichen Hashtags vorgegeben werden, auf eine bestimmte Plattform beschränkt oder in elementarisierter Form gemeinsam im Rahmen eines Experten-Helfer-System durchgeführt und mittels eines Beamers bzw. interaktiven Whiteboards im Klassenraum visualisiert werden. Bei der Auswahl der Orte, die beim Unterrichtsgang aufgesucht werden, sollte im Vorfeld sichergestellt werden, dass auch körperbehinderte Kinder diese aufsuchen können.

Raumkonzepte

In unserem Lernsetting werden Räume als Kategorie der Wahrnehmung und als Element von Kommunikation und Handlung thematisiert. Hierbei wird explizit auf die Bedeutsamkeit von relationalen, subjektbezogenen Sozialraumkonstruktionen in den sozialen Medien für die sachunterrichtliche Bildungsarbeit hingewiesen. In diesem Sinne hat auch die Medienbildung als Querschnittsaufgabe der sachunterrichtlichen Bildung eine besondere Bedeutung, da Sozialräume von Jugendlichen auch digitalisierte Räume sind. Diese werden von Jugendlichen über Posts in sozialen Medien nicht nur rezipiert, sondern aktiv konstruiert.

Weitere zentrale fachdidaktische Ansätze

Forschendes Lernen, Perspektivenwechsel und subjektive Kartographie

doi.org/10.35468/6025-16

Transfer

Transfermöglichkeiten in Bezug auf Räume und Orte bestehen darin, einen ganz konkreten Ort bzw. Raum, wie z. B. Zoo, Jugendzentrum, Spielplatz oder Einkaufsstraße, oder abstrakte Raumkategorien, wie z. B. (un)sichere Räume, mittels einer digitalen Spurensuche in den sozialen Medien zu analysieren. Thematische Transfermöglichkeiten bestehen z. B. darin, „digitale Nachbarschaften", demokratische Beteiligung oder Werbebotschaften mittels einer digitalen Spurensuche in den sozialen Medien zu analysieren. Der fachdidaktische Ansatz des forschenden Lernens, der wie die Spurensuche Lernen als einen ergebnisoffenen Prozess versteht, eignet sich auch, um soziale Medien und Raumkonstruktionen im Unterricht zu analysieren.

Der besondere Wert des „Spurenparadigmas" liegt darin, dass der Ansatz eine Fülle von lohnenden Fragestellungen hervorbringen kann und eine Spannung von Wissen und Nichtwissen initiiert. Daher eignet sich der Ansatz auch als erkenntnistheoretische Grundfigur mit der die unterschiedlichen Thematiken im Sachunterricht bearbeitet werden können. Zudem können auch die ästhetischen Dimensionen des Spurensuchens gewinnbringend im Unterricht thematisiert werden.

Kommentierte Leseempfehlung

Hard, G. (1995): Spuren und Spurenleser. Zur Theorie und Ästhetik des Spurenlesens in der Vegetation und anderswo. Osnabrücker Studien zur Geographie Bd. 16. Osnabrück: Universitätsverlag Rasch. → Aufgrund der vielschichtigen Anknüpfungspunkte des Spurenparadigmas wendet sich das Buch „an Geographen, Vegetationskundler, Ökologen, Historiker, Didaktiker (und auch andere Geo-, Sozial- und Geisteswissenschaftler) sowie Freiraum-, Stadt- und Landschaftsplaner" (siehe Klappentext). Das Ziel des Autors ist es, das Spurenparadigma für „Mitglieder sehr unterschiedlicher Disziplinen und Professionen" (S. 10) fruchtbar zu machen. Eine ausführliche Rezension finden Sie unter: https://www.raumnachrichten.de/rezensionen/1977-detlef-kanwischer-spuren-lesen-und-geographische-bildung

sozialraum.de → Sozialraum.de ist ein Online-Journal, das den fachlichen Austausch zu sozialräumlichen Konzepten in Theorie und Praxis in den Vordergrund stellt. Verschiedene Rubriken wie der „Methodenkoffer" oder „Projekte" bieten Einblicke zur sozialräumlichen Analyse und Arbeit mit Kindern und Jugendlichen und laden zum Stöbern ein. Insgesamt eine interessante Webseite für all diejenigen, die sich mit dem Themenfeld der räumlichen Sozialisation von Kindern auseinandersetzen möchten.

doi.org/10.35468/6025-16

Referenzen

Brüggen, N. & Schemmerling, M. (2014): Das Social Web und die Aneignung von Sozialräumen. In: sozialraum.de (6), Ausgabe 1. Online unter: https://www.sozialraum.de/das-social-web-und-die-aneignung-von-sozialraeumen.php (Abrufdatum: 10.11.2021).

Deinet, U. (2005): „Aneignung“ und „Raum“ – zentrale Begriffe des sozialräumlichen Konzepts. In: U. Deinet (Hrsg): Sozialräumliche Jugendarbeit. Grundlagen, Methoden und Praxiskonzepte. Wiesbaden: Springer VS, 27-57.

Dummer, I., Malcherowitz, M. & Weck, J. (2015): Die Nadelmethode 2.0 als Werkzeug für Projektarbeit zu sozialräumlicher Partizipation und Medienpädagogik. In: sozialraum.de (7), Ausgabe 1. Online unter: https://www.sozialraum.de/die-nadelmethode-20.php (Abrufdatum:10.11.2021).

Hard, G. (1989): Geographie als Spurenlesen. Eine Möglichkeit, den Sinn und die Grenzen der Geographie zu formulieren. In: Zeitschrift für Wirtschaftsgeographie 33 (1/2), 2-11.

Hüttinger, J., Jüngst, H., Petersen, S., Schumacher, N. & Siebeneich, M. (2016): Sozialraumanalysen via Facebook und anderen sozialen Netzwerken – Hintergrund und methodische Umsetzung. In: sozialraum.de (8), Ausgabe 1. Online unter: https://www.sozialraum.de/sozialraumanalysen-via-facebook-und-anderen-sozialen-netzwerken-hintergrund-und-methodische-umsetzung.php (Abrufdatum: 10.11.2021).

Irion, T. (2018): Wozu digitale Medien in der Grundschule? Sollte das Thema Digitalisierung in Grundschulen tabuisiert werden? In: Grundschule aktuell, 142, 3-7.

Isenberg, W. (1989): Spontane Länderkunde. Der Beitrag der „Geographie“ zu Inhalt und Methodik der Studienreise. In: Animation 10 (2), 38-42.

Jörissen, B. & Marotzki, W. (2009): Medienbildung – eine Einführung. Theorie – Methoden – Anlysen. Stuttgart: UTB.

Kanwischer, D. & Schlottmann, A. (2017): Virale Raumkonstruktionen – Soziale Medien und #Mündigkeit im Kontext gesellschaftswissenschaftlicher Medienbildung. In: zeitschrift für didaktik der gesellschaftswissenschaften (8) 2, 60-78.

Kitchin, R. & Dodge, M. (2011): Code/Space: Software and Everyday Life. Cambridge, USA: MIT Press.

Löw, M. (2015): Space Oddity. Raumtheorie nach dem Spatial Turn. In: sozialraum.de (7), Ausgabe 1. Online unter: https://www.sozialraum.de/space-oddity-raumtheorie-nach-dem-spatial-turn.php (Abrufdatum: 10.11.2021).

Medienpädagogischer Forschungsverbund Südwest (Hrsg.) (2021): KIM-Studie 2020 – Kindheit, Internet, Medien. Basisuntersuchung zum Medienumgang 6- bis 13-Jähriger. Stuttgart: Landesanstalt für Kommunikation Baden-Württemberg.

Reithmeier, C. & Dorsch, C. (2021): Soziale Medien. In: T. Bork-Hüffer, H. Füller & T. Straube (Hrsg.): Handbuch Digitale Geographien. Welt – Wissen – Werkzeuge. Stuttgart: UTB, 231-243.

Reutlinger, C. (2009): Vom Sozialraum als Ding zu den subjektiven Raumdeutungen. In: sozialraum.de (1), Ausgabe 1. Online unter: https://www.sozialraum.de/reutlinger-vom-sozialraum-als-ding.php (Abrufdatum: 10.11.2021).

Scheibe, M. (2020): „Zeigt ihr mir Euer Internet?“ – Die Erkundung von Online-Orten als digitale Variante der Stadtteilbegehung mit Jugendlichen. In: sozialraum.de (12), Ausgabe 1. Online unter: https://www.sozialraum.de/zeigt-ihr-mir-euer-internet.php (Abrufdatum:10.11.2021).

Werlen, B. & Reutlinger, C. (2005): Sozialgeographie. In: F. Kessl, C. Reutlinger, C. Maurer & O. Frey (Hrsg.): Handbuch Sozialraum. Wiesbaden: Springer VS, 49-66.

Werlen, B. (2008): Körper, Raum und mediale Repräsentation. In: J. Döring & T. Thielmann (Hrsg.): Spatial Turn - Das Raumparadigma in den Kultur- und Sozialwissenschaften. Bielefeld: transcript, 365-393.

doi.org/10.35468/6025-16

Autor*innen

Christina Reithmeier
Goethe-Universität Frankfurt a.M.
Institut für Humangeographie
Theodor-W.-Adorno-Platz 6, 60629 Frankfurt am Main
reithmeier@geo.uni-frankfurt.de
Website: http://www.humangeographie.de/reithmeier
Forschungsschwerpunkte: Geoinformation (WebGIS-Anwendungen) und Raumproduktion in sozialen Medien

Detlef Kanwischer, Prof. Dr.
Goethe-Universität Frankfurt a.M.
Institut für Humangeographie
Theodor-W.-Adorno-Platz 6, 60629 Frankfurt am Main
kanwischer@geo.uni-frankfurt.de
Website: http://www.humangeographie.de/kanwischer
Forschungsschwerpunkte: Metakognitive Fähigkeiten und Kompetenzstrukturen beim Lernen mit (Geo)Medien und die Verknüpfung von außerschulischen und innerschulischen Lernprozessen

*Das diesem Beitrag zugrundeliegende Vorhaben „Digi_Gap“ wird im Rahmen der gemeinsamen „Qualitätsoffensive Lehrerbildung“ von Bund und Ländern mit Mitteln des Bundesministeriums für Bildung und Forschung unter dem Förderkennzeichen 01JA2025 gefördert. Die Verantwortung für den Inhalt dieser Veröffentlichung liegt bei den Autor*innen.*

*Das diesem Beitrag zugrundeliegende Vorhaben „Virale #Raumkonstruktionen in kulturellen Bildungsprozessen“ wurde mit Mitteln des Bundesministeriums für Bildung und Forschung unter dem Förderkennzeichen 01JKD1707 im Förderschwerpunkt „Forschung zur Digitalisierung in der kulturellen Bildung“ gefördert. Die Verantwortung für den Inhalt dieser Veröffentlichung liegt bei den Autor*innen.*

doi.org/10.35468/6025-16

Autor*innenverzeichnis

Julia Becker
Humboldt-Universität zu Berlin
Institut für Erziehungswissenschaften
Schönhauser Allee 10, 10119 Berlin
ju.becker@hu-berlin.de

Beate Blaseio, Prof. Dr.
Europa-Universität Flensburg
Institut für Sachunterricht
Fakultät I
Auf dem Campus 1, 24943 Flensburg
blaseio@uni-flensburg.de

Swantje Borukhovich-Weis
Universität Duisburg-Essen
Institut für Sachunterricht
Schützenbahn 70, 45143 Essen
swantje.borukhovich-weis@uni-due.de

Nina Brendel, Prof. Dr.
Universität Potsdam
Institut für Umweltwissenschaften und Geographie
Karl-Liebknecht-Str. 24-25, 14476 Potsdam
ninabrendel@uni-potsdam.de

Steffen Ciprina
Ruhr-Universität Bochum
Geographisches Institut
Universitätsstr. 150, 44801 Bochum
steffen.ciprina@rub.de

Barbara Feulner, Dr.
Universität Augsburg
Institut für Geographie
Alter Postweg 118, 86159 Augsburg
barbara.feulner@geo.uni-augsburg.de

Eva-Kristina Franz, Prof. Dr.
Universität Trier
Professur für Grundschulforschung und Pädagogik der Primarstufe
Universitätsring 15, 54296 Trier
eva.franz@uni-trier.de

Inga Gryl, Prof. Dr.
Universität Duisburg-Essen
Institut für Sachunterricht/Institut für Geographie
Schützenbahn 70, 45127 Essen
inga.gryl@uni-due.de

Melanie Haltenberger
Universität Augsburg
Institut für Geographie
Alter Postweg 118, 86159 Augsburg
melanie.haltenberger@geo.uni-augsburg.de

Claudia Henrichwark, Prof. Dr.
Fachhochschule Südwestfalen
Frühpädagogik – Medienpädagogik und MINT
Lübecker Ring 2, 59494 Soest
henrichwark.claudia@fh-swf.de

Detlef Kanwischer, Prof. Dr.
Goethe-Universität Frankfurt a.M.
Institut für Humangeographie
Theodor-W.-Adorno-Platz 6, 60629 Frankfurt am Main
kanwischer@geo.uni-frankfurt.de

Isabelle Kollar, Dr.
Rheinland-Pfälzische Technische Universität Kaiserslautern-Landau (RPTU)
Institut für naturwissenschaftliche Bildung
Geographiedidaktik
Fortstraße 7, 76829 Landau
i.kollar@rptu.de

Miriam Kuckuck, Prof. Dr.
Bergische Universität Wuppertal
Institut für Geographie und Sachunterricht
Gaußstraße 20, 42219 Wuppertal
kuckuck@uni-wuppertal.de

Jochen Laub, Dr.
Rheinland-Pfälzische Technische Universität Kaiserslautern- Landau (RPTU)
Geographiedidaktik
Fortstraße 7, 76829 Landau
jochen.laub@rptu.de

Barbara Lenzgeiger, Jun.-Prof. Dr.
Katholische Universität Eichstätt-Ingolstadt
Lehrstuhl für Grundschulpädagogik und Grundschuldidaktik
Ostenstraße 26, 85072 Eichstätt
Barbara.Lenzgeiger@ku.de

Anne-Kathrin Lindau, Prof. Dr.
Martin-Luther-Universität Halle-Wittenberg
Institut für Geowissenschaften und Geographie
Von-Seckendorff-Platz 4, 06120 Halle
anne.lindau@geo.uni-halle.de

Veit Maier, Dr.
Universität zu Köln
Institut für Geographiedidaktik/Mercator-Institut für Sprachförderung
und Deutsch als Zweitsprache
Gronewaldstraße 2, 50931 Köln
veit.maier@uni-koeln.de

Katharina Mohring, Dr.
Universität Potsdam
Institut für Umweltwissenschaften und Geographie
Karl-Liebknecht-Str. 24-25, 14476 Potsdam
kmohring@uni-potsdam.de

Michael Morawski, Dr.
Bergische Universität Wuppertal
Institut für Geographie und Sachunterricht
Gaußstraße 20, 42119 Wuppertal
morawski@uni-wuppertal.de

Carina Peter, Prof. Dr.
Philipps-Universität Marburg
Fachbereich Geographie
Deutschhausstraße 12, 35032 Marburg
carina.peter@geo.uni-marburg.de

Christina Reithmeier
Goethe-Universität Frankfurt a.M.
Institut für Humangeographie
Theodor-W.-Adorno-Platz 6, 60629 Frankfurt am Main
reithmeier@geo.uni-frankfurt.de

Verena Röll, Dr.
Technische Universität Berlin
Institut für Land- und Seeverkehr (ILS)
Salzufer 17-19, 10587 Berlin
roell@tu-berlin.de

Hannes Schmalor, Dr.
Technische Universität Dortmund
Institut für Didaktik integrativer Fächer (IDIF)
August-Schmid-Str. 6, 44227 Dortmund
hannes.schmalor@tu-dortmund.de

Jaqueline Simon
Martin-Luther-Universität Halle-Wittenberg
Institut für Schulpädagogik und Grundschuldidaktik
Franckeplatz 1, 06110 Halle
jaqueline.simon@paedagogik.uni-halle.de

Toni Simon, Dr.
Martin-Luther-Universität Halle-Wittenberg
Institut für Schulpädagogik und Grundschuldidaktik
Franckeplatz 1, 06110 Halle
toni.simon@paedagogik.uni-halle.de

Sandra Sprenger, Prof. Dr.
Universität Hamburg
Fakultät für Erziehungswissenschaft
Von-Melle-Park 8, 20146 Hamburg
sandra.sprenger@uni-hamburg.de

Diana Stage
Technische Universität Berlin
Institut für Land- und Seeverkehr (ILS)
Salzufer 17-19, 10587 Berlin
stage@tu-berlin.de

Jurik Stiller
Humboldt-Universität zu Berlin
Institut für Erziehungswissenschaften
Schönhauser Allee 10, 10119 Berlin
jurik.stiller@hu-berlin.de

Maik Wienecke, Dr.
Universität Potsdam
Historisches Institut
Professur Didaktik der Geschichte
Am Neuen Palais 10, 14469 Potsdam
wienecke@uni-potsdam.de

Sebastian Wolff-Seidel, Dr.
Bergische Universität Wuppertal
Institut für Geographie und Sachunterricht
Gaußstraße 20, 42119 Wuppertal
swolff@uni-wuppertal.de